权威·前沿·原创

皮书系列为
"十二五""十三五""十四五"时期国家重点出版物出版专项规划项目

中国劳动和社会保障科学研究院

就业蓝皮书
BLUE BOOK OF EMPLOYMENT

中国就业发展报告
（2024）

ANNUAL REPORT ON CHINA EMPLOYMENT
DEVELOPMENT (2024)

主　编／莫　荣
副主编／陈　云　王晓梅　熊　颖

社会科学文献出版社
SOCIAL SCIENCES ACADEMIC PRESS (CHINA)

图书在版编目（CIP）数据

中国就业发展报告 . 2024 ／莫荣主编 . --北京：
社会科学文献出版社，2024. 10. --（就业蓝皮书）.
ISBN 978-7-5228-4241-7

Ⅰ. D669. 2

中国国家版本馆 CIP 数据核字第 2024ZU9925 号

就业蓝皮书
中国就业发展报告（2024）

主　　编／莫　荣
副 主 编／陈　云　王晓梅　熊　颖

出 版 人／冀祥德
组稿编辑／恽　薇
责任编辑／田　康
文稿编辑／张真真
责任印制／王京美

出　　版／社会科学文献出版社·经济与管理分社（010）59367226
　　　　　地址：北京市北三环中路甲 29 号院华龙大厦　邮编：100029
　　　　　网址：www. ssap. com. cn
发　　行／社会科学文献出版社（010）59367028
印　　装／天津千鹤文化传播有限公司

规　　格／开　本：787mm×1092mm　1/16
　　　　　印　张：24　字　数：359 千字
版　　次／2024 年 10 月第 1 版　2024 年 10 月第 1 次印刷
书　　号／ISBN 978-7-5228-4241-7
定　　价／198. 00 元

读者服务电话：4008918866

主要编撰单位简介

中国劳动和社会保障科学研究院

中国劳动和社会保障科学研究院（简称"劳科院"）是人力资源和社会保障部直属科研事业单位，是中国劳动和社会保障科研领域专业研究机构，主要承担就业创业、社会保障、劳动关系、工资收入分配等理论、政策及应用研究。多位知名专家学者和高级领导干部曾先后在院所工作，有1名全国政协委员、2名文化名家暨"四个一批"人才、1名"新世纪百千万人才工程"国家级人选、15名享受国务院政府特殊津贴专家。其中，1人荣获全国先进工作者称号，1人获得孙冶方经济学奖，2位同志先后三次为中共中央政治局集体学习进行讲解。

伴随改革开放和现代化建设进程，劳科院创造性地开展理论探索和政策研究，取得一系列具有较大影响的科研成果，为积极就业政策制定、国家社会保障体系建立、中国特色和谐劳动关系构建、工资收入分配制度改革和劳动社会保障法制体系完善提供了有力支撑，对国家劳动社会保障民生领域重大改革与科学决策发挥了智库作用，得到了党和国家领导人及历任部领导的肯定。

劳科院是最早开展就业创业研究的科研单位之一。建立以来，劳科院组织开展了数百项有关就业创业的重大理论方针、政策制度和规划战略研究，为明确不同时期就业方针、建立完善就业优先政策体系、制定实施中长期战略规划提供了支撑，一系列研究成果有效支持了国家重大决策。近年来，围绕经济增长与就业关系进行系列研究；持续开展就业形势季度分析、企业经营用工和劳动者求职就业状况调查；在应对非典疫情、国际金融危机和新冠疫情等重大危机中开展系列调查研究；围绕人口发展与就业、就业结构性矛盾、数字经济与新就业形态发展、公共就业创业服务体系、高质量充分就业及其评价体系、绿色就业、技术进步与就业、技能人才培养规划及发展战略等开展前瞻性专题研究。这些为及时研判就业形势、研拟政府工作目标、制定实施相关重大战略和政策、防控重大失业风险提供了决策支持。

劳科院作为劳动和社会保障领域科研平台，编辑出版《中国劳动》学术杂志，出版《中国就业发展报告》《中国薪酬发展报告》《中国人力资源服务产业发展报告》《中国人工智能人才发展报告》《中国家政服务业发展报告》等系列蓝皮书。劳科院也是我国在国际劳动和社会保障学术交流与科研合作领域的重要组织与牵头单位，与国际劳工组织研究司连续举办 11 届"中国劳动世界的未来"，与日本、韩国劳动研究机构连续举办了 21 届"东北亚劳动论坛"等国际研讨会；牵头成立金砖国家劳动研究机构网；是国际社会保障协会（ISSA）就业与失业保险政策技术委员会副主席单位。

中国国际技术智力合作集团有限公司

中国国际技术智力合作集团有限公司（简称"中智集团"），成立于 1987 年，是国务院国有资产监督管理委员会直接管理的一家以人力资源服务为核心主业的中央一级企业。中智集团列 2023 中国企业 500 强第 170 位，列 2023 中国服务业企业 500 强第 59 位，连续 18 年领航中国人力资源服务业。

中智集团控股的中智股份开展人力资源服务业务，服务世界 500 强企业和中国 500 强企业，服务企业客户达 5 万余家、服务客户员工人数达 1000 万余人（含平台注册人数），客户类型包括外企、国企、民企等多类实体和机关事业单位。横跨石化、金融、保险、通信、电子、IT、汽车、医药、地产、建筑、物流、制造、商贸、传媒、教育、环境、餐饮、快速消费品等诸多领域，规模与效益处于行业头部。

中智集团以北京、上海、广州、深圳、大连、沈阳、哈尔滨、杭州、南京、福州、厦门、济南、青岛、天津、成都、武汉、西安、郑州、合肥、长沙、石家庄、重庆、太原、昆明、南宁、南昌等主要城市为中心，建立了覆盖33省、自治区、直辖市超过380个城市的全国性服务组织网络。

广州红海人力资源集团股份有限公司

广州红海人力资源集团股份有限公司（简称"红海人力集团"）创立于1999年。自创建以来，25年一直深耕中国人力资源服务，积累了丰富的人力资源专业管理经验，在全国25个省（直辖市）、126个地级市创建了280多个直属服务网点，拥有一支2000多人的专业队伍，业务涵盖三大板块：人力资源灵活用工服务（数字劳务派遣、数字劳动力外包、数字劳务外包/承揽）、数字化人力资源科技服务（eHR、人力资源服务平台、AI人工智能）、数字化职业技能培训服务（红海云课堂）。

自2012年以来，红海人力集团开始实施数字化人力资源服务转型。经过13年的技术积累和沉淀，打造出一支300多人的技术成熟的研发团队，自主研发了在国内具有领先地位的企业eHR系统和数智化人力资源服务平台。在数字化人力资源服务平台方面，自主研发了红海直聘、红海临任、红海云课堂、eHR事务宝、法宝网、电子劳动合同、AI数字人直播机、一体机、视频数字看板等数智化平台。通过市场化运营，已为政府就业部门、企业、大专院校和求职者提供了专业的数智化就业、数智化招聘、数智化培训、数智化零工劳务交易、数智化劳务派遣等全方位人力资源服务，精准高效地链接各方需求，不断利用技术创新提升服务效率。

主要编撰者简介

莫　荣　人力资源和社会保障部中国劳动和社会保障科学研究院院长、研究员，全国政协社会和法制委员会委员，兼任中国就业促进会副会长、《中国劳动》主编。文化名家暨"四个一批"人才、"新世纪百千万人才工程"国家级人选，国家社科基金重大项目首席专家，享受国务院政府特殊津贴。先后毕业于清华大学、北京经济学院，曾在英国牛津大学、新加坡南洋理工大学等做访问学者。自1988年开始研究劳动就业、职业培训、人力资源管理、民生保障等理论与政策问题，参与新时期就业方针等重大理论与政策问题研究，参与撰写发布我国第一部就业白皮书，完成课题200余项，发表论文350余篇，出版著作20余部，主编我国第一部就业蓝皮书。

陈　云　中国劳动和社会保障科学研究院就业创业研究室主任、研究员，社会学博士。主要从事就业创业和社会政策研究工作。长期负责就业形势分析，开展企业用工和劳动者就业状况调查。在就业与经济关系、就业与人口发展、就业制度改革、就业优先政策、促进就业规划、创业带动就业、数字经济与就业、新就业形态、就业结构性问题、青年就业、就业扶贫等方面开展数十项课题研究。系列研究报告为政府研判就业形势和研拟就业政策提供了重要参考。发表论文百余篇。合著编写《当前就业热点问题研究》《中国就业发展报告》（就业蓝皮书）等著作20多部。

王晓梅 中国国际技术智力合作集团有限公司党委副书记、董事、总经理，中国全国妇联第十三届执委委员、中国对外服务工作行业协会会长、中国人才交流协会副会长、第三届全国人力资源服务标准化技术委员会委员。毕业于美国德克萨斯大学阿灵顿分校高级管理人员工商管理专业，获得高级管理人员工商管理硕士学位，系高级政工师。在企业人力资源开发与管理方面有近 30 年从业经历，对国内外人力资源行业研究深入、见解深刻，具有扎实的理论基础、丰富的实践和管理经验。

熊　颖 1984 年生，英国伯明翰大学硕士研究生毕业，获得北京大学光华管理学院 EMBA 学位。现任广州红海人力资源集团股份有限公司董事长，兼任广东省人力资源研究会副会长、广州人力资源服务协会会长、粤港澳大湾区经济文化促进会执行会长、越秀区十六届和十七届人大代表、广州市工商联常委、广州新侨联谊会副会长等。先后荣获全国科技创新创业人才、广州市高层次人才、广州市创新创业服务领军人才、越秀区重点企业高级人才等称号；在《中国劳动》上发表《中国人力资源服务业发展形势与路径探析》《人力资源服务在物流业的应用》等多篇文章，参与国家职业技能标准《劳务派遣管理员》编写。

摘　要

　　《中国就业发展报告（2024）》是由中国劳动和社会保障科学研究院组织编写的就业发展年度报告，包括总报告和四个专题篇，共 19 份研究报告。全书分析了我国 2023 年就业总体形势与未来发展趋势，以及就业政策与服务的新进展，分析如何在制造业高质量发展中、在推进生态文明建设与绿色发展中、在加强服务业发展中、在发展劳务品牌中、在改善收入分配与培育壮大新型消费中扩大就业机会；对 2023 年人力资源服务行业发展，就业保障，数字化转型赋能公共就业服务高质量发展，以及农民工、高校毕业生、职业学校学生、青年等重点群体就业，数字化背景下的职业技能培训等进行了专题研究。

　　报告指出，2023 年在疫情防控转段、经济社会运行恢复常态，但国内外经济环境仍然复杂，复苏动力不稳固等条件下，我国就业形势总体持稳，劳动力市场逐步进入稳定复苏期，就业主要指标运行逐步改善，总体失业水平回落至常态，主体群体就业稳定；同时，劳动力市场复苏动力仍不强劲，需求增长趋缓，就业结构调整变化加剧，结构矛盾更加突出，稳定和扩大就业仍面临一些困难。

　　如何扩大就业机会是 2023 年就业领域关注的焦点，报告关注了在新阶段，我国经济增长、经济结构、经济形态、产业与行业变革、技术进步、消费迭代、社会治理等方面出现的新变化新趋势，给就业带来的机遇和挑战，研究促进高质量充分就业的新动能、新机制、新思路。因此，专门组织了几篇专题报告进行研究。

2023 年，在习近平新时代中国特色社会主义思想的科学指引下，党中央、国务院把稳就业提高到战略高度通盘考虑，在稳中求进的总基调下，聚焦推动高质量发展，以加强人力资源开发利用为主题主线，担当作为、积极进取，推动各项工作取得新成效。深入实施就业优先战略，及时优化调整稳就业政策措施，延续降低失业、工伤保险费率政策，实施稳岗返还和一次性扩岗补助政策，把重点群体就业摆在突出位置，增强职业技能培训的针对性、实效性，提升就业公共服务水平，保持了就业局势的总体稳定。

报告认为要加强对农民工、高校毕业生、职业学校学生、青年等重点群体的政策支持与服务。针对这些群体的就业状况、政策体系、突出问题等进行了专题研究，提出了有针对性的政策建议。报告还就数字化学习在马兰花创业培训转型中的应用、数字化背景下的终身学习体系建设、数字技能人才产教融合培养模式开展了有益的探索研究。

总体来看，在我国经济转型升级进入"化蛹蝶变"的关键期，面对复杂国内外经济环境和就业新矛盾新挑战，要保持就业局势的持续总体稳定，需要贯彻落实党的二十大精神，进一步强化就业优先导向，促进高质量发展与高质量充分就业协调同步。按照稳中求进总思路，应变局、促转型、扩动能、兜底线、防风险，着力"扩需求、优供给、提服务、强保障"，统筹安排战略部署和具体政策措施。

关键词： 就业形势　扩大就业　高校毕业生　公共就业服务　高质量发展　终身学习

目 录 ⟅⟆

Ⅰ 总报告

Ⅱ 专题篇：扩大就业

Ⅲ 政策与服务篇

Ⅳ 重点群体就业篇

Ⅴ 职业技能培训篇

皮书数据库阅读**使用指南**

总报告

B.1

2023年就业形势、就业政策发展
与未来趋势

莫荣 陈云 曹佳*

摘 要： 2023年，在疫情防控转段、经济社会运行恢复常态，但国内外经济环境仍然复杂，复苏动力不稳固等条件下，我国就业形势总体持稳，劳动力市场在波动中渐入稳定复苏，就业主要指标运行改善，失业水平稳步回落，主体群体就业稳定；同时，劳动力市场复苏的动力仍不稳固强劲，需求增长趋缓，就业结构调整变化加剧，结构矛盾日益突出，稳定和扩大就业仍面临诸多困难。未来一段时期，我国就业面临内部条件和外部环境的重大变革，经济、技术、人口、政策多重因素叠加影响，就业发展的战略机遇和风险挑战并存。需要进一步强化就业优先导向，促进高质量发展与高质量充分就业协调同步。按照稳中求进总思路，应变局、促转型、扩动能、兜底线、

---

* 莫荣，中国劳动和社会保障科学研究院院长、研究员，主要研究领域为就业创业、人力资源管理、民生保障的理论和政策；陈云，中国劳动和社会保障科学研究院就业创业研究室主任、研究员，主要研究领域为就业创业和社会政策；曹佳，中国劳动和社会保障科学研究院就业创业研究室副研究员，主要研究领域为就业创业理论与政策、重点群体就业。

防风险,统筹安排战略部署,加强政策协同,抓住重点群体、重点领域,完善优化具体政策措施。

关键词: 就业形势 就业政策 社会保障 就业机会 高质量充分就业

2023 年,我国经济社会发展在疫情防控转段后恢复常态运行并逐步复苏,国内外宏观经济社会环境复杂多变,我国就业形势受到多重因素叠加影响,既有诸多积极因素推动劳动力市场持续改善,也有诸多消极因素冲击劳动力市场稳定。面对复杂严峻的环境和艰巨繁重的任务,在以习近平同志为核心的党中央坚强领导下,坚持稳中求进工作总基调,完整、准确、全面贯彻新发展理念,加快构建新发展格局,加大宏观调控力度,着力扩大内需、优化结构、提振信心、防范化解风险,我国经济回升向好,供给需求稳步改善,转型升级积极推进。国家统计局初步核算数据显示,2023 年全年国内生产总值为 1260582 亿元,比上年增长 5.2%。其中,第一产业增加值为 89755 亿元,增长 4.1%;第二产业增加值为 482589 亿元,增长 4.7%;第三产业增加值为 688238 亿元,增长 5.8%。① 经济增速稳中有进,经济规模持续扩大,为稳定就业奠定坚实基础。同时,国际环境复杂多变,地缘政经关系紧张;全球化遭遇逆风,世界经贸秩序遭遇"小院高墙""脱钩断链"扰乱,产业链、供应链遭受持续冲击,经济发展中的不确定性、不安全性增加;国内经济复苏动力不稳固,部分宏观经济指标偏弱,经济增长就业拉动力不强;市场结构和运行秩序仍处深度调整期,各行各业发展不均衡,一些企业经营遇到各种困难,企业投资和用工趋于谨慎,岗位需求趋紧,需求结构变化加剧。

面对复杂的经济形势和外部环境,党中央、国务院持续出台一系列稳经济、稳就业、稳物价的政策措施,在宏观不确定性背景下,保持了就业局势

---

① 《中华人民共和国 2023 年国民经济和社会发展统计公报》,https://www.stats.gov.cn/sj/zxfb/202402/t20240228_1947915.html。

总体稳定。就业形势总体上呈稳步复苏、稳中有变、变中向好的发展态势。就业主要指标运行逐步改善，劳动力市场进入稳定复苏期，新的就业增长点不断涌现，主体群体就业稳定，失业水平稳步回落至常态；但也要看到，劳动力市场的复苏动力仍不强劲，需求增长趋缓，就业结构调整变化加剧，结构矛盾更加突出，部分企业稳岗压力加大，用工扩员谨慎，群体性、区域性、行业性失业风险仍然存在，就业扩容提质仍面临困难。

一　2023年就业形势

（一）就业增长稳步恢复

就业形势的稳定依赖于一定幅度的就业增长。考虑到新成长劳动力规模、失业水平预期以及经济增长拉动就业能力等各方面因素，2023 年全国两会通过的《政府工作报告》确定全年实现 1200 万城镇新增就业的就业工作目标。2023 年，在经济形势回升向好基础上，城镇新增就业保持稳步增长。据人社部门统计，全年全国累计城镇新增就业人数为 1244 万人，较上年增加 38 万人，增幅为 3.2%，如期实现政府确定的就业增长目标。[①] 从走势看，1~12 月，当月新增人数除了 1 月、7 月、9 月同比减少外，其他 9 个月份均实现同比增长；从累计人数看，受疫情等诸多因素影响，1 月城镇新增就业人数同比减少 10.7%，2 月降幅缩小，3 月累计城镇新增就业人数由负转正，之后则维持稳步增长（见图 1）。从区域分布看，东部、中部、西部和东北部各区域均实现增长，东部地区增长幅度高于其他地区，占比扩大，表明东部沿海地区就业增长拉动力正较快复苏。与往年比较，2023 年城镇新增就业指标的总体运行情况仍低于 2019 年和 2021 年水平，但较 2020 年和 2022 年情况而言则有明显改善。

---

① 城镇新增就业数据根据人力资源和社会保障部公布数据整理，http：//www.mohrss.gov.cn/SYrlzyhshbzb/zwgk/szrs/tjsj/。

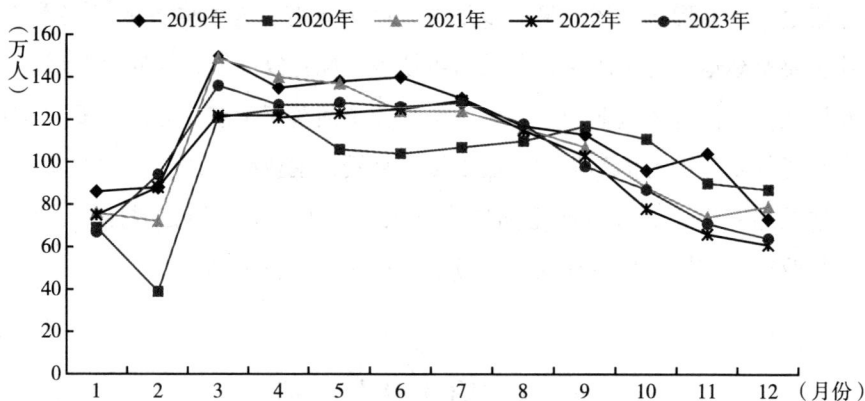

图1 2019~2023年各月全国城镇新增就业人数

资料来源：城镇新增就业数据根据人力资源和社会保障部公布数据整理，http://www.mohrss.gov.cn/SYrlzyhshbzb/zwgk/szrs/tjsj/。

（二）失业水平逐步恢复常态

从失业状况看，2023年失业水平逐步恢复常态。根据国家统计局发布的城镇调查失业率数据分析，2023年全国城镇调查失业率各月平均为5.2%，接近疫情前水平。比2019年和2021年高0.1个百分点左右，比2020年和2022年低0.4个百分点左右。31个大城市城镇调查失业率各月平均为5.4%，与全国城镇调查失业率相似，略高于2019年和2021年水平，低于2020年和2022年水平。从走势来看，1~12月，全国城镇调查失业率在1月、2月分别为5.5%和5.6%，处于相对高位，自3月起整体逐步走低，12月为5.1%，全年波动趋势与疫情前2018年和2019年基本一致。31个大城市城镇调查失业率平均为5.4%，较上年下降0.6个百分点。值得注意的是，31个大城市城镇调查失业率在疫情前总体上低于全国城镇调查失业率，疫情期间则高于全国水平，2023年，31个大城市城镇调查失业率也从年初的高于全国水平逐步走平，年底则低于全国水平0.1个百分点，是2022年2月以来首次低于全国水平（见图2、图3）。这些均表明2023年我国劳动力市场运行和失业状况基本恢复常态。同时也表明大城市就业吸纳活力逐步释放，失业压力逐步缓解。

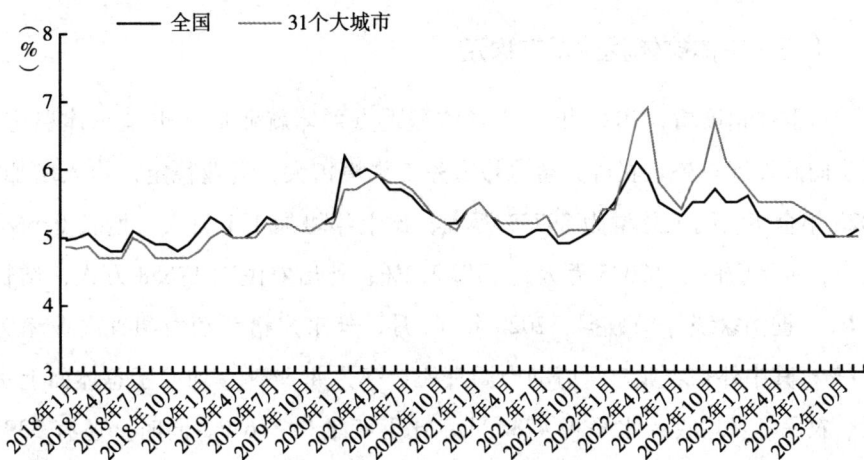

图2　2018~2023年各月全国和31个大城市城镇调查失业率

资料来源：国家统计局按月发布的城镇调查失业率数据，https：//www.stats.gov.cn/easyquer.htm? cn＝A01。

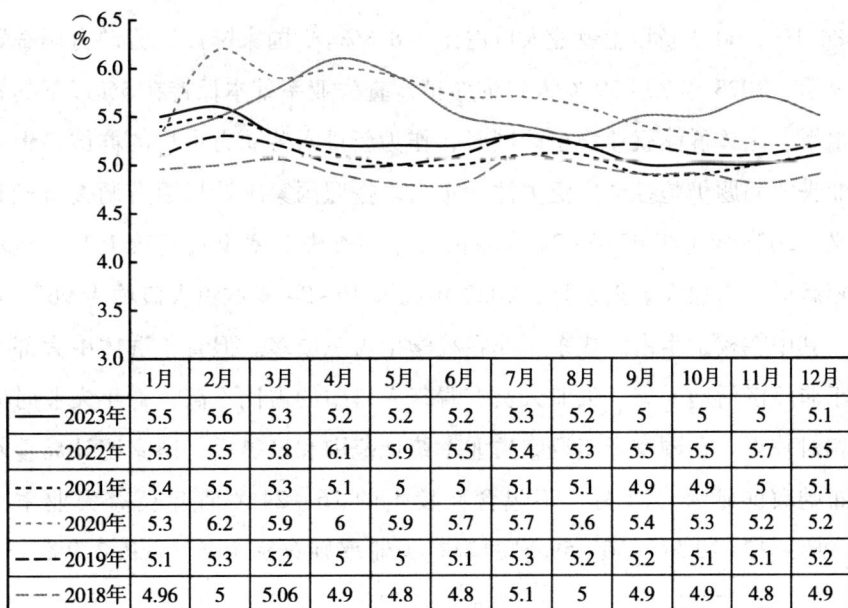

	1月	2月	3月	4月	5月	6月	7月	8月	9月	10月	11月	12月
——2023年	5.5	5.6	5.3	5.2	5.2	5.2	5.3	5.2	5	5	5	5.1
——2022年	5.3	5.5	5.8	6.1	5.9	5.5	5.4	5.3	5.5	5.5	5.7	5.5
----2021年	5.4	5.5	5.3	5.1	5	5	5.1	5.1	4.9	4.9	5	5.1
----2020年	5.3	6.2	5.9	6	5.9	5.7	5.7	5.6	5.4	5.3	5.2	5.2
－－2019年	5.1	5.3	5.2	5	5	5.1	5.3	5.2	5.2	5.1	5.1	5.2
－－－2018年	4.96	5	5.06	4.9	4.8	4.8	5.1	5	4.9	4.9	4.8	4.9

图3　2018~2023年各月全国城镇调查失业率

资料来源：国家统计局按月发布的城镇调查失业率数据，https：//www.stats.gov.cn/easyquer.htm? cn＝A01。

（三）主体群体就业基本稳定

从群体角度看，2023 年主体群体和重点群体就业形势也呈总体稳定、逐步向好发展态势。农村劳动力外出务工规模扩大，就业稳定，收入增加。2023 年全年农民工总量为 29753 万人，比上年增加 191 万人，增长 0.6%。其中，本地农民工 12095 万人，下降 2.2%；外出农民工 17658 万人，增长 2.7%。据国家统计局数据，2023 年 12 月，外来户籍劳动力调查失业率为 4.7%，其中外来农业户籍劳动力调查失业率为 4.3%[①]，均低于总体面上水平。农民工月均收入水平为 4780 元，比上年增长 3.6%。同时，还有 3397 万名脱贫人口实现务工增收。[②]

从年龄结构看，25 岁以上主体群体就业持续稳定，16~24 岁青年失业率在前期攀升后于下半年逐步改善。根据第七次全国人口普查数据分析，我国就业人员中 16~24 岁青年人口占比为 7.1%，25~59 岁就业人口占比则达到 84.1%，60 岁及以上就业人口占比为 8.8%。[③] 国家统计局劳动力调查数据显示，2023 年 25~59 岁人口的城镇调查失业率基本保持在 5%以下的较低水平。主体群体就业稳定的同时，作为新进入劳动力市场的群体，青年就业失业问题仍是社会广泛关注的重点。按照国家统计局原有调查口径和定义，2023 年上半年 16~24 岁城镇青年调查失业率出现持续上升，显示青年就业压力加大。据统计，2023 年我国 16~24 岁城镇人口约为 9600 万人，其中在校学生占六成多，非在校学生占三成多。但青年群体中大部分属于非经济活动人口，失业人员在青年人口中的占比不高，青年失业时间也相对较短。在调整青年调查失业率统计范围和口径后，国家统计局重新发布的数据显示，12 月，不包含在校生的 16~24 岁青年调查失业率为 14.9%，25~29 岁、30~59 岁的调查失业率则分别为 6.1% 和 3.9%。这

---

① 外出农民工数据来源于国家统计局发布的相关数据。
② 数据来源于人社部 2023 年第三季度新闻发布会，http://www.china.com.cn/app/template/amucsite/web/webLive.html#3252。
③ 各年龄段就业人口比例由作者根据第七次全国人口普查数据计算。

表明，随着经济形势好转、促进就业政策与服务效应逐步释放，青年就业形势也在逐步改善。

（四）劳动力市场行业发展不平衡，结构调整分化持续

宏观经济环境的复杂影响叠加疫情滞后效应，各地区、各行业以及行业内不同企业之间的复苏并不平衡，经济发展的不均衡、新旧动能的转换，都影响到劳动力市场需求结构的变化，2023年劳动力市场的结构分化持续深化。根据国家统计局发布的制造业和非制造业从业人员指数变化情况，2023年，两者相对变化明显，特别是非制造业从业人员指数在4月、5月恢复到与制造业从业人员指数基本并齐状态，一改疫情以来持续低于后者的状况，说明上半年非制造业就业恢复明显；但在第三季度又逐步回落至制造业从业人员指数以下，虽第四季度又略有回升，12月为47.1，但仍低于制造业从业人员指数（47.9），未能恢复至疫情前常态（见图4）。从招聘需求看，不同区域、不同行业和不同职业的就业景气度分化扩大。数据显示，建筑业，房地产业相关中介、装修、设计、物业行业，计算机软件，传统媒体和

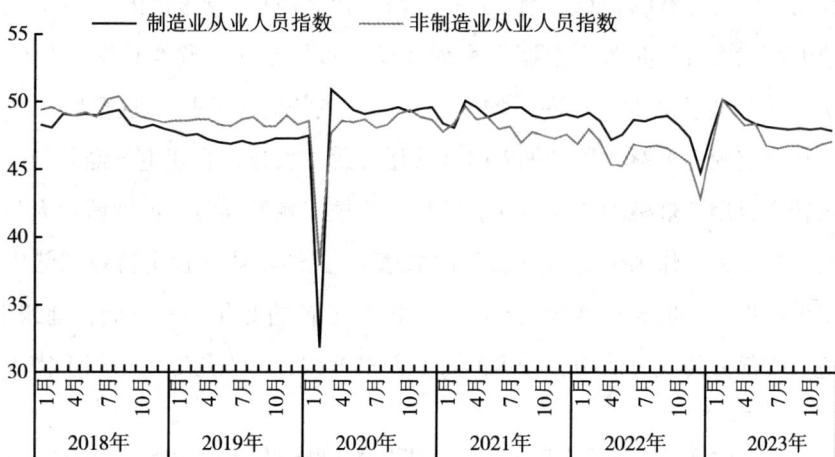

图4　2018~2023年制造业和非制造业从业人员指数

资料来源：国家统计局按月发布的数据。

出版，文娱体育和休闲等一些行业招聘需求有所下降，而旅游、餐饮、酒店民宿、美容养生等相关的新业态、新消费，以及新能源制造相关行业领域的招聘需求则增长较多。行业企业用工的不稳定，以及市场招聘需求的变化显示劳动力市场结构调整仍在持续深化。

（五）企业用工需求谨慎，灵活就业增加

各类企业和个体工商户等经营主体用工是吸纳当前劳动者就业的主体。从监测数据看，2023 年监测企业岗位增减波动幅度保持在正常区间，总体用工状况较 2022 年有所改善，但企业用工仍处于持续收缩状态，稳岗压力仍然较大。前述国家统计局发布的制造业从业人员指数和非制造业从业人员指数也较 2022 年有所改善，但总体来看，2023 年全年中仍有 10 个月两者都处于荣枯线以下，这表明企业用工总体上仍然处于收缩状态。中国劳动和社会保障科学研究院与淘天集团研究中心联合开展的中小微企业经营用工状况调查表明，2023 年中小微企业招工用工情况在年中微幅改善后，年底又出现收缩，超过一年未招工企业比例上升[①]，表明就业增长动能仍不稳固、不强劲。值得注意的是企业用工规模趋减、招聘需求趋弱的同时，部分企业从业人员工作时间延长。根据国家统计局发布的劳动力调查数据，2023 年 12 月，全国企业就业人员周平均工作时间达到 49.0 小时。[②] 这反映出企业用工在一定程度上存在以增加工时替代增加用工人数，企业生产经营的改善尚未转变成用工规模的扩大。在企业用工规模缩减的同时，灵活就业人员规模则有所扩大。作为劳动力市场"蓄水池"，灵活就业在稳定就业局势中发挥了重要作用。但灵活就业人员状况也出现了新的变化，一方面，建筑业、制造业等部分传统灵活用工较多的行业需求缩减，特别是零工市场上需求人

[①] 中小微企业经营用工状况调查由中国劳动和社会保障科学研究院与淘天集团研究中心联合开展，按季度通过网络平台对中小微企业进行问卷调查。

[②] 企业就业人员周平均工作时间来源于国家统计局发布的劳动力调查数据，《2023 年国民经济回升向好　高质量发展扎实推进》，https://www.stats.gov.cn/sj/zxfb/202401/t20240117_1946624.html。

数和工价都出现一定程度下降；另一方面，依托互联网平台的新就业形态从业者也面临"量增质降"的问题。

二 就业政策与服务的新进展

2023年，在习近平新时代中国特色社会主义思想的指引下，党中央、国务院把稳就业提高到战略高度通盘考虑，各级部门认真贯彻落实党中央、国务院决策部署，坚持稳中求进工作总基调，聚焦推动高质量发展，以加强人力资源开发利用为主题主线，担当作为、积极进取，推动各项工作取得新成效。深入实施就业优先战略，及时优化调整稳就业政策措施，延续降低失业、工伤保险费率政策，实施稳岗返还和一次性扩岗补助政策，把重点群体就业摆在突出位置，增强职业技能培训的针对性和实效性，提升就业公共服务水平，保持了就业局势的总体稳定。

（一）深入实施就业优先政策，及时优化调整稳就业政策措施

新冠疫情后，全球劳动力市场缓慢复苏，总体就业形势依然严峻。我国劳动力市场积极改善，基本恢复到疫情前水平，政策红利的加速释放给经济和劳动力市场的恢复注入了动力。2023年，是继续深入实施就业优先政策的一年，也是根据目标导向和问题导向，及时优化调整政策服务的一年。2023年，人力资源社会保障部办公厅、财政部办公厅联合印发了《关于进一步加强就业政策落实有关工作的通知》，指出要加大推进就业扶持政策落地生效的力度，加强政策宣传，提高政策知晓度和落实率。根据形势需要，有关部门适时优化调整稳就业政策，延续实施阶段性降低失业和工伤保险费率、持续实施稳岗返还和一次性扩岗补助等政策，延续拓展吸纳就业补贴，及时重启扩岗补助。据统计，这些政策的实施为企业降本减负超过2000亿元，提供的就业补助资金超过1000亿元。全年各级政府直接支持就业创业的资金超过3000亿元。

（二）把重点群体就业摆在突出位置，精准帮扶兜牢民生底线

2023 年，人社部门继续聚焦高校毕业生、农村转移劳动力、新就业形态劳动者等重点群体，坚持市场化社会化就业与政府帮扶相结合，强化政策落实、服务保障、权益维护、困难帮扶，促进多渠道就业创业。对高校毕业生等青年就业抓早抓实抓细，开展 2023 年高校毕业生等青年就业创业推进计划，在全国集中开展高校毕业生等青年就业服务攻坚行动，帮助未就业毕业生尽早就业；为便利高校毕业生求职就业，取消普通高等学校毕业生就业报到证；统筹实施"三支一扶"计划等基层就业项目，全国共招募 4.2 万名"三支一扶"高校毕业生到基层服务，其中包括选派 4996 名高校毕业生到国家乡村振兴重点帮扶县。促进农民工技能提升、就业创业，加强农民工劳动权益保障。印发《关于加强农民工职业技能培训工作的意见》（人社厅发〔2023〕55 号），开展大规模职业技能培训；为推动农民工共建共享城镇发展成果、更好融入城镇，开展"城暖农民工"服务活动。为落实保障农民工工资支付工作的属地监管责任，出台《保障农民工工资支付工作考核办法》（国办发〔2023〕33 号），有效预防和解决拖欠农民工工资问题，切实保障农民工劳动报酬权益。促进女性就业和保障女性就业权益。2023 年，有关部门印发《工作场所女职工特殊劳动保护制度（参考文本）》和《消除工作场所性骚扰制度（参考文本）》，为切实保障广大女职工合法权益提供规范和指导。指导用人单位完善工作场所女职工特殊劳动保护制度和消除工作场所性骚扰制度，切实保障广大女职工合法权益，促进女职工身心健康，营造安全、健康、舒心的良好工作环境。促进新就业形态发展和加强新就业形态劳动者权益保障。为指导企业依法规范用工、新就业形态劳动者依法维权，人社部编制了"两指引一指南"（《新就业形态劳动者休息和劳动报酬权益保障指引》《新就业形态劳动者劳动规则公示指引》《新就业形态劳动者权益维护服务指南》），从工作时间、劳动报酬、防止过劳以及平台劳动规则等方面进行了规范引导，为切实维护好新就业形态劳动者基本权益提供了依据。

（三）支持中小微企业发展和吸纳更多就业

数量庞大的经营主体特别是中小微企业，是我国经济发展的底气和韧性所在，是增活力、稳就业的关键。2023 年，中共中央、国务院出台《关于促进民营经济发展壮大的意见》，针对中小微企业获得感较强的政策，在财政允许的情况下继续实施。为促进中小微企业"量质齐升"，进一步支持专精特新中小企业健康发展，创造更多高质量就业岗位，吸纳更多重点群体就业，人力资源社会保障部、工业和信息化部部署实施了专精特新中小企业就业创业扬帆计划。该计划主要内容包括：鼓励劳动者创办创新型中小企业；做好专精特新中小企业用工服务和技术技能人才供给服务；支持技术技能人才发展，动态调整职称专业设置，健全完善职业标准和评价标准体系，贯通继续教育、职称评审、职业培训政策；支持开展就业见习活动，建设就业见习基地，落实就业见习补贴政策；支持构建和谐劳动关系，指导企业依法合规用工，保障企业和劳动者合法权益。

（四）推进技能培训扩面、增效、提级

中国式现代化建设，离不开一支规模宏大、结构合理、素质优良的高技能人才队伍。2023 年，人社部门积极贯彻落实《关于加强新时代高技能人才队伍建设的意见》，推进"技能中国"行动，聚焦重点领域加大职业培训和技工教育力度，大力推行"新八级工"职业技能等级制度，成功举办第二届全国技能大赛，对第十六届中华技能大奖获得者和全国技术能手进行表彰，技能就业、技能成才、技能报国的社会氛围更加浓厚。服务培训扩面增效增强了市场效能，全年开展补贴性职业培训超过 1800 万人次，超过 1200 万人次取得职业资格或技能等级证书。近年累计评聘特级技师、首席技师 3000 多人。

（五）推进智慧就业服务，提升服务效能和水平

开展公共就业服务活动，是促进劳动力供需匹配的重要举措，也是贯穿

就业工作全程的重要抓手。2023 年，人社部门坚持把提升行政效能摆在突出位置，根据各类劳动者求职需求和劳动力市场运行规律，持之以恒推进系统行风建设，深入开展"人社服务快办行动"，加快推进政务服务"一件事一次办""一网通办""跨省通办"，为企业群众办事提供便利，取得了积极成效。加快建设"智慧人社"，以数字赋能推进服务提速升级。在公共就业服务方面，推动建立就业信息"一库一平台"，加快推进数字化就业服务，创新推进直播带岗等服务形式。继续实施公共就业服务能力提升示范项目。大力推进零工市场、家门口就业站、15 分钟就业服务圈建设，强化基层就业服务力量。开展针对重点群体和经营主体的专项服务。例如，开展春风行动暨就业援助月，集中为农村劳动力、困难人员提供就业帮扶；开展百日千万网络招聘专项行动，搭建全国统一、多方联动的网络招聘平台。实施离校未就业高校毕业生服务攻坚行动，向未就业毕业生和失业青年提供政策落实、权益保护、困难帮扶系列服务；打造"职引未来"青年就业服务品牌，持续开展大中城市联合招聘高校毕业生专场活动和全国人力资源市场高校毕业生就业服务周等活动，为高校毕业生求职择业和用人单位招聘人才提供服务。针对新就业形态劳动者维权难、多头跑，办理此类纠纷调查取证难、事实认定难和法律政策不完善问题，探索为新就业形态劳动者提供一站式劳动纠纷调解服务。面向民营企业、中小企业，组织民营企业招聘月，开展金秋招聘月，帮助企业解决招工稳岗难题，促进人岗对接，支持民营企业吸纳重点群体就业。同时，出台《人力资源服务机构管理规定》，加强对人力资源服务机构的管理，规范人力资源服务活动，健全统一开放、竞争有序的人力资源市场体系，促进高质量充分就业和优化人力资源流动配置。

三 就业发展未来趋势展望与政策建议

当前和今后一段时期，我国经济社会发展进入新的历史阶段，强国建设、中华民族伟大复兴战略全局和世界百年未有之大变局深度交融、相互激荡。我国就业发展也进入新阶段，从"有没有"向"好不好"转变，从

"比较充分"向"高质量充分"提档升级，需要在注重"量"的基础上，更加注重"质"和"效"。我国就业面临内部条件和外部环境的重大变革，经济、技术、人口、政策多重因素叠加影响，就业发展的战略机遇和风险挑战并存。

当前，促进高质量充分就业有诸多有利因素。党中央、国务院高度重视就业问题，为就业工作提供了坚强的组织保障和体制机制优势。我国经济社会进入高质量发展新阶段，全面准确贯彻新发展理念、构建新发展格局、发展新质生产力、培育发展新动能，经济转型升级进入"化蛹蝶变"的关键期。当前，国内经济运行回升向好态势持续，我国经济稳中向好、长期向好的基本面没有变，经济规模进一步扩大，经济结构进一步优化，市场空间广阔，发展韧性强劲，为就业奠定了坚实的经济基础。新一轮科技革命和产业变革深入发展，创新驱动的新技术、新经济、新业态加速发展，为就业增长提供新的强劲动能。数实融合广泛深入推进，经济社会全面绿色转型，适老社会建设加速实施，数字经济、绿色经济、银发经济等的发展为就业提供巨大空间。新型城镇化、乡村振兴孕育巨大发展潜力，新的就业增长点不断涌现。构建"双循环"发展格局，推进"一带一路"建设，持续扩大开放和深化改革，拓展国际国内劳动力市场边界。劳动力市场协同性增强，社会性流动更加顺畅，劳动力整体人力资本水平提高，职业素质和技能优势更加凸显。长期来看，我国就业发展面临的有利条件强于不利因素，实现高质量充分就业具备坚实支撑。

与此同时，国内外经济环境变局和重要因素变化也必然给就业带来各种可以预料和难以预料的风险挑战，实现高质量充分就业仍需解决一些突出矛盾和问题。一方面，当前国内经济发展面临有效需求不足、部分行业产能过剩、社会预期偏弱、风险隐患仍然较多等突出问题。从长期因素看，人口老龄化、城乡一体化、新型工业化、产业数智化、发展绿色化、用工多元化等持续深化，特别是随着以人工智能为核心的科技革命和产业变革的加速，新质生产力培育壮大，劳动力市场岗位需求将深度调整，就业结构矛盾更加突出且常态常新，必将给就业发展带来诸多挑战。另一方面，外部环境的复杂性、严峻性、不确定性增强。受当前国际政经矛盾突出、地缘冲突多发，大宗商品价格波动、通货膨胀高企、金融系统和国际债务风险外溢等影响，国际经济复苏步履维艰，影响经济形势的"灰犀牛"和"黑天鹅"事件发生概率上升，对我国经济和就业造成重大冲击的潜在风险不容忽视。受此影响，我国劳动力市场的复杂性更加突出，各种可预见和不可预见的风险挑战增多，实现就业扩容提质仍面临诸多困难。特别是2024年，我国应届高校毕业生规模仍持续增长，达到1179万人的新高，在金融、房地产、互联网、教培等传统吸纳毕业生就业较多的行业进入调整转型期，企业经营不确定性增强、总体用工更趋谨慎的情况下，以高校毕业生为主体的青年就业或将持续增压。

面对国内外复杂经济环境和就业新矛盾新挑战，要保持就业局势的持续总体稳定，需要进一步强化就业优先导向，促进高质量发展与高质量充分就业协调同步。按照稳中求进总思路，应变局、促转型、扩动能、兜底线、防风险，着力"扩需求、优供给、提服务、强保障"，统筹安排战略部署和具体政策措施。

（一）坚持就业优先，以高质量充分就业目标加强政策统筹协同

习近平总书记2021年12月8日在中央经济工作会议上讲话时指出，"要在推动高质量发展中强化就业优先导向，提高经济增长的就业带动力"；在2023年7月召开的中共中央政治局会议上强调，"把稳就业提高到战略高度通盘考虑"。建立宏观调控目标关联与就业优先的政策一致性取向评价机制，形成就业友好型发展方式。把就业增长、失业水平等作为政策调控的关键指标，促进就业政策与财政、货币、投资、产业、消费、教育等经济社会政策联动；开展重大政策、重大项目、重要规划、重大生产力布局、重大行政监管和督查活动的就业影响评估。

（二）培育增强就业新动能，千方百计增加就业机会

大力推进现代化产业体系建设，因地制宜加快发展新质生产力。推动传

统产业高端化、智慧化、绿色化转型，积极发展新兴产业，培育未来产业。推进一二三产融合发展，提升制造业就业质量、增加服务业就业机会、拓展农业就业新空间。加大力度实施扩大内需战略，推进新业态、新消费发展。加大新型基础设施、城市更新改造等建设领域投资力度。紧抓产业转型升级机遇，大力实施创新驱动发展战略，推进数实融合，培育发展一批知识密集型、技术密集型产业，在新型工业化、新型城镇化、全面绿色转型和加快银发经济发展中培育经济和就业增长新动能。

（三）充分发挥各类市场主体特别是中小微企业的吸纳就业作用

要持续优化市场化法治化国际化营商环境，持续破除民营企业公平参与市场竞争的制度障碍，取消各类不合理限制和壁垒，进一步放开市场准入，推动民间投资增长。要加强稳预期稳增长稳就业政策的创新协同，强化宏观政策、产业政策等支持就业导向，扩大有效需求、提振市场信心、稳定企业经营，鼓励将企业经营改善转换为用工改善，带动更多就业。有针对性地优化调整阶段性政策，引导财政资金和社会资本优先有效支持吸纳就业能力强、提供就业机会多的行业和企业。优化中小微企业生存发展生态，着力构建中小微企业降本减负、增效提质、稳岗扩员的长效机制。将促进中小微企业发展纳入地方经济社会发展考评机制，将对中小微企业的支持纳入就业优先政策重点倾斜支持对象，加大对中小微企业的实际支持力度和创新创业帮扶力度。加强中小微企业的就业创业服务，着力帮助解决中小微企业招工难、培训难、引才难等突出问题。坚决整治乱收费、乱罚款、乱摊派、乱整治等现象，切实解决政府拖欠企业账款以及中小微企业融资难、招工难等问题。鼓励中小微企业抓住经济转型升级的契机，在推动产业链、价值链重构和数字化转型中"入链""补链"，激发企业自身内生动力和创新活力。

（四）完善重点群体就业扶持政策，兜住兜准兜牢就业安全底线

重点群体是稳就业的基本盘。要落实就业优先政策，应突出做好高校毕

业生、退役军人、农民工、城镇困难人员等重点群体就业工作。针对新形势下不同群体的特征变化，要进一步细化完善针对性帮扶政策措施，分类精准施策。一是继续把高校毕业生等青年群体就业工作摆在突出位置。高校毕业生等青年群体是现代化建设中最具活力和最有开发潜力的群体，必须高度重视。将面向高校毕业生的就业政策扩展至全部青年，提升政策普惠性，要适应新世代青年群体特点，采取更加有针对性的措施，千方百计稳住青年就业。二是积极促进农民工职业技能和就业质量提升。农民工是现代产业工人的主体，也是承载人力资源技能红利的重点群体。加快推进农民工市民化进程，加快提升基本公共服务均等化水平，加大进城农民工的就业服务、技能培训、创业培训等政策支持力度，实现农民工就业稳量提质。三是统筹做好其他重点群体就业工作。退役军人、残疾人等其他重点群体面临的情况和问题各有侧重、不一而足，要健全分级分类的就业援助制度，采取更有针对性、有效性的支持政策和措施。强化与生活保障类政策的协同联动，兜住兜准兜牢困难人员就业底线。

专题篇：扩大就业

B.2
制造业高质量发展与扩大就业

楚珊珊 *

摘　要：　制造业是立国之本、强国之基，也是吸纳就业的重要渠道。近年来，制造业的"压舱石"作用显著，稳增长促就业能力突出。制造业就业发生结构性调整，细分行业就业有降有升，大中小企业用工差异增大，东部地区制造业承载能力依然较强，岗位需求层次发生结构性调整。同时，制造业高质量发展为扩大就业带来新的机遇，包括就业规模效应强化、就业溢出效应显著、就业迁移效应加大和就业保障效应提升。但制造业稳就业扩就业也面临制造业就业增长动能减弱，产业结构持续优化叠加制造业加快转型对就业形成挤出效应，以及部分传统岗位优势不足与求职者就业期盼不匹配等问题。为了多措并举释放制造业就业潜能，应当践行制造业优先发展理念，以系统观念打造制造业发展生态，加快构建与制造业发展趋势相匹配的就业促进体系等。

* 楚珊珊，中国劳动和社会保障科学研究院就业创业研究室助理研究员，主要研究领域为就业理论与政策、创新与就业。

关键词： 制造业发展　扩大就业　高质量充分就业　就业创造

一　制造业就业态势及主要特征

近年来，我国制造业平稳发展，行业就业结构性调整加快，主要呈现如下态势与特点。

（一）制造业的"压舱石"作用显著，稳增长促就业能力突出

制造业是我国的支柱产业，目前我国制造业增加值占全球的近三成，居世界首位，占全国 GDP 的比重超 1/4，对经济增长年均贡献率常年保持在25%左右。2023 年，制造业投资与上年相比增长 6.5%，高出全部固定资产投资 3.5 个百分点[①]，对经济社会发展的带动作用持续显现。与其他行业门类相比，制造业仍是用工大户，吸纳近两成就业人口，近 10 年来制造业企业年平均带动就业人数达到 4500 余万人[②]，在吸纳大量城镇化进程中转移的农村剩余劳动力方面也发挥了拉动就业主力军的作用。从 2024 年春季招聘需求看，据全国人力资源市场信息监测中心对"春风行动"期间各行业招聘需求数据的分析，生产制造类岗位用工需求最旺，占到全国的三成半，稳就业促就业作用显著。

（二）细分行业就业有降有升，用工分布呈现非均衡变化趋势

整体来看，规模以上制造业用工人数呈下降趋势，但由于发展阶段和政策环境不同，制造业从业人员在细分行业中出现"两极分化"结构分布。其中，劳动密集型、高耗能等环保约束型制造业用工人数和占比表现为渐降型或波动下滑型，如纺织服装行业就业人数减少了一半左右，非金属矿物制

---

① 国家统计局：《2023 年全国固定资产投资增长 3.0%》，https://www.stats.gov.cn/sj/zxfb/202401/t20240116_1946620.html，2024 年 1 月 17 日。
② 苏丽锋：《激发制造业的稳就业促就业潜力》，《工人日报》2022 年 7 月 11 日。

品业就业下滑势头加速；而技术密集型、绿色发展型和高附加值型制造业用工人数和占比表现为双升型，如通信设备、计算机及其他电子设备制造业的就业人数较 2010 年增幅达 20% 左右，高端制造业用工人数占工业从业人员的比重在 2019 年已达到四成。[①]

（三）大中小企业用工差异增大，中小微企业成为吸纳就业中坚力量

制造业领域市场主体多，不同规模企业就业分化明显。大企业影响力和发展能力强，截至 2023 年末，制造业上市公司数量超 3600 家，市值排名靠前的企业员工规模整体平稳。而与此同时中小企业撑起了制造业发展的"半边天"，成为吸纳就业的主渠道和主力军。从数量规模看，全国登记在册企业中中小微企业比重超过九成，提供了 80% 以上的城镇就业岗位，制造业的中小法人单位从业人员绝对规模最大，是吸纳和调节就业的重要"蓄水池"。中国劳动和社会保障科学研究院制造业企业问卷调查[②]显示，多数企业未来 1 个月内有招聘活动，而规模在 1~99 人、100~499 人、500~999 人的中小微企业计划招聘规模占全部招聘需求人数的六成左右，展现了较强的韧性和活力。

（四）东部地区制造业承载能力依然较强，城市群制造业用工集聚效应凸显

从地区规模结构看，根据第七次全国人口普查数据，有 9 个省份制造业就业人口比重高于全国平均水平，东南五省市排名前五，仍是吸纳就业主阵地。制造业企业问卷调查显示，未来 1 个月内计划招聘规模呈东中西梯度分布，东部地区计划招聘人数占全部招聘人数的比例为四成，中部、西部地区次之，东北地区占比最低。同时各大城市群招聘需求也主要集中在制造业。

[①] 根据《2023 年中国统计年鉴》相关数据测算得出。
[②] 为了解全国制造业企业岗位需求情况，中国劳动和社会保障科学研究院于 2024 年 2 月下旬组织开展了线上问卷调查，共计回收有效问卷 8832 份。

中国劳动和社会保障科学研究院 300 个城市网络招聘需求数据显示，珠三角、长三角、京津冀、成渝经济圈等各大城市群制造业企业发布招聘岗位数占全行业的比例明显高于其他行业门类，具有明显的用工集聚效应。

（五）岗位需求层次发生结构性调整，高层次、高技能人才将成为制造业用工新常态

制造业吸纳就业的层次覆盖高、中、低端，但需求层次呈现新特点，表现为普工需求下降，技工需求大幅增加。据全国人力资源市场信息监测中心对"春风行动"期间岗位招聘需求数据的分析，技术技能岗位需求扩张明显，同普工的需求结构由"三七开"变为"五五开"。技术技能岗位需求中，生产类超五成，电工、焊工、钣金工等传统工种，以及信息工程师、电气工程师等新兴工种需求多。同时通过调研了解到各地制造业转型升级速度加快，制造业部分岗位，尤其是基层员工将逐步被机器替代，企业内部高层次人才比重逐渐上升将成为用工发展的新常态、新趋势。

二 制造业高质量发展中扩大就业的新机遇

当前，我国制造业就业整体上出现了较为明显的下滑趋势，但是我国制造业发展正处于"旧的未去，新的刚来"阶段，制造业稳就业能力以及创造新就业需求的潜力未减。我们认为，传统制造业在智能化、数字化驱动的转型升级中，虽会面临"机器换人"等对就业的影响，但可以通过"技能偏向型技术进步"延伸产业链条，从而带来高质量就业岗位创造和拓宽的机遇。同时，制造业发展新风口拓宽就业空间潜能巨大。在绿色低碳、数实融合等转型推进中，在先进制造业、高技术制造业、服务型制造业等颠覆性行业发展浪潮中，新的制造业就业增长点不断涌现，进一步开发出人才和职业需求，释放就业新机会。

（一）传统制造业转型融合加力产业链协同，就业规模效应强化

从当前的就业结构来看，传统制造业仍然是稳就业主力军。在人社部按

季度发布的全国"最缺工"100个职业排行中,生产制造类部分岗位长期在榜。新形势下,企业对数智化转型的需求日益明显,传统制造业企业通过多种形式开拓市场,积极促进产销对接,稳住并扩大劳动密集型产业及上下游产业链岗位,不断扩容就业"蓄水池"。对于正处在数字经济与实体经济融合阶段的企业,将增加对高素质产业工人以及复合型人才的需求,吸纳更多的产品设计人员、开发管理人员等高科技人才。在此过程中,制造业领域也将涌现一批以数字经济为特征的新业态新模式,直接或间接产生大量劳动力需求。根据《2024中国制造业发展趋势报告》,2017~2023年,除2020年受疫情影响外,其余年度的制造业数字化转型相关岗位需求不断增长,2023年发布数字化转型相关岗位的企业数量相比2017年实现翻倍。不仅如此,各类资源要素、市场主体借助数字化的连接形成多方参与的生态系统,包括不同主体(政府、企业、技术人才、学者、创业家、大学、制造商等)、子系统和外部环境的交互、联合,促进与数字技术、产品生产和相关服务挂钩的价值网络中更多就业机会的增加,以网络化方式为实现价值汇聚共赢提供了可能,增大了就业扩容提质的弹性空间。例如,淘工厂通过打造基于产品的新型价值链,扩大了传统制造业的就业面,供应链管理和物流服务成为制造业重要的支持领域,这不仅包括传统的物流运输,还包括供应链的规划、仓储管理、在线销售等服务,创造了上百万个就近就业机会,衍生了数字化运营师等新职业。与此同时,制造业绿色发展内生动力增强,绿色制造和循环经济成为新的增长点,包括节能环保设备制造、废弃物资源化利用、清洁能源设备生产等领域,由此创造新的就业机会。此外,为有效地加快制造业转型,支持制造业用工,强化制造业高质量发展的人力资源支撑,与之相协同的人力资源服务业发展跑出加速度,当前制造业领域的人力资源服务占全行业服务总量的近40%,人力资本服务等领域就业新动能不断形成。

（二）新动能吸纳就业创造潜力持续释放,就业溢出效应显著

随着颠覆性技术、前沿产业的加快布局,高新制造业增长势能良好,将形成以高质量就业促进产业发展、以发展产业促进就业的局面,并通过深化

社会分工、延长产业链和培育新消费需求等方式，给制造业承载新增就业带来无限空间。颠覆性技术的研发本身需要投入大量的高层次劳动力，直接创造工作需求，相关领域包括新能源及新材料、智能制造、精密制造、航空航天、生物医药等，承载行业风口带动招聘需求增长，对工程师、研发人员、技术支持人员等高技能劳动力需求量庞大，也会产生建造、运营、维护等新岗位，成为人才"磁吸场"。《2022年智能制造人才发展报告》显示，2022年我国智能制造产业用人需求同比增长53.8%。"专精特新"加快培育，我国已累计培育专精特新"小巨人"企业1.2万余家，其中制造业企业超1万家，超九成为国内外知名大企业配套，随着在制造业强链补链中作用的持续提升，招聘需求也将进一步释放。同时，一大批先进制造"排头兵"企业在技术攻关、智能制造及柔性生产的加持下，让小批量、多品种、高附加值的定制化生产成为现实，增加了设计、研发、市场营销等方面的就业机会，也将产生一批懂技术、会管理、善创新的复合型人才需求。制造业服务化也是未来大趋势，这种新型制造模式和产业形态将提供设计、研发、维护、咨询等高附加值服务，从而创造大量针对高素质劳动力的服务类就业机会，推动就业规模倍增。

（三）区域性经济布局拓展制造业发展新空间，就业迁移效应加大

全球制造业发展格局和我国区域经济发展环境发生重大变化，区域性经济合作加强，给我国制造业发展带来机遇，制造业就业纵深发展空间和回旋余地较大。从国际层面看，2022年《区域全面经济伙伴关系协定》的生效，可以促进我国制造业发展在高水平开放中，灵活进行产业布局，建立更精细更完善的产业链分工体系，降低最终产品的生产成本，其带来的巨大贸易创造效应，为我国经济持续增长和增加就业机会提供了新机遇。从国内层面看，由于资源禀赋和生产要素差异，我国制造业区域发展尚不平衡、不充分，随着区域发展战略的深入实施，中西部地区承接资源加工型、劳动密集型产业和具有市场需求的资本密集型、技术密集型产业空间仍然较大，产业转移将逐渐降低发达地区对制造业劳动力尤其是低端劳动力的吸纳能力，但

中西部地区基于当地独特资源禀赋和后发优势，可以拓宽就业空间，实现就业范围的扩散。同时，伴随这种产业和人口流动，生产要素和劳动力市场的空间配置也将进一步提升，从而提高生产力，优化就业结构。从省域层面看，各地积极改造升级传统产业，争相部署战略性新兴产业，优布局聚势能，促进产业和产能扩大，也提升了就业吸纳能力。在调研中了解到，广东制造业发展将以"总部+基地""研发+生产""生产+服务"等形式延伸布局产业链，鼓励珠三角地区企业将生产制造环节、新产品线转移到粤东、粤西、粤北地区，支持粤东、粤西、粤北地区谋划建设大型加工贸易制造基地。受此影响，制造业高层次人才将进一步向珠三角地区发达城市集中，中低端制造业劳动力或将逐渐回流到非珠地区。

（四）就业优先政策体系更加健全助力制造业转型，就业保障效应提升

发挥制造业推动经济高质量发展的积极作用，关键在于推动制造业领域高质量就业。为适应我国制造业转型升级提速，有关部门不断多层次地完善就业政策体系，下好重点行业"先行棋"，从就业需求摸排、岗位归集、供需匹配、技能提升、创业指导服务等方面助力制造业转型兜底保障。2024年4月底，人社部、工信部部署实施先进制造业促就业行动，进一步支持先进制造业发展。一方面，通过加大稳岗扩岗扶持政策兑现力度、优化企业用工服务来保障稳定和扩大就业容量，通过强化技术技能人才供给、拓宽人才发展空间等提升就业质量；另一方面，通过改善先进制造业企业生产生活条件、加强观念引导来优化就业环境，激发新生代劳动者投身制造业的热情，更多吸纳重点群体就业。

三　制造业稳就业扩就业面临的主要问题

伴随制造业高端化、智能化、绿色化发展步伐加快，就业也面临重大转型，扩大就业增长新动能工作推进仍然存在一些亟须解决的问题。

（一）国内外环境变化复杂深刻，制造业就业增长动能减弱

世界经济贸易秩序面临新挑战，国际产业链供应链梗阻造成我国制造业产业循环不畅通，加之国内"人口红利优势减弱"，部分制造业环节正向外转移，"断链"风险加剧稳就业隐忧。国内三重压力仍然存在，经济增长放缓滞后效应、疫情长尾效应逐步显现，稳定和扩大就业的压力增大。2023年下半年，以10月为分界点，7~9月制造业从业人员指数（PMI）持续处于荣枯线之下，受"十一"节假日和节前部分需求提前释放等因素影响，10月PMI在短暂升至荣枯线上方后进入收缩区间。① 这表明制造业生产活动有所放缓，企业用工景气度有所降低。制造业企业问卷调查数据显示，八成半企业面临经营或用工难题，需求不足矛盾凸显。在制造业企业发展面临诸多困难情况下，企业吸纳就业的后劲将有所不足，就业增长潜在压力增大。

（二）产业结构持续优化叠加制造业加快转型，对就业形成挤出效应

近年来，我国加快构建现代化经济体系，稳一产、优二产、强三产，经济社会开始向工业化中后期转型，对就业产生深刻影响。突出表现为：制造业"工业吸聚"转向以现代服务业吸纳为主的"服务消化"，三产越来越成为就业吸纳"蓄水池"，制造业用工人数下降；新就业形态越来越成为与制造业"争夺"人力资源的重要因素，加快制造业从业者流出，行业面临后继无人隐忧。此外，随着人工智能等新技术的应用，技术性职业需求扩大的同时引致就业替代发生，低技能的、流程化的、生产性的职业减少，产生技术性失业，对传统制造业吸纳力也形成冲击。

---

① 国家统计局：《2023年12月中国采购经理指数运行情况》，https://www.stats.gov.cn/xxgk/sjfb/zxfb2020/202312/t20231231_1946106.html，2023年12月31日。

（三）部分传统岗位优势不足与求职者就业期盼不匹配，引发就业规避效应

通过调研了解到，部分传统制造业企业在工作环境、成长激励、工作强度等就业质量方面优势仍有不足，与劳动者特别是年青一代的工作偏好和要求不适应。虽然产业"新兴化""高质量化"带来的良好薪资待遇和职业前景激励部分年轻人"脱虚向实"，但是整体而言制造业生产过程更多为流水线模式，难以"向上生长"，导致劳动者不愿"向下扎根"。此外，制造业企业员工的平均收入仍然较低，统计数据显示，2023年全国规模以上企业就业人员年平均工资为98096元，而生产制造及有关人员为75463元。[①] 再加上当前制造业企业发展普遍处于微利运行状态，制造业薪酬水平上升空间受到抑制，与劳动者预期和要求存在较大差距，形成无效需求。

（四）劳动力需求结构快速变化与供给侧滞后性的矛盾凸显，行业面临"技工荒"和"后备荒"

当前制造业企业在技术提升和数字化赋能方面要求从传统的简单体力工作向高创造性、高附加值工作转移，对从业者能力和素质要求更高。从现实看，我国制造业行业中35岁及以上就业人口占比为61.7%[②]，农民工平均年龄为43.1岁[③]，制造业劳动力供给侧仍以大龄、低技能群体为主，这类人员难以迅速跟上产业升级需求，就业结构性矛盾更加突出。在技术工人呈现供不应求态势的背景下，我国职业教育和技能人才队伍培养等方面建设尚不完善，导致短期内大龄低技能人员还不能适应企业转型和发展速度，新成长劳动力技能供给的质与量均无法适应行业转型需要，加剧技工不足和后继

---

① 国家统计局：《2023年城镇单位就业人员年平均工资情况》，https：//www.stats.gov.cn/sj/zxfb/202405/t20240520_1950434.html，2024年5月17日。

② 根据第七次全国人口普查长表数据资料测算得出。

③ 国家统计局：《2023年农民工监测调查报告》，https：//www.stats.gov.cn/sj/zxfb/202404/t20240430_1948783.html，2024年4月30日。

无人现象。在调研中了解到部分岗位缺口加大,如纺织业中的平车工、食品加工业中的原材料处理工等工种,机器无法替代,但找不到扎根一线的年轻人;重工业中的车工、焊工、钳工等工种面临青黄不接困境。

(五)制造业用工趋少化,长期就业吸纳劳动力的弹性将下降

我国制造业发展正处于"旧的未去,新的刚来"阶段,对就业吸纳强度仍处高位,而且随着数字技术发展更加迅速以及人工智能等广泛应用,制造业领域启动"智改数转"或进行颠覆性创新,也会产生较为显著的人才需求倍增效应。但也要看到,我国制造业就业人数呈下降趋势,规模以上制造业企业用工规模十年间减少近 1500 万人。[①] 而与此同时,规模以上制造业企业的产值、营收、利润总额、全员劳动生产率均呈现逐年提升趋势,表明制造业吸纳就业的弹性有所下降。通过实地调研还发现增加投入并不能产生与之相匹配的就业增长。据陕西某航空产业园反馈,每增加 1 亿元投资,预计仅能新增就业岗位 80 个。

四 多措并举释放制造业就业潜能

释放制造业稳就业促就业的潜能,要不断强化就业优先战略,引导更多资源要素向带动就业能力强的制造业流动;同时要充分认识和精准把握制造业就业的新趋势新特点,着眼于坚持制造业高质量发展和就业扩容提质良性互动,运用系统性思维,着力打造更多制造业就业增长点,推动制造业与人才链高效衔接,构建促进高质量充分就业的长效机制。

(一)践行制造业优先发展理念,为制造业高质量发展提供战略支撑

树立制造业优先发展的导向,强化土地、资金、服务、政策等要素的优先保障。对前沿性制造业,未来市场空间大的制造业,产业关联性强、引领性强的产业或主要产品,加强包括产业政策、创新政策、财税政策等在内的

---

① 根据《2023 年中国统计年鉴》相关数据测算得出。

国家政策战略性支撑，鼓励企业增加创新投入、开展技术创新，为制造业高质量发展注入新质生产力。对于中小制造业企业转型升级过程中存在的创新能力不足、资源整合能力不够等关键痛点，实施更大力度普惠性的创新支持政策。针对经济增速下行形势，将提振信心、稳定预期作为撬动点，释放积极信号，调整企业预期，着力稳定制造业市场主体。强化政企协同配合，在深化改革、公平监管、政策支持、服务保障上下功夫，持续为制造业企业纾困解难、松绑减负、做好服务，增强企业获得感，激发企业内生活力。针对全球产业链供应链加速重构的现实，着力建链补链强链，打通"堵点""断点"，助力中国制造融入国内外大循环格局。同时，面向行业国际前沿做好技术、人才等要素准备，以技术和产品优势赢得市场竞争优势，释放新动能。

（二）以系统观念打造制造业发展生态，着力培育更多就业增长点

立足区域发展比较优势，打造具有点位优势的产业和人才基地，大力拓展产业链、完善供应链、激活创新链、稳固资金链、丰富信息链，全面延展产业生态。通过招商引资和基建投资的方式建构产业集群，既要支持吸纳就业能力强的劳动密集型产业发展，又要注重发展技能密集型产业，推动传统制造业转型升级赋能、延伸产业链条，开发更多制造业领域技能型就业岗位，支持制造业在转型升级中创造更多就业机会。大力实施创新驱动发展战略，积极培育新兴支柱产业，打造更多新赛道。加快建立技术研究院、孵化加速器等多元化的科技研发和产业化平台，推进产业结构优化升级，推动制造业从加工生产环节向研发、设计、品牌、营销、再制造等环节延伸。借助数字平台、工业互联网、产业互联网等新业态新模式，改变传统制造业企业的生产组织模式和空间组织模式，衍生新岗位新职业。健全优质中小企业梯度培育体系，充分发挥中小企业就业带动的生力军作用。

（三）加强顶层设计，加快构建与制造业发展趋势相匹配的就业促进体系

探索符合国情和发展阶段的产业升级模式，根据不同行业、企业、岗位

实际，分类引导和推进自动化。加快发展适应制造业用工新趋势的职业培训体系：在培养方向上，扩大重大基础研究、重大科研攻关方向的人才培养规模；在课程设置上，围绕关键领域岗位增设实用课程；在培养方式上，建立以产业岗位标准为引领、以院校学生和教学资源为基础、以职业技能等级评价为纽带的新型"产教评"关系，以"干中学"模式培养产业工人。在实施智能制造、产业转型升级等重大工程时，同步评估其对就业的影响，对转型升级带来的大龄、低技能劳动者就业难问题，制订分流安置方案，必要时实施"就业保障计划"予以兜底帮扶。

（四）发挥多元主体作用，打造产业链职业链双链融合的硬基础和软支撑

聚焦重点行业、重大项目与工程，分地区开展岗位需求调查，制定出台人才急需紧缺细化目录，做到用工缺口、缺工类型、技能要求、薪资水平"四清"，加强人才供需匹配的方向指引。对标区域优势集群发展，对接行业企业需求，对照人才急需紧缺目录，向纵深推进人才供给侧改革。探索建立教育与就业协同机制，以需求为导向改革教育制度，加强人力资源需求预测预警，引导高校根据社会需求和制造业发展需要，及时调整专业设置，同时强化对高校师资的培训。推动职普融通、产教融合、科教融会发展，建设以适用为导向的现代职业教育基地。成立工匠学院或技师学院，依托龙头企业、链主企业、专精特新企业等，共建一批国家级、省级制造业技能根基工程培训基地，精准开展菜单式培训，并形成规模化培训示范效应。充分发挥企业主体作用，鼓励企业广泛开展自主培训，实现工人培养就地从非技能型向技能型"转化"。加强对企业用工的咨询指导，引导和鼓励企业建立健全多职级的人才发展通道，制定实施与技术技能价值对等的薪酬分配制度。引导企业改善工作环境，注重员工的职业发展。健全人才培养、使用、评价、激励制度，提高职业认可度。

（五）提升公共就业服务水平，强化形势监测和前瞻研究

加快发展人力资源服务业。支持人力资源服务机构为制造业企业设计人

力资源管理流程和模式，梳理整合相关环节的人力资源服务需求，持续提供专业化规范化信息对接和供需匹配服务。鼓励各地以产业园区、创业园区为载体，建立人力资源服务联络站，贴近市场一线开展需求监测，完善当地企业画像，提供用工保障、人才引育、招聘推荐、职业指导等服务，降低劳动者转岗和搜寻成本，缓解结构性就业矛盾。提升数字化治理水平。综合运用统计、数据监测等手段，对不同地区、不同细分行业、不同群体加强就业动态监测，增强工作前瞻性，增加政策储备，建立重大风险或重大事件应急机制，防范规模性失业风险。研究制造业转型、技术进步中的就业替代问题，加强科学分析和研判，提升科学决策能力。

B.3
推进生态文明建设与在绿色发展中
促进就业

曹 佳*

摘 要: 绿色发展是高质量发展的底色,发展绿色技能促进绿色就业,是对"两山"理论的贯彻落实。生态文明建设和绿色发展改变了人们的生产生活方式,促进新质生产力的形成,不断创造新的社会经济价值,在优化生产组织方式、增加就业机会、优化就业结构、提升就业质量、创新就业形态、提升就业技能等方面作用机理突出,但同时也要注意到我国在绿色就业发展中面临的认识度不高、政策滞后、标准不一、产业结构调整难度大、公正转型中的失业、绿化成本高及人才短缺等问题及挑战。需要进一步明确概念范畴,备好政策储备箱,建立指标统计体系,产业调整兼顾绿色就业的需求,加强绿色技能开发,在推动生态文明建设与绿色发展中推动高质量充分就业。

关键词: 生态文明建设 绿色发展 绿色就业 绿领人才

生态文明建设与绿色发展是中国特色社会主义事业的重要内容,关乎人民福祉,关乎民族未来,是通向中国式现代化的有效途径。贯彻新发展理念,推动形成绿色发展方式和生活方式已成为全民共识;加快生态文明体制改革,建设美丽中国,已成为未来绿色发展的思想遵循。就业是最基本的民

---

* 曹佳,中国劳动和社会保障科学研究院就业创业研究室副研究员,主要研究领域为就业创业理论与政策、重点群体就业。

生，在推进生态文明建设与绿色发展中促进就业是经济转型升级和可持续发展的必然要求，是在实践"两山"理论和实现"双碳"目标背景下，促进高质量充分就业的重要途径。

一　推进生态文明建设与在绿色发展中促进就业概述

（一）推进生态文明建设与在绿色发展中促进就业的背景

党的十八大以来，党和政府将生态文明建设提高到前所未有的战略高度，这是面对当时趋紧的资源约束、加重的环境污染、退化的生态系统，尊重自然、顺应自然、保护自然做出的战略部署。多年来，在"五位一体"总体布局指引下，结合中国式现代化建设的一系列实践，形成了生态与文明、生态与生产力、生态与生命共同体、生态与民生为核心理念的习近平生态文明思想，树立了"绿水青山就是金山银山"理念，重拳整治大气污染，加强散煤治理，推进重点行业节能减排，优化能源结构，提高燃油品质，加强重点流域海域水污染防治，推进重大生态保护和修复工程，积极推动《巴黎协定》签署生效，为响应其号召，向国际社会郑重承诺"双碳"目标，在应对全球气候变化中发挥重要作用。

就业是最基本的民生，在推进生态文明建设与绿色发展中，一些就业机会被创造，一些就业机会被摧毁，一些就业机会被替代，一些工作岗位需要新的绿色技能，对就业的规模、结构、质量、形式都产生一定的影响。如何在实践"两山"理论和实现"双碳"目标背景下，贯彻实施就业优先战略，强化就业优先政策，完善就业促进机制和服务体系，发展绿色技能、促进绿色就业，是本文要解答的关键问题。

（二）推进生态文明建设与在绿色发展中促进就业的概念范畴

推进生态文明建设与在绿色发展中促进就业并非一个全新的研究领域，它与绿色就业一脉相承，但又具有中国式特征，对这一问题的认识探索还处于日新月异的深化升华过程中。

迄今为止，尚且没有普遍认可的关于绿色就业的准确定义和概念范畴。国际劳工组织和联合国环境规划署在 2007 年的《绿色工作全球倡议》中，把绿色就业的概念描述为：绿色工作是指那些可以减少企业和经济部门对环境的影响，最终实现可持续发展，同时又符合"体面劳动"的工作。结合我国"两山"理论、推进生态文明建设和绿色发展的实践和高质量充分就业目标，中国生态文明建设与绿色发展中绿色就业的概念可定义为：在现有经济增长与就业扩容提质的良性循环中，能够减少能源消耗、提高环境质量、降低碳排放、提升生产效率、促进循环可持续发展、优化就业结构、提升就业质量、营造公平良好就业环境、增强就业能力、提升就业保障，且有助于绿色技能的开发运用、绿色发展认知的推广和绿色工匠精神的传承传播的就业。

要充分理解我国推进生态文明建设与绿色发展中绿色就业的概念范畴，可以重点从以下几个方面探讨。

一是绿色就业是经济社会发展到一定阶段的产物。绿色就业是人类社会经历工业化的快速发展后，逐步意识到以牺牲生态环境为代价发展经济的不可取性，在树立生态文明建设的理念下，加速生产、流通和消费方式的转变，涉及经济、技术、制度、社会、就业的全面变革，是对世界就业理论的深化与实践的升华。

二是与国际社会上的绿色就业既一脉相承又有所拓展。我国对于绿色就业的研究虽然稍晚于国际社会，但随着研究的进一步深入、实践的进一步发展，我国绿色就业不仅充分吸纳了国际社会强调的对环境具有正向效应，能促进能源节约与污染减少、单位产出的污染物影响及负荷较小，保护和修复环境质量的环境特征，而且创造性地提出绿色就业的经济特征和社会特征。其经济特征是指绿色就业与绿色经济的良性互动，一方面，绿色就业是绿色经济的产物；另一方面，绿色就业也是推动绿色经济发展的关键力量。社会特征是指绿色就业是高质、高效、高适的工作，就业与产业协同、人岗适配度高、劳动收入福利水平适当、权益保障充分，还能进一步促进绿色技能的开发运用，促进人民群众对于绿色发展的认可推广，以及对于绿色工匠精神的传承和传播。

三是绿色就业的范畴具有与时俱进的动态特征。随着科学技术的进步、产业结构的调整，新业态新模式新消费等的建立和发展，以及体制机制等方面的不断变化，绿色就业的范畴会不断变化，边界会不断拓展，领域会不断拓宽，内容会不断更新，就业链条会逐步延长，新的就业机会会不断显现，促进高质量充分就业的潜力巨大。

二 推进生态文明建设和绿色发展促进就业机理分析

生态文明建设和绿色发展改变了人们的生产生活方式，促进新质生产力的形成，不断创造新的社会经济价值，在优化生产组织方式、增加就业机会、优化就业结构、提升就业质量、创新就业形态、提升就业技能等方面，机理明显，作用突出。

（一）环境和数据要素成为关键生产要素，优化生产组织方式

在绿色发展环境中，地区自然和人文资源禀赋作为经济社会发展的重要组成部分，成为日益重要的生产要素。依托技术革命的红利，移动互联网的快速发展和渗透，打通了地理、时间、空间的限制，创新了绿色经济发展下新的生产组织方式。在这种生产组织方式中，环境要素、数据要素逐渐成为关键的生产要素，促使生产、消费、流通等环节发生深刻变化，会重构相关行业甚至是经济领域的生产关系，优化架构形态与管理模式。在绿色化和数字化变革下，多要素提升，多业态融合，能促进就业资源的整合与配置，有效提升资源使用效率，进一步促进返乡就业创业，提升就业质量，促进全方位的乡村振兴。

案例：陕西省汉中市留坝县创新文旅业态

陕西省汉中市留坝县地处秦岭南麓腹地，近年来，围绕秦岭文化、"张

良"文化、栈道文化等历史人文资源优势和独特的生态优势，留坝县村民、集体、企业、政府合力推动文化旅游产业发展，走出了一条具有留坝特色的乡村振兴之路，跻身首批全国文化产业赋能乡村振兴试点，获全国第一批"绿水青山就是金山银山"实践创新基地称号。目前，已经构建形成多要素提升、多业态融合的全域旅游大格局，打造特色民宿144家，改造提升农家乐122家，提供民宿管家、主理人、农特产品销售、餐饮等多种就业岗位，创造绿色就业岗位3800余个，带动绿色创业2500余人，撬动民间投资2.85亿元，民宿年运营收入达1.1亿元，实现"旅游民宿+能人创业+绿色就业"的良性循环。

资料来源：陕西省留坝县人力资源和社会保障局。

（二）绿色就业具有创造改造替代三大效应，总体增加就业机会

绿色就业在我国自然形态的存在较早，20世纪80年代，我国将环境保护确立为基本国策，随后制定实施了节约发展、清洁发展、安全发展，以实现经济社会全面可持续发展的方针；90年代，逐步启动了核能发电、太阳能发电、风力发电和生物质能发电等新能源开发项目；21世纪初，我国加大了工业企业三废治理和淘汰落后产能的力度，陆续关停了一批高耗能和高污染的企业，加快循环经济、废品回收利用行业的发展速度，相关的绿色就业岗位应运而生。随着经济社会的发展，生态文明建设和绿色发展成为经济高质量发展的必由之路，也为增加就业机会提供绿色岗位开辟了新阵地。一是创造效应。在绿色经济、低碳经济、循环经济的发展过程中，直接或间接创造出绿色就业岗位。二是改造效应。通过对传统非绿色产业的改造升级优化，由非绿色岗位转化为绿色就业岗位。三是替代效应。原有的服务于能耗高、污染大的行业企业的就业岗位被替代或消失。如下例浙江省长兴县蓄电池行业的发展就兼具了这三个效应。另据克罗地亚发展与国际关系研究所的预测，中国政府将投入5.8万亿元用于节能技术升级改造、保护环境和以高新技术企业取代环境污染型企业，在未来5~10年内可创造1060万个绿色

就业岗位，而减少污染部门又将导致减岗95万个。总体而言，推进生态文明建设与绿色发展中就业总量的创造有正有负，就业岗位数量有增有减，经过欧洲前几十年的绿色就业实践和我国部分行业企业的案例分析发现，绿色发展增加就业机会的正向作用还是大于负面影响的，绿色就业会逐步成为增加就业机会的主要增长点之一。

案例：浙江省长兴县蓄电池行业转型升级的"长兴路径"

浙江省长兴县蓄电池产业起步于20世纪70年代，21世纪后伴随着电动车的兴起而迅速发展壮大，2005年，高污染、生产工艺落后、家庭式作坊遍布、环保排放不达标等问题集中爆发，转型升级之路由此开始。长兴蓄电池行业一改长期以来的"低小散乱"格局，优化产业结构，升级工艺装备，实现了由低端无序同质化竞争向逐步规模化发展，高污染企业转型成为绿色动力能源中心，原有岗位也升级改造为绿色岗位。在实地调研过程中，课题组还发现长兴县大力推广以无排放绿色循环处理为特征的现代化生产模式，建设有循环经济产业园，在龙头企业天能集团的循环经济产业园里，每年能无害化回收处理15万吨废铅蓄电池，产生10万吨再生铅及数万吨副产品，而再生铅的生产成本比原生铅降低38%。直接创造科研类、售后服务类、市场推广类、生产安全类、一线操作类等岗位数万个。当然，也会由于智能化系统的上线，生产效率大大提升，原来生产1万只电池需要65人左右的生产线，在机器换人之后只需要5~7人。

资料来源：浙江省长兴县人力资源和社会保障局。

（三）绿色发展促进三产适配融合，进一步优化就业结构

生态文明建设和绿色发展会促进三产适配度更高地融合，加速且深刻改变着产业结构和就业结构的优化进程。绿色发展有助于深度挖掘农业等第一产业的资源禀赋优势，深化农业供给侧改革，促进三产融合，打造农业全产业链，创新以农业为基础的文旅产业新业态，延长农业价值链，吸纳带动更

多就业。制造业等第二产业相关岗位在绿色转型和数字技术的推动下，生产效率提升，逐步被替代升级，而服务业等第三产业则以新合作、新业态、新融合的相关方式，衍生出越来越多的就业岗位。据世界银行预测，2030 年与可再生能源和清洁能源汽车有关的绿色技术与服务的出口贸易将新增就业岗位 440 万~780 万个。而据课题组测算，在优化技术和加速化石能源退出情况下，从 2020 年到 2030 年，煤炭行业将直接减少就业 183.80 万人，造成间接就业损失 360.25 万人；从 2020 年到 2050 年，直接就业将减少254.90 万人，间接就业将减少 499.6 万人。与此同时，绿色就业的发展也将影响第三产业内部结构的调整，生产性服务业会随着制造业等第二产业的转型升级向着高端化方向发展，而为了满足人民群众对美好生活的需求，生活性服务业的绿色岗位可能会增加。

（四）绿色就业具有较高的安全性和收入，提升就业质量

绿色就业在其定义中就包含公平良好的就业环境，这一方面意味着就业大环境的公平，另一方面则体现了对劳动者个人就业环境舒适度的要求。过去一些岗位的脏乱差环境与绿色发展、绿色就业发展的要求不相适应。工作条件的改善，会在一定程度上提高工作的安全性，降低劳动者患职业病的风险，延长健康工作的时间，提升对职业的体验感、认可度和幸福度。绿色就业从长期而言，会提升从业者的劳动收入，可持续发展、以人为本、和谐共生贯穿在绿色就业的全生命周期。此外，绿色就业提升劳动者对于绿色发展的认知度，提高对于从事绿色职业的认可度和满意度，拓展对于绿色工匠精神的理解。

案例：浙江省安吉县余村的"两山"理念与小村蝶变

浙江省安吉县余村，20 世纪 80 年代的"矿山经济"带动了全村的发展，但这是以牺牲环境为代价的，炮声隆隆、粉尘蔽日成为村民的困扰，2003 年，在建设生态省战略的背景下，余村关停矿山和水泥厂，开始封山护林。但全村几乎半数村民失业。此时，习近平总书记的"绿水青山就是

金山银山"的新发展理念为余村指明了方向。村里在系统分析了资源禀赋现状和发展空间后，开创性地将余村划分为生态旅游区、生态居住区、生态工业区，走上了绿色发展之路。目前，余村从事旅游业的村民从最初的28人增加到400余人，村里办起了民宿，开办了乡村图书馆，吸引大批青年来到这里的青年创业空间创业，成立青创集。2022年，余村集体经济总收入达1305万元，村民年人均收入达6.4万元。更有个别从事民宿业较早、干得较好的大学生村民，早在几年前其在大三期间就赚到人生的第一个100万元。绿色发展的就业质量有目共睹，"绿水青山"向"金山银山"的转化通道也将持续拓宽。

资料来源：浙江省安吉县人力资源和社会保障局。

（五）绿色就业具有绿色化和数字化的时代特征，创新就业形态

绿色化和数字化是新质生产力的时代特征，换言之，新质生产力就是绿色生产力，在绿色生产力的推动下，绿色就业会进一步发展壮大。因此，绿色就业也兼具绿色化和数字化的时代特征，带来工作方式的重大转型变化，在"新绿"或者"转绿"的过程中，各行业都会更多地运用科学技术成果，为绿色就业岗位或劳动者个人提供技术支撑，新业态新模式下"互联网+"的劳动力资源配置方式会不断融入绿色变革，在其催生下的新业态用工和就业模式也会在绿色发展领域蓬勃发展。这种就业形态类似于数字经济下的更加灵活的用工就业形式与合作开放型关系，但又不完全相同，绿色化和数字化下的就业需要比数字经济下就业稍高的就业技能，需要对绿色发展有一定认知，这就对绿色技能的培训提出一定的要求。

（六）绿色就业对职业技能提出新要求，创造新兴绿色职业

绿色就业对劳动者就业技能的提升也提出新要求。相关研究成果[1]表

---

[1] 安娜-玛丽亚·博罗米萨、桑贾·西尔玛、阿纳斯塔西娅·拉蒂亚·莱扎克：《绿色就业与可持续发展》，洪卉译，社会科学文献出版社，2021，第47页。

明，大部分绿色就业岗位是中等技术工作，需要高等专科教育背景，相较于其他部门，绿色生产企业的非技术工人比例会稍低一些，技术工人比例会高一些。但低技能、低收入工人要是有机会参加绿色技能相关培训，也可以从事绿色工作。另外，随着我国新职业动态编制发布机制的建立、职业分类大典的更新，在 2015 年版将 127 个职业标识为绿色职业的基础上，2022 年版《中华人民共和国职业分类大典》标识了 134 个绿色职业，约占职业总数的8%。综合能源服务员、建筑节能减排咨询师、碳排放管理员、煤提质工等新兴绿色职业得到越来越多的认可。绿色新职业成为"美丽中国"的绿色行动者。

三 绿色就业发展中存在的问题与挑战

（一）社会各界对于绿色就业的理念认识有待进一步提升

绿色就业在学界已经不是一个全新的概念，对于绿色就业的研究已经有2007 年和 2021 年两个小高峰，但对于社会上多数的用人单位、劳动者，甚至一些地方政府部门而言，可能接触较少，从理论概念到实践运用上都比较陌生，绿色就业的重大意义和发展前景，还未被社会各界人士充分了解。但在国际社会，绿色就业已经成为很多重大国际场合热议的话题，很多国家已经设立了低碳绿色发展、公正转型战略目标，并在逐步付诸实施。我国绿色就业的发展是贯彻生态文明建设思想、落实绿色发展理念、推进"两山"理论实践和实现"双碳"目标的客观要求，我们必须紧跟世界潮流，加快对绿色就业理论和实践的研究，加大对促进绿色就业必要性和重要性的宣传力度，提升政府部门、用人单位、劳动者甚至全社会对于绿色就业的认识度、认可度和满意度。

（二）相关领域政策制度的滞后限制了绿色就业的发展

为有效推进生态文明建设，促进产业低碳绿色转型，政府部门从产业经济、环境保护、劳动社保等领域，出台了多项低碳转型等政策措施。针对

"双碳"目标，已基本建立碳达峰碳中和"1+N"政策体系，但尚且处于初级阶段，各方面的保障方案还有待进一步研究完善，相关政策文件还需推动出台实施。另外，这些政策中直接提出"绿色就业"的顶层设计政策几乎没有，更别提地方部门相关配套的政策措施，缺乏直接作用于绿色就业的政策抓手。而绿色就业是落实就业优先政策，增加就业机会，实现高质量充分就业的重要举措，在下一步就业规划与高质量充分就业政策的研究与制定工作中，绿色就业不应该缺席。

（三）绿色就业划分标准不一、评判标准不定、统计测算难

由于绿色就业并不都是新的就业，有的是新创造出来的工作类型，有的是在原有传统岗位基础上内容和技能要求的变化，所以绿色就业没有脱离现有的就业体系，也不是单独的特定就业门类，还没有统一被全球认可的概念范畴，造成其标准划分上的难题。

在评判标准上，只是结合所从事岗位的具体内容，从生产方式、对经济活动的影响及对劳动力市场的影响等方面，评价其是否符合绿色经济可持续发展的要求，况且这种评判标准也是相对的，与环境评价体系相关，不同发展程度的国家，对于绿色就业评判标准也不一样。有可能在某一阶段的绿色岗位随着环保要求的提升，而变成非绿色岗位。

在计算测量上，绿色就业的数量规模是最直接衡量绿色就业的指标，能够为国家衡量绿色经济发展的就业影响、制定出台相关促进绿色经济发展的政策措施、进行劳动力市场预测等提供数据基础，也为不同国家之间进行绿色就业绿色程度比较提供资料支持。但绿色就业划分的前置条件标准的不一，评判标准的不定，现有衡量方法的不被统一认可，容易造成绿色就业底数不清计数不明，也会进一步影响劳动力市场的预测，国家在绿色创新领域有策略地计划和投资，并进行国际比较。

（四）产业结构调整的难度会制约绿色岗位的供给

绿色就业岗位的创造和国家地区产业结构的调整密不可分。随着经济社

会的发展，我国开展区域协调发展战略下的产业分工与转移，加快推进形成区域协调下的产业比较优势集群等，积极进行产业结构调整。但无论是传统产业的改造升级，还是新兴产业的创新发展，都需要一个渐进的过程，加上我国地域广阔，地区发展不平衡不充分，产业结构调整更不可能一蹴而就，面临诸多制约因素。如以传统重工业和劳动密集型产业为主要产业的地区，长期以来这些产业就是经济增长的主要推动力，就业结构也比较稳定，在缺乏一定人才、政策、资金投入的情况下，产业的绿色发展转型会受到制约，在目前过紧日子的前提下，在保证经济正常运营的情况下才会进一步探索绿色转型。此外，这类地区的可再生能源产业、战略性新兴产业、现代服务业等可能尚处于起步阶段，要发展成为经济的支柱产业，创造大量绿色就业岗位尚需时日。

（五）在推进产业绿化企业转型进程中易带来失业问题

在推进生态文明建设和绿色发展的进程中，比如节能减排、淘汰落后产能、加速化石能源退出等，都可能带来相关行业企业的重组、转移，结果必然会导致大批传统现有就业岗位在一段时间内被替代、破坏和挤出，会出现部分职工的失业问题。如化解过剩产能时期，根据国务院化解过剩产能的方案，将直接影响180万名职工就业，其中钢铁行业50万人，煤炭行业130万人。有的资源依赖型地区，在转型前整个村镇都从事水泥、矿山等行业，一旦改革转型，面临的是整建制的失业，甚至有可能出现零就业家庭。被替代的劳动者由于绿色技能等方面的壁垒，难以迅速转岗到技能要求稍高的绿色岗位上，有可能出现转岗过程中的摩擦性失业，造成短期内的失业率走高风险。当然，在行业企业的生产方式和就业模式进行绿化转型的过程中，劳动者的就业环境和工作条件的改善也必须引起重视。这是绿色就业岗位质量的一个重要衡量指标，但绿色就业岗位本身并不会带来自动改善。如在政府倡导推动废弃物循环利用产业发展的背景下，废旧电器回收工作必然会带来更多的就业岗位，但据实地观察，循环回收工作过程往往脏、苦、累，需要人工多，但大多为低技能、高强度、低保障工作，诸如此类工作环境和条件只有通过改善，才能达到就业岗位的真正绿化，绿色就业的任务任重道远。

（六）绿化成本高昂和技术人才短缺减弱绿色就业发展动力

绿色就业的创造效应和改造效应中需要大量的人财物，高昂的绿化或转化成本和绿色技能人才的短缺，都是影响绿色就业发展的重要因素。据共享经济发展下中国绿色就业战略转型课题组测算[①]，在可再生能源领域创造一个就业岗位，风能、光伏太阳能、太阳热能、生物质能的投资成本分别高达115万元、91万元、70万元和14万元。另据不同机构的测算，我国实现碳中和目标所需的总投资规模在百万亿级别，绿色投资年化需求相当于每年1%~2%的GDP。[②] 这就意味着可再生能源创造就业的单位投资要远远高于传统产业，成本压力较大。从人力资源角度来看，发展绿色就业需要大批高技能的具有绿色经济相关技能的人才，但我国现有技能人才供给不足，各地区的劳动力市场都表示对高技能人才求贤若渴，绿色经济发展，使得对高层次、高技能和重点领域专门人才的需求大幅增长，技能人才短缺问题将更加尖锐。而高昂的绿化成本和短缺的技能人才会削弱绿色就业发展动力，甚至成为制约绿色就业发展的主要短板。

四　关于推进生态文明建设与在绿色发展中促进就业的对策建议

绿色发展是高质量发展的底色，新质生产力本身也是绿色生产力，加快发展方式绿色转型，牢固树立和践行"两山"理论，必将成为推动我国经济高质量发展的重要动力和高质量充分就业的新增长极。针对绿色就业发展阶段及问题挑战，我们须提升认识、政策前行、指标引领、结构适配、补齐短板，努力构建促进绿色就业发展的新格局。

---

① 梁文凤：《共享经济发展下中国绿色就业战略转型研究》，《改革与战略》2017年第5期，第141~153页。

② 《我国实现碳中和总投资规模达百万亿级别，碳中和浪潮下有哪些产业投资机会?》，https://www.xianjichina.com/special/detail_511754.html。

（一）明确绿色就业概念内涵外延，加快提升社会各界对绿色就业的认知度

绿色就业虽然在国际层面已经成为热议的话题，而且很多国家也将绿色发展绿色就业作为发展战略，制订政策实施计划，但我国还缺乏针对目前经济社会发展情况下，绿色就业概念范畴的界定，及其内涵外延的拓展。为了让社会各界更快更好更高效地认识绿色就业促进绿色就业，我国必须加快对绿色就业概念、内涵、外延的科学研究，在统一认识的基础上，深入不同经济带，研究不同区域对绿色发展绿色就业的实践，总结经验，加大对推进生态文明建设和绿色发展下促进就业重要意义的宣传力度，提高政府部门、企业、广大劳动者乃至全社会对绿色就业的认知度。

（二）加强对经济和就业形势的研判，备好绿色就业政策制度储备箱

必须在中国现有的政策体系下，从时间规划、路径选择和措施制定等方面，集合各大职能部门的智慧，加强对形势的研判，以系统观看待绿色就业问题，统筹考虑行业和人的可持续发展，做出针对性的顶层设计。坚持对绿色就业的辩证思维和系统观念，引导各级政府和社会各界对绿色就业逐步深化认识，根据新的实践需要，形成一系列新的布局和方略。

在法律规范方面，应加快低碳就业规划与法律规范的研究与制定修订工作。根据《中华人民共和国循环经济促进法》《中华人民共和国就业促进法》《中华人民共和国可再生能源法》《可再生能源中长期发展规划》《国务院关于加快发展循环经济的若干意见》等国家法规政策以及《中国应对气候变化国家方案》和《中国应对气候变化的政策与行动》白皮书等行动方案，抓紧研究制定国家中长期低碳就业发展规划，系统提出发展绿色就业的具体目标、主要任务和政策措施等内容。或可根据实际需求情况，对《中华人民共和国就业促进法》等就低碳就业相关内容进行增补修订完善。

在制度安排方面，应加快推进低碳就业政策的研究与制定，把促进绿色

就业的财政、货币和产业等政策融入就业优先政策框架中去，使高质量充分就业和绿色就业形成相互贯通、相互影响和相互作用的统一政策。

在支持措施方面，一方面，完善相关配套措施，改善绿色就业环境，树立一批绿色低碳社区、绿色低碳企业的典型，加大对绿色低碳企业的扶持力度；另一方面，积极开展地方试点工作，鼓励条件成熟、工作基础较好的地区大胆创新，先行探索完善低碳就业政策和绿色就业管理服务制度。

（三）加强绿色就业划分标准研究，建立绿色就业统计台账

前期由于绿色就业的定义模糊，相关统计指标体系尚未建立，因而在获得绿色就业相关的就业形势及就业规模等方面数据的准确信息时，存在很大的难题。状态不明、底数不清，会给就业工作造成困扰。因此，建议在倡导绿色发展和绿色就业的初期，就开展对绿色就业划分标准、指标体系的相关研究，建立绿色就业统计台账，可学习借鉴绿色就业发展较早、统计工作较完善国家的统计经验，在我国绿色就业发展较好的先行区进行试点，在全国范围内推广。同时，将绿色就业的相关指标增加至高质量充分就业的评价指标体系中。

（四）统筹考虑经济发展与就业增长，产业结构调整与绿色就业要求相适应

产业是生产力的载体，产业结构调整是绿色发展的必然，也是创造绿色就业的重要影响因素。在推进生态文明建设和绿色发展的过程中，促进产业转型，要从全局出发，遵循产业发展规律，统筹协调推进不同地区产业结构调整进程，始终坚持绿色发展是高质量发展的底色，坚定不移走生态优先、绿色发展之路。一方面，因地制宜推动传统产业转型升级，巩固供给侧改革去产能成果，通过推广应用节能环保技术，提高能源利用效率，减少污染排放，延伸传统产业链条，促进原料型产业向下游精细化发展，拓展绿色就业岗位；另一方面，发展绿色新兴产业，如风能、太阳能、智能电网等装备制造业和新能源汽车，聚焦循环经济的废旧家电回收、废弃物循环利用产业等

重点领域，开发绿色就业机会。总之，在产业调整的过程中，充分考虑对就业的影响，加强对重大项目的就业影响评估，充分考虑绿色就业对产业的需求，扩大绿色就业容量。

（五）密切跟踪企业运行态势，进一步提升企业绿色化水平

企业是稳经济稳预期稳就业的关键，在产业结构转型的过程中，必然涉及企业的转型升级与多元化发展。建议有关部门进一步优化营商环境，密切跟踪绿色低碳转型涉及企业的运行态势，围绕市场主体绿色需求制定政策，加强绿色政策研究和储备，适时出台部分惠企政策到期后的接续政策。加强财政扶持和税收拓宽融资服务，加大对绿色低碳转型涉及行业实施结构调整和产业升级的支持力度，各地财政结合实际安排转型资金予以支持，减少绿色低碳转型对就业的影响。一是支持企业加快经济转型、发展替代产业。在项目审核、土地利用、贷款融资、技术开发、招工用工等方面给予支持。二是支持企业多元化发展，利用绿色低碳转型后闲置资产、基础设施大力发展现代服务业，培育接替产业集群，减少绿色低碳转型对就业的负面影响。三是进一步推进制造业"企业绿码"行动，鼓励更多制造业企业进入下一年度绿码名单，提升制造业企业绿色化水平。加强绿色工厂梯度培育和动态管理，树立领军标杆，引导绿色工厂持续对标、提升水平，带动绿色技术推广应用、产业链供应链协同转型，推动绿色制造迈上新台阶。在行之有效的前提下，将这一行动推广运用到其他行业领域企业。

（六）加强绿色职业技能开发，促进绿领人才队伍发展壮大

国家应在绿领人才供求分析的基础上，制定符合绿色经济发展需要的中长期绿色职业培训发展规划，并将之纳入国家职业能力开发和高技能人才培训规划。加快对绿色职业的认定推广，加快绿色职业培训教材开发。在现有各类职业培训资源的基础上，加入绿色职业培训，完善职业培训体系。大力推进绿色产业的就业技能培训、岗位技能提升培训、转岗转业培训和创业培训，全面提升劳动者技能水平。加强绿色高技能人才的培养，满足绿色经济

发展和产业结构优化升级的需要。加强绿色职业技能鉴定工作，开发绿色职业技能标准，建立健全绿色技能人才培养评价体系，为劳动者提供及时、方便、快捷的绿色职业技能鉴定，逐步实施绿色职业技能资格证书制度，促进绿领人才队伍的发展与壮大。

参考文献

［1］高志英、褚国栋：《绿色就业测算方法与建议》，《合作经济与科技》2017 年第16 期。

［2］乔莉楠、鲁小丽：《"双碳"目标下绿色就业发展研究》，《国际公关》2022 年第16 期。

［3］贾江南：《河北省产业结构升级背景下绿色就业发展研究》，硕士学位论文，河北师范大学，2023。

［4］李一主编《"两山"重要思想简明教程》，中共中央党校出版社，2018。

B.4
扩大服务业就业机会分析

郭　晴*

摘　要: 　新型城镇化演进、人口老龄化深化对我国就业市场产生深远影响。尤其是在银发经济发展趋势下，需要采取更具有前瞻性的对策措施。农民工、"一老一小"、残障特困人员等特殊群体的潜在服务需求日益增长，为扩大服务业就业机会带来机遇。当前面临特殊群体公共服务需求释放不足、财政和普惠金融资源尚未充分整合等状况。为进一步拓展服务业就业机会，应整合公共财政、普惠金融等资源，鼓励青年群体围绕特殊群体服务需求发掘创业机会；出台包容性补贴政策，推动"全龄食堂"等基层服务配套完善，并扩大就业机会；支持社会资本参与公共服务供给，释放就业潜能。

关键词: 　服务业　老龄化　就业　特殊群体

一　引言

作为我国经济社会发展的重要战略，新型城镇化的进程不仅重塑了城乡空间结构，也深刻影响了就业市场的格局。在这一背景下，就业市场经历了从传统农业向非农业、从低技能向高技能的转变。城镇化的推进，使得城市成为经济增长的主要引擎，吸引了大量农村劳动力。在这一过程中，城市服务业的快速发展，尤其是金融、教育、医疗、信息技术等现代服务业的兴起，为劳动者提供了多样化的就业选择。

---

* 郭晴，中国劳动和社会保障科学研究院就业创业研究室实习研究员，主要研究领域为就业创业与劳动力市场政策。

　　随着城镇化的深入，城市对高素质劳动力的需求日益增长。这不仅包括对专业技能的需求，也包括对创新能力、管理能力和国际视野的需求。这种需求的变化，对教育体系提出了新的挑战，要求教育内容和方式能够适应劳动力市场的变化，培养出符合市场需求的人才。因此，职业教育和终身教育的重要性日益凸显，政府和社会需要投入更多资源，提供与市场需求相匹配的教育和培训服务。

　　然而，在新型城镇化过程中也出现了一些问题。例如，城市化速度过快可能导致城市基础设施建设滞后，住房、交通、教育等公共服务供给不足，这不仅影响了城市居民的生活质量，也对就业市场的稳定构成了挑战。此外，城镇化过程中的户籍制度、社会保障体系等制度性障碍，限制了农村劳动力的自由流动和城市融入，影响了就业市场的公平性和效率。

　　同时，人口老龄化的趋势对就业市场产生了另一层影响。人口老龄化是指人口中老年人口比例不断上升的现象。这一趋势对服务业就业市场提出了新的挑战。一方面，老龄化社会需要更多的养老服务、医疗保健和家政服务，为服务业就业创造了新的增长点；另一方面，老龄化也意味着劳动力市场的收缩，特别是年轻劳动力的减少可能会影响服务业的创新能力和竞争力。因此，如何通过政策调整和市场机制，促进老年人口的再就业和提升劳动力市场的灵活性，成为当前面临的重要课题。

　　在新型城镇化和人口老龄化的双重背景下，政府需要采取更加灵活和具有前瞻性的就业政策。这包括推动教育体系改革，提高劳动力素质；优化城市公共服务，增强城市吸引力；改革户籍制度，促进劳动力自由流动；建立适应老龄化社会的就业和社会保障体系。通过这些措施，可以促进就业市场的健康发展，实现经济的可持续发展和社会的和谐稳定。

二　城乡基层治理与服务的现状分析

（一）城乡基层治理体系的现状

　　基层治理是指在社区、乡村等基层单位的治理活动，包括社区服务、公共安全、环境保护等方面。基层治理的有效性直接影响到居民的生活质量和就业环境。良好的基层治理能够提供安全、健康的生活环境，吸引更多的投资和企业，从而创造更多的就业机会。通过文献综述发现，基层治理与就业机会之间存在正相关关系，特别是在促进中小企业发展、支持创业活动等方面，基层治理发挥着重要作用。

当前我国城乡基层治理结构存在一定差异。城市社区治理通常较为成熟，拥有较为完善的管理体系和服务体系，而农村地区则在治理结构、资源配置和服务能力上相对薄弱。城市社区治理强调居民自治和社区参与，而农村地区则更多依赖村委会和乡镇政府。在功能上，城市社区治理侧重于提供居民日常生活服务、维护社区秩序，而农村治理则更注重农业生产支持、基础设施建设和乡村发展。这种结构和功能上的差异导致了城乡在就业机会、公共服务获取等方面的不均衡。

基层治理在实践中面临诸多挑战。首先，资源配置不均问题突出，导致城乡之间、不同地区之间的发展差距扩大。其次，基层治理能力不足，特别是在人才、资金和技术方面，影响了治理效率和服务水平。此外，基层治理参与度不高，居民对社区事务的参与意识和能力有限，制约了治理创新和服务质量的提升。这些问题的存在，直接影响了基层就业环境的优化和就业机会的创造。

（二）公共服务供给的现状

民生保障与公共服务作为我国社会稳定和发展的基石，对于促进就业具有至关重要的作用。在当前经济形势下，民生保障体系的完善与否直接关系到劳动者的就业质量和就业机会的创造。以下是民生保障在促进就业方面的几个关键作用。

一是提供失业保险和职业培训。失业保险为失业人员提供了基本的经济保障，减轻了他们因失业而面临的经济压力，使他们能够有更多的时间和精力去寻找新的就业机会。同时，失业保险还可以作为职业培训的资金来源，帮助失业人员提升技能，增强他们在劳动力市场中的竞争力。职业培训项目通常包括技能提升、职业转换、创业指导等内容，旨在帮助失业人员适应劳动力市场的变化，提高其就业率。

二是增强劳动力市场的流动性。民生保障体系通过提供各种就业服务，如就业咨询、职位匹配、职业介绍等，促进了劳动力在不同行业、不同地区之间的流动。这种流动性不仅有助于劳动者找到更适合自己的工作，也有助于企业招聘到合适的员工，从而提高整个劳动力市场的效率。

三是减少劳动者的生活风险。民生保障体系通过提供医疗保险、养老保险、住房公积金等，为劳动者提供了全面的社会保障。这些保障措施减少了劳动者因疾病、老年、住房等问题而面临的生活风险，使他们能够更加专注于工作，提高了劳动生产率。同时，这也有助于劳动者在面临职业转换或创业时，有更多的勇气和信心。

四是促进经济的稳定增长和社会的和谐发展。民生保障体系的完善有助于维护社会稳定，减少社会矛盾。当劳动者在失业、疾病、老年等情况下得到充分的保障时，他们的生活满意度和幸福感会提高，这反过来又会促进消费，推动经济增长。此外，民生保障还能够促进社会公平，缩小贫富差距，为社会和谐发展创造良好的环境。

公共服务供给的现状评估。我国公共服务供给总体上呈现不断改善的趋势，特别是在教育、医疗、社会保障等领域。然而，与人民群众日益增长的需求相比，公共服务供给仍存在不足。在基层，尤其是农村和偏远地区，公共服务设施不足、服务水平不高的问题仍然普遍存在。此外，公共服务供给的均等化程度不高，城乡、区域间的差距仍然较大。

公共服务不均等性的问题。公共服务不均等性主要表现在资源分配、服务覆盖和服务质量上。资源分配上，城市和发达地区往往能够获得更多的公共资源，而农村和欠发达地区则相对匮乏。服务覆盖上，基层特别是农村地区的公共服务网络不够完善，难以满足居民的基本需求。服务质量上，基层公共服务人员的专业能力和服务意识有待提高，影响了服务效果。

公共服务均等化是指政府在提供公共服务时，确保所有公民无论地域、收入水平还是社会地位，都能平等享受到基本公共服务，意味着为不同群体提供平等的教育、医疗、养老等基本服务，从而为所有人提供平等的就业机会。特殊群体，如外来人口、新市民、老年人、残疾人等，在就业过程中面临更多的障碍。公共服务均等化通过提供有针对性的教育、培训、就业服务等，有助于提高这些群体的就业能力，促进其融入劳动力市场。文献研究表明，针对特殊群体的公共服务项目，如职业培训、就业援助、社会保障等，能够有效提高其就业率和工作质量。

（三）特殊群体服务需求分析

外来人口、新市民的服务需求。随着城镇化进程的加快，大量外来人口涌入城市，成为新市民。这一群体在就业、住房、子女教育、社会保障等方面有着特殊的服务需求。他们在城市中面临融入难、权益保障不足等问题，这些问题的存在限制了他们的就业机会和生活质量。

"一老一小"、残障特困人员的特殊需求。老年人、儿童、残疾人和特困人员作为社会的特殊群体，对公共服务有着更为迫切和多样化的需求。老年人需要更多的医疗和养老服务，儿童需要优质的教育资源，残疾人需要无障碍环境和就业支持，特困人员则需要基本的生活保障和社会援助。当前，这些需求在很大程度上尚未得到充分满足，需要政府和社会采取更加有力的措施来改善他们的服务条件。

高质量的教育服务能够培养出高素质的劳动者，提高整个社会的人力资本水平。通过教育，劳动者不仅能够掌握必要的专业知识和技能，还能够培养创新意识和批判性思维能力，这些都是现代劳动力市场所需要的重要素质。

随着经济的发展和劳动力市场的变化，就业需求越来越多样化。公共服务通过提供多样化的教育和培训项目，帮助劳动者适应这种变化，满足不同人群、不同行业、不同岗位的就业需求。例如，职业培训和再教育项目可以帮助劳动者转换职业，适应新的工作要求。

三　扩大服务业就业机会面临的主要问题

（一）特殊群体公共服务的潜在需求释放不足

在新型城镇化与人口老龄化的背景下，特殊群体的公共服务需求释放不足已成为制约就业容量扩大的关键因素。外来人口、新市民、"一老一小"、残障特困人员等特殊群体在教育、医疗、养老、法律援助等方面的需求未得到充分满足，这不仅影响了他们的生活质量，也限制了服务业就业市场的潜力。

外来人口和新市民在城市化进程中面临户籍、住房、教育等方面的障碍，这些障碍不仅限制了他们的社会融入，也影响了他们对城市服务业的需求。例如，外来务工人员的子女往往无法享受到与城市居民同等的教育资源，这不仅影响了下一代的成长，也减少了教育服务行业的就业机会。此外，新市民在城市中的住房问题也限制了他们对住房相关服务业的需求，如物业管理、家庭装修等。

老年人群体的养老需求随着老龄化趋势的加剧而日益突出。然而，养老服务设施的不足、服务质量的参差不齐以及养老服务人员的缺乏，都限制了养老服务业的发展。这不仅影响了老年人的生活质量，也制约了养老服务业的就业潜力。例如，养老服务人员的专业培训不足，导致服务质量无法满足老年人的需求，进而影响了养老服务业的吸引力和就业机会。

残障特困人员在医疗、康复、社会融入等方面的服务需求同样未能得到充分满足。这不仅影响了他们的日常生活，也限制了相关服务业的发展。例如，残障人士在就业、出行、教育等方面面临重重困难，这不仅减少了他们的就业机会，也限制了社会对他们的服务供给。

为了释放特殊群体的公共服务需求，需要深入研究这些群体的具体需求，制定相应的政策措施，以促进服务业就业市场的扩大。这包括对特殊群体的基本情况、需求特点、服务现状进行详细调研，以及对现有政策的评估和优化。同时，还需要探索如何通过政策引导、市场机制和社会参与，有效满足特殊群体的公共服务需求，从而为服务业就业市场注入新的活力。

（二）公共服务和社会治理存在短板

在当前我国社会经济发展的新阶段，民生保障与公共服务供给的不足已经成为制约社会进步和就业增长的关键因素。公共服务和社会治理的短板，不仅影响了特殊群体的生活质量，也制约了基层就业市场的活力和发展。公共服务和社会治理的供给不足主要体现在以下几个方面。

一是资源配置不均。资源配置不均是我国公共服务领域长期存在的问题，尤其在城乡之间、不同地区之间差异尤为显著。城市地区由于经济基础较为雄厚，能够投入更多的财政资金用于公共服务设施的建设和维护，因此通常拥有更完善的教育、医疗、交通等公共服务设施。相比之下，农村和偏远地区由于经济发展水平较低，财政收入有限，公共服务资源相对匮乏，基础设施建设和服务水平提升受到限制。在医疗服务方面，城市医院通常配备有先进的医疗设备和专业的医生团队，而农村地区的医疗机构则可能缺乏必要的医疗资源，导致居民就医困难。交通设施的不足也限制了农村地区居民的出行和物资的流通，进一步影响了当地经济的发展和居民的就业机会。

二是服务标准不一。由于缺乏统一的服务标准和监管机制，不同地区和不同机构提供的公共服务质量参差不齐。这种标准不一导致了服务质量的不确定性，影响了居民对公共服务的信任度和满意度。服务标准不一是影响我国公共服务质量的重要因素。这种差异不仅体现在硬件设施上，也体现在服务流程、服务态度、专业能力等多个方面。例如，一些地区的医疗机构可能在诊疗流程、患者隐私保护等方面有着严格的规定和高标准的服务，而其他地区则可能在这些方面存在不足。服务标准的不统一导致了服务质量的不确定性，居民在选择公共服务时往往感到困惑，这直接影响了他们对公共服务的信任度和满意度。例如，患者在选择医疗机构时，也可能会因为担心医疗服务质量而犹豫不决。

三是服务人员素质参差不齐。服务人员的专业素质直接影响到公共服务的质量和效率。然而，在我国公共服务领域，服务人员的专业培训和职业发展体系尚不健全，导致服务人员的专业素质和服务质量参差不齐。这种情况在基层尤为突出，由于待遇和职业发展机会有限，基层难以吸引和留住高素质的服务人员。基层公共服务人员面临的挑战包括工资待遇低、工作压力大、职业发展空间有限等问题。这些问题不仅影响了服务人员的工作积极性和服务质量，也导致了人才流失，进一步加剧了基层公共服务的不足。例如，基层医疗机构可能因为缺乏合格的医生和护士，而无法提供高质量的医疗服务；基层学校也可能因为师资不足，而影响教学质量。

四是基层治理体系不完善。基层治理体系是社会治理的基础，其完善程度直接影响到社会治理的效率和效果。当前，我国基层治理体系在多个方面存在不完善之处，这些问题严重制约了基层治理的效能。首先，治理结构不合理是基层治理体系中的一个突出问题。在一些地方，基层政府的职能部门设置重叠，职责划分不清晰，导致在实际工作中出现推诿扯皮、效率低下的现象。此外，基层政府与社会组织、民间团体之间的协作机制不够顺畅，缺乏有效的沟通和协调，使资源无法得到充分利用，服务需求无法得到及时响应。其次，职责不明确也是导致基层治理效率低下的重要原因。在一些情况下，基层政府工作人员对自己的职责认识不足，不清楚自己应该做什么、怎么做，这直接影响了服务的质量和效率。同时，由于缺乏明确的职责划分，一旦出现问题，责任归属不明确，就难以追究责任，这在一定程度上助长了不负责任的工作态度。最后，协调机制不顺畅也是基层治理体系中的一个突出问题。基层政府在处理跨部门、跨领域的社会问题时，往往缺乏有效的协调机制，导致各部门之间信息不畅、资源不共享，无法形成合力，影响了问题的解决效率。

五是治理能力不足。基层治理能力是保障社会稳定和促进社会发展的关键。然而，目前我国基层治理能力普遍不足，这主要体现在人力资源、财政资源和技术支持等方面。人力资源方面，基层政府和社会组织普遍面临人才短缺的问题。一方面，由于待遇和职业发展空间有限，基层难以吸引和留住高素质的人才；另一方面，基层工作人员的专业培训和继续教育机会较少，导致他们的专业能力和服务水平难以满足日益增长的服务需求。财政资源方面，基层政府的财政收入有限，财政支出压力大，导致在公共服务和社会治理方面的投入不足。这种财政资源的紧张状况限制了基层政府提供高质量服务的能力，影响了服务的覆盖面和深度。技术支持方面，基层政府和社会组织在信息化建设上投入不足，导致信息管理系统落后，工作效率低下。信息化水平的不足也影响了基层政府对数据的收集、分析和应用能力，难以实现精准治理和服务。

六是居民参与度低。居民参与是社会治理的重要组成部分，它能够提高治理的透明度和公正性，提升居民对公共服务和社会治理的满意度和认同感。然而，当前我国基层治理过程中，居民的参与度普遍较低。居民参与度低的原因如下。一方面，由于缺乏有效的参与渠道和机制，居民难以找到合适的方式参与到社会治理中来；另一方面，居民对基层治理的了解不足，缺乏参与的意识和动力。此外，一些地方的基层政府和社会组织在推动居民参与时，缺乏耐心和细致的工作，未能充分调动居民的积极性。

当前，我国民生保障与公共服务供给在规模和质量上均存在不足，社会治理投入有限，这些问题限制了就业机会的增加。公共服务的不足不仅影响了特殊群体的生活质量，也制约了基层就业的潜力。例如，基层医疗服务的不足导致居民就医困难，影响了医疗服务行业的就业机会。社会治理的短板则体现在对特殊群体个性化服务需求的响应不足，这不仅影响了服务质量和效率，也制约了基层就业市场的活力。

公共服务的短板主要表现在资源配置不均、服务标准不一、服务人员素质参差不齐等方面。例如，城乡之间、不同地区之间的公共服务资源分配存在显著差异，导致基层特别是农村地区的公共服务水平较低。此外，服务人员的专业培训和职业发展体系不健全，影响了服务质量的提升。社会治理方面，基层治理体系的不完善、治理能力不足、居民参与度低等问题，限制了对特殊群体服务需求的有效响应。

为了解决这些问题，需要对公共服务和社会治理体系进行深入研究，找出存在的短板和不足，制定相应的改进措施。这包括对公共服务资源配置进行优化，提高服务标准，加强服务人员的专业培训，以及完善社会治理体系，提高治理效率和居民参与度。通过这些措施，可以有效提升公共服务质量和效率，释放基层就业潜力。

（三）公共财政和普惠金融资源未有效整合

公共财政作为政府调控经济、提供公共服务的重要手段，其在基层的投入状况直接影响到民生保障、公共服务质量和社会发展水平。公共财政和普惠金融资源的有效整合对于激发基层创业活力至关重要。然而，目前这些资源在基层的整合和利用上存在不足，限制了高校毕业生等青年群体的创业活力及就业潜力的释放。

公共财政资源在基层的投入不足，导致基层公共服务设施建设和服务能力提升受限。普惠金融资源的覆盖面和可及性不足，使基层创业者和小微企业难以获得必要的资金支持。这些问题不仅影响了基层经济的发展，也制约了青年群体的创业和就业机会。

普惠金融旨在为社会各阶层提供全面、合理的金融服务，特别是为小微企业和低收入群体提供资金支持。然而，在基层，普惠金融资源的覆盖面和可及性存在以下问题。第一，金融服务网点分布不均。基层地区尤其是偏远农村地区，金融服务网点较少，导致当地居民和小微企业难以享受到便捷的金融服务。第二，金融产品创新不足。针对基层创业者和小微企业的金融产品创新不足，无法满足他们多样化的融资需求，限制了他们的发展潜力。第三，信贷门槛较高。小微企业和个体经营者往往因为缺乏足够的抵押物或信用记录，难以获得银行贷款，这增加了他们的融资成本，影响了创业和扩张计划。

为了改善这一状况，需要对公共财政和普惠金融资源的整合机制进行深入研究，找出存在的问题和挑战。这包括对现有财政政策和金融政策的评估，以及对基层创业环境的调研。通过这些研究，可以提出具体的对策建议，如增加基层公共服务设施建设的财政投入，优化普惠金融产品，提高金融服务的覆盖面和可及性，从而为基层创业和就业创造更加有利的条件。

四　关于服务业就业机会拓展的对策建议

（一）出台包容性补贴政策，鼓励打造"全龄食堂"

建议相关部门在社区食堂建设之初进行深入的市场调查，了解老年人数量、社区居民结构、就餐需求和习惯等，以此为基础制定社区食堂建设模式、服务标准、补贴政策和优惠措施。通过精准选址和多样化菜品，满足不同人群的用餐需求，实现多方共赢。鼓励街道、社区、运营机构参与社区食堂建设，制定符合实际情况的政策内容，包括但不限于建设标准、运营规范、补贴机制等，确保社区食堂的可持续发展。

建议出台更加包容性的补贴政策，鼓励社区食堂服务全年龄段居民，通过"错峰用餐""老年人独有餐价"等方式，提升社区食堂的经营效益，实现可持续化运营。将补贴范围扩大至全体社区居民，将社区食堂的"公益+便民"功能全部纳入补贴范围，鼓励社区食堂多元化、可持续发展。

整合市场资源，提升社区食堂服务质量。资源利用与市场主体参与建议充分利用现有服务资源、设施场地、物流网络、信息平台，鼓励社会化的市场主体积极参与社区养老服务，实现资源的最优配置。O2O助老送餐服务体系构建建议链接美团、饿了么等平台企业，构建符合老年人特色的O2O助老送餐服务体系，满足不同老年人的用餐需求。

鼓励创新，探索社区食堂发展新模式。地方特色与公益市场结合，鼓励各地结合地方饮食文化特色，探索具有地方特色的社区食堂服务模式，将公益属性和市场机制有机结合，构建符合街道社区特色的服务模式。政府统筹与市场创新建议政府加强统筹，协调推动相关职能部门加大扶持力度，鼓励市场创新，构建多元化的社区食堂服务模式。

拓展服务内容，构建"社区食堂+"多功能模式。多功能服务模式建议社区食堂丰富经营业态，结合其他养老服务功能，形成"社区食堂+"模式，增加理疗、书画、棋牌等服务内容，满足老年人多元化需求。建议通过社区食堂链接多元市场资源和社会主体，将社会资源转化为社区资源，如为快递员、外卖小哥提供服务的同时，吸纳他们参与社区慰老服务。

运用数字化技术，为老年助餐服务降本增效。建议依托"互联网+"实现服务需求的有效对接，通过数字化技术评估老年人的餐饮需求，提供专业定级服务，实现服务的降本增效。利用数字化技术、服务网络化，为社区食堂和老年助餐服务提供提质的途径，如通过智能点餐系统、在线支付等技术手段，提高服务效率和质量。

（二）开发特殊群体对于城乡社会基层治理和服务的新需求

随着人口老龄化的加速和新型城镇化的演进，特殊群体对于城乡社会基层治理和服务的需求日益增长。老年人、新市民、残疾人、儿童等群体对服务的需求不仅迫切，而且对服务设施及服务人员的专业度要求也在不断提高。为了满足这些需求，推进基层服务供给侧改革显得尤为重要。这涉及建立和完善专业化的社区养老服务、居家养老服务、残疾人康复服务等社会化服务设施，以及基层养老服务中心、残疾人康复中心、儿童托管所等。

为了实现这一目标，首先，需要对特殊群体的具体需求进行深入调研，了解他们在生活、健康、教育、娱乐等方面的需求。这将为政策制定提供依据，确保服务设施的建设和服务项目的开展能够真正满足他们的需求。其次，需要加强对服务人员的培训，提高其专业技能和服务水平，确保他们能够为特殊群体提供高质量的服务。此外，还需要建立健全服务保障体系，通过政策引导和资金支持，鼓励和吸引更多的社会力量参与到基层服务中来。

在这一过程中，政府的角色至关重要。政府需要出台相应的政策措施，如提供财政补贴、税收优惠、土地使用优惠等，以降低社会资本参与公共服务供给的门槛。同时，政府还需要加强对服务供给的监管和评估，确保服务质量和效果，防止资源浪费和服务不到位的情况发生。通过这些措施，不仅能够有效满足特殊群体的服务需求，还能够增强就业新动能，创造更多的就业岗位，扩大就业机会，促进社会经济的发展。

（三）鼓励和支持社会资本参与公共服务供给

社会资本的参与对于提高公共服务效率和质量具有重要作用。政府可以通过购买服务、PPP 模式等方式，鼓励和支持社会资本参与到公共服务供给中来。这不仅能够充分利用社会资本的资源和优势，还能够通过市场竞争机制提高服务效率，降低服务成本，最终实现公共服务的优化和提升。

为了确保社会资本提供服务的质量和效果，政府需要建立健全的监管和评估机制。这包括制定明确的服务标准和质量要求，定期对服务提供情况进行评估，对不符合要求的服务提供者进行整改或淘汰。同时，政府还需要引入竞争机制，通过公开招标、竞争性谈判等方式，选择有能力、有经验、有信誉的社会资本参与公共服务供给。

此外，政府还需要为社会资本参与公共服务供给创造良好的政策环境。这包括提供税收优惠、财政补贴、低息贷款等政策支持，降低社会资本的运营成本，提高他们参与公共服务供给的积极性。通过这些措施，可以有效地满足人民群众在康养医疗、教育培训、法律援助、文娱体育等各方面的需求，提升公共服务、民生保障及社会治理水平，并为基层就业提供更多机会和更好环境。

（四）整合公共财政、普惠金融等资源促进青年就业创业

高校毕业生作为专业化人才，对于提升基层治理水平、完善社会治理体系具有重要作用。为了促进高校毕业生在基层就业创业，政府需要整合公共财政、普惠金融等资源，提供税收优惠、低息贷款以及设立专项基金等政策支持。

　　首先，政府可以通过设立专项基金，为高校毕业生提供创业资金支持，降低创业门槛。这些基金可以用于支持高校毕业生创办小微企业，特别是那些提供专业化、个性化服务的企业。其次，政府可以提供税收优惠，减轻高校毕业生创业的税收负担，提高其创业的积极性。最后，政府还可以通过提供低息贷款，解决高校毕业生创业过程中的资金问题。

　　为了确保这些政策措施的有效实施，政府需要加强对高校毕业生就业创业的指导和服务。这包括提供职业规划、创业培训、市场分析等服务，帮助高校毕业生更好地了解市场需求，提高其就业创业的成功率。同时，政府还需要加强对高校毕业生就业创业项目的监管和评估，确保政策资源得到有效利用。

　　通过整合公共财政、普惠金融等资源，不仅可以促进高校毕业生在基层就业创业，还可以带动大龄劳动者等群体在社区街道就业，实现就业的多元化和均衡发展。这将有助于提升基层治理水平，完善社会治理体系，促进社会经济的全面发展。

参考文献

［1］《着力提高人口资源利用率——访中国劳动和社会保障科学研究院院长莫荣》，《人民日报》2023 年 5 月 26 日，http：//www. mohrss. gov. cn/wap/xw/rsxw/2023 05/t20230526_ 500573. html。

［2］蔡昉：《人口转变、人口红利与刘易斯转折点》，《经济研究》2010 年第 4 期。

［3］都阳、封永刚：《人口快速老龄化对经济增长的冲击》，《经济研究》2021 年第 2 期。

［4］金光照、陶涛、刘安琪：《人口老龄化与劳动力老化背景下中国老年人力资本存量与开发现状》，《人口与发展》2020 年第 4 期。

［5］赖德胜主编《2011 中国劳动力市场报告——包容性增长背景下的就业质量》，北京师范大学出版，2011。

［6］何莽主编《中国康养产业发展报告（2018）》，社会科学文献出版社，2019。

［7］杨立雄、余舟：《养老服务产业：概念界定与理论构建》，《湖湘论坛》2019 年第 1 期。

［8］陆杰华：《我国老龄产业研究评述及展望》，《北京大学学报》（哲学社会科学版）2002 年第 1 期。

［9］鄢行辉：《我国民族传统养生产业开发研究》，《人民论坛》2010 年第 8 期。

［10］李后强等：《生态康养论》，四川人民出版社，2015。

［11］程臻宇：《区域康养产业内涵、形成要素及发展模式》，《山东社会科学》2018 年第 12 期。

［12］申曙光、曾望峰：《健康中国建设的理念、框架与路径》，《中山大学学报》（社会科学版）2020 年第 1 期。

发展劳务品牌 扩大就业机会

李付俊*

摘 要: 当前,我国劳务品牌进入新发展阶段,在扩大就业机会方面发挥着重要作用。首先,本文简单梳理了我国劳务品牌发展历程,具体包括萌芽发轫阶段、发端探索阶段、加力发展阶段和升级加速阶段。其次,分析了我国劳务品牌发展过程中存在的主要问题,如意识不强、主体性不够,建设体系不健全以及政策和服务不足等,并指出劳务品牌发展趋势,如由劳务输出向技术输出转变,规范化建设,以及"互联网+劳务品牌"模式渐成趋势等。再次,从扩大就业规模、提升就业质量、优化就业结构、经济拉动效应等方面探究了劳务品牌扩大就业机会的主要理论机制。最后,从总体思路、政府角色以及具体措施三个方面给出了劳务品牌扩大就业机会的路径,就总体思路而言,包括从业人员职业化、规范化和产品多元化等。

关键词: 劳务品牌 扩大就业 劳动力

一 引言

改革开放以来,我国大量农村劳动力从农业生产中释放出来,涌入城中务工,劳务经济在农村劳动力转移过程中逐渐发展起来,随着这种劳务输出的规模化和有序化,各地涌现出各具特色的或传统、或新兴的劳务品牌。劳务品牌所代表的优良素质、较高技能、诚信服务、优秀质量,是劳务经济的

---

* 李付俊,中国劳动和社会保障科学研究院智库工作办公室副研究员,主要研究领域为就业与劳动力市场政策。

灵魂，能够经受住市场细分和激烈竞争的考验，带来更高的经济效益，引领劳务经济的发展和就业质量的提高。因此，近年来各地政府部门不断积极打造和培育"叫得响"的劳务品牌，诸多优秀的劳务品牌应运而生，使农村富余劳动力获得了更大的就业空间，有效促进了农村劳动力有序转移就业。党的二十大报告指出就业是最基本的民生，强调要实施就业优先战略，强化就业优先政策，促进高质量充分就业。这意味着随着我国政府的社会经济发展理念由"增长优化"转变为"就业优先"，推动劳动者的就业转移、解决农业剩余劳动力就业问题、开发劳务品牌将被摆在更加重要的位置。

二　劳务品牌发展历程

追根溯源，劳务品牌是市场经济发展的产物，其形成与发展大致可以分为四个阶段：20世纪70年代至80年代末的萌芽发轫阶段、20世纪90年代至21世纪初的发端探索阶段、21世纪初至"十三五"时期的加力发展阶段和"十四五"开局至今的升级加速阶段。

（一）20世纪70年代至80年代末的萌芽发轫阶段

劳务品牌诞生的一个重要时间节点是20世纪70年代末。伴随改革开放的浪潮，政府根据市场经济要求与规律制定相应的方针政策，逐步放开农村劳动力进城务工，大量农村劳动者响应号召，开始"放下锄头，拿起榔头"，先前农村劳动力转移停滞的现象得以改变，农村劳动力慢慢向非农部门和城镇转移。这一阶段，劳务服务公司作为专门将待业人员组织起来进行就业训练和劳动服务的机构，在促进农村富余劳动力的就地转移和劳务输出方面扮演了极为重要的角色。此时的劳务输出主要是数量型和体能型的，具有自发性和盲目性，加之当时相关的政策调整虽有所松动，但并未完全取消农村劳动力转移限制，因此这一时期劳动力区域间的流动虽然在一定程度上促进了劳务品牌的萌芽，但并未形成拥有特色和竞争优势的劳务品牌。

（二）20世纪90年代至21世纪初的发端探索阶段

20世纪90年代后，中国改革开放步伐逐步加快，诸多不甘贫困的农村劳动者紧跟时代潮流，从集体小队逐步发展为有组织的、规模化的劳务输出，劳务作为一种特殊的商品，其"品牌"特性逐渐显现，一批典型的劳务品牌作为劳务输出的精品应运而生，成为增加劳务收入、提升经济效益的必要手段。这些崛起的品牌大多依托于当地独特的自然人文环境或就业优势，借助先天的文化底蕴或历史传承，具有其他劳务难以超越的技能或资源"壁垒"，如湖南铸造工、郴州建筑工、石首建筑工等都是最先成长起来的知名劳务品牌，甚至至今仍在发挥示范效应。这一时期的劳务输出仍是以"走出去"为主的单一输出模式，劳动者凭借低端产品或技能进入市场，而劳务品牌的形成则主要是通过"传帮带"形式，具有自发性和粗放性，总体实力和品牌意识比较薄弱。但总的来说，我国社会对劳务品牌的认识不断深入，尤其是逐步认识到劳务品牌在促就业、稳就业中的积极作用。

（三）21世纪初至"十三五"时期的加力发展阶段

劳务品牌发展的另一重要时间节点是2005年，因为直接涉及劳务品牌建设的重要文件便是始于这一年。可以看出，国家对劳务品牌的重视日益政策化并具体化。顶层指引之下，各省份多部门纷纷出台各种举措办法，认真分析，准确定位，合力打造扶持本地特色的劳务品牌，具有区域特征的劳务品牌在全国范围内不断涌现，逐渐从"燎原星火"发展到"群星璀璨"，越来越成为农村劳动力地区间自由流动的主渠道。已形成"中央政府统筹、地方政府组织、社会支持、面向市场、媒体敲锣、对接扶贫、培训与就业互动"的运作模式，成为脱贫攻坚、吸纳农村劳动力就业、振兴经济的助推力量。

（四）"十四五"开局至今的升级加速阶段

"十四五"开局以来，劳务品牌建设已进入第四个阶段，即升级加速阶段。伴随劳务品牌的辐射面越来越广、影响力越来越强，参与和服务主体越来越多元化，传统劳务品牌不断巩固提升，新兴劳务品牌蓬勃涌现，着眼于新经济、新业态、新体制、新观念所带来的就业形势的新变化，立足于高质量发展、乡村振兴、共同富裕等为劳务品牌发展提供的新经济社会发展环境和政策动力，进一步提升劳动者的素质技能层次以满足产业升级需要，健全劳务品牌管理方式以建立其发展的长效机制，整合各自为政的劳务品牌形成良性互动的劳务品牌生态链，推进劳务品牌创新发展，并走上转型、升级之路是必然趋势。同时随着市场的发展，市场对劳务品牌的规范化、标准化需求不断增加，劳务品牌的高质量发展将成为未来主旋律。

三 劳务品牌发展的问题及趋势

当前全国劳务品牌已突破 2000 个，覆盖一二三产业，有的已经成为城市名片，有的开始走向世界。随着我国经济进入新发展阶段，新经济、新业态、新就业的大量涌现，劳务品牌作为农村劳动力转移组织化程度较高的形态，也拓展新发展空间，呈现新的发展趋势。

（一）劳务品牌发展需要解决的突出现实问题

1. 劳务品牌意识不强、主体性不够

各地各部门对劳务品牌概念理解不足，缺乏系统、明确的认知。一些人员甚至不知道自己品牌的"名号"，基本处于一种自然市场状态，或者机构贴标状态。劳务品牌企业、从业人员、相关部门缺乏清晰的品牌建设意识，自主性、主体性认知不够，对各自在品牌建设中的作用认知不清。对于劳务品牌的核心重点是"人的建设"认知不足，感到在工作中找不到方向、重点和抓手。在如何培育品牌、建设品牌、宣传品牌、管理和服务品牌等方面缺乏清晰的发展规划。既缺乏有形品牌标志，也缺乏无形品牌的自主意识，有品类、无品牌，品牌核心理念和价值、品牌文化缺乏，精品意识和创优理念缺失。

2.劳务品牌建设体系不健全

缺少培育载体，政府部门、企业机构、行业组织等主体的引导方面做得还不够。一些品牌主体处于自发经营模式，体系建设不健全，行业存在乱象，难以形成规模效应。各品牌知名度低，缺乏有效的管理，对品牌行业健康繁荣发展形成了很大的制约，甚至给品牌认知带来障碍。相应的监管和服务部门职能不清晰，对劳务品牌缺乏基本的统计制度，造成发展的底数不清、现状不明，政策制定和工作服务缺乏主心骨和抓手。

3.政策和服务不足，存在市场和政策阻点

多数劳务品牌只是市场自发孕育、逐步发展起来的，没有较全面的系统性政策支持。劳务品牌在培育打造过程中不能享受到政策扶持，成本相对较高，压力较大。普遍缺乏标准化规范化的专业知识、技术指导、资金扶持，因而缺乏持续发展的内在生命力，难以形成规模效应。部分涉及就业、培训等业务的劳务品牌在一定程度上能够享受到有关扶持政策，但一些新兴品牌专业技能培训未被纳入培训补贴范围。即便开展培训的，也是培训短期化、利益化特征明显，培训机构设置的专业主要是为了获取补贴，时间短、投资少，与地方经济特色相合不明显。

4.产业链培育和发展有待完善，技能型劳务品牌发展有待加强

劳务品牌多集中在家政服务、餐饮服务、特色种植、手工编织等行业，技术含量相对较低，技术含量较高的加工制造业的劳务品牌较少。部分劳务品牌停留在承接简单劳务工作层面，业务范围单一，处于产业发展的低端，与上下游联动和扩展能力不足，市场综合竞争力较弱。与之相应，现有品牌部分劳务人员整体素质偏低，人员结构呈现"一高两低"，即"年龄高、学历低、技能低"。

5.品牌自身建设基础比较薄弱

部分劳务品牌规模较小，品牌行业标准不一致，核心竞争力不强，自身"造血"功能不足，产生的聚拢效应不够明显。一些品牌以个体户分散型、小规模粗放型生产方式为主，这种生产方式虽然投资成本低，但承受市场风险的能力弱，技术标准难以规范，产品质量难以保证。绝大部分劳务品牌存

在技术评价标准不统一，行业准入制度、资质认定制度、监管制度建设不足，服务质量、服务流程、收费标准不统一等问题。品牌的竞争力和知名度不足，有效带动开发更多劳动力资源能力不强。

（二）劳务品牌发展趋势

1. 加快发展提升，劳务品牌由劳务输出向技术输出转变

劳务品牌建设紧跟中央政策方向，以吸引劳动力返乡就业创业、进一步提升职业技能培训质量、促进城乡劳动力高质量充分就业为己任，可谓劳务品牌发展 2.0 阶段。劳务品牌的实体面对日趋激烈的市场竞争和劳动力供求在素质上的差距等新的挑战，开始走上转型、升级之路，或从劳务输出升级到技术输出，或转型为商品制造、工程承包，或从吸收新增农村劳动力为主，到服务城镇新生和再就业劳动力为主。一些纯劳务品牌转型为集服务、商品、行业品牌于一身的综合性品牌。

2. 积极出台政策和行动方案，引领劳务品牌规范化建设

随着国家坚持就业优先，将就业优先置于宏观战略层面，脱贫攻坚任务圆满完成，接续乡村振兴建设，国家对劳务品牌的重视程度也相应提高，将之纳入国家规划高位推进。部分省份积极出台劳务品牌单独的政策文件或实施方案，大力培育区域劳务品牌。如湖南省于 2021 年 3 月出台《湖南省特色劳务品牌建设工程实施方案》（湘人社发〔2021〕14 号），明确了建立特色劳务品牌培育机制，劳务品牌建设单位认定条件和程序。这是在劳务品牌发展 2.0 阶段规范化建设的一个范例，可以预期在劳务品牌未来的发展之路上，会不断建立和完善劳务品牌培育、扶持、发展的长效工作机制，以政策规范为引领，进行标准化、规范化建设发展。

3. 以培育劳务品牌为抓手，打造产业生态圈、蓄好人才池

市场是最活跃的创新要素，也是最有力的资源配置机制。发挥市场引领作用，在立足当地、发扬传统、满足市场、遵循规律的前提下，通过分类型发现、分领域培育，从而构筑劳务品牌建设基础，形成"育品牌、兴产业、促就业、增效益"的发展模式。以增加品牌数量、提高品牌质量为基础，劳务品牌也将形成强大的品牌效应，使从业人员成为就业市场的"香饽饽"。这些劳务品牌的形成，搭建起技能人才快速成长的平台，大大增强了相关劳务品牌从业人员在劳动力市场上的竞争力，同时有利于缓解部分地区、部分行业、部分企业对技能型人才的需求，推动解决就业结构性矛盾。

4.新就业形态丰富劳务品牌业态，"互联网+劳务品牌"模式渐成趋势

当前新就业形态作为适应新业态下的就业形式，正在日渐成为扩大就业的重要渠道之一，也给劳动力转移和劳务品牌发展带来新增量、新模式、新业态，提供了新领域。"互联网+劳务品牌"模式渐成趋势，通过为企业和求职者搭建就业平台，开展线上线下相结合招聘，实现了人岗高效匹配。通过构建信息平台，实现劳务品牌人力资源有序流动，缩短待岗人员的空窗期。未来，依托互联网技术平台，有利于建立劳务品牌的行业标准化体系，丰富劳务品牌新业态，实现劳务品牌质量提升。

四　劳务品牌的扩大就业机会效应分析

（一）规模化促进就业

劳务品牌具有极为密切的群众联系度，在扩大就业规模上成效显著，同时有利于解决困难群体就业。稳就业、促就业是发展劳务品牌的基础要素，也是劳务品牌在促进高质量充分就业过程中的重要体现，更是劳务品牌中"劳务"性质的核心表现。劳务品牌有序化、规模化的"劳务输出"的历史属性使促就业成为劳务品牌发展的核心价值，同时稳就业、促就业也是未来劳务品牌发展的核心目标之一。劳务品牌建设提升了产业链的完整度，成为保障就业的新高地。目前，一些劳务品牌已经不仅仅是"就业名片"，它们通过带动优势资源聚集和高效配置，引领相关产业、产品、服务提质升级，辐射带动区域发展，已经成为创业品牌、产业品牌、文化品牌，有的还成为城市名片，实现了小品牌的大作为。一个"兰州拉面师"劳务品牌带动100万人就业，一个"蕲春艾灸师"劳务品牌带动30万人就业，一个"武宁装

饰人"劳务品牌带动 30 万人就业。为广大富余劳动力就业找到了新门路："紫阳修脚师"解决了紫阳县 1/4 劳动力的就业。①

（二）促进就业质量提升

劳务品牌发展事关就业增收、乡村振兴和民生福祉。劳务品牌具有市场竞争优势，从业人员就业更加稳定、收入更高、权益更有保障。特别在脱贫地区，通过建设劳务品牌，带动当地农村劳动力外出务工，帮助他们实现增收，有利于巩固脱贫攻坚成果、全面推进乡村振兴。紫阳修脚师：普通修脚员工月平均工资在 5000 元以上，近千名中高层管理人员年薪为 50 万~100 万元。② 全县 2022 年茶叶产业综合产值近 60 亿元，12 万茶农人均茶叶收入 5000 元；某妇女参加了"河北福嫂"育婴师培训后，月收入由 3000 元提高到 7000 元。③

（三）技能提升带动就业结构优化

劳务品牌建设着眼人力资源新特点，不断实现劳动者从"卖力气"到"凭技能"的转变，就业结构不断优化。劳务品牌建设工作已有初步基础，在各地大力推动下，依托专业技能、优势产品、乡土文化、服务品质四大维度分类推进，覆盖一二三产业，行业技能人才、返乡创业带头人、工匠能人等不断涌现，为经济社会高质量发展提供了强有力的人力资源支撑。职业技能培训助力劳务品牌提质增效，促进劳动力输出"体力型"向"技能型"转变，过去的劳务品牌重在引导农民工外出务工，现在的劳务品牌更注重培训技能。比如，靠着"潜江龙虾工"劳务品牌娴熟的分拣技艺，小龙虾实现品种细分，得以跨过从非标品到标品的坎儿，进行数字化经营；制作一把

---

① 《擦亮劳务品牌助推乡村振兴系列观察》，中国记协网，http：//www.zgjx.cn/2023-10/17/c_1212289884_3.htm。

② 数据来源：陕西安康市紫阳县人社局。

③ 《河北石家庄提升家政服务业专业化水平——擦亮劳务品牌 拓展职业空间（推动解决结构性就业矛盾③）》，环球网百家号，https：//baijiahao.baidu.com/s？id=1766646529157407976&wfr=spider&for=pc。

吉他的 200 多道工序，七成靠手工，技艺高超的"正安吉他工匠"成为托举产业不可或缺的一环。

（四）有力的经济拉动效应

劳务品牌已不单单是"就业名片"，促进当地产业兴起来、区域经济强起来的效应逐渐显现。随着劳务品牌概念和体系的不断完善，一些劳务品牌作为劳务输出的精品应运而生，成为增加劳务收入、提升经济效益的必要手段，尤其是在完善产业链体系、聚集行业主要人力资源、开发行业技术标准体系、不断释放行业龙头劳务品牌市场效应、助推经济高质量发展等方面发挥了重要的人力支撑作用。新的历史时期尤其是在新发展格局下，要求深入挖掘劳务品牌，充分依托区域优势资源和产业，研究其中间环节，形成以劳务品牌为依托的产业链，这也是劳务品牌经济效应的重要体系和价值主体。比如，紫阳修脚师劳务品牌中的修脚足浴产业链已开发洗护用品、修脚刀片、技师工服、鞋垫袜子等下游产品生产，仅修脚刀片年产值达 2 亿元，形成"山上种药、山下建厂、山外开店"的产业格局；湖北潜江龙虾工劳务品牌打造集小龙虾电商、商贸、流通、加工等于一体的中国虾谷，统一分拣打包、物流配送、配套服务等行业标准，不断健全产业链条，带动更多人就业增收。

五　劳务品牌扩大就业机会的路径

（一）总体思路

1. 劳务品牌从业人员职业化

劳务品牌培育和壮大升级最重要的前提是全面提升劳务品牌从业人员的职业化水平，即构建多元化、多层次人才队伍和体系。因此，加强劳务品牌从业人员梯队建设，充分发挥高层次高技能人才的引领作用，是实现劳务品牌高质量和可持续发展的基础。要将劳务品牌职业化发展纳入国家重点人力资源发展规划之中，深入研究和开发劳务品牌职业技能标准，按照品牌产品生产的流程环节和产品技术标准阶梯式划分出劳务品牌的差异化技能点，形成较为完善的劳务品牌职业发展路径。

2. 劳务品牌规范化

充分利用现有资源，结合市场需求，不断提升劳务品牌标准化和规范化水平，统筹规划，从劳务品牌认定主体机构、品牌建设、经营模式、劳务输出、组织方式、地区性的产品或者技术标准、品牌管理规章制度等维度，建立劳务品牌的认定办法及标准化框架，同时有针对性地制定劳务品牌发展规划，确保劳务品牌培育打造建设的计划性、连续性和针对性，逐步形成全国性、地方性的特色劳务品牌。

3. 劳务品牌产品多元化

劳务品牌的市场经济属性较强，劳务品牌技能输出的产品市场是彰显劳务品牌价值的核心要素，人们是通过产品的"好味道或者好市场"进而了解劳务品牌的。因此，劳务品牌输出产品的优势产业价值应与劳务品牌的劳务价值同等重要，在高质量发展劳务品牌的过程中要更加注重产品市场的竞争力培养，培育多元化产品体系，创响全国和地方品牌，通过乡镇农村的特色农业发展和市场培育，在全国甚至全世界范围内"打响"产品以及劳务品牌的名号。

4. 劳务品牌名誉国际化

在当前我国双循环发展格局下，劳务品牌名誉国际化是劳务品牌高质量发展的必由之路，尤其是国际循环市场将进一步增强我国人力资源优势，提升劳务品牌的国际影响力。在推进基础设施建设和制造业走出去的同时，也要加大推动服务业走出去的力度，既要打造"中国制造"的劳务品牌，也要发展"中国服务"的劳务品牌。此外，劳务品牌可作为国际劳务输出服务贡献中的重点培育群体，构建一批国际化劳务品牌人才梯队，不断提升劳务品牌国际化水平。

5. 劳务品牌产业生态化

劳务品牌能否健康发展，既取决于自身条件和努力程度，也取决于它所处的生态以及它和生态各要素之间的互动关系。因此，在提高劳务品牌劳务队伍素质的基础上，需要进一步加强产品技术、地方独特资源、当地文化、资本、产业、园区场地等各种要素的开发和融合，建立起与劳务品牌产品行业相关的中小企业互利共生的产业生态体系和产业链条，加强劳务品牌生态圈建设，多行业、多领域、多业态拓展空间，打造劳务品牌文创产品体系，创造劳务品牌发展的新机会、新动力和新平台，以劳务品牌生态圈的发展促进当地经济、产业融合发展，实现就业扩容提质。

6.劳务品牌服务数字化

加强劳务品牌的专门服务机构和人员队伍建设，建设专业化的劳务品牌人力资源市场数字信息化平台，建立长期稳定的从业人员输出机制，主动与用人单位协商解决劳务人员的工资、劳动关系、社会保险等关系切身利益的问题，做好从业人员"培训、就业、维权"一条龙服务。同时，结合大数据技术，建立劳务品牌统计监测机制，全方位展示劳务品牌落地落实和发展状态，为标准化战略决策和精准施策提供数据支撑。

（二）政府角色

1.加强组织领导，完善政策体系

组织领导是我国劳务品牌高质量发展和培育的重要载体，也是各地劳务品牌高质量发展的重要经验。加强组织领导，完善政策体系，健全工作机制，不断改革创新相关政务服务，是使劳务品牌发展效应不断体现和特色劳务品牌不断涌现的重要推动力。各地相关部门应根据当地社会经济发展新趋势，出台符合地域文化特色的劳务品牌培育政策，使得当地劳务经济与社会经济发展新变化相适应。

2.强化技能培训，壮大劳务品牌技能人才队伍

作为劳务品牌高质量发展的重要"承载者"，各地相关部门应相继出台各类培训补贴、奖励、竞赛等相关办法或者工程项目，进一步扩大劳务品牌中技能人才规模。紧贴产业实际，开发劳务品牌培训和产品技术标准，规范劳务品牌培训体系。从市场需求入手，重点做好劳务品牌专业技能培训，对

培训过程及结果实行规范管理,确保培训组织管理取得实效。依托职业院校、定点培训机构和企业,以公共实训基地和园区企业为平台,对相关从业人员实施免费就业技能培训、企业新录用人员岗前技能培训和岗位提升技能培训,同时制订年度劳务品牌职业技能竞赛计划,以赛促学,不断加强劳务品牌技能人才队伍建设。

3. 充分发挥劳务品牌效应,壮大当地劳务输出队伍,增强品牌宣传效果

劳务品牌作为劳务经济发展的重要内涵,品牌效应的宣传与充分发挥是关键。要充分利用各类媒体平台,积极宣传和实施提升劳务品牌行动扩大就业机会等活动,激励当地广大劳动者积极投身劳务品牌创建行业,促进品牌范围内的劳务输出队伍不断壮大。比如,大力开展劳务品牌从业人员职业道德、诚信经营教育宣传,营造劳务品牌促进就业的良好社会氛围,同时研究建立劳务品牌质量标准体系和诚信评价体系,系统归纳劳务品牌质量和评价标准、业内信用承诺制度等,有力增强劳务品牌内生增长动能。

(三)具体措施

1. 实施劳务品牌从业人员"技能含量"提升工程

一方面,完善各地职业技能和专业技术等级的评价体系,探索建立劳务品牌技术技能等级与劳动报酬挂钩的市场定价机制,将劳务品牌人才纳入人才支持政策范围。另一方面,择优认定一批培训质量高、就业效果明显的劳务品牌培训基地,打造劳务品牌孵化基地,加强劳务品牌从业人员培训资源供给,提高培训的针对性和有效性。同时,与行业内的龙头企业合作建立劳务品牌培训基地,探索创新与市场需求相适应的培训模式,开展订单式、定向式培训。

2. 多渠道、多元化挖掘更多潜在县域劳务品牌

应紧贴劳务工作实际,瞄准当地尤其是县域劳务资源特色和亮点,加快特色劳务品牌挖掘、创建及培育,同时通过市场引导、群众创新发现和明确当地的技术专长和劳务特色,从而构筑劳务品牌建设基础,让劳务品牌建设真正围绕当地劳动力,服务当地劳动力,不仅促进劳动力转移就业,而且带动当地就业创业,进一步扩大就业机会。

3. 加强劳务品牌的认定标准及规范化研究

针对劳务品牌大而不强、多而散乱的问题，进一步加大劳务品牌的规范化、标准化研究力度，探索劳务品牌规范化与标准化的内容框架，包括劳务品牌认定规范化、品牌组织规范化、品牌管理规范化、发展行为规范化等。同时结合我国劳务品牌发展的实际情况，从劳务品牌的地域范围、技能通用性、服务范围、人员规模、组织方式等方面构建一套符合我国劳务品牌发展特色与实际的劳务品牌评价指标体系，尤其是梳理出与商业品牌的区别性指标，提出认定和评价劳务品牌的指标性框架等。

4. 研究和实施劳务品牌国际外派劳务计划

在当前我国双循环发展格局下，依托我国制度、市场、产业以及人力资源优势，对有条件、有能力、有需求的劳务品牌系统化制定劳务品牌全球化战略目标，充分研究和论证本劳务品牌的产品和服务市场开拓情况以及当地社会经济环境，包括经济政策法规、市场需求、劳动力素质技能要求、劳动力市场政策法规等，并且制订详细的人力资源外派计划和管理方案。

参考文献

［1］Kapferer, J. N., *The New Strategic Brand Management*: *Advanced Insights and Strategic Thinking* (4th ed.). London: Kogan, 2008.

［2］Zeithaml, V. A., *Services Marketing*: *Integrating Customer Focus Across the Firm* (4th ed.). China Machine Press, 2008.

［3］陈志新、潘建林：《劳动力品牌内涵及其特性——由"衢州保姆"引发的思考》，《金华职业技术学院学报》2004 年第 4 期。

［4］何亦名：《区域劳动力品牌与我国区域经济的发展》，《乡镇经济》2009 年第 6 期。

［5］王卫：《区域劳务品牌对中国农村劳动力转移的影响研究》，硕士学位论文，东北林业大学，2014。

［6］王文礼：《论农村劳务"品牌"的重要作用及强化途径》，《商场现代化》2005 年第 11 期。

B.6
改善收入分配与扩大就业

刘军胜　杨艳玲　祝慧琳　杨　璐*

摘　要：　改善收入分配与扩大就业是新时代背景下经济高质量发展的战略要求，两者相辅相成、相互促进。本文首先厘清了改善收入分配和扩大就业两者相互作用及共同作用于经济高质量发展的理论逻辑和作用机理，其次指明了当前我国收入分配状况及存在的主要问题，比如收入水平整体偏低、收入增长趋缓尤其是工资性收入增长缓慢、收入差距较大且呈扩大趋势、中等收入群体扩容不足以及财富存量差距较大。最后，借鉴国际发达地区收入分配制度促进就业的经验，提出改善收入分配促进就业的政策建议，包括完善收入分配制度，合理确定劳动报酬占比；实施差异化的区域发展战略，运用转移支付缩小城乡、区域收入差距；完善社会保障体系；发挥第三次分配的重要作用。

关键词：　收入分配　扩大就业　社会保障

　　完善收入分配制度和实施就业优先战略都是二十大报告的重要内容，是我们党团结带领全国各族人民扎实推进共同富裕的重要抓手。改善收入分配与扩大就业是新时代背景下经济高质量发展的战略要求，扩大就业是总体上改善收入分配的基础和前提，改善收入分配是实现高质量就业的题中应有之义，两者相辅相成、相互促进，共同服务于经济高质量发展的需要。

---

* 刘军胜，中国劳动和社会保障科学研究院副院长、研究员，主要研究领域为工资收入分配、劳动关系和人力资源管理；杨艳玲，中国劳动和社会保障科学研究院薪酬研究室助理研究员，主要研究领域为工资分配、工资支付等；祝慧琳，中国劳动和社会保障科学研究院薪酬研究室助理研究员，主要研究领域为工资收入分配、企业薪酬管理；杨璐，中国劳动和社会保障科学研究院薪酬研究室实习研究员，主要研究领域为收入分配。

一 改善收入分配格局与扩大就业的逻辑机理

2024年9月,《中共中央 国务院关于实施就业优先战略促进高质量充分就业的意见》明确提出:"促进劳动报酬合理增长。健全劳动、知识、技术等要素按贡献参与分配的初次分配机制,提高劳动报酬在初次分配中的比重。"提高就业质量、增加收入是劳动者的共同期盼。[①] 优化收入分配制度和改善收入分配格局对于创造更多就业机会和促进经济稳定增长至关重要。合理的收入分配制度能有效优化资源配置,提高劳动力市场的运行效率,促进劳动力与就业机会的有效匹配,提升社会整体技能水平,从而为扩大就业奠定坚实的基础。因此,通过持续改革和优化收入分配制度,可以促进形成更加稳定、公平、充满活力的就业市场,推动经济增长与收入分配之间的良性循环。

(一)提高低收入群体收入水平与扩大就业

根据边际消费倾向理论,低收入群体的消费倾向相对较高,其收入水平提升能够带动整体消费水平的提高。同时,他们收入的增加还会通过乘数效应促进企业扩大生产,带动经济增长并创造更多就业机会。采取最低工资和累进税制等政策,可以有效提高低收入群体的收入,减少收入不平等并促进经济平稳增长。尤其是在经济低迷时,这类政策能够抑制经济波动并支持就业和经济活动。[②] 此外,提升低收入群体的收入不仅能够促进劳动力市场的参与、刺激消费,形成经济增长与就业扩大之间的良性循环[③],还有助于扩

---

① 莫荣:《提高就业质量、增加收入是劳动者的共同期盼》,人民网,http://lianghui.people.com.cn/2018cppcc/n1/2018/0310/c418412-29859996.html,2018年3月10日。

② Carroll, C., Slacalek, J., Tokuoka, K., et al., "The Distribution of Wealth and the Marginal Propensity to Consume," *Quantitative Economics*, 2017, 8 (3): 977-1020; Kaplan, G., Violante, G. L., "The Marginal Propensity to Consume in Heterogeneous Agent Models," *Annual Review of Economics*, 2022, 14: 747-775; Crawley, E., Kuchler, A., "Consumption Heterogeneity: Micro Drivers and Macro Implications," *American Economic Journal: Macroeconomics*, 2023, 15 (1): 314-341.

③ 宋锦:《产业转型、就业结构调整与收入分配》,《经济与管理研究》2018年第10期,第45~56页;周慧珺、傅春杨、龚六堂:《就业政策如何影响收入分配?——基于量化空间一般均衡模型的理论分析》,《管理世界》2024年第1期,第38~60页。

大中等收入群体规模，推动包容性经济增长，也有助于积累社会资本，进而促进经济多元化[①]。因此，优化收入分配政策，提高低收入群体收入，将通过消费增长与投资扩展等路径，带动就业机会的增加，为经济的长期稳定发展打下基础。

（二）完善税收等再分配制度与扩大就业

税收等再分配机制在调节就业市场和促进经济发展中扮演着至关重要的角色。它们通过微观与宏观两个层面影响劳动力市场，其中微观层面涉及工作选择和劳动参与度，宏观层面则关注经济结构和资源配置[②]。微观层面，以累进税制和再分配政策为例，累进税制通过降低个体劳动的边际收益，对劳动力供给产生短期负面影响；然而，若将再分配所得用于提升劳动力的技能水平，如教育深造和职业培训等，长期来看则能增强劳动者对高薪职位的竞争力，并提升劳动力市场整体的供给质量。[③] 宏观层面，合理的税收制度通过公共投资可以增强经济潜力，短期内将增加就业机会，并通过提升劳动者技能而带动长期就业的增长。[④] 此外，完善的社会保障和福利制度不仅能减少收入波动带来的风险，还可以稳定消费需求，从而为就业市场的持续增长提供有力保障。通过促进社会财富的更公平分配，税收等再分配制度能够有效推动就业市场的增长，尤其是通过增加公共投资和强化社会安全网对劳动力市场产生积极影响。[⑤]

[①] Ahn, S. H., Kaplan, G., Moll, B., et al., "When Inequality Matters for Macro and Macro Matters for Inequality," *NBER Macroeconomics Annual*, 2018, 32（1）: 1–75.

[②] Causa, O., Hermansen, M., "Income Redistribution Through Taxes and Transfers Across OECD Countries," 2017.

[③] Jensen, A., "Employment Structure and the Rise of the Modern Tax System," *American Economic Review*, 2022, 112（1）: 213–234.

[④] Zidar, O., "Tax Cuts for Whom? Heterogeneous Effects of Income Tax Changes on Growth and Employment," *Journal of Political Economy*, 2019, 127（3）: 1437–1472.

[⑤] Gwartney, J. D., Lawson R. A., "The Impact of Tax Policy on Economic Growth, Income Distribution, and Allocation of Taxes," *Social Philosophy and Policy*, 2006, 23（2）: 28–52; O'Reilly, P., "Tax Policies for Inclusive Growth in a Changing World," 2018.

（三）降低收入不平等程度与扩大就业

减少收入不平等对于刺激总需求和促进就业增长具有重要作用，同时也是构建平等与包容性社会的必要条件。[1] 全球化和技术变革的发展，导致了高技能与低技能劳动者之间的需求差距，进而加剧了收入不平等。[2] 改善收入分配可以帮助消除这一市场分割现象，从而降低不平等程度。例如，可以通过调整税收制度、增加社会转移支付和实施最低工资政策来促进更为公平的收入分配。[3] 与此同时，鼓励低收入家庭对人力资本的投资，特别是通过更高质量的教育和培训，有助于为更多劳动者提供向上流动的机会，进而增强就业市场的活力和多样性。因此，收入分配改革不仅有助于为低技能和中高技能劳动者创造更多的就业机会，还能为高技能劳动者提供更加稳定的就业环境，促进劳动力市场的包容性和可持续发展。[4]

（四）提高劳动力市场效率与扩大就业

劳动力市场的高效运作取决于供需的合理匹配、劳动者技能的发展和职业流动的顺畅。[5] 公平的收入分配有助于减弱劳动者收入的不确定性，促进劳动者的职业流动，加强劳动者与就业岗位的有效匹配，减少岗位空缺时间

---

[1] Jaumotte, F., Osorio-Buitron, C., "Inequality and Labor Market Institutions," IMF Staff Discussion Note, 2015; Koske, I., Fournier, J. M., Wanner, I., "Less Income Inequality and More Growth: Are They Compatible? Part 2. The Distribution of Labour Income," 2012.

[2] Van Der Hoeven, R., "Income Inequality and Employment Revisited: Can One Make Sense of Economic Policy?" in *Employment, Inequality and Globalization* (Routledge, 2013), pp. 65-82.

[3] 郭庆旺、吕冰洋：《论要素收入分配对居民收入分配的影响》，《中国社会科学》2012年第12期，第46~62页。

[4] Mehic, A., "Industrial Employment and Income Inequality: Evidence from Panel Data," *Structural Change and Economic Dynamics*, 2018, 45: 84-93.

[5] 陆铭、范剑勇、颜燕：《论国有企业的工资管制对就业的影响》，《上海经济研究》2001年第3期，第56~62页；Bertola, G., "Distribution, Efficiency, and Labor Market Regulation: In Theory, in OECD Countries, and in Latin America," Labour Markets and Institutions, 2005。

和企业的招聘成本。[①] 优化税收、社会保障和职业培训政策，有助于将社会资金更多地用于教育和技术培训方面，尤其是对低技能劳动力形成更多的政策支持，鼓励他们提高技能水平和强化市场适应性，从而增强劳动力市场的整体灵活性。在职业转换方面，平等的收入分配趋势有助于降低转换成本，鼓励劳动者积极寻找更好的工作机会，提升技能与岗位的匹配度。[②] 同时，收入分配公平程度的提高还能激活潜在劳动力，如女性和弱势群体，从而进一步扩大劳动力市场。[③] 因此，持续优化收入分配政策有助于提高劳动力市场效率，确保劳动力资源得到合理配置，促进就业增长和劳动力市场的长期稳定发展。

（五）稳定的社会和投资环境与扩大就业

合理的收入分配可以有效缩小社会经济差异，增加公众对政府和市场的信任，减弱收入不平等带来的社会不稳定性。[④] 具体来看，公平的收入分配能够增强中等收入群体的消费动力，为投资提供稳定的市场需求和资金支持，同时也有助于创造一个可预见、可持续的投资环境，持续吸引长期资本，对资本积累、技术创新、产业升级以及高质量就业形成重要支撑。[⑤] 此外，社会的稳定性与投资者信心之间的良性互动能够促进国际直接投资，从

---

① Dosi, G., Pereira, M. C., Roventini, A., et al., "The Effects of Labour Market Reforms upon Unemployment and Income Inequalities: An Agent-based Model," *Socio-Economic Review*, 2018, 16 (4): 687-720.

② Howell, D. R., Kalleberg, A. L., "Declining Job Quality in the United States: Explanations and Evidence," *The Russell Sage Foundation Journal of the Social Sciences*, 2019, 5 (4): 1-53.

③ Freeman, R., "Labor Market Institutions Around the World," in *Handbook of Industrial and Employment Relations* (London: Sage, 2008), pp. 640-659.

④ Roseland, M., "Sustainable Community Development: Integrating Environmental, Economic, and Social Objectives," *Progress in Planning*, 2000, 54 (2): 73-132; Cantillon, B., Marx, I., Van den Bosch, K., "The Puzzle of Egalitarianism: The Relationship Between Employment, Wage Inequality, Social Expenditure and Poverty," *European Journal of Social Security*, 2003, 5 (2): 108-127.

⑤ Sakamoto, T., "Do Social Investment Policies Reduce Income Inequality? An Analysis of Industrial Countries," *Journal of European Social Policy*, 2021, 31 (4): 440-456.

而推动就业增长和全面的社会经济发展。① 因此，面对不断变化的全球经济环境，通过持续优化社会保障、教育培训、税收政策和最低工资标准等措施，完善收入分配制度，抑制收入不平等，是实现社会稳定、推动包容性经济增长和促进就业扩张的关键。

二 当前我国收入分配存在的问题及其对就业的影响

尽管近年来我国经济取得显著进步，居民收入水平不断提高，人民生活不断改善，但收入分配不平衡问题仍然存在，这不仅不利于社会和谐稳定，也阻碍了经济的健康发展，对高质量充分就业形成制约。

（一）收入水平整体偏低，对增强就业充分性形成制约

收入水平整体偏低，消费水平和消费潜力整体偏低，消费拉动经济增长、促进就业的潜力尚待进一步增强。2023 年，全球收入最高的新加坡，人均国民收入为 118710 美元，美国为 82190 美元，而中国内地仅为 24380 美元（见表 1）。

表 1   世界主要经济体人均国民收入

单位：美元

国家	2021 年	2022 年	2023 年
新加坡	112140	114620	118710
挪威	90750	128020	108790
爱尔兰	85210	96100	98650
美国	71610	77790	82190
中国香港	70450	73080	77880
德国	64330	69210	72110
澳大利亚	56780	62900	66260

① Van Vliet, O., Wang, C., "Social Investment and Poverty Reduction: A Comparative Analysis Across Fifteen European Countries," *Journal of Social Policy*, 2015, 44 (3): 611-638.

国家	2021 年	2022 年	2023 年
法国	55020	58610	62130
加拿大	55300	61230	60700
英国	53130	57040	58140
大韩民国	49120	52380	55040
日本	46680	49980	52640
中国内地	20260	22360	24380

数据来源：世界银行。

我国收入水平偏低的原因是多方面的：一方面，我国人口基数庞大，人均资源分配相对有限，这在一定程度上制约了人均收入水平的提升；另一方面，我国经济发展虽然取得了显著成就，但产业结构、区域发展不平衡等问题依然存在，影响了居民收入的均衡增长。此外，教育、医疗等公共服务水平的差异也间接影响了居民的收入水平和消费能力。

消费市场的增长是经济增长的重要动力之一，而经济增长又是创造就业机会的源泉。因此，收入水平的偏低直接限制了消费能力的提升，进而影响了就业市场的扩大。消费需求的不足会对企业的生产和销售造成压力。当消费者购买力不足时，企业的产品销售可能受到影响，导致库存积压、资金回笼困难。为了控制成本，企业可能会采取裁员或缩减生产规模的措施，从而减少就业机会。此外，消费需求的不足还会影响企业的投资意愿。在市场需求不明朗的情况下，企业往往选择保持谨慎，减少对新项目或新技术的投资，这同样会限制就业岗位的创造。

（二）收入增长趋缓尤其是工资性收入增长缓慢，对激发就业发展动力形成制约

作为居民主要收入来源，工资性收入的增长速度直接影响居民生活水平的提高和消费能力的增强。国家统计局的相关数据显示，2019~2022 年，居民人均可支配工资性收入的增长速度波动变化，且相比人均可支配财产净收入处于较低水平（见图 1）。

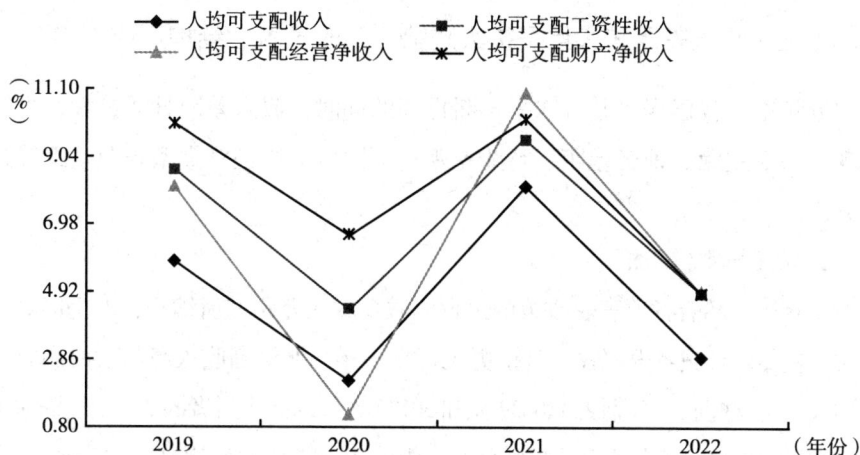

图 1 2019~2022 年我国居民各项人均收入增长率

数据来源：国家统计局。

工资性收入增长缓慢会直接限制居民消费能力的提升，进而影响整体经济的健康发展。工资性收入的不充分增长还会加剧收入分配不均的问题。如果工资性收入的增长长期处于较低水平，而其他类型收入（如资本收益）增长迅速，将会导致收入分配不均的现象进一步加剧，社会贫富差距扩大。此外，当工资性收入增长不足以跟上生活成本上涨的速度时，居民的生活质量就难以得到保障，幸福感也会相应降低。

针对扩大就业，工资性收入低反映了劳动力市场的供需关系失衡，可能是由于劳动力供给过剩或者对高技能劳动力的需求不足。这种现象不仅降低了劳动者的生活标准，还减弱了他们的消费能力，从而影响到了总需求的增长，进一步抑制了经济的发展和就业机会的创造。低工资性收入还可能抑制人们对提升个人技能和知识水平的投资。因为在资源有限的情况下，人们可能更倾向于满足当前的基本生活需求，而不是投资于长期导向的教育和培训。这样一来，劳动力市场上的技能提升和结构优化就会受阻，影响经济的结构调整和产业升级，对扩大就业和提高就业质量均不利。

（三）收入差距较大且呈扩大趋势，对改善就业结构形成制约

近年来，我国居民收入水平不断提高的同时，收入差距日益扩大，主要体现在城乡差距、地区差距、行业差距、不同所有制经济类型企业差距等几个方面。

1. 城镇与农村差距

近年来，随着各项惠农政策的出台，城乡收入差距有所缩小，但仍旧具有较大的差异，且城乡内部收入差距更大。2023年，城镇高收入组与农村高收入组的人均可支配收入分别为110639元和50136元，前者为后者的2.2倍；而城镇低收入组人均可支配收入则为农村低收入组的3.3倍。城镇高低收入组人均可支配收入之比为6.3，而农村高低收入组人均可支配收入之比则为9.5（见图2）。

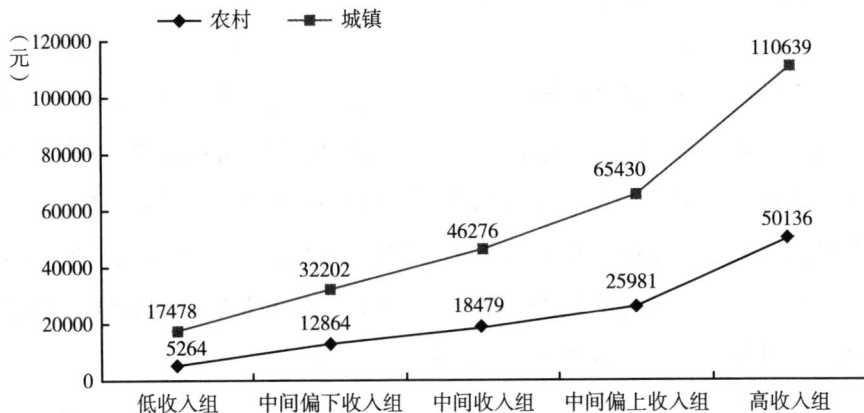

图2　2023年我国农村与城镇不同收入组家庭人均可支配收入

数据来源：国家统计局。

城乡之间的收入鸿沟直接导致了劳动力资源的不均衡配置，农村地区由于收入潜力有限，很多劳动力被迫涌向城市寻求更好的就业机会。这不仅加剧了城市的就业压力，还削弱了农村地区的发展潜力，影响了农村经济的稳定和增长。同时，城乡收入差异还限制了农村地区消费市场的扩张和多样化，对促进本地就业和企业发展构成了制约。此外，这种差异还可能减缓了社会整体的经济增长速度和就业扩张的动力，因为大范围的资源和人才都集

中在发展较快的城市地区，忽视了农村地区的经济激活和创新潜力。

2. 地区差距

2022 年全国人均收入最高的省区市为上海市，相比最低的甘肃省，其收入差距达到 3.4 倍（见图 3）。地区间收入差距的扩大，可能影响人力资源的合理流动，低收入地区的居民消费能力受限，进而影响到整体的经济增长速度。

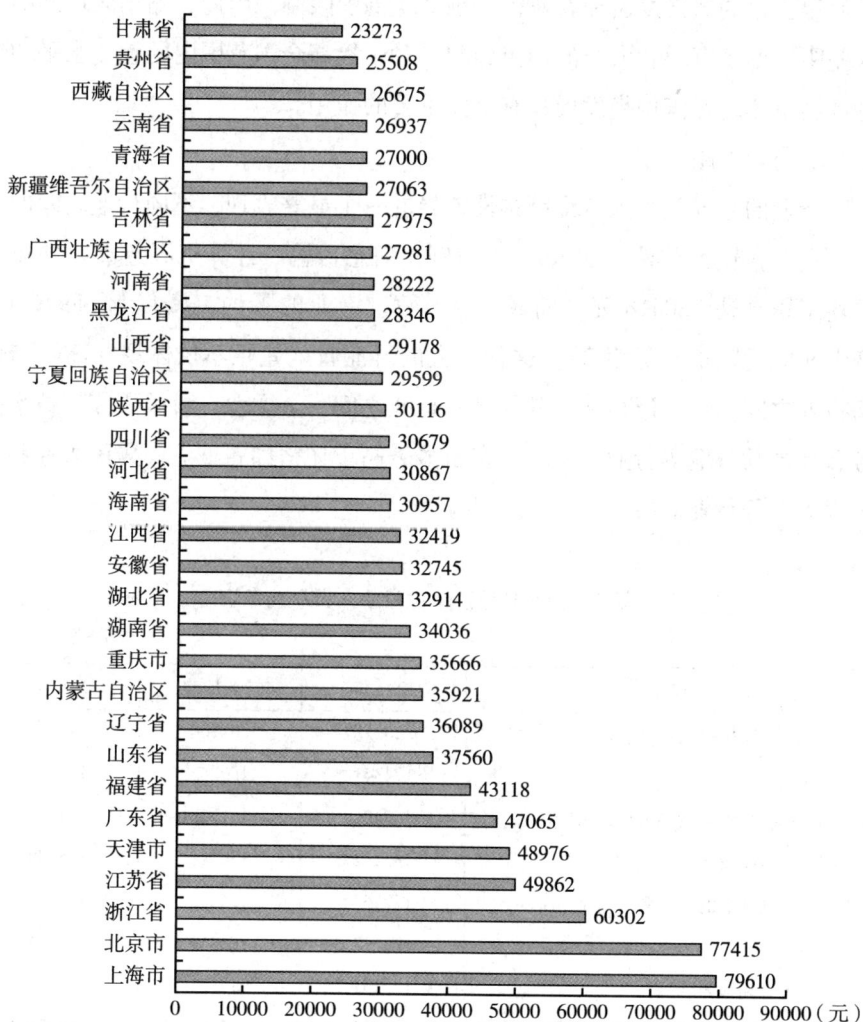

图 3　2022 年我国各省区市人均可支配收入

数据来源：国家统计局。

我国区域间收入分配的较大差异导致了资源、人才和资本在不同地区的分布极不均衡，进而影响了就业机会的平等性。地区之间的经济发展水平不一，收入高的地区往往能够吸引更多的投资和高质量劳动力，从而进一步促进当地经济的发展，形成"富者愈富"的局面。相对而言，经济欠发达地区因为缺乏有效的吸引力，不仅难以留住人才，还面临劳动力外流的问题。这使得当地的经济发展和就业机会创造受到了限制。因此，缩小区域间的收入差距，推动资源和人才的均衡分配，对于提高全国范围内的就业水平和促进社会整体的经济均衡发展具有至关重要的作用。

3. 行业差距

行业的差异是收入分配结构性差异的一个显著表现，不同行业之间的平均工资存在较大差异。以 2022 年为例，信息传输、计算机服务和软件业的平均工资高达 220418 元，而农、林、牧、渔业的平均工资仅为 58976 元，两者相差近四倍（见表2）。这种巨大的行业收入差距不仅体现在高薪与低薪行业之间，还广泛存在于其他多个行业之间。金融业，科学研究、技术服务和地质勘查业等行业的平均工资也显著高于住宿和餐饮业、居民服务和其他服务业等行业。

表2 行业分城镇单位就业人员平均工资

单位：元

行业	2022 年	2021 年	2020 年
信息传输、计算机服务和软件业	220418	201506	177544
金融业	174341	150843	133390
科学研究、技术服务和地质勘查业	163486	151776	139851
卫生、社会保障和社会福利业	135222	126828	115449
电力、燃气及水的生产和供应业	132964	125332	116728
采矿业	121522	108467	96674
文化、体育和娱乐业	121151	117329	112081
教育	120422	111392	106474
公共管理和社会组织	117440	111361	104487

行业	2022 年	2021 年	2020 年
批发和零售业	115408	107735	96521
交通运输、仓储和邮政业	115345	109851	100642
行业平均	114029	106837	97379
租赁和商务服务业	106500	102537	92924
制造业	97528	92459	82783
房地产业	90346	91143	83807
建筑业	78295	75762	69986
水利、环境和公共设施管理业	68256	65802	63914
居民服务和其他服务业	65478	65193	60722
农、林、牧、渔业	58976	53819	48540
住宿和餐饮业	53995	53631	48833

数据来源：国家统计局。

行业收入差距的形成是多方面因素共同作用的结果，包括行业性质和发展水平、市场供需关系政策导向和制度环境等。高薪行业吸引大量人才涌入，导致这些行业就业竞争激烈；而低薪行业则可能面临人才短缺和招聘难的问题。行业间收入分配的显著差异引导劳动力向收入较高的行业集中，可能导致某些关键行业或者新兴行业的劳动力短缺，影响这些行业的发展和创新能力，进而影响整个经济体的结构调整和升级。同时，行业间的收入差距也可能导致就业机会的质量受到影响，劳动力可能因为追求高收入而放弃与自身技能、兴趣更匹配的就业机会。这不仅影响个人的职业发展，还可能导致劳动力市场的错配问题。

4. 不同所有制经济类型企业差距

在我国经济多元化发展的背景下，不同所有制经济类型企业就业人员的收入差距问题一直备受关注。如图 4 所示，国有单位就业人员的平均工资始终遥遥领先，从 2018 年的 89474 元增长至 2022 年的 123623 元，增幅显著，且连续多年保持高增长态势。这一数据不仅反映了国有单位在经济运行中的稳定地位和较强盈利能力，也体现了其在薪酬分配上的相对优势。相比之下，非国有单位就业人员的平均工资虽然也呈逐年上升趋势，但其基数低、增速相对缓慢，在绝对值上仍与国有单位存在较大差距。这在一定程度上揭示了非国有单位在经济竞争中的弱势地位及其对员工薪酬的支付能力限制。

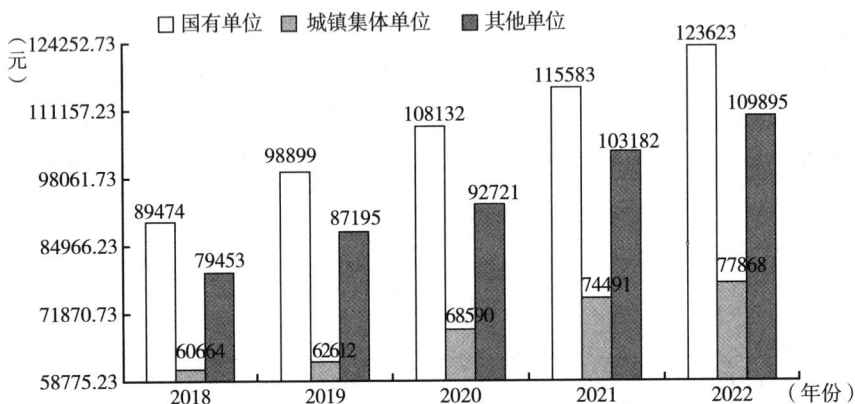

图4　2018～2022年我国不同所有制经济类型企业就业人员平均工资
数据来源：国家统计局。

国有单位凭借其强大的资源背景和政策支持，往往能够获得更多的市场机会和利润空间，从而有能力为员工提供更高的薪酬福利待遇。政府对不同所有制经济类型企业的政策支持和激励机制不同，也可能导致薪酬水平的差异。例如，对于国有企业，政府可能会给予更多的税收优惠、财政补贴等政策支持，增强其盈利能力；除此之外，不同所有制经济类型企业对人才的吸引力不同，也会影响其薪酬水平。国有单位因其稳定的工作环境和相对优厚的薪酬福利，往往成为求职者的首选；而城镇集体单位和其他单位则可能因工作环境、发展机会等方面的不足，而在人才竞争中处于劣势地位。

（四）中等收入群体扩容不足，对扩大就业发展空间形成制约

从2023年相较2022年的五等分群体收入增长结果来看，中间收入组平均收

入增长仅为 5.2%，是五个分组中的最低水平（见图 5），中间收入组作为国家消费市场中的核心力量，其收入增长缓慢可能进一步导致分配不均衡的问题。

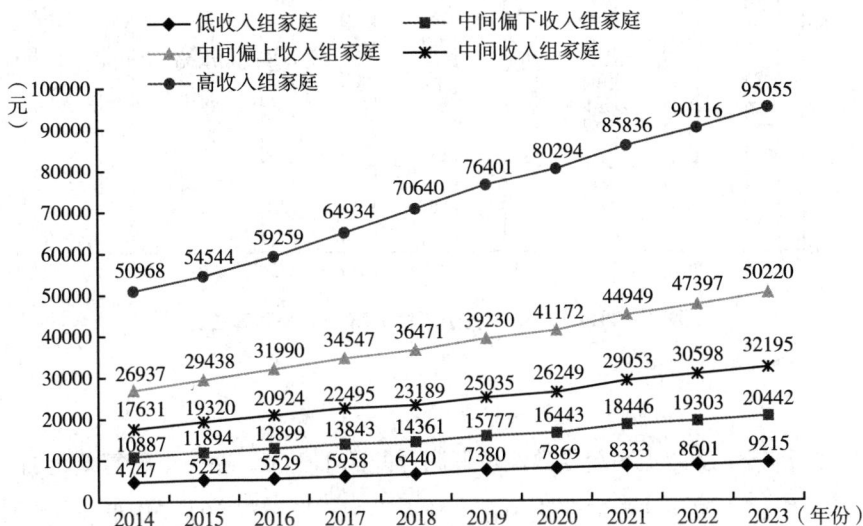

图 5　2014~2023 年我国五等分居民人均可支配收入情况

数据来源：国家统计局。

中等收入群体是消费市场的主力军，他们的收入水平直接影响消费需求。收入增长缓慢导致其消费能力减弱，进而减少整体消费需求，影响企业扩张和新企业成立的意愿，可能减少就业机会。除此之外，中等收入群体的收入滞后可能导致对教育、培训和个人发展的投资减少，影响劳动力的质量和竞争力，长远来看不利于劳动力市场的健康发展及就业机会的提升。因此，中等收入群体收入增长的缓慢，不仅会抑制消费需求，也会影响劳动力市场的供需关系，从而对扩大就业形成制约。

（五）财富存量差距较大，对增强就业公平性形成制约

不仅我国收入分配的绝对值以及增长率存在较大不均衡表现，财富的存量也显示了较为明显的分配不均衡现象。2014~2022 年，我国前 1% 个人净财富占比基本在 30% 左右，而前 10% 的人群占据了近 70% 的社会财富（见图 6）。

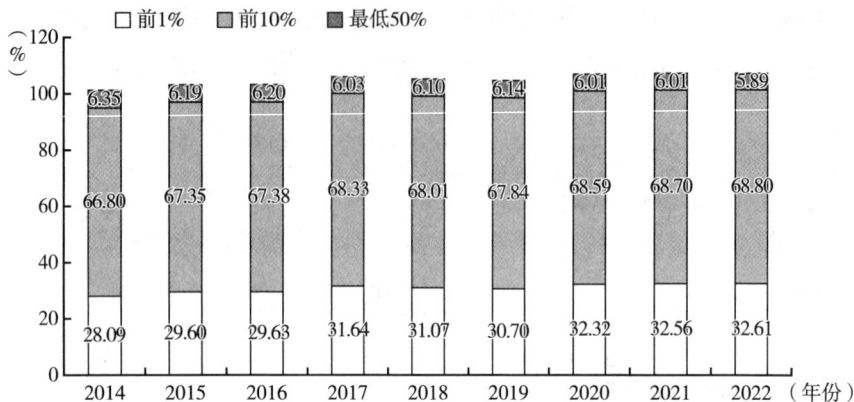

图 6 2014~2022 年我国不同人群个人净财富占比

数据来源：国家统计局。

　　财富集中度的提高会导致经济资源分配的不平衡，在一个财富差距加大的社会中，资源往往趋向于集中在少数人手中。这不仅削弱了中低收入群体改善生活和投资教育的能力，还可能导致这部分人口在技能提升和个人发展上的机会减少。教育和培训是提升个人就业竞争力的关键，但是当财富集中导致教育资源分配不均时，社会上大部分人失去接受更好教育的机会，这直接影响到劳动力的整体素质和竞争力。

　　同时，财富差距的扩大还可能降低整体消费能力，因为中低收入群体占据了社会的大部分，他们的消费能力直接关系内需市场的规模。消费需求的减少又会进一步影响企业的生产决策，减少企业对劳动力的需求，最终导致就业机会的减少。

三　收入分配制度对促进就业的影响：国际实践

　　（一）定期发布职业薪酬信息，为劳动者高质量就业提供全面的薪酬信息指引

　　为了解决就业市场总量和结构性矛盾，更好地提高就业质量，发达国家

采取了优化职业分类标准与定期发布职业薪酬信息指引，旨在提升劳动者和企业的人岗适配度，提高人力资源配置效率，进而提高就业市场的整体质量。英国国家统计局采用的职业分类标准（SOC）将职业分为九大类，并区别技能与体力劳动，在薪酬调查中单独统计技能劳动者的数据，提供具体的薪酬指引。澳大利亚和新西兰自 2010 年起实施的新职业分类标准（ANZSCO）将职业分为八大类，并定期发布这些职业类别的薪酬信息，涵盖薪酬结构和水平。美国 2018 年修订的标准职业分类系统（SOC）进一步细分了职业大类、中类、小类和细类四层，并定期更新不同行业细类职业的薪酬信息。上述发达国家，将劳动者劳动要素进一步细化，发布涵盖不同群体，如管理人员、科技人员、技术人员、学徒工、大学毕业生的薪酬、福利等统计信息。从业者和雇佣者均可以直接、全面获得所在行业职业的相关薪酬信息。通过将技能要素融入职业分类并发布薪酬信息，为从业者提供了全面的职业发展和薪酬增长指引，有助于提升劳动力市场的透明度和就业质量。

（二）完善最低工资制度，为劳动者充分就业提供工资报酬权益的社会保护

为了促进充分就业和社会保障，多数国家采用了以最低工资制度为核心的政策体系，旨在保障劳动者的收入和权益。在这一体系中，发达国家不断完善最低工资的评估和调整机制，而发展中国家也逐步建立起符合本国实际的最低工资标准。国际上的实践主要围绕三个方面展开。一是针对就业市场结构的变化，不同国家细化了最低工资标准。例如，新西兰将最低工资分为起步工人、培训期和成人三个级别，英国则根据学徒年龄和学徒期设定不同的最低工资标准。二是为了保护特殊群体的就业机会，美国《公平劳动标准法案》允许在特定条件下向特定人群支付低于法定最低工资的薪酬，如职业学校学生、全职学生、伤残工人等。三是随着劳动者技能的提高，部分国家针对技能劳动者制定了不同的最低工资标准，体现技能价值并保障技能工人的薪酬权益。德国部分行业

根据集体协商确定了基于熟练程度的最低工资标准，而印度和泰国则分别按地区、行业和工人技能等级设立不同水平的最低工资。通过这些措施，不同国家旨在提升劳动力市场的质量和效率，同时保障劳动者的基本生活需求和促进社会公平。

（三）为低工资劳动者提供培训、晋升和工资三者联动的工资制度，保证其就业质量的稳步提高

加强教育培训提升就业能力的核心是不断提高劳动者素质，那么将培训、晋升和工资三者联动是适应高质量发展需要和劳动者就业需求的创新制度。为了更好地保障服务外包的公共事业中的从业人员，新加坡于2012年6月推出累进式工资模式（progressive wage model，PWM）的制度。通过为政府购买服务的公共服务领域的低工资劳动者，如环卫、园林、协警等从业人员建立一条清晰的职业发展通道，使其工资能够随着自身培训和行业生产力、生产标准的提高而得到增长；雇主可以通过参与"累进式工资模式"计划，获得相应培训费用和信贷、捐赠等资助。"累进式工资模式"主要针对的是政府采购项目中提供公共服务的从业者，这部从业人员体现出技能水平较低、数量较多，但薪酬水平较低的特征，能够保护这部分低工资劳动者基本工资不被受雇企业侵蚀，稳定就业队伍，保障政府购买的社会公共服务优质发展，该类就业人员体面劳动。

（四）为创新创业群体提供完善的按要素分配指导制度，使之更好地发挥创业带动就业的作用

为了促进创新创业群体发挥其在带动就业方面的潜力，必须建立一个完善的要素分配指导制度。在国外，受科技革命的影响，创新创业者普遍聚焦公立机构、研究院所以及私营企业等多个领域，他们依托高端科技、互联网科技、人工智能等领域进行创业。与传统就业模式不同，这一群体倾向于采用自主创业、产学研结合的灵活就业模式。在国际实践中，创新创业群体的收入分配主要表现为：一是基本薪酬的确定依据岗位价值、知识、技能和贡

献度；二是推行中长期激励的绩效薪酬体系；三是科研成果转化作为收入分配的一部分，进一步激励科研岗位的创新创造能力。完善按要素收入分配能够激发和延长创新创业领域劳动者的活力和生命周期，为创造更多就业岗位提供源泉。

四　改善收入分配促进就业的政策建议

（一）完善收入分配制度，合理确定劳动报酬占比

对于在保持经济增长的同时实现社会公平，深化收入分配制度改革尤为关键。其核心是通过调整收入分配结构和完善劳动报酬机制，确保劳动者获得公正的报酬比例。具体而言，应当加强劳动法律的落实，保障劳动者合法权益，合理提升最低工资标准，提高劳动者的议价能力，引导企业和市场形成合理的薪酬水平。

同时，通过调整个人所得税档次和税率，实施累进税制，对高收入者征收合理税费，为低收入人群提供税收减免，既可以缩小收入差距，又能优化收入再分配结构。在此基础上，推动劳动力市场的结构性改革，提高劳动力整体素质，增强他们适应经济发展新需求的能力，将成为提升薪酬水平的长期策略。通过实施职业教育、继续教育和终身学习制度，不仅能提升劳动者的职业技能和谈判能力，还能促进企业根据市场情况，调整薪酬结构，引入绩效奖励等多样化薪酬方案。这样不仅能吸引和保留人才，还能提升企业的生产效率和创新能力，从而间接扩大就业机会，提升就业质量。

此外，应结合国家薪酬调查制度，持续监测和评估劳动力市场的薪酬水平和结构，为政府调整薪酬分配政策、制定法律法规提供数据支持。通过这样一系列的措施，可以更好地实现起点公平、过程公平和结果公平，推动收入分配向更加合理和科学的方向发展。

（二）实施差别化的区域发展战略，运用转移支付缩小城乡、区域收入差距

建立和完善区域发展评估体系，对各区域的经济发展、基础设施、人力资本、产业结构等进行全面评估。基于评估结果，将地区划分为不同类别，如经济发达区、转型发展区、资源型区和农业区等，制定差异化的支持政策。根据不同区域的发展水平、资源禀赋和产业特点来制定针对性的政策，继续缩小东中西部地区之间以及城乡之间的收入差距，实现区域协调发展。

运用转移支付作为工具，实现资源的有效再分配，缩小城乡及区域间的发展差距，从而促进整体的就业增长。通过产业转移和基础设施建设，带动中西部地区的就业和收入增长；通过完善农村社会保障制度，提高农村居民收入水平。加大对经济欠发达地区的支持力度。针对这些地区的基础设施落后、公共服务不足、产业结构单一等问题，提供资金支持，加快改善当地发展条件，以吸引外部投资和人才，促进产业多元化发展。建立有效的资金监管和评估机制，确保转移支付专项资金专款专用，实现资金使用的效率和效果，避免资源浪费和挪用。

同时，支持产业升级和区域特色产业发展，鼓励在人口稀少、资源丰富的地区开发特色资源，推动产业链的延伸和拓展。通过转移支付引导私人投资流向，助力当地经济增长和创业就业。此外，鼓励跨区域合作，利用发达地区的资金、技术和人才优势，带动邻近欠发达地区的发展。比如，政府可以在经济强区之间设立区域发展协调基金，用于支持邻近欠发达地区的基础设施建设和产业转移。

（三）完善社会保障体系

完善的社会保障体系有助于缩小收入差距，提高公共服务均等化水平，提高居民生活满意度和增强社会稳定性，为扩大就业创造良好环境。

社会保障体系的完善可以直接提高低收入者的实际收入水平。例如，通

过提供失业救济、养老金、医疗保险和低收入补贴等，保证最低生活水平，减少贫困现象。更高的社会保障水平能够减轻低收入者的生存压力，激励他们利用公共就业服务并积极寻求工作机会，间接提高就业率。社会保障体系的改善也有助于稳定和扩大中等收入群体，提升社会的总体消费水平。这种需求端的激励可以引发企业的生产扩张，增加劳动需求，从而创建就业岗位。同时，完善的社会保障体系为个人教育和技能提升创造了条件。教育支持、职业培训和再就业服务可以提高劳动者技能，增强他们的就业竞争力，降低结构性失业。此外，社会保障体系能够发挥自动稳定器的作用，抵御经济周期对就业的负面影响。在经济低迷时期，公共转移支付的存在可以维护消费需求，减缓经济下行对就业的直接冲击。在经济复苏时，一个健全的社会保障体系可以更快地吸收失业者回到劳动力市场。最后，社会保障体系能够为潜在的创业者提供一定程度的风险保障，鼓励创业和自我就业。社会保障体系能够提供基本的医疗保险、赡养老人和育儿的基本保障，降低了个人投身创业时的家庭风险，会激发经济活力和促进就业的多元化。

总之，通过完善社会保障体系来改善收入分配，需要综合使用调节机制如保障最低生活标准、促进就业、支持教育与培训、缓解经济周期冲击等措施，以期通过增强社会的整体消费能力和个人的就业能力，最终推动经济增长并更全面、更有力地促进就业。

（四）发挥第三次分配的重要作用

第三次分配作为市场机制和政府调节之外的一种分配形式，对于提高居民收入水平、缩小收入差距以及完善社会保障体系具有重大意义。

通过鼓励和支持慈善事业和社会捐赠，可以将社会上的财富从富裕阶层转移到经济条件较差的群体，从而有助于缩小社会的贫富差距，为低收入群体提供更多的经济支持，从而提高他们的收入水平。这不仅有助于改善他们的生活条件，而且能增加他们的消费能力，进一步促进经济增长，构建一个更加公平和谐的社会。除此之外，通过增加对慈善事业和社会福利项目的投资，可以为社会提供更加完善的社会保障网络。这不仅能够为弱势群体提供更多的保障，而且能够促进社会的整体稳定和发展。

　　第三次分配作为一种补充分配机制，通过慈善捐赠和社会支持等形式，对于提高居民收入水平、缩小收入差距以及完善社会保障体系具有重要的作用。因此，在制定相关政策时，应充分考虑第三次分配的潜力和作用，以实现收入分配的公平性和效率性，进而扩大就业和促进社会的整体发展。

B.7
培育壮大新型消费促进就业分析

王 阳*

摘 要： 新型消费是指以互联网、数字技术、人工智能、区块链等新一代技术的创新与应用为支撑而形成的一系列消费新业态、新模式、新场景和新服务。它和就业相互影响，存在紧密的互促、共进关系。近年来，文娱旅游消费、健康消费、数字消费、绿色消费等新型消费发展壮大，推动就业市场恢复向好，带动相关岗位需求增长。但是，新型消费在发展壮大中也面临产品和服务供给参差不齐、消费者的购买能力和数字能力不足，以及相关保障制度和配套设施不完善三个主要挑战。针对这些问题，应当深化供给侧结构性改革，加快形成新型消费的有效市场供给；加快收入分配制度改革和优化教育培训，提升居民消费能力和水平；加快补齐制度和配套设施短板，促进新型消费潜力释放。

关键词： 新型消费 文娱旅游消费 健康消费 数字消费 绿色消费

党中央、国务院历来重视就业工作，把稳就业提高到战略高度通盘考虑，推动就业形势持续改善。消费对经济具有持久的拉动作用，是促进就业的重要引擎。近年来，新型消费呈现蓬勃发展态势，消费市场持续扩容和细分，一些更富精准度的创新型产品和服务层出不穷，在推高销售业绩的同时，也提升了消费者的体验感、获得感和满足感，产生了规模经济效应，激发了就业市场的信心和活力。

---

* 王阳，中国宏观经济研究院社会发展研究所研究员，经济学博士，主要研究领域为公共政策与劳动力市场、高质量发展与人力资源配置等。

一 新发展阶段新型消费是扩内需、 促就业的必然要求

消费是拉动经济增长的三驾马车之一，同时也是扩大和满足内需的关键所在。党的二十大报告提出，增强消费对经济发展的基础性作用。2023年12月召开的中央经济工作会议提出，推动消费从疫后恢复转向持续扩大，培育壮大新型消费，大力发展数字消费、绿色消费、健康消费，积极培育智能家居、文娱旅游、体育赛事、国货"潮品"等新的消费增长点。2024年《政府工作报告》提出，培育壮大新型消费，实施数字消费、绿色消费、健康消费促进政策，积极培育智能家居、文娱旅游、体育赛事、国货"潮品"等新的消费增长点。

就业和消费之间存在紧密的相互影响、相互促进、共同发展的关系。一方面，消费作为经济增长的重要引擎之一，能够推动企业增加生产和扩大规模，从而带来更多的工作岗位和就业机会。另一方面，消费需求的增加，可以使消费者对经济持乐观态度，这将鼓励他们增加对商品和服务的购买行为，为企业增加销售额和利润，继而促进企业扩大生产和服务规模，增加就业岗位数量。此外，消费还能拉动石油、钢铁、橡胶等相关产业行业的发展。随着商品销售量的增加和服务质量的提升，在产业链上的其他相关产业也将加快发展，继而创造更多新的工作岗位。

2023年，经济社会恢复了常态化运行。一方面，消费场景不断拓展，消费者心理逐步恢复，需求更加多元化，国内消费潜力不断释放；另一方面，商务部将2023年定位为"消费提振年"，密集出台了一系列恢复和扩大消费的政策措施，满足消费者多元需求。整体来看，消费市场总体向好，商品消费逐步回升，服务消费增长较快，文化娱乐消费持续扩大，消费对经济增长和就业扩大的拉动作用持续增强。根据国家统计局发布的《中华人民共和国2023年国民经济和社会发展统计公报》数据计算，2023年，我国国内生产总值比上年增长5.2%，其中，最终消费支出拉动国内生产总值增

长 4.3 个百分点，比上年提高 3.1 个百分点，对国内生产总值增长的贡献率是 82.5%，提高了 43.1 个百分点。根据国家统计局发布的历年国民经济和社会发展统计公报，2023 年末，全国城镇新增就业 1244 万人，比上年末多增加 38 万人。按照国内生产总值每增长 1 个百分点带动城镇新增就业 239.2 万人，以及新型消费支出占最终消费支出比重 30% 测算，消费规模扩大带动城镇新增就业 1028.6 万人，其中新型消费规模扩大带动城镇新增就业 308.6 万人，新型消费对促进就业的支撑作用更加凸显。

二　新型消费的概念、特点和重大意义

（一）新型消费的概念

新型消费是与传统消费相对应的概念，是指以互联网、数字技术、人工智能、区块链等新一代技术的创新与应用为支撑而形成的一系列消费新业态、新模式、新场景和新服务。深入研究新型消费趋势，分析新型消费促进就业的现状，针对影响新型消费成长壮大的主要问题，采取更有针对性、更有力的举措促进新型消费，有利于扩大内需、促进就业，满足人民群众日益增长的美好生活需要。

（二）新型消费的主要特点

新型消费主要有以下七个特点。

一是收入水平与消费意愿是基础条件。消费者的收入水平、消费意愿，直接影响对新型消费产品和服务的需求。

二是新型消费有一定的技术门槛。新型消费的技术门槛高低、消费者对新技术新手段的掌握程度等，对新型消费的发展情况都有直接影响。

三是数字消费、绿色消费、文化消费和健康消费是重要内容。随着消费结构升级，消费者不仅注重物质消费，而且注重数字消费、休闲消费、文化消费和绿色消费等。新型消费的文化消费含量更高，绿色消费、低碳消费所

占比重也更高。

四是创新消费场景是提升消费应用与消费感知体验的重要举措。新型消费对消费场景有着特殊要求。消费场景主要包括基础设施、消费体验场所、消费实现的载体等。扩大新型消费，既能带来消费需求的规模扩张，也能拉动新型基础设施建设投资需求的增长。

五是消费方式更加多元。新型消费突破了时间和地点对传统消费的限制，消费者可以在任何时间、地点，通过线上和线下多种方式进行消费。信息搜索过程中由网络搜索到基于算法和大数据的个性化推荐；云逛街、"生鲜电子商务+冷链宅配""中央厨房+食材冷链配送""线上下单+门店自提"、预约配送等消费方式不断丰富；无钱包、无纸币等网络支付和无接触支付成为习惯。

六是物流创新是提高获得产品与服务的便利程度的根本保障。随着现代物流体系的建立健全，智慧物流跨越式发展，将大大提高新型消费需求满足的便利程度。

七是消费环境改善是新型消费的重要基础。短视频、直播等数字媒体的发展为消费者提供了更加直观、即时的感知和互动，消费者获得了更好的购物体验。夜间消费场景和环境不断优化，推动新型消费场景由日间向全时域拓展。同时，售后无忧、无理由退换货、上门退换服务、一键价保等相关制度和保障体系不断完善；市场管理日趋优化，如在跨境"海淘"、网络预付消费、共享消费等领域，质量标准和市场监管手段持续优化，从而充分、有效地保障消费者的权益，推动新型消费的健康发展。

（三）新型消费的重大意义

新型消费既是增强经济发展内生动力的重要途径，也是增强内需创新发展动力的重要支点。首先，促进新型消费，有助于提升经济发展的韧性、自主性和可持续性。当今世界百年未有之大变局加速演进，国际格局和世界经济体系发生深刻变革，以中国为代表的发展中国家日益崛起，国际力量对比呈现"东升西降"的格局。我国市场和资源"两头在外、大进大出"的环境条件已经改变，必须顺势而为调整经济发展路径，坚持扩大内需这个战略基点，培育消费增长点，促进新型消费，增强经济内生动力。

其次，促进新型消费，有助于创新培育新供给、激发新需求、形成新动力。新一轮科技革命和产业变革持续演进，以现代信息技术为核心，以生物技术、新能源技术、新材料技术等为代表的现代技术实现了群体突破，正在加速迭代升级和融合创新，新产品、新业态、新模式层出不穷，正在推动全球消费创新，带动新型基础设施建设，引领产业结构加速调整。得益于更广阔的市场空间和更丰富的应用场景，我国科技水平明显提升，甚至在多项应用技术创新方面建立起领先优势。我国应抢抓战略机遇，以消费创新和变革，带动数字化、网络化和智能化技术向供给端延伸，从单点突破向全链条扩散覆盖，不断丰富消费场景，提升消费体验，在满足原有消费需求的同时，创造更多新需求。同时，还需要适度超前开展新型基础设施投资建设，增加有效供给，为消费创新升级提供有力支撑。

最后，促进新型消费，有助于促进内需增长模式向绿色转型。绿色发展是当今的时代大势和发展潮流。实现碳达峰碳中和，是我国推动构建人类命运共同体的责任担当，也是实现可持续发展的内在要求，是党中央做出的重大战略抉择。作为最大的发展中国家，我国将用历史上最短的时间实现全球最高的碳排放强度降幅，这无疑是一场广泛而深刻的经济社会系统性变革，必将对传统的内需增长模式产生重大影响。这要求加快形成绿色低碳、简约适度、文明健康的生活理念和方式，促进绿色消费的发展，推动绿色产品标准的完善和低碳消费供给的增加。

三　新型消费成长壮大推动就业市场恢复向好

2012 年以来，我国在鼓励消费方面使用了丰富多元的政策工具，重视打好财税、货币、社会等领域的政策组合拳，注重创新与改革同步推进，实施了一系列扩大消费的举措，取得了不少积极成效。我国出台结构性减税政策，消费金融开始加速发展，鼓励文化、旅游、健身等消费，发展网络购物、绿色消费、信息消费，鼓励电子商务创新发展，建立健全消费品质量安全监管、追溯、召回制度，深化流通体制改革，促进物流配送、快递业发展。在培育和促进消费新增长点上，我国提出建立促进消费的体制机制，推动了城乡居民旅游、网购、信息消费等新型消费快速增长。服务消费占比开始提升，2014 年服务消费占比突破 40%。

（一）文娱旅游消费带动相关岗位需求增长

随着消费者受教育程度的提高，他们对多元化的文化娱乐消费偏好加强。近年来，我国文化娱乐市场规模保持了较快增长态势。根据联合资信发布的《文化娱乐行业研究报告》，文化娱乐行业样本企业收入从 2015 年的 959.5 亿元增长到 2019 年的 1525.1 亿元，年均增长 12.3%。近年来，各类实景游戏、沉浸式演绎展览、VR 主题公园等消费快速增长。根据研观天下发布的《2020 年中国沉浸式体验娱乐行业分析报告——行业竞争现状与发展战略规划》，2015～2019 年，我国沉浸式体验文化娱乐消费规模从 2.0 亿元增加到 48.2 亿元，年均增长 121.6%。同时，数字影音、图书、游戏动漫等消费也呈现快速增长态势。根据易观分析发布的《中国数字文化娱乐产业年度综合分析 2021》，2015～2020 年，我国数字文化娱乐市场规模从 3100.9 亿元增加到 6894.3 亿元，年均增长 17.3%。2020 年以后，尽管文化娱乐市场规模出现下降，但是在中等收入群体人数不断增长、年轻消费群体的拉动，以及需求持续释放的作用下，我国文化娱乐消费将继续保持较快增长，预计未来 10 年文化娱乐市场规模的年均增速将保持在 12%，2025 年有望达到 3050 亿元。当前，沉浸式体验文化娱乐消费正处于起步阶段，增长潜力巨大，预计"十四五"期间有望保持 50% 左右的年均增长率。

随着消费者对生活品质的越发重视，旅游出行成为重要的消费选择。近年来，我国中等收入群体对旅游休闲个性化、体验感的要求逐步提升，促进了自驾游、亲子游等多样化旅游消费场景的不断创新。根据文化和旅游部历年文化和旅游发展统计公报数据计算，2015～2019 年，国内旅游收入从 34195

亿元增加到 57251 亿元，年均增长 13.8%。2020 年，国内旅游收入大幅回落到 22286 亿元。2023 年以来，民众的出游热情逐渐恢复。根据国务院发展研究中心的预测，"十四五"期间，国内旅游市场将逐步复苏，旅游消费有望实现 5% 的年均增速，到 2025 年我国旅游消费规模有望达到 28400 亿元。[①]

文娱旅游消费回暖，带动旅游、酒店餐饮、娱乐休闲、媒体影视、文化传播等行业的空缺岗位数量明显增加，人力资源市场热度攀升。2023 年，国内旅游市场高开高走，呈现蓬勃增长态势。经文化和旅游部数据中心测算，中秋节、国庆节假期 8 天，国内旅游出游人数为 8.26 亿人次，按可比口径同比增长 71.3%，热度超过 2019 年。[②] 旅游市场掀起热潮，促进相关招聘快速增长。根据智联招聘发布的《2023 年四季度人才市场热点快报》，2023 年第四季度，旅游/度假业的招聘职位数同比增长 52%，排名各行业之首，比第三季度的 28%、第二季度的 25% 有大幅上升。第四季度，酒店/餐饮业、娱乐/体育/休闲和媒体/出版/影视/文化传播三个行业的就业景气指数分别位列当期就业景气指数前 10 行业排行榜的第三、第五和第八，就业景气指数分别达到 3.76、3.37 和 2.81，这意味着，1 名求职者分别有 3.76 个、3.37 个和 2.81 个空缺岗位可以选择，招聘热度较高，特别是酒店/餐饮行业，就业景气度持续攀升，第四季度就业景气指数比第三季度提高 1.06。从职业看，旅游服务、会展会务等岗位继续保持第三季度热度，排在第四季度招聘职位数增速榜前列。第四季度，旅游服务招聘职位数同比增长 83.4%，比第三季度的 53.6% 有较大幅度提升。

（二）健康消费带动相关岗位需求增长

现如今，消费者普遍追求食品安全营养健康，而且随着收入增长对品质也更加重视，健康食品的购买频率明显更高。根据研观天下发布的《2021年中国健康食品市场分析报告——产业规模与发展动向研究》，"十三五"

---

① 国务院发展研究中心课题组：《转向消费驱动》，中国发展出版社，2023，第 101~102 页。
② 《2023 年中秋节、国庆节假期国内旅游出游 8.26 亿人次 同比增长 71.3%》，新华网，http://www.xinhuanet.com/2023-10/06/c_1129901778.htm。

期间，我国健康食品消费规模持续扩张，年均增速为4.2%，2020年市场规模突破8000亿元。预计未来中等收入群体数量将不断增长，健康食品消费规模有望保持"十三五"时期的较快增速，预计2025年健康食品消费规模将接近1万亿元。

与此同时，消费者在保健食品消费理念和消费意愿上都发生了根本性的转变，保健食品在消费属性上，逐渐从可选消费品向必选消费品转变。特别是2020年以来，社会大众的保健意识加速觉醒，精致生活诉求增加，居民消费观念升级，对保健食品的需求增加，保健食品消费的增长潜力较大。根据羊城晚报大健康研究院与艾媒咨询联合发布的《2021新时代大健康消费洞察报告》，2013~2020年，我国保健食品市场规模从993亿元增长到2503亿元，年均增长14%。随着低龄老年群体对健康的日益重视，预计未来10年保健食品消费年均增长10%左右，2025年消费规模有望达到4200亿元。前瞻产业研究院发布的《2023年中国保健品行业市场供需现状及发展前景分析》，结合各个细分领域的预测数据提出，预计到2028年，中国保健品行业市场规模将超过1.5万亿元。

随着健康消费扩容，带动保健、医疗、护理等行业的空缺岗位数量明显增加，与保健、护理、医疗等工作相关的职业招聘热度高，人力资源市场火热。根据智联招聘发布的《2023年四季度人才市场热点快报》，第四季度医疗/护理/美容/保健/卫生服务招聘职位数呈现较快增长态势，第四季度同比增长3%。第四季度健康/美容招聘职位数同比增长17.1%，比上季度的13.2%有所增加。同期，医药/生物工程行业招聘职位数占比为3.1%，位列第四季度招聘职位数占比前10行业排行榜的第10。

（三）数字消费带动相关岗位需求增长

近年来，数字技术的蓬勃发展极大拓宽了我国线上消费的增长空间，激发了创新潜力。中国信息通信研究院发布的《中国数字经济发展研究报告（2023年）》显示，2022年，我国数字经济规模达50.2万亿元，其中三次产业数字经济渗透率分别为10.5%、24.0%和44.7%。服务业数字经济渗透率显著高于其他产业，新型消费中服务消费占比不断提升，发展和享受型消费占比不断提高。新型消费由网络购物向在线旅游、在线医疗、在线教育、在线办公、共享出行、在线健身等新型消费业态拓展和延伸。总体来看，线上消费对消费既有正向的促进作用（新增效应），也对传统线下消费有一定的替代作用（替代效应）。根据国务院发展研究中心的测算，2020年我国居民每增加1元线上消费，替代线下消费0.64元，新增消费0.36元，线上消费对中西部地区扩大消费的新增效应更大。

同时，数字技术的普及，有力地促进了消费创新，丰富了消费场景，优化了消费体验，弱化了城乡消费落差，能够不断拓展新国货品牌、生鲜电商、智能设备、宅生活服务、下沉市场等消费增长的新空间。近年来，我国依托电商、社交媒体、网络社群、直播等平台培育形成了一批国货"潮品"，遍布各大行业。全球新经济产业第三方数据挖掘和分析机构iiMedia Research（艾媒咨询）于2024年8月发布了《2024年中国国货消费品牌500强》，该榜单覆盖了16个行业，其中，品牌入选最多的三个行业依次是食品饮料行业（65个品牌）、美妆护肤行业（51个品牌），以及家居用品行业（39个品牌）。从分布地区看，上榜品牌多集中在广东（140个）、江浙沪地区（189个）和北京（34个）。从营收规模来看，上汽、一汽、华为、比亚迪2023年度营业收入均超过6000亿元。新国货迅猛发展的背后，是我国消费品制造企业、电商平台等运用数字技术重构生产、流通、消费环节，构建精准识别需求、高效组织生产、快速对接市场的新发展模式。同时，线上正在成为医疗、健身、娱乐、旅游、教育、游戏等服务消费供给的新途径，并形成了大量新业态、新模式。目前来看，发展潜力较大的领域，主要有在线问诊、在线教育、在线办公和电子竞技等。根据国务院发展研究中心的测算，2025年，上述四个领域的消费规模将达到10000亿元。此外，数字技术向三线以下城市和乡村地区深入拓展，还在持续挖掘释放下沉市场的消费潜能。

数字消费持续活跃、迅猛增长，带动互联网、电子商务、教育培训、物流仓储、半导体、集成电路、计算机软件等行业的空缺岗位数量明显增加，人力资源市场热度攀升。根据智联招聘发布的《2023年四季度人才市场热点快报》，第四季度，互联网/电子商务、教育/培训/院校、物流/仓储和电子技术/半导体/集成电路4个行业进入招聘职位数占比前10行业排行榜，分别位列第2、第4、第6和第9，前述4个行业招聘职位数占比分别为9.1%、3.5%、3.4%和3.2%。从行业就业景气指数看，物流/仓储、互联网/电子商务、计算机软件和电子技术/半导体/集成电路4个行业的就业景气度较高，就业景气指数分别位列当期就业景气指数前10行业排行榜的第2、第7、第9和第10，就业景气指数分别达到3.79、3.09、2.63和2.52，这意味着，1名求职者分别有3.79个、3.09个、2.63个和2.52个空缺岗位可以选择，招聘热度较高，特别是物流/仓储行业，受到春节、"五一" "618"、国庆节、"双十一"、双旦等一系列节点的电商促销活动刺激，物流/仓储业务持续增长，行业人才缺口快速扩大。

（四）绿色消费带动相关岗位需求增长

绿色发展注重以更少资源、更小污染满足合理需求，有利于优化内需结构，促进内需可持续发展。一方面，绿色消费规模在持续扩大。绿色发展理念引领消费者绿色消费，其中既包括购买新能源汽车、节能节水产品、二手商品等绿色商品，也包括购买实现循环型、共享式等绿色生活方式所需的服务。需要明确的是，绿色消费增长会替代部分传统消费，如新能源汽车将替代燃油车，还会减少不必要、不合理消费，如食物浪费、一次性用品等，从而推动消费可持续发展。另一方面，绿色消费撬动相关投资的潜力巨大。为满足持续扩大的绿色消费需求，新能源汽车、资源循环利用等相关产业加快发展，充换电设施、绿色建筑建设等加快完善，从而形成大量新增长点。

近年来，以新能源汽车为代表的绿色出行消费快速增长。2023年，我国千人汽车为233辆，与发达国家相比仍有一定差距。① 在碳达峰碳中和目

---

① 《2024汽车销量增速发力点在哪里？》，"蓝鲸财经"百家号，https://baijiahao.baidu.com/s? id=17894171291658222465&wfr=spider&for=pc。

标的驱动下，2023 年，我国新能源汽车延续快速增长态势。中汽协数据显示，2023 年，新能源汽车产销分别完成 958.7 万辆和 949.5 万辆，同比分别增长 35.8%和 37.9%，市场占有率达到 31.6%。同年，我国新能源汽车市场渗透率快速提高至 31.6%，保守估计 2025 年将超过 40%。2023 年，全球新能源汽车销量达到 1465.3 万辆，中国新能源汽车销量占比近 65%。充换电设施是支撑新能源汽车消费的重要基础设施。① 根据国家能源局公布的数据，2023 年，全国充电基础设施累计数量为 859.6 万台，同比增加 65%。全国共有 6328 个服务区配建了充电设施、占服务区总数的 95%。②

此外，以节能节水产品、绿色建筑为代表的绿色居住消费的增长空间巨大。在绿色理念的引导下，随着冰箱、洗衣机、空调、彩电等家电产品报废更换及节能产品替代率上升，洁具用品推广节水产品，城乡新改扩建公共建筑使用节水器具比例持续提高，以及老旧小区节能改造，绿色建筑在城镇新建建筑的普及，绿色居住消费将实现快速增长。

在低碳经济发展和政策推动下，绿色消费蓬勃发展，带动汽车、摩托车等行业释放大量就业机会，人力资源市场表现突出。根据智联招聘发布的《2023 年四季度人才市场热点快报》，2023 年新能源/电气/电力行业表现亮眼，招聘职位数平稳增长，第四季度同比增速 14%。第四季度，汽车/摩托车行业招聘职位数占比为 3.5%，在招聘指数占比前 10 行业排行榜位列第五。同期，汽车/摩托车制造领域招聘职位数同比增长 11%。

四 新型消费发展壮大面临的主要挑战

（一）新型消费领域的产品和服务供给参差不齐

一是高品质产品制造能力不强。长期以来，在数量扩张、出口导向等影

---

① 《瞭望｜新能源汽车崛起有何深意》，网易网，https://www.163.com/dy/article/ISH8J6F F05346RC6.html。

② 《张星：进一步构建高质量充电基础设施体系，更好满足人民群众购置和使用新能源汽车需要》，国家能源局网站，https://www.nea.gov.cn/2024-01/25/c_1310762007.htm。

响下，我国制造业创新升级的动力和能力不足，技术创新能力弱，产品更新换代慢，难以有效满足消费者对高品质、高附加值产品日益增长的需求。创新成本高、门槛高、风险大、即时性收益低导致企业内生创新动力不足。根据国家统计局发布的《中华人民共和国2023年国民经济和社会发展统计公报》，2023年，我国研究与试验发展（R&D）经费支出为33278亿元，与国内生产总值之比为2.64%，比上年提高0.09个百分点，2023年，我国基础性研究投入占整体研究投入的比重为6.65%，比上年提高0.33个百分点，上述两个指标值均创近年新高，但与美、英、法等国相比，上述两个指标值仍明显偏低。以研究与试验发展（R&D）经费支出与国内生产总值之比为例，根据经合组织数据库测算，1983年，美国研究与试验发展（R&D）经费支出与国内生产总值之比就已达到2.7%，2022年，该指标值升至3.6%，比同期中国的2.55%高了1.05个百分点。2022年，经合组织成员国家总体研究与试验发展（R&D）经费支出与国内生产总值之比为2.7%，在全部成员国中，韩国研究与试验发展（R&D）经费支出与国内生产总值之比最高，达到5.2%，比利时、日本、德国、丹麦等国研究与试验发展（R&D）经费支出与国内生产总值之比均高于2.9%。我国研究与试验发展经费投入偏少，尤其是基础性研发投入不足、创新型人才缺失，导致新型消费供给同质化、低端化严重。以规模经济为基础的工业生产组织方式，已不能完全满足现阶段居民消费需求多层次、个性化、品牌化并不断升级的要求。

二是服务业供给和创新能力不足。与主要发达经济体相同发展阶段相比，我国服务业特别是与居民消费升级相关的消费性服务业发展较为滞后。面对居民服务消费的巨大需求，教育、医疗、文化、康养、养老、育幼、娱乐等领域还存在政策支持不够、服务供给能力明显不足、专业化水平低、服务质量参差不齐等问题，多元化、多样化、多层次的消费性服务体系有待完善。例如，文娱服务市场准入门槛较高，包容审慎和放宽准入的原则还有待进一步落实；互联网医疗、早教、职业教育等行业享受政策较少，影响新型消费创新发展。

三是假冒伪劣产品屡禁不止。新型消费由于"人-货-场"在时空上的分离，消费者难以直观判断商品品质好坏，无法确保想购买的商品和实际购买商品之间的一致性，卖家秀和买家秀差距大，假冒伪劣商品屡见不鲜。根据全国消协组织受理投诉情况统计，2023 年，全国消协组织共受理消费者投诉132.8 万件，同比增长 15.33%，其中，因质量、虚假宣传、安全、假冒等原因投诉的比重同比均出现上升，四项原因合计占比约30.0%。①

（二）消费者的购买能力和数字能力不足

一是居民整体收入水平不高、购买力不强。收入是消费的决定性因素，合理的收入分配制度是促进居民收入增长，继而提升消费能力和消费意愿的关键。新型消费大多为发展和享受型消费，收入弹性较大，相对传统消费，对收入变化更为敏感。根据国家统计局公布的数据，2023 年，全国居民人均可支配收入为 39218 元，比上年名义增长 6.3%，扣除价格因素，实际增长 6.1%。从城乡看，城镇居民人均可支配收入为 51821 元，同比名义增长5.1%，扣除价格因素，实际增长 4.8%；农村居民人均可支配收入为 21691元，同比名义增长 7.7%，扣除价格因素，实际增长 7.6%。从收入来源看，2023 年，全国居民人均工资性收入为 22053 元，占可支配收入的比重为56.2%；人均经营净收入为 6542 元，占可支配收入的比重为 16.7%；人均财产净收入为 3362 元，占可支配收入的比重为 8.6%。② 居民整体收入水平不高，财产性收入和经营性收入占比低，收入来源单一，增收渠道狭窄，制约新型消费扩容。从人均可支配收入结构看，居民财产性收入占比长期低于经营性收入占比和转移净收入占比，特别是农村居民的财产性收入占比始终没有突破 2.5%（见表 1）。同时，中等收入群体占比偏低，初次分配中劳动报酬占比不高也在一定程度上制约了新型消费发展。

---

① 《2023 年全国消协组织受理投诉情况分析》，中国消费者协会，https：//baijiahao. baidu. com/s? id＝1789629971294155978&wfr＝spider&for＝pc。
② 《2023 年居民收入和消费支出情况》，中国政府网，https：//www. gov. cn/lianbo/bumen/202401/content_ 6926492. htm? _ refluxos＝a10。

表1 2013~2022年居民人均可支配收入来源结构

单位：%

年份	工资性收入占比		经营性收入占比		财产性收入占比		转移净收入占比	
	城镇	农村	城镇	农村	城镇	农村	城镇	农村
2013	62.8	38.7	11.2	41.7	9.6	2.1	16.3	17.5
2014	62.2	39.6	11.4	40.4	9.7	2.1	16.7	17.9
2015	62.0	40.3	11.1	39.4	9.8	2.2	17.1	18.1
2016	61.5	40.6	11.2	38.3	9.7	2.2	17.6	18.8
2017	61.0	40.9	11.2	37.4	9.9	2.3	17.9	19.4
2018	60.6	41.0	11.3	36.7	10.3	2.3	17.8	20.0
2019	60.4	41.1	11.4	36.0	10.4	2.4	17.9	20.6
2020	60.2	40.7	10.7	35.5	10.6	2.4	18.5	21.4
2021	60.1	42.0	11.4	34.7	10.7	2.5	17.9	20.8
2022	60.0	42.0	11.3	34.6	10.6	2.5	18.0	20.9

资料来源：根据国家统计局数据计算整理。

二是数字能力不足。新型消费受数字技术驱动，这要求消费者具备一定的数字能力。第51次《中国互联网络发展状况统计报告》显示，非网民中接近60.0%因不懂电脑和网络不上网，26.7%因不懂拼音、受教育程度限制而不上网。受教育程度低、认知水平低、学习和接受新事物能力较差的群体，不具备相应的数字能力或数字能力不足，是导致居民不上网的主要因素，也是产生新型消费排斥的关键因素。老年人作为"数字移民"，往往是数字能力不足的主要群体，存在新型消费排斥，难以平等、互惠地享受新型消费发展的好处。

（三）相关保障制度和配套设施不完善

一是相关标准体系和信用监督体系尚不健全。商品质量标准和售后评价体系，以及养老、家政、健康等服务消费领域相关标准的制修订明显滞后，消费维权程序复杂，消费纠纷取证难，消费维权渠道不畅。全民参与的社会监督机制缺失，信用体系未能实现全覆盖，全国性跨区域、跨部门、跨行业的信用信息共享共用机制尚未建立，企业诚信约束力较弱。消费者信息被泄露、被贩卖的风险较大，隐私难以得到有效保障。由于数字经济时代消费者的信息几乎是透明的，在缺乏完善的制度保障情况下，甚至部分公司通过手机 App 监视、盗取消费者个人信息。

二是从业人员权益保障不到位。伴随新型消费，新产业、新业态、新模式快速发展，"互联网+"在各行各业广泛渗透，开创了互联网经济新业态。平台经济、共享经济等崛起，催生了大量新就业形态。网约配送员、网约车驾驶员、直播带货、网络主播等多种"新型职业"大量涌现。但是，相关从业人员的休息休假、获得劳动安全卫生保护、享受社会保险和福利、接受职业技能培训等合法权益，还难以得到及时、充分保障。

三是基础设施分布不均衡。新型消费对配套基础设施具有一定依赖性，对消费场景具有较高要求。基础设施建设情况直接影响消费者的购物时效、购物渠道和消费体验。农村地区、偏远地区和山区发展落后，相关配套设施不完善，共享出行、外卖服务、跑腿服务、代购服务、上门服务、生鲜配送等新型服务消费发展不足甚至缺失。

四是物流体系支撑不足。新型消费需要配套完善的物流体系进行支撑。但现实中，产品来源渠道和信息不透明、不可溯源，"最后一公里"配送时效低，商品运输过程中损坏、变质的情况时有发生。同时，新型流通设施应用不够。智慧物流和无接触配送体系建设、智能快件箱、社会O2O等终端设施布局不完善，智慧超市、无人店、可穿戴设备等还处在初期试运营阶段，新型消费体验场景还不够成熟。

五 关于培育壮大新型消费促进就业的对策建议

（一）深化供给侧结构性改革，加快形成新型消费的有效市场供给

一是完善要素市场和深化价格形成机制改革，全面提高要素协同配置效率。数据作为重要的生产要素，要保障和优化数据流通环境，搭建全国统一的数据要素交易平台，打造一批具有国际竞争力的数字产业集群。加强法制

和社会监督，着力破除阻碍人力资源、资金、技术、数据等要素自由有序流动的体制机制障碍。持续推动数字产业化和产业数字化，形成以产业升级引领消费升级、以消费升级推动产业升级的良性循环。推动数字经济与生活性服务业深度融合，推动新型消费跨产业、跨类别、跨人群融合发展。培育壮大"互联网+健康""互联网+养老""互联网+旅游""互联网+教育"等新业态、新模式，打造沉浸式、体验式、互动式消费新场景，发展新型消费业态和消费模式。

二是以创新为导向，促进增加高水平供给。完善与创新相适应的包容审慎监管机制，科学界定互联网平台的主体责任和经营边界，减弱政策模糊性，稳定市场预期和信心，促进资本作为生产要素的积极作用更好发挥。聚焦居民消费提质升级的新需求和针对急难愁盼问题，加快促进制造业向产业链中高端升级和服务业加快发展，拓展多样化供给渠道，支持社会力量增加教育、文体、医疗、养老、托育等有效供给。研究推进服务业质量提升相关支持政策，培育特色鲜明的消费和服务品牌。强化企业在引领创新方面的主体性作用，发挥科研院所的重要支撑作用，强化科学研究与实际应用之间的衔接。激发人才创新活力，破除创新的人才瓶颈。强化应用型、创新型人才培育，鼓励企业与科研院所联合培养高端技术人才。实施全生命周期政策支持，强化创新初期的金融支持和政策引导，规范和完善转型中后期的监督和保障工作，营造良好的市场竞争环境。强化产品质量监管，让消费者买得安心、用得放心。

（二）加快收入分配制度改革和优化教育培训，提升居民消费能力和水平

一是提高就业质量，增加劳动者收入。建立就业影响评估机制，在调整实施重大政策、项目、工程时，对就业影响进行评估，制定涉及劳动者的分流安置方案。建立统一规范的人力资源市场，完善公共就业服务制度和终身职业技能培训制度。加大重点群体就业支持力度，特别是对于高校毕业生等青年群体、脱贫人口等困难人员，以及农民工等群体，提供更加及时、精准

和精细的支持，增加农村居民的工资性收入。做好退役军人、残疾人等群体就业工作。

二是提高居民在国民收入分配中的比重。健全劳动者工资合理增长和支付保障机制，健全最低工资标准调整机制。完善各类生产要素参与分配机制，扩大居民收入来源和收入渠道。建立工资收入与当地经济发展、物价水平及社会平均工资水平等相适应的工资正常增长机制和动态调整制度。提高初次分配中劳动报酬占比，提高再分配能力和精准性，重视第三次分配的作用，提高低收入群体收入水平，鼓励低收入群体进行新型消费。发挥慈善事业的有益补充作用，鼓励引导企业和高收入群体积极参与社会公益事业。

三是普及数字技能教育。普及互联网知识和教育，提高居民数字能力和技能。依托学校教育、社区普及、媒体宣传等多种方式全面普及基本互联网操作技能，重点加强老年、受教育程度低、偏远山区和农村地区群体的数字能力普及教育，减少新型消费排斥。同时，推动新型消费产品和服务适老化改造，减少年龄太大带来的新型消费排斥。开发满足老年群体的一般性和特殊性消费需求的产品和服务，激发银发群体的兴趣和感知有用性。产品和服务设计考虑老年人因听力、视力下降而可能存在的不便，提高银发群体的感知易用性。

（三）加快补齐制度和配套设施短板，促进新型消费潜力释放

一是完善配套体制机制，强化消费者权益保护。建立健全适应消费新模式、新业态的监管机制，完善多元化消费维权机制和纠纷解决机制。推动跨部门协作监管，保障消费者的信息安全，严厉打击泄露消费者信息、"偷窥"消费者信息进行不良竞争的企业和商家，维护市场竞争的公平。健全消费者公益诉讼制度，畅通消费者投诉、维权渠道，建立商家自律、平台监管、政府保障的多重消费者权益保障体系。制定强制性产品和服务标准，坚决打击粗制滥造、假冒伪劣商品的生产和流通。强化消费信用体系建设。

二是维护劳动者群体合法权益。分类完善灵活就业服务保障措施，促进灵活就业人员和新就业形态劳动者在就业地参加养老保险，增强创业和技能

培训针对性，扩大新就业形态劳动者职业伤害保障试点，落实社保补贴政策，针对风险高群体做好工伤和职业病预防，加强灵活就业人员和新就业形态劳动者就业统计工作。落实新就业形态劳动者权益保障政策和相关指引指南，指导企业依法规范用工。健全平台企业劳动关系协商协调机制，推动各地建立新就业形态争议多元化解工作格局。加大根治欠薪力度。加强就业服务活动开展，实现就业信息全国联网和统一发布。持续推进劳动就业创业服务"一网通办""跨省通办"，推进基本公共服务标准化建设。建设专业性、行业性人力资源市场，规范零工市场。

三是加强基础设施建设。加大农村和偏远地区基础设施投入力度，完善新型基础设施和综合配套服务设施建设，实现基本新型消费设施全覆盖。构建全国消费大数据平台和监测体系，增加城市充电站（桩）建设并优化布局，推进下沉市场电力电信、充电加油、维修养护、物流配送快递等基础设施和配套体系建设，普及农村和偏远山区的新型消费，增强新型服务消费的可及性。以县城为核心，着力提升农村地区消费供给能力和水平，打造形成以县城为核心，以城带镇、以镇连村、县乡联动的新型农村消费格局。

四是强化物流体系支撑作用。完善产品溯源信息，实现产品生产、流通、消费信息透明化。采取梯次推进的方式，完善农村物流基础设施，构建县、乡、村三级网络体系，尤其要完善农村"最后一公里"物流网络，健全连接县城和村镇的主干道路和物流网络。加快布局配置前置仓、共同配送中心、冷链设施，满足县城居民即时性的消费需求。以数字化为导向加快建设新型基础设施，推进5G网络基站建设，促进物联网、人工智能、区块链、大数据、绿色环保等技术深度应用。推动体验式、互动式的新型消费场景营造向三、四线城市和县城市场下沉，增强新型服务消费的可及性。

政策与服务篇 ⟩⟩

B.8
2023年人力资源服务行业发展报告

熊颖 孙佛明 陈奥妮 张有发*

摘　要： 人力资源服务行业高质量发展是充分就业的保障。近年来，我国人力资源服务行业政策日趋完善，朝着规范化、标准化和精细化方向发展，市场发展较为稳健，规模稳增长和发展新空间同时存在。然而，人力资源服务行业面对的劳动力市场供需略微失衡，技工荒和就业难并存。同时，行业智能化进展迅猛，在技术、前景和机会上取得成绩，但数据安全问题亟待解决。为了进一步推动人力资源服务行业发展，政策保障需及时，头部企业应率先垂范，企业"出海"为人力资源服务机构争取新机遇，同时应当扩大服务支撑，助力产业高质量发展，持续推进产品创新与数据防护。

---

* 熊颖，广州红海人力资源集团股份有限公司董事长兼总裁，越秀区人大代表，越秀区工商联副主席，主要研究领域为人力资源实战管理、中国式阿米巴经营、企业战略发展研究、人力资源服务创新、数字经济等；孙佛明，广东弘智人力资本研究院常务副院长，主要研究领域为人力资本与社会发展、人力资源服务、人力资源与就业；陈奥妮，广东弘智人力资本研究院助理研究员，主要研究领域为人力资本与劳动经济、人力资本理论与方法研究；张有发，广东弘智人力资本研究院助理研究员，主要研究领域为人力资源、就业与社会保障。

关键词： 人力资源服务行业　就业　社会保障

一　人力资源服务行业发展现状

（一）行业政策日趋完善

2023 年是聚焦恢复发展，蓄势奋进的一年。人力资源服务行业在稳就业、促就业方面发挥重要作用，保障了民生之根本。2023 年，从国家及地区出台的相关政策可以明确两个趋势：一方面，人力资源服务行业不断规范化、标准化，提升了整体服务水平和竞争力，促进了人力资源服务行业高质量发展；另一方面，细分领域政策逐步完善，劳动者权益保护力度加大。

1. 规范化：指引行业发展方向

人力资源服务行业规范化进程持续推进。2023 年，人力资源和社会保障部（以下简称"人社部"）重磅发布《人力资源服务机构管理规定》（以下简称《规定》）。这是首部系统规范人力资源服务机构及相关活动的专门规章，适用于在我国境内从事人力资源服务活动的人力资源服务机构。《规定》的发布，一是将维护劳动者权益贯穿全文，明确人力资源服务机构的主体责任；二是从法律层面对人力资源服务机构的许可备案、服务规范、监督管理及法律责任等方面做了全面的规定，为人力资源服务机构活动提供了基本依据和准则。同时，从行业乱象出发，划定"十条红线"。《规定》从各个方面出发，提出具体措施，从根本上指明了人力资源服务规范发展的方向与要点。各地为贯彻落实《规定》，发布相关响应文件。如成都市人力资源和社会保障局出台《关于进一步加强人力资源服务机构监管机制的实施意见》。同时，地方也出台相关规范性文件，如《四川省人力资源市场场所和服务规范》《吉林省人力资源市场条例》等，持续推进行业的规范化进程。

2. 标准化：提升行业服务水平

2023 年，人力资源服务行业的标准化进程持续推进。人力资源服务行业标准的制定和实施，侧重于通过行业内的自律机制，鼓励行业和个人自觉遵守。在一定程度上，行业标准能够提高行业的整体服务水平和竞争力，推动整个行业的创新性、引领性发展。

一是制定人力资源服务的标准。2023年，人社部发布《网络招聘服务规范》和《人力资源服务机构诚信评价规范》。两项标准不仅填补了行业标准空白，还促进了行业服务水平和信誉度的提升。同时，行业标准与行业规定相互补充。继2020年发布《网络招聘服务管理规定》之后，《网络招聘服务规范》是人社部发布的第二份关于网络招聘服务的全国性文件。《网络招聘服务管理规定》对服务行业的设立、经营、监管等做出规定。《网络招聘服务规范》进一步对网络招聘服务行业的服务标准、服务流程、服务质量等方面进行规范。在地区范围内，行业标准的制定也如火如荼。例如，武汉大力推行人力资源行业团体标准的制定，《人力资源市场通用规范》和《招聘活动服务规范》的发布，填补了当地人力资源市场团体标准的空白。广东省人力资源管理协会主导研制的《数智化人力资源管理师评价规范》和《人力资源企业数字化建设规范》两项团体标准于2023年正式立项。

二是对人力资源相关从业人员制定标准。在《标准化人才培养专项行动计划（2023—2025年）》中，整体布局了"十四五"后期标准化人才的培养机制。《人力资源管理专业人员职称评价办法（试行）》中，也首次明确了人力资源管理专业人员的范围和人力资源管理专业职称评价的基本制度规则，并提出一系列对于专业人才的职称评审制度。比如采取"一事一议""一人一策"的方式直接评审高级职称、开辟职称评审绿色通道引进海外人才等。行业内，中国职业经理人协会与中国质量认证中心达成战略合作，正式推出了《人力资源标准化管理师》培训与认证项目，着力培养兼具标准化知识能力和人力资源经验技术的双通道人才。时代呼唤更多的专业人才进场，以提高人力资源服务水平和供给能力。

3. 精细化：完善细分业态政策

在技术发展、劳动力市场变化等多重因素下，人力资源服务业细分领域呈现多样化、专业化和精细化的趋势。相关部门与时俱进，紧跟人力资源服务业态发展现状，不断完善细分领域政策。

一是重视劳动者权益保障，出台新就业形态相关规范指引。2023年，我国新就业形态劳动者就有8400万人，占全国职工人数比例为20.9%[①]，人群庞大。但是，由于行业发展迅速，新就业形态很长一段时间处于"弱管理，强自主"的局面，这一部分就业人群的权益未得到充分保障。在缺乏规范化管理的背景下，人社部发布"两指引一指南"（《新就业形态劳动者休息和劳动报酬权益保障指引》《新就业形态劳动者劳动规则公示指引》《新就业形态劳动者权益维护服务指南》），支持和规范发展新就业形态，对劳动者的工时、报酬以及维权方式做出明确指示。同年5月，人社部与最高人民法院联合发布了新就业形态劳动6起争议案件，如外卖平台用工合作企业通过劳务公司招用网约配送员，如何认定劳动关系？每个案件都呈现判决结果，并做典型意义总结，旨在引导平台合规用工和劳动者理性维权。新就业形态典型案件的总结分析，有利于新就业形态法治化的进程。

二是推动零工市场有序发展，促就业成效显著。在政策方面，自发布《关于加强零工市场建设　完善求职招聘服务的意见》以来，零工市场的建设和发展大受重视。2023年，人社部发布《关于加强零工市场规范化建设的通知》，将市场纳入就业公共服务体系建设，为其发展提供了强有力的政策保障。地方也积极发布政策保障零工市场发展，如海南省发布《关于印发对互联网灵活用工平台及零工服务平台实施包容审慎监管的指导意见的通知》，江西省推进灵活用工平台企业风险识别完善应用项目等。在建设方面，人社部加速布局1万个"家门口就业服务站"、15分钟就业服务圈，逐步提升3200多家零工市场规范化水平。[②] 各地积极探索零工市场的建设，争做省级示范零工市场，提升服务质量。如山西省要求各市县零工市场引进智慧就业服务系统，实现服务线上线下互融互通，四个月内就提供零工岗位数14656个、服务零工9788人次。[③]

[①] 数据来源：中华人民共和国中央人民政府网。

[②] 数据来源：人力资源和社会保障部。

[③] 《山西：全力推进零工市场标准化建设》，中国政务服务平台，https://www.mohrss.gov.cn/SYrlzyhshbzb/ztzl/zwfwqjd/fudt/202305/t20230512_499913.html。

（二）市场发展较为稳健

2023 年国内经济保持着强有力的韧劲，抵御外部风险挑战及内部多重因素带来的下行压力，实现国内生产总值同比增长 5.2%。人力资源服务行业作为现代服务业的重要组成部分，对促进社会经济发展具有重大意义。2023 年人力资源服务行业持续稳健发展，在产业需求端，人力资源服务行业面临产业结构转移，新业态、新职业需求不断变化，扩大了行业发展新空间；在行业供给端，人力资源服务行业已经探索出新的数字化转型之路，积极推出数字化产品及服务，机构联盟，强强联合，推动行业实现高质量发展。

1. 人力资源服务行业规模稳增长

我国人力资源服务行业营收持续稳健增长。近年来，随着机构数量、收入逐年提高，我国人力资源服务行业一路蓬勃向上。截至 2022 年底，全国共有人力资源服务机构 6.3 万家，实现营业收入 2.5 万亿元，较十年前分别增长 2.2 倍、4.4 倍。[1] 从园区发展来看，国家级人力资源服务产业园在全国范围的布局已基本完成。从上海到长三角，再由长三角到全国，从"投石问路"开始，由"点"到"面"逐渐发展。截至 2022 年末，全国共组建 26 个国家级人力资源服务产业园，集聚人力资源服务机构 4390 家，营业收入为 4672 亿元，服务 2190 万人次劳动者和 277 万家次重点企业[2]，产业园在推动就业及优化人力资源配置等方面具有重要作用，为行业高质量发展注入了新动能。

2. 产业变革引领行业发展新空间

产业结构逐渐向第三产业转移。从三产就业人数来看，2022 年第一产业就业人数达 17678 万人，第二产业为 21125 万人，第三产业为 34548 万人，其中第三产业近年来就业人数都呈增长趋势（见图 1）。从经济比重来看，2019~2023 年第一产业增加值占国内生产总值比重均保持在 7% 左右，第三产业增加值占国内生产总值的比重均稳定在 50% 以上（见图 2）。第三

---

① 数据来源：《2022 年度人力资源和社会保障事业发展统计公报》。
② 数据来源：《2022 年度人力资源和社会保障事业发展统计公报》。

产业从业岗位劳动力密集，带动服务需求增长，也带动了第三产业就业人数的上升，有效推动产业结构逐渐向第三产业有序转移，为人力资源服务需求创造新的增长点。

图1 2012~2022年三次产业就业人数及其同比增速

资料来源：国家统计局，广东弘智人力资本研究院整理。

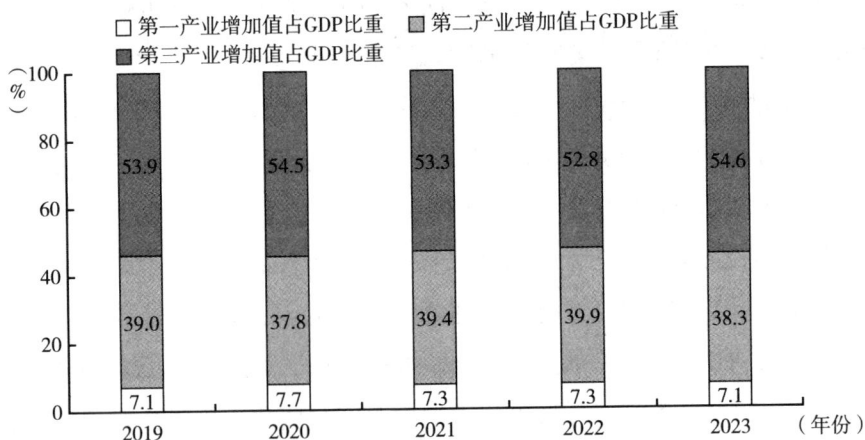

图2 2019~2023年三次产业增加值占国内生产总值比重

资料来源：国家统计局，广东弘智人力资本研究院整理。

产业升级带来更多新职业的人才需求。紧跟产业升级和数字经济发展趋势，智能制造、信息技术和现代服务领域产生众多新职业。2020年7月，人社部中国就业培训技术指导中心联合阿里巴巴钉钉发布了《新职业在线学习平台发展报告》，报告指出未来新职业人才需求量将上升，预计到2025年，人才需求规模超3000万人。其中，物联网安装调试员、人工智能人才等岗位需求达1000万人，数字化管理师人才需求达1000万人，电子竞技员需求近200万人，这些新职业的出现，为人力资源服务行业发展创造了新的业务机会。此外，根据教育部、人社部、工信部发布的《制造业人才发展规划指南》的数据，到2025年，现代信息技术产业、机器人、人工智能等制造业十大重点领域人才需求规模达2985.7万人，缺口率为48%。

3.数字化转型驱动人力资源服务机构创新

近年来，数字化转型趋势不断加速，推动着人力资源服务机构创新。这表现在两个方面。一是数字化产品不断涌现。2023年在深圳举办的第二届人力资源服务大会中，人工智能面试、数字人直播、"元宇宙"招聘等众多产品亮相，超过100家人力资源服务机构展示数字化产品及服务。二是构建数字化生态服务平台。人力资源服务机构顺应趋势，主动创新，加大对数字化产品研发力度。例如，科锐国际2023年上半年数字化等技术方面总投入1.04亿元，同比增长30.80%[①]，通过打造HR SaaS平台系列数字化产品，为企业提供个性化、定制化服务，帮助企业通过数字化产品服务实现降本增效。

4.机构联盟助力行业集约化发展

"抱团发展"和"共享共赢"是当下人力资源服务行业发展的新趋势。2023年4月，中部六省人力资源服务业高质量发展联盟在湖南成立，人力资源服务行业深度融合中部战略崛起，实现中部地区人力资源共享，推动各省份合作共赢。2023年9月，山西省人力资源服务产业园联盟成

---

① 数据来源：《科锐国际2023年半年度报告》。

立，联盟单位汇聚了省内主要城市的人力资源服务产业园，通过构建合作共建平台，充分发挥规模效应和聚集优势。2024 年初，广州国企人才发展联盟成立，旨在为国企选拔与管理高层次人才，共享人才管理经验，推动"人才红利"落地，优化人才结构等，联合推动"产业链、创新链、人才链"三链融合。

（三）劳动力市场供需略微失衡

1.人力资源基础仍然雄厚，人才质量持续提升

人口规模依然巨大，劳动力资源较为充沛。我国人口总量由 1949 年的 5.4 亿人发展到 2023 年的 14.1 亿人，年均增长约1.3%。[①] 2023 年末，全国人口为 140967 万人[②]，继2022 年人口总量首次出现负增长之后第二年负增长。虽然我国已进入人口负增长阶段，但在未来较长的时期内，仍会保持人口规模优势的特点。我国劳动年龄人口总体稳定。2023 年末，全国 16~59 岁劳动年龄人口为 86481 万人，占全国人口的比重超过六成。[③] 60 岁及以上人口为 29697 万人，占全国人口的 21.1%，与 2022 年相比，16~59 岁劳动年龄人口减少 1075 万人，60 岁及以上人口增加 1693 万人。[④] 从结构看，青壮年劳动力数量虽有所减少，但人口红利没有消失，而是在嬗变升级。

从素质看，受教育程度继续提高。高校毕业生人数连续多年保持增长趋势。《中华人民共和国 2023 年国民经济和社会发展统计公报》显示，2023 年末，全国普通、职业本专科招生1042.22 万人，比上年增加 27.68 万人；毕业 1047.0 万人，比上年增加 79.7 万人。研究生招生 103.17 万人，毕业 101.5 万人，毕业人数比上年增加 15.3 万人（见图 3、图 4）。未来时期，随着我国整体教育特别是高等教育的长足发展，劳动者素质将进一步提升。

---

① 数据来源：国家统计局网站。
② 数据来源：《中华人民共和国2023年国民经济和社会发展统计公报》。
③ 数据来源：国家统计局网站。
④ 数据来源：国家统计局网站。

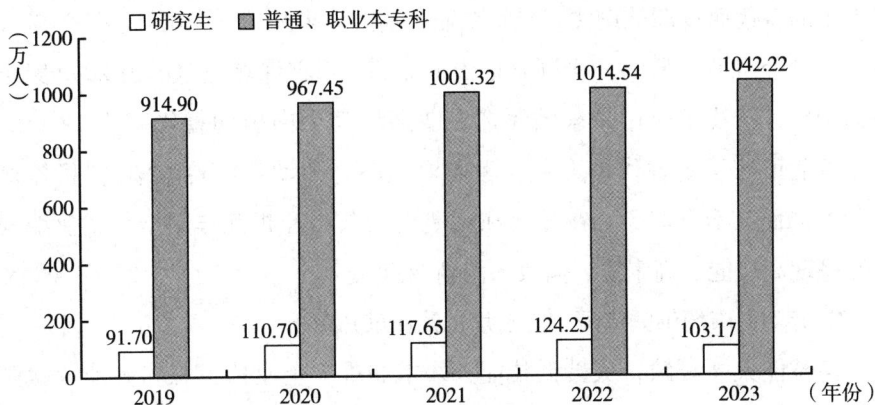

图3 2019~2023年普通、职业本专科及研究生招生人数

资料来源：国家统计局，广东弘智人力资本研究院整理。

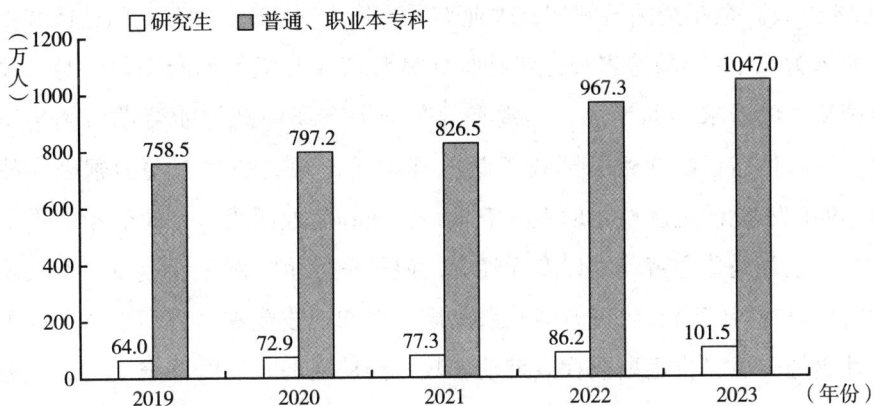

图4 2019~2023年普通、职业本专科及研究生毕业人数

资料来源：国家统计局，广东弘智人力资本研究院整理。

2.产业升级带来就业岗位升级，就业结构高质量转型

我国经济正在经历结构调整和转型升级，技术创新日益融入全社会的每一个单元。新产业、新业态、新商业模式蓬勃发展，新技术加持对就业具有创造和替代的双重效应。一方面，在新兴技术行业贡献大量就业新岗位，助力就业结构的高质量转型；另一方面，部分就业岗位通过智能化的应用实现

对人工的替代而逐渐被淘汰，导致企业劳动力需求减少。中国社会科学院人口与劳动经济研究所的一份调研报告也提到，根据课题组对国内 2000 家企业的调研，新技术应用带来的制造业普通劳动力岗位的替代率为 19.6%。人工智能正处于由替代体力劳动者向取代脑力劳动者的转型中，"机器换人"的局面已不可避免。在替代和创造这两条路径相互作用下，就业结构逐渐呈现高技能、高素质、高收入的新特点。

3.劳动力市场供需错配，技工荒和就业难并存

高技能人才短缺，大龄低技能人才求职难，企业招工难和劳动者就业难并存。《中华人民共和国 2023 年国民经济和社会发展统计公报》显示，2023 年末，全国就业人员为 74041 万人，其中城镇就业人员 47032 万人，占全国就业人员比重为 63.5%。全年城镇新增就业 1244 万人，比上年增加 38 万人。全年全国城镇调查失业率平均值为 5.2%。年末全国城镇调查失业率为 5.1%。随着宏观经济结构转型和产业升级的不断深化，对高技能劳动力的需求不断增加，而现有的劳动力市场中高技能劳动力供给不足。这种供需错配导致了"技工荒"现象的出现，一些劳动力则因为技能不匹配不能满足新技术的发展需求，而面临就业困难。企业劳动力需求减少的主要是普通劳动力以及无经验的应届毕业生，对于专业技术类人才的需求仍在持续增长。提升劳动者素质、以知识技能提高劳动生产率的重要性更加凸显，将逐渐取代以劳动者数量推动经济发展的传统模式。人力资源服务机构能够以更加高效便捷、灵活经济的方式进行劳动力的配置，人力资源服务业成长可期。

（四）行业智能化进展迅猛

随着 AI 人工智能、大模型、实时数据治理和多模态数据融合分析等前沿科技的飞速发展，技术间的相互融合与交织对人力资源服务行业的赋能作用逐渐凸显。2023 年，人力资源服务机构加速 AI 产品的研发和迭代，从简历智能初筛到 AI 数字人直播带岗，从智能知识问答到 AI 机器人教练，从云端招聘平台到元宇宙招聘实景模拟大厅，AI 产品功能日趋智能化、个性化和场景化，为企业实现数智化发展提供了有力支持。然而，AI技术引发的隐私泄露、数据滥用、数据篡改和破坏等问题亟待解决。

1. 技术：AI 渗透率大幅增长

随着 ChatGPT 的崛起，2023 年 AIGC+HR 的市场关注度和热度呈现急剧攀升的态势。艾瑞咨询发布的《2023 年中国人力资源数字化研究报告》显示，2022 年 1~11 月，AIGC+HR 的百度平均搜索指数均值为 3393，2023 年同期数值飙升至 6347，呈现高达 87.1% 的显著同比增长。2023 年 11 月，第二届全国人力资源服务业发展大会期间，大量的科技创新参赛项目涌现，其中，成长组参赛项目中数字化人力资源管理系统项目有 23 个，占比为 27.4%；数智化招聘项目有 11 个，占比为 13.1%。[①] 大会期间，红海人力集团作为人力资源服务业领军企业受邀参展，全方位展现了数字大屏、AI 数字人、HR 智能终端机等智能化产品，旗下直聘平台，借助"全域数字化运营+下沉渠道服务+平台技术服务"的模式，助力下沉市场供需双方精准、快速的招聘匹配，并通过特质提取、智能模型等 AI 技术加持，实现人岗智能匹配、数字人面试以及智能点评，为整个人力资源服务业的转型升级注入了新活力。

2. 产品：AI 产品加速迭代

2023 年上半年以来，不少人力资源服务机构加快底层平台和产品的研发和迭代速度。从产品和服务来看，多数新产品功能聚焦在招聘、培训、薪酬和员工服务等核心领域。同时，人力资源服务机构也对 AI 产品进行了从 1.0 到 2.0 的迭代。通过引入更先进的算法、优化用户体验、拓展应用场景等方式，AI 产品 2.0 在人力资源服务功能方面更为完善，如 AI 面试模拟、数字人直播带岗、智能 AI 机器人多维度打分、自动筛选优质人才、AI 机器人教练、AI 员工服务机器人等智能化功能纷至沓来，为企业提供了多方面实时的在线服务支持（见表 1）。

---

① 梁雨纯：《从全国人力资源服务创新创业大赛看人力资源服务发展的方向》，《人力资源服务杂志》2024 年第 1 期。

表1　2023年HR数字化厂商对外发布AI新服务/新产品（部分示例）

序号	发布时间	项目名称	服务产品	产品功能
1	3月	南方仕通	seebot 社保机器人	自动跟踪反馈全国员工社保/公积金的申报结果
2	4月	海纳	海纳 AI 面试模型 V2.0	AI 面试、在线考试和视频面试三大产品线，覆盖蓝领、校招、技能考试等招聘招考场景
3	5月	北森	北森 AI Family	JD 撰写、招聘海报设计、AI 面试、AI 人才画像、AI 人岗匹配、AI 机器人教练、AI 员工服务机器人等
4		薪人薪事	AI 小薪	AI 人岗匹配、数据挖掘与分析、输出人才部署策略等
5		Moka	Moka Eva	智能简历筛选、定制面试题、AI 生成面试评价、对话式 BI 和员工聊天机器人等
6	6月	i 人事	数字虚拟人"小爱"	生成定制化的生日祝福、周年庆祝消息、编写岗位 JD、生成和检查薪资计算公式、劳动人事法务咨询、生成式 BI 等
7		谷露	Chat. 谷小露	智能生产职位需求、职位建议、顾问评语、面试问题、专业术语解释、梳理候选人特征等
8		智聘	智聘 Coplt 人才版	自动生成简历、一键优化、实时反馈和建议、智能面试官
9	9月	腾讯乐享	AI 助手	智能知识问答、多模态智能搜索、AI 辅助创作、智能生成考题等
10		致远薪事	爱小薪智能助手	智能薪酬与税务核算、AI 智能人岗匹配、知识图谱生成、智能人才盘点等
11	10月	云生	AI 数字员工、HR 机器人	简历智能分析、职位智能分析、求职者画像、智能推荐、邀约管理智能、面试自动跟进、入职智能、入职后关怀、劳法数据库、智能工具包和劳法研究院等
12		用友大易	TRM. AI 2.0	7×24 小时 AI 智能问答、AI 人岗匹配、AI 视频面试、AI 面试题库、AI 智能推荐

资料来源：公开渠道，广东弘智人力资本研究院整理。

3. 机会：AI 应用前景广阔

从实际应用场景来看，当前的 AI 技术主要集中在候选人进入企业之前的阶段，如简历筛选、智能匹配职位以及面试指导等流程，紧跟企业数智化转型和新业态发展的需要，AI 技术未来在人力资源服务领域将有望实现全流程应用（见表 2）。同时，随着远程办公的加速和 Z 时代员工逐步成为职场主力军，AI 技术与元宇宙的融合为人力资源服务带来新契机。例如，人力资源服务机构可以借助前沿的虚拟现实（VR）、增强现实（AR）以及混合现实（MR）技术，构建超越现实的沉浸式工作环境、真实模拟的招聘和培训环境，打造一站式元宇宙活动管理平台，融合虚拟角色互动、高清音视频通话、实时弹幕交流等功能，为服务对象提供极具科技感的体验。

表 2　AI 在人力资源服务领域潜在机会

服务企业类型	应用场景	具体需求/存在机会	适合人力资源服务商类型
大型企业	招聘与人才匹配	AI 简历筛选和候选人推荐，数字人面试提高面试效率和标准化程度，AI 预测用工需求，实现动态人力资源配置	传统服务商 新兴技术服务商 数字人面试技术提供商 综合服务商
	员工培训与发展	AI 分析员工学习数据，提供定制化的在线培训课程和学习路径	内部培训服务商 外部培训合作伙伴
	绩效管理与激励	AI 分析员工绩效数据，提供准确评估，根据员工绩效和偏好推荐个性化激励方案	全面绩效服务商 激励与奖励专家
	薪酬福利管理	利用 AI 进行高级数据分析，支持薪酬决策，提供定制化的薪酬体系建议	传统薪酬服务商 新型薪酬科技公司
	员工服务与关怀	提供 24×7 的员工服务支持，提供有针对性的员工关怀计划	全面人力资源服务商 员工福利管理专家
	灵活用工管理	提供灵活的用工方案，预测和分析用工需求，降低人力资源成本	综合服务商 专业灵活用工服务商
中小型企业	招聘与人才匹配	AI 筛选简历，云端招聘平台或数字人面试减少 HR 面试工作量	本地服务商 云端招聘平台 数字人面试技术提供商 专业招聘外包服务
	员工培训与发展	提供简单易用的在线培训工具，利用 AI 分析员工学习数据，推荐相关学习资源	在线培训平台 内部培训部门

续表

服务企业类型	应用场景	具体需求/存在机会	适合人力资源服务商类型
中小型企业	绩效管理与激励	提供简单易用的绩效管理工具，根据员工绩效和企业实际情况提供灵活的激励方案	绩效管理软件提供商 激励方案咨询公司
	薪酬福利管理	提供定制化的薪酬福利方案，使用薪酬外包服务降低成本	薪酬外包服务商
	灵活用工管理	提供灵活的用工方案，降低固定成本，使用专业招聘外包服务减轻招聘压力	灵活用工平台 专业招聘外包服务

资料来源：公开渠道，广东弘智人力资本研究院整理。

4. 挑战：数据安全问题亟待解决

一是数据泄露，如员工的身份证号码、银行账户信息或企业商业机密数据可能被存储在未加密或未受保护的服务器上，使任何有访问权限的人都可以轻松获取。二是数据滥用，AI算法的决策过程受到其所依托的历史数据的影响，这些数据中可能潜藏着偏见或误差，进而可能引发人力资源管理决策的不公正性。三是数据篡改和破坏，恶意攻击者可能通过攻击AI系统来篡改员工的薪资、绩效或其他关键数据，导致管理混乱和信任危机，影响企业的正常运营和员工的切身利益。

二 人力资源服务行业发展策略与建议

（一）政策保障需及时，头部企业应率先垂范

1. 政策与时俱进，保障新业态发展

随着各类行业蓬勃发展、转型升级，人力资源服务行业新业态、新服务模式不断涌现。在这些新兴领域，政策的发布存在一定的滞后性，这不利于行业的有序发展。从2023年发布的规范性文件来看，国家已经对新业态劳动者权益、零工市场发展提出要求和规范。但一些细分领域的政策

需要进一步完善。目前，需要加强规范的领域主要是新催生的就业形态、新概念及关联行业，如直播带岗、灵活用工、AI技术赋能人力资源服务等领域。政策发布的与时俱进，需要国家密切关注社会变化和发展趋势，积极借助行业研究机构和智能科技的力量，深入调研，把握新业态、新服务、新模式的现状、问题，及时制定相关政策，推动行业有序发展。比如在智能化时代下，要及时规范AI在人力资源服务行业的应用，保障服务过程中的信息安全等。

2. 加强行业自律，头部企业做好示范引领

行业内要加强自我管理。为了实现这一目标，协会和学会应发挥其独特的优势，成为行业的引领者和标准制定者，不仅要关注现有标准的完善，还要积极填补行业内的标准空白，特别是在新兴领域，如零工市场、直播带岗等领域。这些新兴领域由于缺乏明确的规范，往往存在诸多不确定性，因此制定团体标准显得尤为迫切。同时，要重视示范引领和共享发展的作用。在全国、各省市级，要树立行业标杆、评选优秀企业。这可以激发其他企业的创新活力，促进整个行业的共同进步。同时，鼓励头部企业发挥示范引领作用也至关重要。作为行业的领军者，头部企业具备强大的实力和丰富的经验，有责任也有能力引领整个行业的发展。它们可以通过分享创新理念、展示先进技术、推广成功经验等方式，为其他企业提供有益的参考和借鉴。

（二）扩大服务支撑，助力产业高质量发展

1. 关注产业发展，实现产业协同

近年来，随着新兴产业、新业态蓬勃发展，国家正加快构建以科技创新带动产业创新的现代化产业体系，有效带动了人力资源服务行业发展，引领人力资源服务行业与产业协同发展。一是助力产业实现数字化转型。未来制造业等实体经济对人力资源服务的需求趋向数字化服务供给，使企业在人力资源管理方面实现数字化与信息化技术的应用等。人力资源服务机构可为制造业等实体经济提供全链条的数字化产品及服务，推出企业人

力资源管理数字化应用平台，帮助其人力资源管理向数字化转型，提升运营效能。二是提高服务质量，推动产业形成创新型人力资源管理模式。制造业及现代服务业对人力资源服务的需求已经从量的需求转变为质和量的双需求，人力资源服务机构应主动求变，服务内容应更加精细化和专业化，形成创新型人力资源管理模式，满足企业个性化及定制化人力资源服务需求，降低企业人力资源管理的试错成本。三是加快形成产才融合培养体系。未来产业高端人才需求量大，尤其是人工智能、机器人等领域的专业型人才，人力资源服务机构要紧跟产业人才需求变化，做好引、育、培、留等人才链建设，将人才链与产业链深度融合，促进人才需求精准快速对接，提升人力资源开发利用率。

2. 把握行业趋势，创新服务供给

在人力资源市场不断扩大的背景下，行业竞争格局也不断加剧。一是把握人力资源服务行业变化新机会。在2023年12月发布的《产业结构调整指导目录（2024年本）》中，人力资本服务业及人力资源被列入鼓励类产业目录第45项，其中也提出了鼓励行业发展的新方向，如人力资源服务数字化、标准化，信用体系建设，就业服务平台及出口基地平台建设，数据安全管理等方向。人力资源服务机构要深入解读释放的新信号，结合自身产品及服务进行转型。二是提供专业化产品及服务。《人力资源社会保障部关于实施人力资源服务业创新发展行动计划（2023—2025年）的通知》中指出，到2025年重点培育形成100家左右聚焦主业、专注专业、成长性好、创新性强的"专精特新"人力资源服务企业。各地区对成功认定"专精特新"的人力资源服务机构给予几十万元到上百万元不等的资金奖励和重点帮扶措施。因此，人力资源服务机构应做精产品及服务，加大产品研发力度，扩大应用范围，加快申请行业领先技术专利；同时，优化数字化产品服务模式，注重用户体验，建立客户需求反馈机制，根据不同客户的需求提供相应服务。三是做好重点群体的服务供给。随着互联网平台的高速发展，就业数量得到有效提升，但仍有部分群体，如农民工、低端灵活从业群体等难以实现充分且高质量就业。当前，国家层面已经出台灵活就业群体保障政策，人力资源服务机构要充分结合政策，加快构建零工市场、灵活就业服务平台，有效促进重点群体需求对接。

（三）企业"出海"为人力资源服务机构带来新机遇

近年来，国内劳动力由过剩转为短缺，人口红利优势缩小。此外，土地的价格以及租金的价格也越涨越高，企业的人力成本和运营成本不断攀升。国内劳动密集型和出口导向型企业开始考虑外迁设厂，将生产基地迁移到有充足的适龄劳动力并且工资更低的地区或国家，如越南、柬埔寨、印度尼西亚等东南亚国家。这种趋势在制造业中尤为明显。对于人力资源服务机构来说，这种产业转移无疑会带来广阔的业务机遇。

1. 跟随"出海"企业投资步伐，做行业布局和地域选择

受政策支持、市场需求、资本加码、企业能级提升等刺激和利好因素影响，越来越多来自各行各业的中国企业正在加速走向海外。商务部数据显示，截至2022年底，中国2.9万家境内投资者在国（境）外共设立对外直接投资企业4.66万家，分布在全球190个国家（地区），亚洲地区是最主要的投资目的地，占总投资的76.2%，其中对中国香港的投资最为突出，占亚洲投资的78.5%。在行业分布方面，最大的投资流向是租赁和商务服务业，达到354.8亿美元，占36.4%。制造业、金融业、批发和零售业、采矿业以及交通运输、仓储和邮政业也是主要的投资领域。这六个领域的投资额超过百亿美元，共同占据了当年对外投资总额的88.3%。现阶段，人力资源服务机构在海外布局时，要跟随中国企业在境外的投资步伐和方向，深入地了解当地政府情况、劳动法规、用工政策和法律、文化环境，确保服务的合规性和可行性，多维度满足"出海"企业各类人力资源服务需求。

2. 适应海外市场需求，加强国际化人才队伍建设

相较于国内市场，海外市场在合规、税收、薪酬、雇用等各方面都与国内有很大不同，不同国家之间也存在较大差异，往往更加烦琐且复杂。随着企业在海外市场的拓展，对具备国际视野、专业技能和管理经验的中高端人才的需求也越来越大，尤其是"出海"探索期开发市场的国际化人才。国际化人才供给速度与效率是"出海"企业人力资源能力提升的主要方向。人力资源服务机构可以通过建立当地的人才数据库，系统地收集和整理当地中高端人才的信息，包括他们的专业技能、工作经验、教育背景以及职业兴趣等。这样，当企业有用人需求时，便可以快速筛选出符合要求的候选人，提高人才匹配的效率。同时，也可以通过与当地行业协会和高校建立合作关系等方式，为企业寻找和推荐合适的中高端人才，满足企业的用人需求。

（四）持续推进产品创新与数据防护

1. 技术融合与定制化创新，塑造核心竞争力

一是技术集成。选择适合的集成平台、优化 API（应用程序编程接口）接入过程以及确保数据接口的安全性，综合考虑平台的用户基数、数据交互频率、系统的稳定性以及未来的扩展性等因素。二是定制开发。通过精准定制对话流程，运用企业特定数据训练模型，纳入常见查询案例，并设计直观易用的用户界面，为服务对象提供高效、准确且个性化的信息获取体验。

2. 加固数据隐私防线，确保信息安全防护

数据隐私和信息安全防护需多方协同努力。一是相关组织应持续做好数据使用的合规审计和风险应急处置，确保数据使用合规合法。二是为确保敏感数据安全，平台方应精细划分数据级别，实施脱敏、加密等严密保护措施。仅限受训员工处理敏感数据，并持续监控与审计生成式 AI 产品使用情况，以维护数据安全与隐私。三是企业应做好数据验证和清洗等预防措施，在引入、使用生成式 AI 产品时，应设置明确的隐私政策提醒，增强用户认知和信任，并严格遵守相关的监管制度和政策。

3. 转变管理与思维模式，培养智能型人才

企业的人力资源智能化转型是一场深度的组织重塑，不仅包括技术层面的更新，还涉及组织架构、工作方式和企业文化等层面的深刻变革。一是企业需制定明确的智能化转型战略路线，评估企业内部基础设施与数据状况，

选择适合的 AI 技术，建立数据收集与处理机制，构建 AI 模型并部署集成，同时监控优化其性能。二是要重视培养具备 AI 技术理解和应用能力的人才，建立全面、系统的 AI 技术培训体系，增加实践培训课程，激发员工的主观能动性和创新精神，推动企业内部员工积极学习并运用 AI 技术来辅助工作，提高员工对新技术、新方法的适应能力。

B.9
就业保障理论与实践

楚珊珊*

摘　要：　就业保障理论是一种以就业需求为导向，以就业增长为先的就业观，目标是在经济运行的不同周期都实现充分就业。本文从理论层面廓清了就业保障理论的基本原理及其核心思想，并探讨其理论价值，从实践层面梳理了中国就业保障举措的功能演进和实践拓展，扼要论述了在中国制度环境下构建就业保障计划的可行性。分析认为，实施中国就业保障计划可以作为一种"健全就业公共服务体系"的常态化设计，化解就业领域面临的困难挑战，既是应势应时之举，也是促进高质量充分就业的有力支撑。并且，应按照"提服务、强保障、防风险、应变局"的思路有序推进中国就业保障计划的实施。

关键词：　就业保障　充分就业　公共就业服务　就业理论　现代货币理论

党的二十大报告指出就业是最基本的民生，要求强化就业优先政策，促进高质量充分就业，这意味着我国经济社会发展理念变"增长优先"为"就业优先"。近年来，就业保障理念越来越深入人心。究其原因，主要在于传统的以经济增长带动就业市场复苏的就业理论和政策理念，其效果并不尽如人意，更无法解释并应对推进"低碳转型""机器换人"带来的"低就业增长""无就业复苏"问题，由此引发了各界对传统就业理论的反思。不同于传统的依赖总需求增长传导转化为就业机会的失业治理方法，就业保障

---

* 楚珊珊，中国劳动和社会保障科学研究院就业创业研究室助理研究员，主要研究领域为就业理论与政策、创新与就业。

是一种由政府直接雇用失业劳动力解决就业问题的目标需求管理方法，这种就业增长优先于经济增长的全新就业观，与我国就业优先导向高度契合。本文旨在从理论层面对这一思想进行引介，从实践层面梳理部分就业保障举措的现实应用，探究在中国制度环境下构建就业保障计划的可行性，立足于理论与实践的结合，从化解就业领域面临风险挑战的现实层面考察实施中国就业保障计划的必要性，最后研究提出在中国有效实施就业保障计划的政策设计思路。

一 理论内涵：蔚然兴起的就业保障思潮

就业及失业治理问题是当今世界各国经济发展面临的一大难题。从现实结果看，关注产出需求而忽视就业需求虽能在一定时期内促进经济增长，但往往不能实现对等的就业效果，长期来看也是不可持续的。近年来，融合了诸多"异端"流派思想的现代货币理论（modern money theory，MMT）从货币债务本质观出发对失业的本质做出全新解读，对政府直接创造就业的缓冲储备思想做出了更深刻的思考，极力宣扬就业保障计划这一政策处方，主张将之作为一项常态性的政策设计，因而受到学术圈内外更加广泛的关注。所谓就业保障是指政府在其外生设定的最低工资水平及福利标准上，为所有准备好、有意愿并有能力（ready，willing and able to work）但无法在市场经济部门找到工作的非自愿失业劳动力，提供真实的就业岗位，通过营建"就业缓冲储备"直接创造就业机会的方式，保证"人人都有体面工作"，这是一项由中央政府资助、地方政府部门和非营利机构管理并组织开展的计划或制度。因此，不同于人们日常使用的"就业保障"概念，本文所讨论的就业保障是一个专有名词，在内涵和外延上都有明确定义。具体可从以下方面深入理解"就业保障计划"的理论逻辑及特征内涵。

（一）失业现象的本质

就业与货币息息相关。纵观就业理论的抗衡、演化，市场自我出清与政府干预的选择一直是各流派之间探讨和争论的主题，但这也只是一种表象，其深层次映射的是货币中性与非中性之争。在这种碰撞和融合过程中，自然失业越来越被视为一种可接受的、必然的现象，而自然失业率成为划分失业类型的重要工具，也成为用来合理化传统就业理论通过牺牲就业来抑制通货膨胀的政策主张，即以构建"失业缓冲储备"为锚，控制通货膨胀，充分就业的原本内涵也被束之高阁。就业保障以现代货币理论为基础，而现代货币理论对于货币的起源、本质和作用有着完全不同的理解，这也意味着就业保障计划的货币基础完全不同于传统理论，要廓清这一就业观的内在逻辑，需要从主权货币观说起。

现代货币理论认为货币本质上是一种社会债务关系。现代货币理论学者从历史透视的角度指出货币起源于债务债权关系，要远远早于货币作为交易媒介的历史。具体而言，在不兑换货币制度①条件下，货币是主权政府发行的债务，记账单位是用来量度债务的计价标准，政府规定货币单位和具体形式，确保债务、资产、商品价格都能以本国记账货币为单位进行计价，从而界定了"国家货币体系"。政府征税旨在创造对货币的需求，而非为政府开支融资，政府支付在逻辑上和操作上皆先于征税发生。主权货币国家并不面临任何操作上的财政约束，因此无须通过征税或借款为其开支融资，借款只是一种维持利率目标的操作。从这个意义上讲，货币总量和流通的变动意味着经济中债权债务关系的变动，货币就成为经济系统运行中的实际变量，从根本上为失业的本质带来了新的诠释。

现代货币理论认为失业本质上是一种货币现象。从个体层面讲，有意愿、有能力的非自愿失业劳动者想为获得货币收入而工作，却没有货币工资提供；从用工主体来讲，多雇用一个失业劳动力的成本与货币收入和利润不匹配。因此，现代货币理论认为国家是货币创造者，当国家拒绝购买潜在就业劳动力时，就会产生失业。也就是说，失业表明政府支出太低，因此任何拥有主权货币的国家政府，都有责任也有能力增加支出以减少失

---

① 在纸币制度之下，目前所有主权国家的货币都是不兑换的货币，这与金本位制度不同。

业。因此，在继承公共就业和最后雇主思想基础上，现代货币理论学者提出构建"就业缓冲储备"的就业保障计划，为实现零失业提供了新的政策路径。

（二）就业缓冲储备的本质

由前述可知，在操作层面，就业保障计划内在地要求构建一个"就业缓冲储备"，将非自愿失业劳动力纳入缓冲储备机制中，促进充分就业并保持价格稳定。在这一过程中，政府充当"最后雇主"的同时创造了一个就业保障部门①，该部门以外生设定的固定工资标准雇用失业劳动力，并在该工资加价的基础上向非 JG 部门提供劳动力，政府雇用和提供劳动力的过程实际上就是"购买"和"出售"劳动力的过程，就这一层面而言，政府实际又扮演了"做市商"的角色。此时，随着政府"买卖"价格的变动，劳动力价格浮动且保持相对稳定，并确保劳动力一直处于被雇用状态，由此实现价格稳定和充分就业。不同于传统的"自上而下"以刺激私人部门总需求拉动就业的趋向（见图1），就业保障计划中失业者作为"缓冲储备"逆方向对经济进行调节，当经济处于下行周期时，政府增加财政支出雇用想要工作的劳动者以将其"储备"起来；反之，当经济处于上行周期时，私人部门需求增加，劳动力可以从"储备池"转移并融入劳动力市场中。同时，

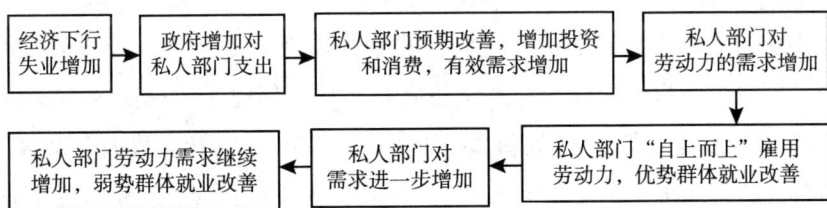

图1 宏观需求管理方法吸纳就业的传导机制

---

① 在这里，提供就业保障工作的部门属于公共部门，包括地方政府、非营利性政府机构（Nongovernmental Organizations，NGOs）和社会性服务组织等，鉴于它不同于传统意义上的公共（政府）部门，为了区分，本文将此类部门称为就业保障部门。

最低工资标准将发挥"价格锚"的作用，赋予市场工资更强的稳定性，这就是就业保障计划所具备的"自动稳定器"功能（见图2）。

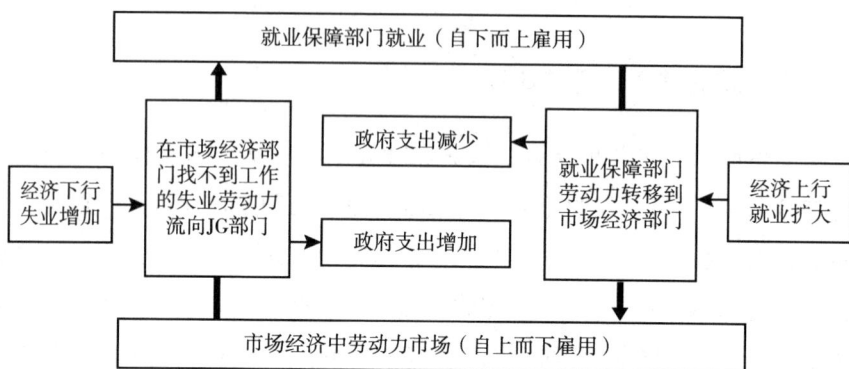

图2 就业保障计划的运行机制

（三）就业保障计划的本质

就业保障计划是一项由中央政府承担的全面工作计划，只要市场尚未实现充分就业，货币和财政扩张就不会带来通货膨胀的副作用，还可以有效刺激实体经济增长。就业保障计划作为一个普遍计划，面向的是所有人，是一种就业"安全网"。这种就业保障制度和货币制度可以被命名为"劳动力本位制"，其运作机制和宏观效果是，从需求方来看，在因劳动者素质高低差别而形成的劳动力金字塔中，市场以效率为原则自上而下（择优）雇用，同时政府以公平为依据自下而上（兜底）雇用，创建了一种逆方向雇用劳动力的"二元对流模式"（见图2）；同时也包括中央、地方以及各个部门、非营利性机构的上下连接和互动探索。从供给方来看，就业缓冲储备让劳动力充分"流动"起来成为潜在就业大军，而不是"沉积"下来被动地依赖失业补助或退出劳动力市场，从而使劳动力在"流动"中（保持就业状态）成为可流入、能流出的"活水"。这有助于提高劳动参与率，保存并积累人力资本，从而对经济社会的稳定与可持续发展具有积极的意义。从这层意义上看，一方面，就业保障计划旨在向中间道路靠拢，即市场和政府并不是非此即彼的，而是找到了市场调节与政府干预的平衡点；另一方面，就业保障计划并非完全是关于"大政府"的，也是关于"小政府"（地方赋权）的，这意味着该计划是分散（权力下放）的，但政府作为"最后雇主"，承担着充分就业的终极责任。

二 实践探索：中国就业保障举措的历史考察

有效缓解就业难题不仅是学界深入思考的问题，也是各国政府努力解决的问题。20 世纪以来，很多国家陆续开展了一些可称为"就业保障计划"的政府直接创造就业的实践举措，其中美国"新政"就业政策和阿根廷的"家长计划"比较具有代表性，二者作为应对经济危机采取的非常之举，具有临时性和局部性，在很多方面表现出"就业保障计划"的特征，证明了即便是有限制的"就业保障计划"，政府依然可以在短时间内创造出大量的公共就业岗位，足以印证主权国家有能力实现大规模直接创造就业化解失业风险的主张，可为我国有效实施公共就业计划提供一些经验和启示，限于篇幅，本文不再赘述。① 本部分主要梳理不同时期我国通过完善公共就业服务供给应对就业挑战的就业保障举措，考察公益性岗位制度及以工代赈制度的功能演变，分析"就业保障计划"作为健全"就业公共服务体系"创新设计的可行性及其与中国制度环境的兼容性。

（一）统筹性就业保障政策：实现就业目标的公共就业服务机制发展概述

1978 年，中国开始了由计划向市场过渡的探索。中国就业制度转型是按照两个改革战略展开的：一是在传统的计划就业部门中逐步引入市场就业机制，逐步转化为市场引导型就业；二是发展新的就业服务部门，寻求更加灵活的安置就业制度或就业帮扶制度，以创造更加充分的就业环境。在这一

---

① 对此更深入的探讨请参见楚珊珊《后凯恩斯主义"最后雇主"计划就业理论研究》。

过程中，政府保障和促进就业的责任从未放松，尤其是后一战略在化解不同时期就业领域长期累积的问题和矛盾方面，取得了显著成效。

20 世纪 70 年代末 80 年代初，城镇累积待业人员达到高峰，面对日趋严峻的就业形势，以实行"三结合"就业方针为标志，以改革企业招用工制度为重点，中国开始将市场机制引入劳动力资源的配置中来，逐步形成了与经济体制相适应的双轨制就业制度。在"双轨制"阶段，失业问题以"待业"的替代称谓得到正式承认，尽可能地通过广开门路"减少待业""扩大就业"是就业政策的基本取向。劳动服务公司是为贯彻执行"三结合"就业方针而创办的，是经济体制转轨特殊时期的特殊产物。初创期功能相对简单，主要特点是有工做工、无工学习，国家财政提供适当的补助费，在安置城镇待业青年和作为城镇劳动力"蓄水池"方面发挥了重要作用。随着中央和劳动部先后制定了一系列创建劳动服务公司的法规和规范性文件，劳动服务公司发展方向不断明晰，职能不断加强，除安置城镇待业人员外，服务对象也扩展到企业富余人员、农村转移劳动力等群体，服务内容包括管理劳动力资源、职业介绍、就业训练、提供失业保险等方面，为就业服务的进一步铺开奠定了基础。截至 1990 年，全国劳动服务公司发展到 20 多万所，提供就业岗位 820 万个。① 然而，由于当时财政经费支持不稳定，不少服务项目采取收费方式，限制了服务的广度和深度。

1992 年，党的十四大确定社会主义市场经济体制改革的总目标，双轨制就业制度逐步向深入推进市场化的就业改革演变。这一时期，全员劳动合同制的推行使国有企业的冗员问题显性化，政府根据劳动就业形势制定并调整就业指导思想，启动"再就业工程"，将千方百计解决好劳动力再就业问题、扩大就业规模作为核心任务。为此，各地兴建再就业服务中心、职业介绍所等服务实体，重点帮扶技能单一、能力较差、再就业困难的对象，服务内容包括开拓社区就业渠道、岗位信息推介、免费培训、社会保障等方面。截至 1998 年底，全国国有企业下岗职工有 1219 万人，609 万人实现再就

① 莫荣主编《就业体制改革》，中国工人出版社，2024，第 51 页。

业，再就业率为 50%①，有效保持和强化了人力资本，提升了劳动力资源的宏观配置效率和微观生产效率，推动中国公共就业服务网络体系初具规模。

进入 21 世纪，中国改革进入完善社会主义市场经济体制的新阶段，党中央确立了全面建设小康社会的宏伟蓝图，深入贯彻落实科学发展观，更加注重保障和改善民生。这一时期，劳动力市场结构发生深刻变化，就业迎来"转轨就业""青年就业""转移就业"同时出现并交织的"三碰头"局面。"再就业工程"项目有限的资金和一般性措施难以应对，必须采取超常规的、各部门协调发力的政策措施。对于应对世纪就业难题，被动消极的就业方针是行不通的，因此党中央推出一系列促进就业再就业的政策，确立了中国积极就业政策的基本框架。这一就业政策明确了政府在促进就业工作中的重要职责，不仅实现了从解决和保障失业人员基本生活向促进就业理念的转变，而且历经创立扩展阶段（2002~2007 年）、应对危机阶段（2008~2011 年）、提升创新阶段（2012~2017 年）、纳入宏观政策阶段（2018 年至今）四个阶段后，在实践的基础上不断调整、充实和完善，实现了就业政策的长效化。随之，公共就业服务的功能逐步充实完善，同时就业保障范围也扩展到城镇失业人员、农村转移就业人员、青年失业者、残疾人等多类群体，服务方式和内容不断革新，强调根据不同个体的就业需求提供差异化服务，更加注重以人为本。党的二十大报告强调要"健全就业公共服务体系"，这一战略部署反映了我国在公共就业服务供给从无到有、从有到优的成就，也证明了就业保障举措在推动就业工作目标实现，促进经济社会稳定协调发展方面发挥的积极作用。

（二）个性化就业保障举措：公益性岗位制度和以工代赈制度的拓展与实践

1. 托底性就业保障举措——公益性岗位制度运行概况

我国公共就业服务供给的投入包含方方面面，公益性岗位制度作为一项

---

① 中华人民共和国国务院新闻办公室：《1998 年中国人权事业的进展》，1999 年 4 月 13 日。

直接服务于困难群体就业的政策性安排,是诞生于中国经济社会转型和改革攻坚期的一项中国特色的就业保障举措。2002 年,国务院发布《关于进一步做好下岗失业人员再就业工作的通知》,开创了政府积极促进市场就业的政策导向,要求各级政府建立公共就业服务制度,其中最具特色的是鼓励开发公益性岗位。参加公益性岗位人员的岗位补贴和社会补贴来自公共财政资金或由政府筹集的其他社会资金。公益性岗位制度创立的初衷是解决城镇中大批下岗失业国企职工的再就业问题,在运作时主要是针对城市中那些有就业意愿和劳动能力却无法实现自主择业的失业者,并按照一定的条件界定出最困难、最弱势的群体,优先将他们安置到政府投资开发的公益性岗位,避免福利依赖。2008 年,国际金融危机冲击导致失业人数剧增,农民工待岗人数增加,高校毕业生等新增劳动力求职困难,汶川地震发生后当地就业环境因灾恶化,产能治理持续带来"职工安置"问题。根据实际情况,公益性岗位政策覆盖人群逐渐扩大,农民工、非正规就业者和高校毕业生被纳入进来,还出现了针对残疾人的公益性岗位,部分地区将公益性岗位兜底安置的做法辐射到农村,但总体而言,公益性岗位的主要实施区域和人口仍集中在城市。2013 年"精准扶贫"理念提出后,公益性岗位制度也开始瞄准难以在城市就业体系就业的农村困难人员,通过就近开发公益性岗位实现就业增收,实施区域实现了从城市到农村的延伸,同时弥补了农村制度建设和机制运行的空白。

目前我国公益性岗位主要分为两类:一是由人社部门统筹开发的享受人社领域公益性岗位政策的;二是由其他部门单位开发的享有政策性补贴的一些就业岗位,两者之间或存在重叠。岗位类型多为辅助性、服务性工作,重点面向街道社区服务、基层劳动保障服务、公共设施养护、环境保护、为老和留守儿童看护等,以及针对疫情防控、抗震救灾大力开发的公共卫生、消毒清洁、治安维护、废墟清理、伤员看护、物资运输等岗位。在一些深度贫困地区,也安排了部分公益性岗位用于管理公有资产经营。在实际落实中,工作协议年限一般不超过三年,有全日制的,也有非全日制的,整体具有"临时性"和"过渡性"。现行公益性岗位的资金来源主要是各地公共财政，各地根据自己的财力安排，中央财政给予补助，岗位开发和管理，既有统一到一个部门开发管理和使用的，也有各个部门各自开发管理和使用的。公益性岗位在一定程度上具有救济性和保障性特征，工资福利方面总体来说基本与当地最低工资标准持平，但也存在地区间、岗位间差异。

就其实施效果而言，公益性岗位制度在市场就业之外开拓了困难群体的就业门路，运行之初的四年共有 500 多万名困难群体通过公益性岗位再就业，很大程度地缓解了国企下岗失业人员的就业矛盾。公益性岗位制度经过二十余年的发展逐渐规范化、常态化，除缓解社会失业压力外，还将解决就业问题与维护体制改革、应对金融贸易危机、抗击重大卫生和灾害事件、贫困治理等结合起来，发挥岗位帮扶和公共服务的双重效应，在持续提升劳动者就业能力和补充基层社会治理力量的同时，实现失业率和贫困发生率"双降"，增加社会福利和维护社会稳定。但是，这项制度自诞生之初便以扶助就业困难群体就业为目标，针对施政群体有明确的准入限制，也设定了明确的退出机制，并非本文讨论的全面保障就业的举措，制度运行也面临可持续发展困境，但能够为就业保障计划的广泛实施提供借鉴。

2. 项目制就业保障举措：以工代赈制度发展概况

以工代赈制度是政府投资建设基础设施工程，受赈济者参加工程建设获得劳务报酬，以此取代直接赈济的一项扶持政策，具有"项目建设是平台载体、就业增收是根本目标"的政策内涵。[①] 与公益性岗位制度相比，中国的以工代赈早已有之，从古代到近现代乃至新中国成立初期的一段时间，一直作为基本救灾方法被广泛采用。我国从 1984 年开始实施开发式扶贫战略，旨在解决贫困人口的温饱问题，在这一背景下设计的以工代赈政策，目标对象从灾民扩大到低收入贫困群体，运用场景从灾区扩展到贫困地区，主要投入粮食、棉花、布匹和中低档工业品等实物，用于项目组织运作。20 世纪

---

① 《中华人民共和国国家发展和改革委员会第 57 号〈国家以工代赈管理办法〉》，中国政府网，2023 年 1 月 10 日，https：//www.gov.cn/gongbao/content/2023/content_ 5750624.htm。

90年代中期，在贫困人口温饱保障基本实现后，政府投向以工代赈的资源也转变为以货币化形式开展，达到了兼具改善生活和农村建设的双重功效。自党的十八大召开至今，以发展改革委为主，国家政府部门针对以工代赈发布了1个规范性文件、3个工作方案、6个政策指导文件，形成了稳定的、系统的"1+N+X"政策体系，工作重点开始由"大水漫灌"向"精准滴灌"转变，相比早期的单一赈济，现阶段的以工代赈已扩展到集兴产业、促就业、增活力等目标于一体的综合性帮扶政策。例如，在新冠疫情期间，各地广泛组织无法外出就业的贫困劳动力参与工程建设，并及时足额发放劳务报酬，提高贫困群众工资性收入水平，切实减轻疫情对就业增收的负面影响。2023年1月，新修订的《国家以工代赈管理办法》中提出"能用人工尽量不用机械，能组织当地群众务工尽量不用专业施工队伍"的实施要求，更加注重发挥其在促进就业方面的功能，以工代赈制度与新形势下农村脱贫攻坚工作、乡村振兴、就业优先的国家战略要求紧密结合，也被赋予了崭新的时代使命和意义。

以工代赈制度的理念是政府有责任为每一个有劳动能力和就业意愿的人提供工作机会。在以工代赈政策实施的过程中，国家层面主要是对以工代赈的性质、方式、建设领域、资金管理、每五年的工作重点等进行宏观把控和总体规划。具体项目实施和管理的主体是省市县三级发改部门、县乡两级人民政府、村级组织等。省级部门提出具体工作安排、实施方案、规章制度，规定项目的实施范围并制定管理办法，省发展改革委对各市县上报的项目进行审核，按照"资金跟着项目走、项目带着就业走""中央统筹、省负总责、省市县逐级审查把关"的原则，层层审核后，才能下发资金。现阶段以工代赈政策重点建设领域拓展至两类：一类是农村公益性基础设施；另一类是农村产业发展配套基础设施。在劳务报酬设置上，采取"低工资"制度，各地结合实际情况，基本设定在与当地农业平均工资大致相等的水平上。

就其实施效果而言，自1984年深入实施以来，中国以工代赈制度已累计安排专项资金（含实物折资）1850余亿元，功能经历了从扶贫到精准促进就业的动态发展过程。2023 年，以工代赈带动 253.4 万名低收入群众务工就业，人均增收 1.4 万余元。① 各类工程覆盖农业农村、交通、水利、能源、生态、城镇建设的主体项目和配套项目，除为项目所在地困难群众提供规模性务工岗位外，部分工程结束后还会产生一些具有长期性的服务型岗位和协助管理型岗位，充分发挥了以工代赈稳就业、保民生、促发展的重要作用。现阶段的以工代赈制度是为解决贫困问题而设计的，在反贫困领域作用凸显，但也因此具有鲜明的区域性瞄准机制和明确的群体性限定特征。同时以工代赈制度依托工程开展，项目制特点突出，其积极作用和效果在项目实施过程中最为显著，因此赈济的可延续性也是这一政策的较大短板。另外，以工代赈尚未被法律明确规定为专门的就业促进措施，保障范围不是针对全国范围内的失业人口，而是帮助就业困难人员从依赖福利转向工作福利的实现手段。

（三）借鉴与启示

与国外不同，中国历经改革开放前后计划经济向市场经济的转变，劳动力市场和相应的就业保障政策有一个日趋成熟和完善的过程。伴随市场化导向的劳动就业制度确立，就业政策从单纯注重政府作用向政府与市场作用并重转变，从关注再就业人员就业向所有群体转变，从较为狭窄的促就业手段向多渠道、多范围的扩容提质手段转变，从增长需求向增长需求与就业需求并重转变，从计划安置向充分开发利用劳动力资源、实现劳动力与生产资料优化配置转变。就业工作战略目标也发生深刻变化，从追求全部就业到尽可能实现充分就业、提高劳动力资源配置效率，到注重就业质量的提升，进而强调就业稳定性的增强、就业公平性的强化以及劳动者权益的维护，并通过积极就业政策的实施推动我国就业状态从全面而低效率的就业逐渐走向充分而有质量的就业。在这一进程中，公益性岗位制度和以工代赈制度虽然在受

---

① 《发改委：进一步拓展以工代赈政策实施范围，扩大劳务报酬发放规模》，《新京报》2024年1月16日。

众群体、实施区域等方面存在明显区别，但立足于经济目标，二者在促进当地经济和人居环境发展方面发挥了积极作用，作为保障就业的常态化机制，在就业扶贫领域取得了显著成效，是中国失业治理政策从被动性补偿帮扶思维向主动性工作扶持转变的有益探索。二者聚焦经济社会发展，突出需求导向，锚定就业和增收间密不可分的关系，整合各类资源要素，不断优化就业服务供给方式，由政府充当"最后雇主"为无法找到工作的困难群众提供就业岗位，其背后绝不仅是一笔专项资金和一批专项项目，而是需要多部门协同合力、多行业共同发力、多领域配合用力之"大成"，如此才能达成集促进就业、基础建设、救灾赈济、收入分配、区域发展等多功能于一体的综合性帮扶目的，充分彰显了以人为本的底色，也成为具有中国特色的就业保障方式。二者本身也属于针对部分群体的过渡性、临时性、非正规的就业途径，虽然对于广大劳动者来说并非无失业之虞，但这为就业保障部分实践发展成为更广泛的制度性安排提供了路径。

本文所研究的就业保障即在"大政府"的框架下，政府充当"最后雇主"与"大市场"形成互动、互补的就业促进机制。对比就业保障计划的相关理论以及具体实践，我国已经具备实施就业保障计划最重要的主权货币条件和政治经济环境。在中国特色社会主义市场经济条件下，既有基于效率原则的市场机制"自上而下"的雇用，又有依据公平原则的政府"自下而上"的雇用；既有大政府"自上而下"的推动，又有基层"自下而上"的反馈，还有各个部门、非营利性机构和组织连接上下的推进，这种双层互动机制可以确保中国就业保障计划的可行性。这种上下联动、双层互动、分散与集中相结合的中国特色体制优势，是我国优于其他国家之处，我国有能力实现真正的充分就业。

三 现实逻辑：化解就业领域风险与挑战的突破口

党和政府高度重视就业问题，持续优化就业优先政策，在 14 亿多人口的大国实现了比较充分的就业，就业形势延续面上总体稳定态势。但与此同时，稳的基础并不牢固，我国就业领域还面临诸多风险与挑战，就业压力依然较大，稳就业保就业任务长期艰巨。

（一）不充分就业问题

从数量上看，保持充分就业始终是首要任务。目前，我国劳动年龄人口近9亿人，"十四五"期间仍将保持在8.5亿人以上，劳动人口规模仍处高位，加上上千万的城镇登记失业人员，就业总量压力不减。同时城镇就业的新成长劳动力近1600万人，总量和增量每年均创新高，尤其青年失业率峰值高、回落慢，是整体城镇调查失业率的2倍多。劳动力的大量闲置还表现为就业时间和工作量不足等不充分就业，而这种情况在失业率上得不到反映。中国劳动和社会保障科学研究院开展的农民工就业调查显示，8.1%的人2023年工作时间比上年减少，其中六成工时减幅超10%，一成半减幅在30%以上，工作饱和度不足问题较为突出。调研中还发现，部分建筑业、采矿业企业产能下降，窝工现象增多，很多农民工处于"半就业"状态，为补贴家用，不得不兼职跑外卖、开网约车。部分女性因为照顾家庭而放弃工作，很多试图寻找兼顾家庭和工作的就业岗位，但结果往往不尽如人意。在城乡间迁徙的农民工大量时间在频繁的回乡—返城、离岗—跳槽的过程中消耗，部分返乡农民工难以找到合适岗位。有就业意愿的大龄退休人员"在家待不住，在外无择业空间"。此外，我国总体人力资本仍然偏低，就业人员中初中以下受教育水平比例高达60.3%，具有专业技能的劳动者占比较低，这种能力上的不充分在失业率上同样得不到反映。

（二）就业质量进一步改善问题

目前我国工资收入分配差距较大，劳动报酬在初次分配中的比重较低、居民收入在国民收入分配中的比重偏低，缺乏稳定增长和有效调节机制。调研中发现企业经营整体不乐观，信心不足，用工方面呈现"走一步看一步"心态。很多企业能运转就不招人，有的通过放长假发底薪（或基本生活费）等降低用工成本，经营困难的企业工人也在频繁转换工作岗位，就业稳定性降低，部分从业者在较差的劳动条件下工作，面临收入下滑、不能依法获得足额加班工资、欠薪欠保等问题。平台型就业蓄水池作用加强，但平台从业人员劳动关系不稳固，保障力度不足。一些地方反映当地平台服务型企业流失率普遍在30%以上，五成半新业态从业者将当前岗位作为临时性工作，多数未能依法依规缴纳社保。劳动关系处于矛盾多发期和凸显期，权益保障和风险防范难度加大。据人社部公布的2023年前三季度数据，全国劳动仲裁受理案件数量比上年同期增加11%，涉及的劳动者达到135.4万人，平均每个工作日有7000余人提起劳动仲裁。

（三）结构性失衡和效率偏低问题

劳动力供给与岗位需求之间的不匹配已成为就业领域的主要矛盾。一是青年慢就业问题突出。未就业青年大多也表示并不是找不到工作，而是没有满意的工作，要么想继续考公、考研，要么觉得工作没有意义先暂时不工作，尤其是家庭负担稍轻的年轻劳动者，以"宁愿将劳动力倒进河里，也不廉价卖掉"的态度应对"内卷"。求职青年就业预期也呈现新的变化，名校硕博扎堆报考公务员现象频上热搜，大学生"宁过斑马线，不进流水线"。二是大龄人员求职难。"4050"群体大多技能单一、素质偏低，竞争力不足、择业转型方向较窄，以至于外出的"出力不少，挣钱不多"，返乡的"就业空间不够，还要从头开始"。此外，人才不足和过度消费的人力资源配置不合理问题凸显，这一现象存在于地区间、行业间，总体资源匹配效率还有待提高。城市间的抢人大战不断升级，形成马太效应，大城市"高才低就"案例屡见不鲜，二三线城市打造了一批就业载体，但"梧桐树"栽了不少，"金凤凰"来得不多，引才实效不高。从供需匹配来看，城乡间、城市间就业岗位信息不能共享，乡镇岗位信息存在数量不充分、更新不及时等问题，整体对接匹配效率不高。

（四）就业服务效能亟待优化问题

实现高质量充分就业，还将面对目前有关政策制度和公共服务体系不能适应新形势变化和要求的突出问题，制约就业目标的实现。基本服务制度还未全面延伸到农村，劳动者跨区域流动过程中，就业服务还未实现区域有效衔接，异地也不能享受平等政策服务。基层公共就业服务弱化情况突出，服务能力有待提升。部分地区、社区、零工驿站等没有配备专职服务人员，配备人员的多为兼职人员，大部分只提供岗位信息发布、求职登记、跟踪回访等基础服务。在职业技能培训方面，存在覆盖面不广、培训质量不高、供给能力不足、与市场的紧密度衔接不够等问题，导致劳动者培训积极性较弱。在求职渠道方面，随着蓝领群体代际转换，找工作除传统"人缘"模式外，新生代劳动者越来越偏好短视频/直播平台渠道，通过政府招聘会或就业机构寻找工作的较少，"互联网+招聘服务"的"最后一公里"还存在短板弱项。虽然灵活就业提供了大量的就业机会，但也存在就业形式复杂、领域交织、边缘模糊、劳动关系难以清晰界定等问题；且目前大多数就业统计中对于新就业形态、灵活就业的统计口径没有标准、没有数据，增加了实现精准就业服务的难度。部分地区财政困难以致就业专项资金投入保障不足，现行劳动法律法规、监管办法、处理手段存在诸多不适应之处等问题，都制约着就业目标的实现。

（五）多重不确定因素影响劳动力需求问题

2023年，经济增长放缓滞后效应、疫情长尾效应逐步显现，各地民营经济活跃度不高，内生动力不足，就业复苏落后于经济增长。实地调研各地劳务市场过程中工作人员均表示找工作的人明显比往年多了，但招聘企业和岗位少，不同行业不同职种几乎全线爆冷。山东、湖南等地的住宿餐饮、文旅商贸等服务业企业多反映低消费、打卡式的"特种兵旅行"热潮兴起，客流量虽已恢复如初，但因消费降级，流水入账不如往年，导致就业吸纳能力恢复缓慢。部分地区经济发展滞后，产业结构单一，过度依赖少数传统行业或重点企业，"大河枯，小河干"，市场回旋余地少，叠加低碳转型带来的冲击，新增和转移岗位有限。一些外向型企业面临经营综合成本负担较重、经济效益下滑等问题，失业风险难以缓解。很多大型制造业企业加速推进"节能环保""机器换人",呈现"无就业复苏",招聘意愿和积极性较低。各类经济风险持续存在,扩大就业压力增大。

综上,构建中国就业保障计划是应时之举,这一计划允许人们进入缓冲储备作为过渡,再从就业保障部门过渡到市场经济部门的就业,并通过"干中学"、教育培训和其他服务来提升就业能力,确保他们在有工作机会时做好准备,这对于初入职场面临求职困难的年轻人、城乡间频繁迁徙的农民工、再就业困难的长期失业人员、想要兼顾家庭和工作的女性群体、希望重返劳动力市场的大龄退休人员、面临被机器取代风险的低技能人员尤为重要,不仅能够推动实现充分就业目标,也能以促进就业带动消费、以消费拉动投资,由此形成的内循环经济发展具有可持续性,还能有效应对机器换人挑战、地缘政经关系紧张外溢引发的就业风险,抑或是缓解类似新冠疫情的短期冲击。此外,还有利于消减因失业而产生的贫困和人力资本损失,缩小收入差距、降低金融脆弱性并提高经济参与度,为下一轮经济扩张以及经济社会的可持续发展积储人力资本。

四 借鉴启示:有效实施中国就业保障计划的政策设计

就业是最基本的民生,它的好坏将直接影响高质量发展和中国式现代化的实现程度。在研究就业保障理论和实践的基础上,本文认为立足于就业保障计划对于失业治理以及应对重大风险挑战的长短期效应,着眼于促进高质量充分就业的长线思维,及其与中国制度环境的高度适应性,主张宏观需求管理政策从"以物为中心"的资源配置方式向"以人为中心"的资源配置方式转变,构建中国就业保障计划以实现"人人都有体面工作",这是人民的利益所在、需要所在。

(一)实施原则

就业保障计划是精准实施就业优先战略的关键一环,整体落实应按照

"提服务、强保障、防风险、应变局"的思路，具体工作中重点处理好四种关系。

一是有效市场与有为政府的关系。既要健全统一开放、竞争有序的人力资源市场体系，充分发挥市场在人力资源配置中的决定性作用，激发企业用人和劳动者就业创业的积极性。又要强化政府主体责任，明确就业保障计划是为了补充市场经济，而非取而代之，通过发挥基础性政策服务保障作用，兜牢民生底线。

二是当前建设与长效机制的关系。既要立足当前办实事、着眼长远建体系，集中资源、精准投向，统筹城乡就业，持续完善就业公共服务体系，聚焦突出问题，解决急难愁盼的民生实事。又要注重建设的系统性、整体性、协同性，健全就业保障计划的目标体系、工作体系、政策体系、评价体系、监管体系，形成推动高质量充分就业的长效机制。

三是尽力而为与量力而行的关系。既要紧盯就业领域关键环节和突出问题，瞄准重点地区、重点行业和重点群体，制定更加精准有效的举措，充分实现好、维护好、发展好最广大人民根本利益，推动高质量发展成果惠及各类劳动者。又要结合自身人力物力来设计就业保障计划的实事项目、制定相关政策，完善财政保障，形成劳动力市场更高水平的供需动态平衡。

四是中央统筹与地方落实的关系。实施就业保障计划要遵循"中央统筹、地方管理"的工作机制。既要坚持全国一盘棋、统一大市场、畅通大循环，健全充分发挥中央和地方两个积极性的体制机制，形成上下统分结合、相互衔接、协同高效的协调体系。又要激发地方改革创新活力，充分尊重地区差异和群体差异，因地制宜、因人而异、因时而变，科学处理好统一性和差异性的关系。

（二）设计思路

我国实施就业保障计划的条件和时机都比较成熟，但相对于我国人口总量而言，全方位实施就业保障计划并非易事，而即使是局部的、有限制的就业保障计划也仍然大有可为，这一点从国外具体实践以及国内相关就业保障举措的积极成效两个方面都可以佐证。作为市场经济的补充,就业保障计划的精髓在于以"精准就业"的方式,为有工作能力和意愿但在市场中找不到工作的群体提供固定工资标准的工作,从而推进就业优先战略的实施,该计划绝非创造就业机会的主要途径,也不是劳动者拿高薪并跨入中等收入群体的跳板。因此,在就业机会和岗位的适用范围方面,应致力于不适用商业化投资的公共服务领域,改善中国市场经济的薄弱环节。

一是与"新基建"相结合。基建类项目涉及水、陆、空等领域,包括交通、能源、通信、水利、教育等项目,涵盖从一线城市到自然村组的广大范围。基建项目不仅是主体工程建设发展,还可以撬动原材料、物流、制造、电子信息设备、工地服务保障、配套服务业等相关产业发展,分布广、纵深强,能提供海量用工需求。在主体工程结束后,还可以充分挖掘附属临建、建后管护等方面用工潜力,可为吸纳劳动力就业提供广阔空间和有力支撑。

二是与"绿色转型"相结合。当前我国正推动经济社会发展全面绿色转型,2022年版《中华人民共和国职业分类大典》共标注134个绿色职业,约占职业总数的8%。绿色就业岗位大多属于劳动密集型,对从业人员没有过高的技能要求,能直接保护环境资源,帮助应对能源短缺、碳排放、气候变化、生物多样性丧失和空气污染等生态环境问题。鉴于中国环境治理的巨大需求,应作为就业保障计划的重要构成部分,可优先从重点生态功能区域和重点行业产业发展中蕴含的就业机会着手。

三是与"基层治理"相结合。基层治理是社会治理的关键支撑。伴随新型城镇化发展转型提质,城市社区服务业就业空间潜力巨大,包括社区管理岗位、社区服务岗位、社区内单位的后勤岗位等。小城镇建设开发走上新台阶,可以围绕当地经济发展特点,引入产业项目,发展加工工业,开发民族手工业,建设基础设施等,通过建设扶贫车间、卫星工厂、扶贫基地等载体积极在家门口大力开发就业岗位。随着农村越来越多的年轻劳动力进城,留在农村的老人无法继续从子女那里获得养老服务,而社会化养老服务的制度安排和机构建设又不足,农村养老服务供给方面蕴含大量就业增长点。

四是与"银发经济"相结合。人口老龄化是人口结构的巨大变化，未来我国老年人口数量庞大、规模稳定，蕴含着家政服务、健康医疗、休闲旅游、养老金融等适老服务方面的巨大市场需求，涉及面广、产业链长、业态多元，且需求正变得越来越旺盛和迫切，当前和未来"银发经济"都可以成为就业保障计划岗位设置关注的"新风口"。

中国就业保障计划从设计到落地过程中，中央政府充当"最后雇主"，负责顶层设计、出资、监督和评估，地方政府负责具体组织、策划和管理。计划的实施应遵循渐进原则，首先凝聚力量在部分地区开展试点工作并进行评估，挖掘亮点、推广典型、总结经验，同时以问题为导向，运用创新思维对面临机遇和挑战进行前瞻性研究，形成"实践、认识、再实践、再认识"循环往复的过程。随着就业理念、就业经验和就业机制的日趋成熟，在政策深化落实中将各种过渡性安排（如以工代赈项目、服务公益机构岗等）、群体就业保障项目（如"三支一扶""大学生村官计划""大学生志愿服务西部计划"等）整合起来，推动局部的就业保障实践得到延伸、扩展、充实和提升，最终拓展为全面的就业保障计划。总原则是中国就业保障计划的实施应配套具有中国特色的政治经济体系并反映中国经济的实际需求。

参考文献

[1]〔英〕凯恩斯：《就业、利息和货币通论》（重译本），高鸿业译，商务印书馆，1999。

[2]〔美〕兰德·瑞：《解读现代货币：实现充分就业与价格稳定》，刘新华译，中央编译出版社，2011。

[3] Huang, Y. J., "Chinese Green Job Guarantee: A Roadmap for Sustainable Prosperity, Global Institute for Sustainable Prosperity," Working Paper No. 515, 2020.

[4] 绕文、刘新华：《"最后雇主"与"劳动力缓冲储备"——就业理论的拓展与

实践》，《经济问题探索》2011 年第 1 期。

［5］李黎力、贾根良：《货币国定论：后凯恩斯主义货币理论的新发展》，《社会科学战线》2012 年第 8 期。

［6］贾根良、楚珊珊：《现代货币理论学派的就业保障理论及其争论述评》，《教学与研究》2020 年第 4 期。

［7］贾根良、贾诗玥：《人人都有体面的工作：中国就业保障制度刍议》，《中国劳动》2022 年第 6 期。

［8］楚珊珊：《后凯恩斯主义"最后雇主"计划就业理论研究》，硕士学位论文，首都经济贸易大学，2017。

［9］张小建等：《当代中国就业与劳动关系》，中国劳动保障出版社，2009。

B.10
数字化转型赋能公共就业服务
高质量发展

陈大红*

摘　要：　公共就业服务是促进市场供需匹配、实施就业援助的重要载体，是政府促进高质量充分就业发展的重要手段。数字化转型是实现公共就业服务高质量发展的内在要求、有效应对公共就业服务新需求的现实需要、提升公共就业服务效率和质量的关键举措。当前我国公共就业服务数字化转型面临数字赋能不充分不均衡、数字化资源共享还不够、数字化服务供给不充足、高素质数字化人才缺乏等问题。应对数字经济时代人力资源市场变化和对公共服务的新需求，需要在总体设计、数据治理、共享协同、服务创新、能力建设等方面多措并举，充分利用"互联网+"、大数据等技术手段，促进市场供需精准高效对接，增强公共就业服务与数字经济发展的适配性，更好满足市场主体和劳动者的公共服务需求，推动实现高质量充分就业。

关键词：　数字化转型　公共就业服务　高质量发展

引　言

随着大数据、云计算、物联网、人工智能与区块链等新兴信息技术迭代加快，数字经济已成为拉动经济增长的新引擎，数字化转型已经成为国家创新发展、提升竞争力、创新公共价值的重要影响因素和动力源泉。数字时

＊陈大红，人力资源和社会保障部信息中心，主要研究领域为市场监测、就业政策和信息化。

代，社会公众越来越习惯于接受网络社交、网络购物、在线教育、在线办公等数字化服务，对高效、便捷的数字化服务产生依赖，形成了相对稳定的用户习惯，对提高政府线上公共服务能力提出了新要求。我国高度重视数字化对经济社会发展的重要促进作用，加快数字社会建设步伐，提高数字政府建设水平，建设数字中国。党的十八大以来，党中央、国务院不断完善顶层设计和决策体系，做出实施网络强国战略、大数据战略、"互联网+"行动、数字中国建设等一系列重大决策，以数字政府建设引领推动数字经济、数字社会协同发展，将数字技术全面应用于政府管理和服务，推进政府管理和社会治理模式创新，实现政府决策科学化、社会治理精准化、公共服务高效化。

一　公共就业服务数字化转型的重大意义

就业是最基本的民生。公共就业服务是促进市场供需匹配、实施就业援助的重要载体，是政府促进高质量充分就业发展的重要手段。公共就业服务数字化转型就是利用现代信息技术、数字技术，对公共就业管理、服务流程和组织架构等进行变革和重塑的过程。推进公共就业服务数字化转型是数字政府建设的组成部分，也是健全完善公共服务体系、提升服务能力和服务效率的重要抓手。

（一）数字化转型是实现公共就业服务高质量发展的内在要求

国家互联网信息办公室发布的《数字中国发展报告（2022 年）》显示，2022 年我国数字经济规模达 50.2 万亿元，居世界第二位，数字经济在国民经济和社会发展中的地位更加重要。《中华人民共和国国民经济和社会发展第十四个五年规划和 2035 年远景目标纲要》中指出"适应数字技术全面融入社会交往和日常生活新趋势，促进公共服务和社会运行方式创新，构筑全民畅享的数字生活"。党的二十大报告提出"强化就业优先政策，健全就业促进机制，促进高质量充分就业""健全就业公共服务体系"。当前和今后一个时期，我国就业工作仍面临较大挑战，就业总量压力依然存在，结构性就业矛盾更为凸显，招工难和就业难并存。一方面，经济结构转型升级对劳动力的技能要求与技能人才供给之间的不匹配造成招工难；另一方面，大龄、无技能等就业困难群体与市场需求之间不协调导致就业难。公共就业服务作为一项基本的公共服务，是政府促进高质量充分就业发展的重要手段。适应我国推动实现高质量充分就业发展的要求，迫切需要运用新技术新方法，进一步提升公共就业服务能力，创新服务模式，更好地服务于新形势下的就业创业工作。因此，推进公共就业服务与数字技术深度融合，实施数字化转型是推动公共就业服务高质量发展的必然选择。

（二）数字化转型是有效应对公共就业服务新需求的现实需要

据《2023 中国数字经济前沿：平台与高质量充分就业》报告不完全统计测算，以微信、抖音、快手、京东、淘宝、美团、饿了么等为代表的平台，2021 年为中国净创造就业约 2.4 亿元，为当年约 27% 的中国适龄劳动人口提供了就业机会。数字经济快速发展，辐射范围广，影响程度前所未有，改变了人力资源市场的供求格局，对劳动者的技能要求和适应性提出了新要求。在公共就业服务领域，人们对智能化、个性化的就业服务需求日益迫切，对公共服务线上办、随时办和信息的透明化、公开化，以及对服务的精准化、均等化、便捷化等都提出新的要求。这就要求公共就业服务机构通过数字化转型，广泛应用大数据技术，提升数字技能，适应经济社会数字化趋势，更好地提供个性化的服务，量身定制职业介绍、就业咨询、在线招聘、创业培训等，提供嵌入式服务、体验式服务、场景化服务等创新服务模式，满足人们日益丰富化、多元化的公共就业服务需求。

（三）数字化转型是提升公共就业服务效率和质量的关键举措

数字技术应用为公共就业服务数字化转型创造了有利条件。近年来，人工智能、大数据等技术迅猛发展，以数据为基础的数字技术已经融入各行各业的发展，渗透到社会生活的方方面面，行业、地区、部门之间的边界被数字技术打通，发展出新的商业模式和服务模式，从根本上改变了人们的工作、学习、生活和交往等方式，以数据为核心的数字技术发展已经成为引领经济社会数字化转型最重要的驱动力。"互联网+人社"就是数字技术与人社业务融合发展推动人社公共服务数字化转型的创新实践，推动业务流程和组织变革，提升服务创新力和服务效能，形成人社公共服务的数字生态。例如，"一网通办""只进一扇门""最多跑一次"改革，通过数据共享交换，实现"数据多跑路，群众少跑腿"，极大提升了公共服务效率和服务质量；再如，通过公众号、小程序等政务新媒体平台，拓展公共服务供给渠道，进一步加强了与公众交流互动，提升了服务体验。此外，区块链作为一种以信任和连接为核心的新技术，在公共服务数字化转型中受到高度关注，在身份认证、资料存证、溯源和鉴真等领域均有一定的应用场景，所有这些都为公共就业服务数字化转型提供了技术支撑，数字赋能已成为提升公共就业服务效率和质量的关键。

二 公共就业服务数字化转型发展历程及成效

我国公共就业服务为解决经济和社会发展过程中的就业问题而产生和不断发展。从发展历程看，公共就业服务起源于20世纪50年代初期的劳动介绍所。70年代末，劳动人事部门组织成立劳动服务公司，承担促进就业的多种职能，后逐步发展成为就业服务机构。90年代，党的十四届三中全会通过《中共中央关于建立社会主义市场经济体制若干问题的决定》，明确提出加强劳动力市场建设。伴随着社会主义市场经济体制的发展，我国劳动力市场化的就业机制不断完善，公共就业服务体系逐步确立，在这一发展过程中，劳动力市场建设和就业信息化持续推进，公共就业服务的网络化、数字化得到快速发展。公共就业服务数字化转型发展历程大致可分为三个阶段。

（一）起步探索期：信息数字化（20世纪80年代中期至90年代）

我国劳动就业信息化起步于20世纪80年代中期，最早是为处理劳动统计报表。1989 年开发了单机版劳动统计信息管理系统，1990 年劳动就业的业务软件劳动力市场信息系统问世，公共就业部分业务工作开始摆脱手工方式，迈入计算机管理时代。1999 年，贯彻落实党中央、国务院要求，启动劳动力市场"三化"建设试点工作。试点的主要任务是大力收集职业需求信息，实现市内联网，建立市场信息公开发布系统。为了规范各地的劳动力市场信息化建设，劳动保障部开发了应用于就业服务和失业保险业务前台的劳动力市场管理信息系统，其成为劳动就业领域的核心业务经办系统，涵盖就业管理、失业管理、再就业优惠管理、发证管理、职业介绍、劳动事务代理、就业培训、劳务派遣等主要就业服务业务功能，这一阶段，各地就业服务机构逐步开始使用统一软件、执行统一信息技术标准，逐步形成中央、省、市三级的局域网、广域网系统，推进了各地就业服务的业务数字化发展。1999 年，依托政府上网工程，劳动保障部搭建了门户网站和中国劳动力市场网站，为全国提供一站式劳动力市场综合信息服务。

（二）全面推进期：业务数字化（2000年至2015年）

2002 年，劳动保障部启动金保工程一期建设项目，以中央、省、市三级网络为依托，支持劳动和社会保障业务经办、公共服务、基金监管和宏观决策四大核心应用，劳动力市场信息系统作为其中的子系统。公共就业服务信息化建设进入全国统一规划、统一标准、统一建设的整体推进阶段。2007年颁布的《中华人民共和国就业促进法》规定，"县级以上人民政府加强人力资源市场信息网络及相关设施建设，建立健全人力资源市场信息服务体系，完善市场信息发布制度""建立健全公共就业服务体系"，进一步明确了公共就业服务信息系统建设的体制和要求。与此同时，社保卡在更多地区发行，应用领域显著扩大，使用便捷程度提高，以社保卡为载体的公共就业服务事项不断延伸。到 2012 年金保工程一期竣工验收时，基本形成了以中央、省、市三级网络为依托，涵盖县、乡等基层机构，支持劳动和社会保障、公共服务、基金监管和宏观决策等的全国应用信息系统，依托金保工程统一建设的劳动保障电话咨询服务中心（12333）、政府网站和社区服务平台，面向社会公众提供全方位的公共就业服务。2014年，为贯彻落实国务院关于"建立公共就业信息服务平台，加快就业信息全国联网"的要求，人社部建设了公共就业信息服务的国家级平台中国公共招聘网，推进实现全国各级公共就业和人才服务机构联网，实现各类就业信息统一对外发布，明确综合运用各种信息技术，创新公共就业信息服务的手段和方法，构建基于服务大厅、互联网、基层服务窗口、移动终端、12333电话的综合多元互通的公共就业信息服务体系。公共就业服务数字化进入了新阶段，推动公共就业经办管理服务初步形成全国联网的新格局。

（三）加速发展期：数字化转型（2016年至今）

2016年，金保工程二期项目建设启动，规划构建统一规范的人力资源社会保障基础信息资源库。随着项目的实施和应用，从纵向看，省集中的就业信息化管理服务平台建设持续推进，形成了中央、省、市、县、乡（街道）五级贯通、覆盖城乡的信息服务网络；从横向看，与国家人口库、法人库等实现共享信息，与民政、卫生等民生部门实现互联互通，全国一体化的跨业务协同、跨地区协作、跨层级监管、全流程信息化管理格局基本形成。与此同时，我国积极推进"互联网+"、大数据等国家重大战略，人社部启动"互联网+人社"，明确了人社电子档案袋、网上就业服务、就业D图、人才供需指数等48项具体行动主题，打造线上线下融合、服务衔接有序、规范安全高效的"互联网+人社"发展格局，各地公共就业服务数字化转型加快推进。2017年，人社部办公厅印发《关于推进公共就业服务专业化的意见》（人社厅发〔2017〕86号），进一步明确充分运用互联网和移动互联等现代信息技术，打造"互联网+公共就业服务"。各地人社部门以此为基础，广泛探索应用"互联网+"、大数据，精准识别需求，智能匹配服务，探索开展行业、职业发展需求分析与预测，形成前台服务窗口、网上办事平台、官方微信、12333咨询服务电话、移动服务终端和自助服务一体机等多渠道服务，有效提升了公共就业服务的可及性和便捷性。依托人社部建设的中国公共招聘网、就业在线等全国性就业服务平台，汇集各地公共就业人才服务机构和经营性人力资源服务机构招聘求职信息，实现就业信息实时发布和共享，支持跨区域、跨层级招聘求职服务，为用人单位招聘和劳动者流动就业提供信息服务，促进了城乡一体化人力资源市场的良性发展，提升了人力资源市场配置效率。自 2020 年以来，人社部先后实施"互联网+人社行动计划""人社信息化便民服务创新提升行动"以及"数字人社建设行动实施方案"，指导并推进全国人社领域的数字化转型发展。公共就业服务数字化转型持续推进，不断培育新动能、推动管理服务创新发展。

三　公共就业服务数字化转型面临的主要问题

适应数字经济社会发展，数字政府、数字中国建设已经成为推动经济社会发展的国家战略。当前，人民群众对于线上服务的需求呈现多样化趋势，公共就业服务数字化转型的需求日益迫切。实践层面，我国各地公共就业服务机构在就业服务数字化建设中不断探索、不断创新，取得了明显的成效。但是随着数字技术的快速发展和人民群众对高效便捷的公共就业服务需求的增长，我国公共就业服务数字化转型仍面临一些亟须解决的问题。

（一）数字赋能不充分不均衡

数字赋能公共就业服务不充分。目前，我国数字赋能已经渗透公共就业服务各领域，但与世界发达国家相比较，我国数字赋能公共就业服务融合渗透深度还不够。数字赋能公共就业服务区域不平衡，整体呈现省市县、从东部沿海向西部地区逐渐降低。从省市县看，随着人社信息化的发展，就业信息化建设取得显著进展。中央、省、市三级数据中心和信息网络基本建成，各地公共就业服务一体化建设成效显著，服务网络覆盖各级经办机构和服务网点。但从实际情况看，基层公共就业服务一直是就业工作中的"短板"，还面临一些现实难题。与市、县（市、区）相比，街道、社区、乡镇一级公共就业服务信息化工作在基础建设、服务内容、服务水平等方面还明显不足。尤其是在一些经济欠发达地区，基层公共就业服务机构数字化运行的设备不完善，导致收集与共享公共就业服务信息的物资资源不够，制约了公共就业服务数字化的建设进程。此外，一些欠发达地区基层即使配备了齐全的硬件设施，设备正常维护费用也严重不足，导致这些地区公共就业服务信息化水平难以升级。从区域看，区域经济发展与地区公共服务的供给之间存在显著的正相关关系，在其他因素既定的情况下，地区经济发展水平越高，提供公共服务的财政能力就越强。东部地区由于经济财力较强，对公共就业服务的财政投入力度较大，北京、上海、江苏、浙江、广东等东部发达地区公共就业服务数字化水平相对较高，而中西部欠发达地区公共就业服务数字化水平总体偏低，地区差距仍较大。

（二）数字化资源共享还不够

自 20 世纪 90 年代建立劳动力市场信息系统以来，人社信息化快速发展，十余亿人已纳入信息系统管理，形成了海量数据资源。当前，公共就业经办服务新模式普遍实施，跨地区、业务数据共享快速推进，数据管理和标准规范体系逐步健全，人社大数据共享、安全防护和开发应用的机制不断完善。以社保卡为例，截至 2024 年 1 月底，全国社保卡持卡人数达 13.8 亿人，覆盖 97.9%的人口。[1] 随着一体化平台建设和业务协同推进，全国基本建成一体化数据网络体系，形成了"数据向上集中，服务向下延伸"总体格局，就业服务经办和数据资源逐步实现省集中，部省联网数据上报制度逐步完善，为全国就业数据大集中夯实了基础。但由于我国各地经济发展存在不均衡，一些地方公共就业服务部门根据各自需要开发应用软件，导致公共就业服务信息系统兼容性不强，不仅造成资源浪费，也影响公共就业服务信息化整体功能作用的发挥。此外，公共就业服务信息化通道不畅，数据共享机制不够完善的问题仍较为突出。由于部门之间缺乏有效的沟通协调和信息共享机制，大量公共就业服务信息以"孤岛"的形式分散在不同部门，服

---

[1] 《人社部：截至 2024 年 1 月底　社保卡持卡人数达 13.8 亿人》，新华网，转引自中国就业网，https：//chinajob. mohrss. gov. cn/h5/c/2024-03-01/398396. shtml。

务机构和相关部门之间的信息不能实现充分共享，更无法实现信息的实时对接，不利于公共就业服务整体质效的提升。

（三）数字化服务供给不充足

目前，我国公共就业服务信息化已有了长足发展，地域性的就业服务网站全面建立，人社部门积极组织开展一系列公共就业服务活动，"春风行动""百日千万网络招聘专项行动"等贯穿全年不断线，各级公共就业和人才服务机构年均为 8000 万人次劳动者、5000 万户次用人单位提供招聘服务。[①] 但在公共就业服务网站、公众号、小程序等数字化服务渠道运营过程中，由于政策宣传不够、信息服务单一、平台功能欠缺等，服务缺乏用户黏性、信息浏览量不足，平台资源利用率较低，与老百姓对公共就业服务的需求之间尚存较大差距。公共就业服务跨部门、跨业务的横向联动和信息共享，以及跨地区、跨层级的上下联动、协同服务，仍需深化和加强。聚焦企业群众办事的"急难愁盼"问题，公共就业服务仍需持续发力。例如，缺乏就业形势专业研判和市场信息指引，就业信息服务的针对性、引导性不强。有些就业公共服务信息系统还不能完全实现"最多跑一次""网上轻松办"的要求。有些信息平台门类单一，缺乏新业态人才、海归人才、技术技能人才等专业门类的平台服务。公共就业政策和服务的数字化宣传不足，广大劳动者对此不了解，也导致现有资源得不到有效利用，没有达到利用数字化提高公共就业服务工作效率的预期效果。此外，由于城乡发展不平衡、教育水平不同等因素，劳动者对数字技术的感知和利用程度存在不均衡的现象，一些地区和人群还无法享受到数字公共就业服务带来的便利，存在"数字鸿沟"。

（四）高素质数字化人才缺乏

公共就业服务数字化工作人员不仅要有较强的业务处理能力，还要有较

[①] 《坚持就业优先　推动实现更加充分更高质量就业》，《求是》杂志，转引自人社部网站，https：//www.mohrss.gov.cn/SYrlzyhshbzb/dongtaixinwen/buneiyaowen/rsxw/202206/t20220617_454034.html。

高的数字技术水平。管理层面，部分地区决策者对数字化发展趋势和数字技术变革的应有认识和重视还不够，习惯用传统的思维和工作模式推进工作，导致公共就业服务的整体设计不足，公共服务数字化转型的内生动力不足。业务层面，由于部分工作人员缺乏数字技能、数字化服务理念，对数字化、信息化平台的使用不充分，数字化管理和服务能力仍显不足；对部门数据资源的整合和分析利用不够，数字化决策能力尚待提升。应用层面，公共就业服务平台数字化建设将原有的公共就业服务工作搬到了线上，信息化水平大幅提高，这就对工作人员的专业技能素质提出了更高的要求。在实际工作中，经办工作人员专业技术水平参差不齐，对平台系统等操作使用不熟悉，在一定程度上影响了公共就业服务数字平台功能的效能发挥。

四　数字赋能推动公共就业服务高质量发展的对策建议

应对数字经济时代人力资源市场的变化和对公共服务的新需求，急需公共就业服务数字化转型，充分利用"互联网+"、大数据等技术手段，扩大公共就业服务对新就业形态劳动者的辐射面，创新公共就业服务模式，促进市场供需精准高效对接，不断优化劳动力和人才供给，增强公共就业服务与数字经济发展的适配性，提升公共就业服务质效，更好满足市场主体和劳动者的公共服务需求，推动实现高质量充分就业。

（一）注重总体设计，为数字化转型提供基础保障

强化战略规划顶层设计，加强数字化法律法规建设以及安全保障基础设施建设，着力打造覆盖全民、贯穿全程、辐射全域、便捷高效的全方位数字化就业公共服务体系，提升劳动力市场供需匹配效率。

一是落实总体规划。在公共就业服务数字化转型中，要坚持"全国一盘棋"思维，做好顶层设计和发展规划，制定全国实施的路线图，实施自上而下的组织体系，实现各级部门上下联动，整体推动全国公共就业服务数

字化转型。

二是健全法律法规。在国家层面和部门层面，不断完善数据权属、数据交易、隐私保护、数据开放等方面的法律法规和制度，明确数据应用责任和机制，细化数据归集、使用、管理的主体和权责，不断优化公共就业服务数字化生态。

三是做好安全保障。安全是实现公共就业服务数字化转型的压舱石和生命线。在公共就业服务数字化转型过程中，要加强数据安全机制建设，规范政务信息数据的利用，严格按照分级权限进行数据开发。通过制度约束、人员管理、网络安全技术手段等多管齐下，保障大数据安全，保护个人隐私，防范信息泄露。

四是增强公共就业服务的均衡性和可及性。加快健全覆盖城乡的公共就业服务，完善街道社区等基层服务数字化平台，打造一批具有示范引领性的基层就业服务网点，加快形成一个上下贯通、业务联通、数据融通的基层就业服务新格局，通过数字化手段，为劳动者提供更加精准、高效的就业服务。加快建立全国统一的公共就业创业服务平台，实施公共就业服务能力提升示范项目，创建公共就业创业服务示范城市，依靠数字赋能缩小公共就业服务水平和质量在不同区域间的差距。

（二）强化数据治理，为数字化转型提供关键驱动

数字化转型的关键驱动要素是数据，数据治理是一个复杂的过程，要以提升数据质量为主要目标，强调源头治理和数据全生命周期治理，将数据治理贯穿业务经办和服务全过程。

一是建立数据标准规范。基于数据全生命周期视角建立健全数据管理标准规范，对数据的业务逻辑、数据格式、数据关系等方面进行规定，增强数据的完整性、同源性、时效性、可用性。

二是建立质量监控体系。建立事前、事中和事后数据质量检查机制，确保数据源头治理、事中抽查、事后清洗的质量监控机制。

三是建立闭环管理机制。按照"自评自查、定期抽查、核实整改、数

据应用、总结评估"等治理步骤，推动数据治理工作落实，形成以用促管，以用促改，推动数据质量提升的良性循环。

四是强化数据应用。以业务需求为导向，建立覆盖经办业务、管理和服务等全流程的数据开发应用体系，强化数据分析研判，助力智能决策、精准服务和社会赋能。

（三）推进共享协同，为数字化转型提供业务支撑

数字化转型的业务驱动是通过组织重构和服务能力提升，形成便捷化、轻量化、协同化、社会化的业务管理和服务新模式，对内形成完善的管理内控机制、提升供给侧能力，对外动态响应用户个性化需求、形成应对外部不确定性风险的预判预案能力。这就需要掌握全面的数据，形成跨地区、行业、部门的一体化管理和服务链条。通过各部门间共享信息，打破组织壁垒和业务分割，以用户需求为导向，为公众提供"一站式"全流程、无缝隙的公共就业服务。

一是重塑人社业务经办关系和规程。对内实现以就业为重点，社会保险、劳动用工、人才人事等人社内部工作协同，对外加强与公安、教育、民政、工信、商务、市场监管等部门数据交换共享，加速全国范围内全业务链条的数据共享。通过业务联动、数据共享、实名管理，实现科学决策、精准施策、主动防控，打造"拿数据说话、靠数据分析、用数据决策、依数据执行"的工作新模式。

二是推动部门内业务整合。以省级集中业务系统为基础，持续推进信息系统纵向集中与横向整合。部省之间数据流应保持通畅，省内数据向上集中，汇聚省、市、县、乡镇（街道）的服务数据，数据实时交互，推动跨地区流动就业、求职招聘、社保登记、用工备案、失业登记、就业帮扶等业务上下联动、协同服务。

三是深化跨部门数据共享。加强与国家人口基础信息库、教育部学历数据库等部门间数据共享与应用，为全国公共就业服务信息核验、比对查询提供通道；推动建立与平台企业、经营性人力资源服务机构的合作机制，积极

推动与外部大数据资源的融合发展和创新应用，持续深化大数据赋能。

四是持续推进一体化平台建设。数字化转型中公共就业服务以信息化平台的模式展开，平台连接着办事群众和各个部门，从服务供给侧角度，要加快构建形成一体化数字化公共就业服务体系，通过完善横向纵向互联互通的机制和通道，形成对内业务联动、外部数据共享的协同机制，打造精准施策、科学决策、精细管理、感知服务的公共就业服务新模式，不断提升公共就业服务智慧化、精准化、便捷化水平。

（四）深化服务创新，提升数字化转型的价值效益

创新服务和公众参与是数字化转型的价值效益体现，公共就业服务数字化转型的目标之一是实现服务创新、提升满意度。通过数字化转型，不断创新公共就业服务的内容和形式，提升用户服务体验，满足人民群众对公共服务的需求。服务方式上，实现公共就业服务经办从线下到线上的迁移，由被动服务向主动服务转变，从"百姓跑腿"向"数据跑路"转变；服务内容上，数据资源整合深入推进，大数据应用场景丰富多样化；服务效率上，实现服务日趋便捷化、个性化，群众的服务体验和满意度不断提升。

一是深入推进互联网+公共就业服务。推动实现就业全业务上网，依托人社数据互联互通，将公共服务集中到一个平台，实现就业政策服务一网通办，快捷办。拓展网上办事大厅、手机 App、自助服务机等多元化服务渠道，深化以电子社保卡为载体的公共就业服务应用，实现网上服务"应上尽上、全程在线"。全面实行"高效办成一件事"，聚焦企业群众办事的"急难愁盼"问题，不断拓展互联网应用场景，丰富公共就业服务多元化供给。推动构建线上服务对象身份认证体系，为市场招聘求职提供可信职业生涯履历信息和企业信用信息，打造可信"互联网+"公共就业服务。

二是创新推进智能化服务。利用大数据技术和人工智能算法，探索建立公共就业服务政策模型，主动感知与动态分析服务对象的诉求，发展个性化的主动推送式服务，实现政策找人、服务找人，打造智能化政策经办。利用人工智能技术精准识别劳动者就业创业需求、企业招聘需求，优化市场供需

结构，促进人岗智能化精准匹配，推进智能面试、实景体验等数字技术应用，推动智能化招聘服务。汇聚各类就业大数据，建立就业失业状况、政策申领享受、市场供求分析，实时监测相关政策实施效果，预测未来发展趋势，实现智能化监测分析，为分析人才供需和就业流动、研判就业形势、评估政策效果等提供决策参考。

三是拓展服务场景实现服务增值。依托网络的外部性和互联性，打破空间和时间约束，将个人、企业等服务群体、利益相关者连接起来，以"长尾效应"满足用户的碎片化、个性化、场景化需求，创造服务的增量效应，形成公共就业服务价值链。

四是引导公众积极参与。引导社会公众、第三方更广泛地参与到公共就业服务的设计和评估中，形成服务闭环管理，有效改善服务体验，更好地满足公众需求。通过网站、公众号、小程序等公共服务平台，倾听民意、了解民生，促进公众与政府的良性互动，提升人民群众对公共就业服务的满意度。

（五）加强能力建设，为数字化转型提供人才支撑

数字经济时代的新型能力就是数字化的生存和发展能力，是深化信息新技术学习和应用，快速适应瞬息万变的环境的能力，也是加速业务转型和创新发展的能力。在数字化转型的过程中，专业化高素质人才是决定数字化转型成败的关键因素。

一是优化组织内部结构。打破传统的条块分割管理，建立更加扁平化、高效率的组织架构，促进部门之间的业务协同。根据数字化转型的要求，适时调整和优化组织内部的结构，实现管理的动力由业务驱动向服务驱动转变。

二是形成数字化管理服务的理念共识。组织变革和能力建设本质上还是人的思维方式和行为模式的变革。在数字化转型推进过程中，组织内部从上到下都要在数字化管理服务的理念上达成共识，这样从组织的领导力到成员的执行力，才能形成推动数字化转型的聚合力量，高效推动数字化转型目标的实现。

三是持续推进管理经办人员的能力建设。加强数字化转型过程中的干部队伍培养，提升干部人才的数字思维、数字认知和数字技能，强化"以用户为中心"的理念，不断提升数字化管理和服务能力。基于平台为管理经办人员提供数字化知识共享和个性化知识服务，帮助他们快速定义需求、快速掌握数字化应用，提升数字业务能力和数字服务创新能力。

四是强化基层公共就业服务数字能力提升。对街道（乡镇）、社区（村）综合服务设施窗口承担就业服务人员，加强数字技能培训，培养数字服务理念，提升数字服务能力，增强公共就业服务的专业性和贴心性，打造人民群众满意的公共就业服务。加强数字教育宣传，提升公众掌握和使用数字技术的能力，实现供需有效衔接，使得就业服务能够真正触达每一位需要帮助的劳动者，促进公共就业服务高质量发展。

参考文献

[1] 习近平：《高举中国特色社会主义伟大旗帜　为全面建设社会主义现代化国家而团结奋斗——在中国共产党第二十次全国代表大会上的报告》，人民出版社，2022。

[2] 人力资源和社会保障部：《人力资源和社会保障事业发展"十四五"规划纲要》，中国劳动社会保障出版社，2021。

[3] 王晓萍：《以高质量充分就业助力中国式现代化》，《求是》2023年第11期。

[4] 王益民：《数字政府》，中共中央党校出版社，2020。

[5] 杨伟国：《实施就业优先战略　促进高质量充分就业》，《教学与研究》2023年第2期。

[6] 习近平：《促进我国社会保障事业高质量发展、可持续发展》，《求是》2022年第8期。

[7] 戚聿东、丁述磊、刘翠花：《数字经济时代新职业发展与新型劳动关系的构建》，《改革》2021年第9期。

[8] 蒋敏娟：《地方数字政府建设模式比较——以广东、浙江、贵州三省为例》，《行政管理改革》2021年第6期。

[9] 蔡昉：《十八大以来就业优先战略的丰富发展》，《人民日报》2017年3月21日。

［10］《关于开展劳动力市场"三化"建设试点工作的通知》（劳社部发〔1999〕1号），人社部网站，http：//www. mohrss. gov. cn/SYrlzyhshbzb/zhuanti/jinbaogongcheng/jbgczhengcewenjian/200512/t20051214_ 90318. html。

［11］《关于印发金保工程劳动力市场信息系统指导意见的通知》，人社部网站，http：//www. mohrss. gov. cn/SYrlzyhshbzb/zhuanti/jinbaogongcheng/jbgczhengcewenjian/200512/t20051214_ 90304. html。

［12］《关于印发〈关于全面实施金保工程，统一建设劳动保障信息系统的意见〉的通知（劳社部函〔2003〕174 号）》，人社部网站，http：//www. mohrss. gov. cn/SYrlzyhshbzb/zhuanti/jinbaogongcheng/jbgczhengcewenjian/201111/t20111130_ 46194. html。

［13］《人力资源社会保障部关于加快就业信息全国联网推进公共就业信息服务平台建设工作的通知》（人社部发〔2014〕77 号），人社部网站，http：//www. mohrss. gov. cn/wap/zc/zcwj/201411/t20141114_ 144079. html。

［14］《数字经济研究报告：我国平台企业创造就业约 2.4 亿》，国家发展和改革委员会网站，https：//www. ndrc. gov. cn/fggz/jyysr/jysrsbxf/202302/t20230228_ 1350402_ ext. html。

［15］《国务院关于印发"十三五"国家信息化规划的通知》，中国政府网，http：//www. gov. cn/zhengce/content/2016-12/27/content_ 5153411. htm。

［16］《中华人民共和国国民经济和社会发展第十四个五年规划和 2035 年远景目标纲要》，中国政府网，http：//www. gov. cn/xinwen/2021-03/13/content_ 5592681. htm。

［17］《中共中央办公厅　国务院办公厅印发〈国家信息化发展战略纲要〉》，中国政府网，http：//www. gov. cn/xinwen/2016-07/27/content_ 5095336. htm。

［18］《人力资源社会保障部关于印发数字人社建设行动实施方案的通知》，人社部网站，http：//www. mohrss. gov. cn/wap/zc/zcwj/202306/t20230626_502000. html。

B.11
高标准人力资源市场体系建设

黄湘闽*

摘　要： 高标准人力资源市场是高标准市场体系的重要组成部分，而高标准人力资源市场体系具有更加完备的人力资源市场制度、更高质量的人力资源市场主体和更加有序的人力资源市场环境等基本特征。近年来，我国人力资源市场立法工作取得重大突破，人力资源市场营商环境持续优化，诚信建设和标准化建设持续推进，运行机制更加健全，服务体系不断完善。然而，在高标准人力资源市场建设中仍存在市场分割依然比较严重、制度体系不完善、经营性机构违法违规问题时有发生、软硬设施建设不足、开放度与国际化水平较低以及监管能力不足等主要问题。因此，为了有效建设高标准人力资源市场体系，应当多措并举破解人力资源市场分割问题，进一步完善配套法律法规和政策体系，规范经营性人力资源服务机构的市场行为，加强人力资源市场软硬件设施建设，全面提高人力资源市场的开放水平，全面提高人力资源市场的监管能力。

关键词： 高标准人力资源市场　就业服务　社会保障

我国人力资源市场发展迅猛，在人力资源配置中发挥决定性作用，在促进就业和推动高质量发展方面成效显著。党的二十大报告指出，构建全国统一大市场，深化要素市场化改革，建设高标准市场体系。《"十四五"就业促进规划》《人力资源和社会保障事业发展"十四五"规划》都明确提出建

---

* 黄湘闽，中国劳动和社会保障科学研究院人力资源研究室副研究员，主要研究领域为就业创业、人力资源管理。

设高标准人力资源市场体系。高标准人力资源市场体系"是什么"、"高"在何处以及如何建设需要我们进行深入研究和探讨。

一 高标准人力资源市场体系的内涵和基本特征

（一）人力资源市场概念的提出

人力资源市场，是指"人力资源的供给方（劳动者）与需求方（用人单位）通过市场机制实现人力资源交流配置，以及人力资源服务机构为劳动者和用人单位提供相关服务行为的总称"[①]。2008年1月1日《中华人民共和国就业促进法》实施之前，我国相关法律法规和政策文件中并没有"人力资源市场"这一表述，其相关表述主要为以工人身份为主的"劳动力市场"和以干部身份为主的"人才市场"，这两大市场是相对分割的，分别由劳动行政部门和人事行政部门主要负责管理。《中华人民共和国就业促进法》首次提出"人力资源市场"这一法律概念，体现了"劳动力市场"和"人才市场"走向统一，标志着我国人力资源市场在制度上由分割走向统一。

（二）高标准人力资源市场体系的内涵

2021年1月，中共中央办公厅、国务院办公厅印发了《建设高标准市场体系行动方案》，提出要推进要素资源高效配置，推动劳动力要素有序流动。高标准人力资源市场是高标准市场体系的重要组成部分。建成统一规范的高标准人力资源市场，要以推动人力资源高质量发展为主题，以改革创新为根本动力，疏通影响现有人力资源流动的政策堵点，推动人力资源要素有序流动，充分发挥市场在人力资源配置中的决定性作用，更好发挥政府作用，促进人力资源市场效能提升。高标准人力资源市场是对现有人力资源市场的全面升级，更加突出高质量发展理念，更加要求完善的制度体系，更加

---

① 甘藏春、张义珍主编《人力资源市场暂行条例释义》，中国法制出版社，2018。

强调公平、公正、公开的市场秩序，更加突出科技赋能和创新驱动，更加强调国内外市场融通，更加凸显政府宏观调控和市场纠偏的能力。

（三）高标准人力资源市场体系的基本特征

一是更加完备的人力资源市场制度。完备的市场制度是人力资源市场有效运行的基础，是调整人力资源市场行为和各方关系的准则。人力资源市场制度主要包括法律法规和政策文件两大类，从法理上讲，相关法律法规覆盖劳动就业、社会保障、劳动关系、人力资源市场运行等多个领域，主要涉及规范劳动合同、规范劳动基准、规范人力资源市场行为、社会保险、劳动权利保障与救济等方面。有关法律主要涉及保护劳动者合法权益、调整劳动关系、完善劳动合同制度、规范社会保险关系、促进就业、促进经济发展与扩大就业协调、劳动争议调解仲裁、确定工会权利义务、规范军人保险关系等；有关行政法规主要涉及社保经办、工资支付、社保基金管理运营、人力资源市场活动规范、人力资源合理流动和优化配置、事业单位人事管理、女职工劳动保护、工伤保险、劳动合同法实施、带薪休假、残疾人就业、劳动保障监察、失业保险、禁用童工、社保费征缴、职工工作时间等。

二是更高质量的人力资源市场主体。高质量的市场主体包括高质量的劳动者（劳动力供给方）、用人单位（劳动力需求方）和人力资源服务机构（中介机构）。更高质量劳动者有更高的劳动能力和劳动积极性，能够创造更高的劳动价值。因此，更高质量劳动者的特征是有更充足的体力、更高的知识水平、更高的能力素质、更强的劳动意愿和积极性、更高的劳动效率。更高质量用人单位有更好的经营效益和更稳定的雇佣能力，能够为劳动者提供更多的就业机会、更高的工资待遇、更好的工作环境，能够与劳动者建立更稳定的劳动关系，能够更好遵守劳动法律法规，更好维护劳动者的合法权益。更高质量的人力资源服务机构有更强的人力资源市场匹配能力，能够为人力资源市场赋能，能够提供更加丰富的人力资源服务，能够有效提高市场配置效率，能够更加公平地维护劳动力供需双方的合法权益。

三是更加有序的人力资源市场环境。要全面提升劳动者与用人单位之间信息的对称性，用人单位可以从人力资源市场中获得劳动者的学历、专业、职业经验、能力证书等与岗位有关的真实完备的个人情况信息。劳动者也可以从人力资源市场中获得用人单位的自身经营、企业文化、诚信守法和与岗位有关的薪酬福利、工作时间、工作条件等情况信息。人力资源服务机构（包括公共性和经营性）能够为劳动力供需双方提供安全可靠的服务，使得劳动者放心就业，用人单位放心用人。更加有序的人力资源市场环境，要求加强对市场主体权益的保护，有效规范不同市场主体的行为，公平惩戒各种"坑蒙拐骗"等有损市场效率的行为，提高违法违规行为的成本，降低受侵权方的维权难度，使各类市场主体获得感更强。

四是更高标准的人力资源市场设施。市场设施是高标准人力资源市场体系的重要支撑，包括硬件设施和软件设施。更高标准的人力资源市场硬件设施，包括更加完善的公共就业服务机构，覆盖城乡的公共就业服务网络，更加标准化的公共服务信息化平台和零工市场，更加高效的经营性人力资源服务机构及行业协会平台、各层级人力资源产业园等。更高标准的人力资源市场软件设施，包括更加均等化、更高质量的公共就业服务，更加丰富的公共就业服务专项行动，更加规范化、标准化、便捷化的市场管理方式，更有特色、有活力、有效益的人力资源服务产业园运营方式，更加创新的人力资源信息化技术等。

五是更高水平开放的人力资源市场。人力资源市场更高水平开放是高标准人力资源市场体系的内在要求。习近平总书记提出，要"聚天下英才而用之"，"广开进贤之路，把党内和党外、国内和国外等各方面优秀人才吸引过来、凝聚起来"。① 更加开放的人力资源市场，能够积极对接和影响国际市场规则，让海外优秀人才来华就业更加便利，能够实现国内人力资源跨地区、跨体制流动更加顺畅，能够为国内不同层次人力资源提供到国外就业的机会及相关服务，能够保护外国资本依法进入国内人力资源市场的权利，

① 习近平总书记在庆祝中国共产党成立 95 周年大会上的讲话。

同时明确规定外国资本进入我国人力资源市场的准入负面清单，制定实施与国际接轨的市场规则和标准体系，为我国高水平对外开放提供坚实的人力资源支撑。

六是更加高效的人力资源市场监管。更加高效的市场监管是高标准人力资源市场体系的重要前提。更加高效的人力资源市场监管，就是在充分发挥市场在资源配置中的决定性作用的同时，更好地发挥政府作用，推动有效市场和有为政府更好结合。更加高效的人力资源市场监管，需要更加完善的监管依据，更加独立、权责更加完善的监管主体，更加创新的监管方式，更加有效的社会监督，等等。为此，要完善市场监管机制，推进与市场监督管理、税务、司法等相关部门的综合协同监管，加强对"黑中介""欠薪"等严重侵害劳动者权益、易造成严重不良社会影响现象的监管和整治，进一步培育社会监督力量，健全相关监督机制，完善针对监管主体的监管机制，形成多元共治的市场监管局面。

二　中国人力资源市场发展现状

（一）人力资源市场立法工作取得重大突破

2018年6月，《人力资源市场暂行条例》颁布，这是我国首次颁布规范人力资源市场活动的行政法规，对于有力促进统一规范的人力资源市场加快形成，推动人力资源市场发展，促进人力资源自由有序流动，激发社会创新创造创业活力，具有标志性意义。此后，陕西、重庆、湖北、江西、广东、安徽、广西、河北、河南出台了地方性人力资源市场条例。为了贯彻落实《中华人民共和国外商投资法》，2019年12月，人力资源社会保障部对《人才市场管理规定》《中外合资人才中介机构管理暂行规定》《中外合资中外合作职业介绍机构设立管理暂行规定》三项部门规章进行了专项修订。2020年12月，人力资源社会保障部制定出台《网络招聘服务管理规定》，进一步规范网络招聘服务活动。2023年6月29日，人力资源社会保障部颁布《人力资源服务机构管理规定》，并于 2023 年 8 月 1 日实施。该规定系统规范了人力资源服务机构及相关活动，为其市场行为提供了基本遵循。

（二）人力资源市场营商环境持续优化

贯彻落实"放管服"改革精神，《人力资源社会保障部关于"先照后证"改革后加强人力资源市场事中事后监管的意见》和《人力资源社会保障部关于进一步规范人力资源市场秩序的意见》先后印发，依法规范实施人力资源服务许可告知承诺制，推广"双随机、一公开"监管方式，实行年度报告公示制度，持续开展市场秩序清理整顿，切实加强事中事后监管。贯彻落实《国务院关于在自由贸易试验区开展"证照分离"改革全覆盖试点的通知》要求，在全国自贸区内试点开展人力资源服务许可告知承诺制，进一步简化优化审批流程。

（三）人力资源市场诚信建设和标准化建设持续推进

持续开展人力资源服务机构诚信服务主题创建活动，发挥诚信服务典型机构的带动作用，守信激励机制初步形成。出台有关流动人员人事档案管理服务、人力资源培训服务等的 15 项国家标准，各地积极探索建立地方标准。如北京颁布实施了《人力资源服务规范》《人力资源服务机构等级划分与评定》。上海颁布实施了《高级人才寻访服务质量与评价要求》和《人才测评服务规范》，人力资源服务标准化、规范化进程不断推进。

（四）人力资源市场运行机制更加健全

有针对性地在全国范围内提高人力资源市场信息的对称性，通过增加人力资源供求信息畅通渠道，组织重点群体的就业招聘专场，更好地发挥市场机制配置人力资源的作用。比如，每年组织实施"西部和东北地区人力资源市场建设援助计划"，增进我国欠发达地区和发达地区人力资源市场对接，打破人力资源市场地域分割，促进市场协同发展。每年组织高校毕业生就业服务周活动，为高校毕业生提供专场招聘服务，增强招聘的针对性，更好地促进高校毕业生市场化、社会化就业。另外，进一步规范人才公共服务机构市场供求信息发布工作，健全完善人力资源市场体系，促进人力资源合理流动和有效配置。①

（五）人力资源市场服务体系不断完善

全国范围内基本形成了覆盖省（区、市）、市、县（市、区）、街道（乡镇）、社区的公共就业服务网络，人力资源服务业繁荣发展，形成了以公共性人力资源服务机构为主体，国有、民营、外资多种所有制经营性人力资源服务机构共同发展的局面。全国人力资源服务机构数量从2013年末的2.8万家增加至2022年末的6.3万家；各类人力资源服务机构服务用人单位从2013年的2402万家次增加至2022年的5268万家次。为了满足人力资源市场日益增长的服务需求，我国各类人力资源服务机构的服务领域、服务规模都较以往有了显著拓展。2022年末，人力资源服务机构6.3万家，人力资源服务业从业人员104万人，全年为3.1亿人次劳动者提供就业、择业和流动服务，同比增长3.2%；服务用人单位5268万家次，同比增长3.3%。②

三 中国高标准人力资源市场建设面临的主要问题

（一）人力资源市场分割依然比较严重

我国人力资源市场分割主要体现为城乡分割、行业分割、地区分割和户籍障碍。农村劳动力进城务工通常进入工资明显偏低、工作时间长、工作条

---

① 《人力资源社会保障部办公厅关于进一步做好人才公共服务机构市场供求信息发布工作的通知》。
② 《2022年度人力资源和社会保障事业发展统计公报》，http://www.mohrss.gov.cn/SYrlzyhshbzb/zwgk/szrs/tjgb/202306/t20230620_501761.html。

件保障相对不足的二级人力资源市场，而城市劳动者一般不考虑进入二级市场就业。统一开放的竞争性人力资源市场尚未形成，行业之间同种岗位的工资差别很大，垄断行业常常高工资、高福利。不同区域的收入差距还比较大，东西部城镇居民收入比有扩大趋势，一线城市与二、三线城市的城镇居民收入比也在扩大。

（二）人力资源市场制度体系不完善

人力资源市场制度体系不完善主要表现为人力资源市场制度体系的适应性、操作性、拓展性不强。近年来人力资源市场快速发展，出现了一些新情况和新问题，原有配套法规内容滞后，在就业歧视、服务标准等方面不适应人力资源市场发展的新要求。现有人力资源市场法规的原则性较强，缺乏具体操作性配套办法，易出现执行难问题。现行人力资源法律法规体系在监督管理中，更突出强调人力资源社会保障行政部门监督管理职责和工作举措，对人力资源市场的多元共治支持不足。

（三）经营性人力资源服务机构违法违规问题时有发生

人力资源市场违法违规问题主要表现为无证经营、发布虚假招聘信息、扰乱人力资源市场秩序、欺压劳动者、"假外包真派遣"以及网络招聘中的违法违规行为。未经许可擅自从事职业中介活动或经营劳务派遣业务，发布虚假或含有歧视性内容的招聘信息，未经用人单位同意擅自改变招聘信息内容，以"返费"等不正当方式扰乱人力资源市场秩序，实施扣押劳动者身份证等证件、向劳动者收取高额中介费、收取押金等行为，开展"假外包真派遣"业务扰乱正常的劳动用工秩序，在前程无忧、智联招聘和58同城等招聘平台发布虚假招聘信息等。

（四）人力资源市场软硬设施建设不足

基层人力资源市场建设相对滞后，部分地区基层公共市场场地狭小、设施陈旧、人员不足，面临着经费短缺、物力匮乏、基层编制不足、机制缺失等问题。我国人力资源服务机构总体上处于粗放式发展阶段，信息化程度较低，未充分运用新一代信息技术提升服务质量和规范性。人力资源服务行业专业人才供给不足，导致行业发展原动力不足，高素质复合型领军人才匮乏，难以满足人力资源服务业快速、高质量发展的需求。

（五）人力资源市场开放度与国际化水平较低

外国人来华工作存在诸多堵点，我国目前还没有制定一部真正意义上的外国人来华工作法，外国人在我国永久居留以及技术移民方面的立法也都处于空白状态，外国人仍无法享受"国民待遇"。2021年我国人力资源行业服务机构中民营企业占到了 84.16%[①]，外资人力资源服务机构占比很少，外资企业的市场作用尚未发挥。我国人力资源服务市场对外开放程度较低，国内人力资源服务机构海外业务拓展能力不足，对全球人力资本体系的参与度不高。

（六）人力资源市场监管能力不足

监管主体运用大数据、云计算、人工智能等新兴信息技术进行监管的能力不足，影响数字化手段在人力资源市场监管中发挥效能。发改、市场监督、税务、交通、金融、司法等相关部门的跨部门联合监管工作机制运行不够顺畅，跨部门联合监管还不能做到数据充分共享和常态化执法。基层人力资源监管队伍配置不足，专业素质水平不高，难以取得良好的监管效果。行业组织标准化程度较低，业内权威与公信力未能树立，尚未充分发挥行业管理、服务标准化、行业规范和行业自律的作用。目前，我国人力资源市场基本建立了监管监督机制，但还处于起步阶段，形式和内容都比较单一，缺乏相对系统的媒体监督、公众监督和第三方评估机制。

[①] 数据来源于人力资源和社会保障部人力资源流动管理司《2021年度人力资源市场建设和人力资源服务业发展情况》。

四　建设高标准人力资源市场体系的对策建议

（一）多措并举破解人力资源市场分割问题

一是缩小收入差距，并保持在合理区间。全面建立和完善工资集体协商机制，建立和完善一系列工资保障机制，进一步完善最低工资制度。控制行业、部门之间的收入差距，加强对企业工资总额的管理与调控，建立工资正常增长机制。适当调整企业内部的收入差距，对企业高管薪酬进行调整。

二是深化社会保障体制改革。建立完善统筹城乡、覆盖全民的社会保障制度，健全适合农村实际的新型农村养老保险制度，完善新型农村合作医疗制度和救助制度。持续增加财政性社会保障投入，适当增加参保者个人承担部分，均衡社会保障责任负担。

三是促进教育平等均衡发展。促进人力资源自由流动，减少市场分割的代际延续。保障所有适龄儿童受教育的基本权利，提高基础教育质量。保证高等教育录取的公平性，完善招生环节的监督机制。大力发展职业教育与职业培训，提高劳动者的素质技能和就业能力。

（二）进一步完善配套法律法规和政策体系

一是加强人力资源市场顶层设计和总体规划，进一步厘清政府和市场、市场各主体的权责边界，建立高标准的市场法规体系，重点完善市场政策、公平就业与反歧视、市场准入负面清单、保障公平竞争等方面的法规制度。

二是在现行人力资源市场相关法规制度架构的基础上，对专项细分的、针对性的、操作层面的法规制度进行修改与完善，可针对经营性人力资源服务机构、第三方劳务派遣、新就业形态、人力资源市场歧视、终身职业培训等进行专项法规制度建设，不断完善人力资源市场制度体系。

三是适应人力资源市场快速发展的新要求，及时制定和完善新的配套法规。近年来，我国的人力资源服务业快速发展，人力资源市场监管面临着新形势、新任务、新情况，对于现有的法规条款与制度规定进行全面梳理，本着实事求是的基本原则，适当调整部分条款内容，以满足新时代人力资源市场发展的内在要求。

（三）规范经营性人力资源服务机构的市场行为

一是政府部门加强规范监管，从严查处违法违规行为。严查违法违规行为，维护和稳定人力资源市场秩序。定期检查人力资源企业的有关资质、定期收集人力资源企业的有关业务数据，以此作为人力资源市场变化的研判依据。开展跨部门联合执法，真正实现工信、商务、税务、统计等多部门大数据比对共享，提高政府监管能力和水平。

二是对人力资源服务机构进行分类分级管理。实行经营信息披露公开制度，特别是从事劳务派遣、网络招聘、劳务外包等业务的人力资源服务机构。建立全国统一的分类分级管理制度和评价标准，开展人力资源服务机构分类等级评定和定期复查复评，实现动态管理。鼓励行业协会加强自律管理，打造行业标杆，促进行业健康有序发展。

三是大力促进人力资源服务行业组织的发展。制定和实施行业发展规划、产业政策、行政法规和有关法律，协调行业企业之间的经营行为，加强行业自律，维护行业信誉，鼓励公平竞争，打击违法、违规行为。

（四）加强人力资源市场软硬件设施建设

一是加强人力资源市场信息化建设。建设全国统一的人力资源市场信息平台，推进市场信息联网发布、资源共享和数据归集。推动跨部门、跨层级数据共享和业务协同，充分利用大数据资源开展人力资源市场政策分析和形势研判。加强人力资源市场信息平台安全建设，建立健全信息安全风险防范制度，提高全国人力资源市场信息安全水平。

二是全面提高人力资源服务供给能力。不断推进公共人力资源服务机构建设，解决基层人才队伍建设问题，提升现有街道、社区、乡村等基层就业服务网点的服务能力。发展壮大经营性人力资源服务机构，促进人工智能等新兴技术的数字化赋能，加快培育骨干企业和创建人力资源服务品牌，提升人力资源服务标准化、规范化水平，推动人力资源服务向高附加值业态发展。

三是推动人力资源产业园高质量发展。发挥国家级人力资源服务产业园示范和引领作用，促进人力资源产业园与区域实体经济融合发展。运用互联网、大数据、人工智能等数字化赋能手段支撑产业园发展，打造不同产业园特色品牌，提升园区的投融资和运营服务能力，发挥产业集聚效应，促进产业园区内集群化发展。

（五）全面提高人力资源市场的开放水平

一是疏通海外人才"引进来"的政策堵点。建立健全法律体系，加快出台外国人来华在华工作、永久居留、技术移民等相关立法工作。统筹外国人才服务工作协调机制，建立普惠性的外国人才服务保障机制，适当简化外国人才申请工作许可的办理流程，创新外国人才在华工作参加社会保险有关政策，增加外国护照信息在我国各种"互联网+"领域的应用场景，让更多外国人才可以在就业、社保、税收、就医、子女教育、政务服务等方面享受"国民待遇"。

二是鼓励外资进入国内人力资源市场。扩大市场准入，进一步优化人力资源市场外资准入负面清单，兼顾安全性与市场活力，减少不必要的准入限制，支持更多符合条件的外资机构开展全链条人力资源市场服务业。优化公平竞争环境，在政府采购活动中外资人力资源服务机构能够享受"一视同仁、平等对待"政策。破除所有制歧视问题，及时纠正不规范的行政执法行为。

三是培育和支持人力资源服务机构开拓国际市场。深入开展"一带一路"人力资源服务等行动，建设国家级人力资源服务出口基地，打造引领行业发展的人力资源服务出口龙头企业，鼓励以"集团化"方式汇聚行业力量，培育国际竞争与合作新优势，构建全球服务网络，参与人力资源服务领域全球治理，深度融入全球人才链、产业链、创新链。

（六）全面提高人力资源市场的监管能力

一是加强地方基层监管力量建设。制定人力资源市场监管能力建设的通行标准，打造一支素质过硬的基层监管队伍，建立统一高效的人力资源市场信息化监管平台，充分发挥好大数据监管的功能，构建信息共享监管网络系统，加强与外部监管平台的互联互通与信息交互共享，形成监管合力。

二是创新监管方式提升监管效能。运用"互联网+"等新兴监管方式和手段，如信息监管、大数据监管、标准化监管，弥补传统监管方式的不足，同时注重新兴监管方式与传统监管手段的协同，持续提升监管效能。

三是提升社会监管效能。社会监管能够及时和真实地反映现实问题，弥补政府监管的不足。进一步转变政府职能，下放政府的行业管理权力，扶持行业自律组织发展壮大，发挥其制定行业标准、开展行业管理等方面的功能，促进行业自律机制的形成。

四是从制度设计、程序规范和工作机制三个方面建立监管监督机制。在有关法规和政策制度中明确规定监管主体的问责制度，健全人力资源市场监管的程序，进一步完善权力机关、行政机关和司法部门对人力资源市场监管主体的制衡机制。

参考文献

［1］雷英杰：《高标准市场体系"高"在何处?》，《环境经济》2021 年第 5 期。

［2］张存刚、王宁：《关于我国建设高标准市场体系的若干问题探析》，《改革与战略》2021 年第 10 期。

［3］王微、王青：《加快要素市场化改革：构建高标准市场体系的关键举措》，《中国经济报告》2020 年第 4 期。

［4］王思琛、任保平：《新经济背景下我国高标准市场体系建设：理论机理、基本架构与实现路径》，《经济体制改革》2021 年第 5 期。

［5］张振：《建设高标准市场体系　助力构建新发展格局——专访国家发展改革委有关负责同志》，《中国经贸导刊》2021 年第 3 期。

［6］李亚慧、刘一鸣、李瑞峰：《我国人力资源市场监管体系建设问题研究》，《经济研究参考》2017 年第 52 期。

［7］周适：《面向 2035 年的高标准市场体系建设研究》，《价格理论与实践》2022 年第 1 期。

［8］董良坤：《大数据应用与人力资源市场监管体系优化路径》，《中国人事科学》2018 年第 9 期。

［9］孙建立：《人力资源服务业高质量发展：成效、问题与对策》，《中国劳动》2019 年第 3 期。

［10］人社部人力资源流动管理司：《全面提升人力资源流动配置效能》，《中国人力资源社会保障》2021 年第 1 期。

［11］萧鸣政：《中国人力资源服务业及其新时代价值与发展》，《企业经济》2020 年第 7 期。

［12］中国劳动和社会保障科学研究院课题组：《劳动力市场灵活性与法律规制研究——从〈劳动合同法〉实施效果评估出发的研究》，《中国劳动》2018 年第 3 期。

［13］肖潇：《中国劳动力市场分割的形成机制与形态演变研究》，人民出版社，2016。

［14］李琦、朱莉莉主编《人力资源市场服务理论与实训》，中国劳动社会保障出版社，2013。

［15］张艳华：《劳动力市场与劳动就业》，中国发展出版社，2022。

B.12
马兰花创业培训项目评估体系开发

中国劳动和社会保障科学研究院马兰花创业培训项目课题组*

摘　要： 马兰花创业培训项目通过完善顶层设计、强化政策落实、创新培训模式等，实现创业培训的规范化和高效化。调研显示，马兰花创业培训项目在提升创业项目的经济效益和社会效益方面取得积极成效，发挥了良好的示范引领作用。但同时项目实施中也面临挑战，如教材与课程的设计、培训的组织与实施以及资金使用效率等方面的问题。因此本文提出政策建议：以创业者需求为核心，完善培训支持服务体系；以数据赋能培训，探索培训全生命周期的数字化转型；遵循企业发展基本逻辑，以"四业"融合探索创新培训模式；等等。通过政策优化提升马兰花创业培训项目对创业者的支持效果，为推动创新发展和就业增长贡献更大力量。

关键词： 马兰花创业培训　项目评估　创业绩效

一　马兰花创业培训项目基本情况与积极成效

（一）项目发展情况与特点

马兰花创业培训项目由政府引导推动，社会参与实施，创业者自主选

---

* 课题组成员：陈云，中国劳动和社会保障科学研究院就业创业研究室主任、研究员，主要研究领域为就业创业与社会政策；鲍春雷，中国劳动和社会保障科学研究院智库工作办公室副主任、研究员，主要研究领域为就业创业、重点群体就业；曹佳，中国劳动和社会保障科学研究院就业创业室副研究员，主要研究领域为就业创业理论与政策、重点群体就业；李付俊，中国劳动和社会保障科学研究院智库办公室副研究员，主要研究领域为就业与劳动力市场政策；楚珊珊，中国劳动和社会保障科学研究院就业创业研究室助理研究员，主要研究领域为就业理论与政策、创新与就业；郭晴，中国劳动和社会保障科学研究院就业创业研究室实习研究员，主要研究领域为就业创业与劳动力市场政策。

择。发展至今，通过落实创业扶持政策、推进创业载体建设、提供优质创业服务、大力开展创业培训和创业指导、举办创业创新大赛等举措，全方位、多层次、多维度开展创业培训，实现创业生态环境优化改善，推动创业就业工作焕发"新活力"。

1. 聚焦机制创新，加大落实"力度"

一是完善顶层设计指引。2020年，人社部印发《关于实施职业技能提升行动创业培训"马兰花计划"的通知》，围绕创业培训内容、培训群体范围、技能提升、资源建设、机构发展、师资队伍建设等方面，全面推进创业培训工作，进一步加强在校大学生、返乡下乡创业人员等重点群体创业培训工作。"马兰花创业培训"也被写进《"十四五"职业技能培训规划》。为规范马兰花中国创业培训项目的组织实施工作，提升创业培训管理服务水平，中国就业培训技术指导中心制定《马兰花中国创业培训项目组织实施规程（试行）》《马兰花中国创业培训项目师资管理指南》《马兰花中国创业培训项目培训机构管理指南》《马兰花中国创业培训项目证书管理指南》；同时制定《"创办和改善你的企业"（SIYB）培训技术要点（试行）》，旨在指导各地规范开展创业培训。2023年，人社部实施"马兰花创业培训行动"，在提质、扩围上发力，促进高质量就业和终身职业技能培训体系完善。

二是抓好政策落实和配套。各地人社部门从思想上、行动上高度重视创业培训工作，把创业培训作为职业技能提升行动的重要内容，认真盘活用足国家出台的指导性政策和技术标准规范，积极完善并配套本地创业培训政策和项目管理办法，从基地建设运营、项目培育转化、人才引进、融资服务等方面构建起政策保障体系，做到目标明确、机制健全、措施到位、管理规范。

三是完善创业工作协调机制。马兰花创业培训项目建立了部、省、市、区县、培训机构五级管理体系，人社部职业能力建设司负责政策制定及整体推动，中国就业培训技术指导中心负责技术开发、师资培养、活动组织和日常管理，地方创业培训主管部门负责培训机构选定和管理、师资培训和管理、学员培训监督和评估等，培训机构负责组织学员培训和后续服务。目前，全国有公办和民办培训机构、高校、职业院校（含技工院校）等各类创业培训机构 5000 余家，已深入街道、村镇。此外，在各地专项推进马兰花创业培训项目过程中，还成立领导小组，强化人员配备，推动各有关部门和单位履职尽责，挂图作战、压茬推进，加强统筹协调和日常调度以及人、财、物保障，确保创业培训工作有力推进。

2. 聚焦普惠效应，拓延扶持"广度"

马兰花创业培训面向所有有创业意愿的劳动者，同时把服务人群分众化作为政策落实的切入点，不断拓展服务范围，延伸扶持链条，加大创业培训力度，拓宽培训受益面。一是突出普惠重点。将贫困劳动力、城乡未继续升学初高中毕业生、各类高校学生、职业院校（含技工院校）学生、农村转移就业劳动者、返乡入乡创业人员、下岗失业人员、妇女等作为扶持重点群体，加强重点人员扶持，同时将已经创业的小微企业主、个体工商户和乡村创业致富带头人等纳入重点服务范围，这几类人员参加创业培训，可以按照在职职工享受职业技能提升行动专项资金补贴，这有利于稳定企业经营、促进企业发展，实现就业带动。二是突出普惠乡村。部分地区加大对自主创业农民、高校毕业生等的返乡入乡创业培训倾斜力度。如辽宁省依托培训机构，深入场、乡、镇、村，面对面、零距离为农村创业学员开展创业培训指导。

3. 聚焦培训指导，培育能力"厚度"

马兰花创业培训项目紧盯"培"字发力，不断提升培训"针对性"和"有效性"。一是开发创新培训教学模式。推广"创业+技能""创业+实训"等新型培训模式，推动创业者借力"互联网+"开办企业，利用互联网渠道拓宽产品销路，促进培训与实战、就业与创业、线下与线上有机结合。创新教学模式，广泛开展启发式、讨论式、参与式和项目化教学，扩大小班化教学覆盖面。二是创业群体分类培训。规范使用适用于不同创业群体、不同创业阶段的创业培训课程和教材等。为准备创业和创业初期的人员准备培训课程，提升其创业选择、市场评估、资金预测等能力；为已经成功创业的人员安排改善企业和扩大企业规模的培训课程，助力其健全管理体系，制定发展战略，抵御外部风险，稳定企业经营，扩大就业岗位。三是紧跟市场变化。

随着网络时代与电商时代的来临，马兰花创业培训项目将电商培训融入了创业培训体系之中，帮助创业者在网上开店创业，也使得创业培训的课程体系得到了进一步的完善与丰富。

4. 聚焦流程优化，提升服务"温度"

马兰花创业培训项目基于新形势、新任务，积极推动创业指导、创业培训和创业服务的有效衔接、统筹发展，完善创业服务功能。一是完善"全方位"公共创业服务。多地在线下以公共就业创业服务机构为载体，设立"一站式"服务专区，通过开展专项服务活动、搭建对接平台、推介创业项目等方式，将服务向基层下沉，及时为各类群体发布创业政策信息，提供项目开发、方案设计、风险评估、开业指导、融资服务、跟踪扶持"六位一体"服务，做好创业指导服务。"线上"依托当地人社部门官网、微信公众平台、人社 App 等平台，发挥创业导师团队和创业诊室作用，通过网络课堂、远程课堂、直播讲授等形式，开展直播方法技巧、创业政策讲解等课程。二是着力提供后续跟踪服务。多地建立了创业培训后续跟踪服务机制，通过电话回访、微信联络群等方式及时跟踪、了解培训学员的创业情况，帮助创业者解决经营过程中遇到的问题。部分地区如安徽开展上门服务，对于培训后成功创业的人员，上门宣讲创业担保贷款政策，帮助符合条件的学员申请创业担保贷款、一次性创业补贴。鼓励培训机构将培训服务"送上门"，为各类职业院校、高校、企业等机构组织提供培训课程、师资等创业培训优质资源。

5. 聚焦宣传引导，打造品牌"热度"

马兰花创业培训项目高度重视品牌宣传推广，设计了"马兰花创业培训"标识和"小马兰"吉祥物，并分别注册了商标，申请了著作权。同时，设计并制作徽章、折页、宣传画基础宣传品及帽子、纸杯、文具袋、钥匙扣等衍生宣传品。针对讲师大赛等大型活动及乡村振兴等重点工作，拍摄制作了系列主题宣传片。在地方，每走进一家培训机构都可以看到显著标识，很多机构还制作了带标识的教具，增强学员信任感和归属感。创业培训师资在品牌感召下，强化责任意识，维护口碑形象。此外，还结合职业技能提升行动，开展"马兰花计划"主题宣传活动，发挥广播电视台等新闻媒体的作用，通过在人员密集的场所挂横幅、免费发放宣传资料等方式，广泛宣传创业者的典型事迹。搭建大赛平台，交流工作经验，深入推动创业带动就业工作。例如2022年7月，创业引领者专项活动暨第三届马兰花全国创业培训讲师大赛全国总决赛顺利落下帷幕，大赛以"创业培训、创新引领"为主题，展示了培训师资风采，传播了创业培训成果，参赛人数和规模实现新突破，在全国掀起了以赛促学、以赛促练、以赛促干的新浪潮。

6. 聚焦风险管理，保持监管"强度"

为确保培训质量、实现提质增效，马兰花创业培训项目通过完善创业培训质量监控和效果评估体系，在日常管理、过程监督、培训考核、证书管理、效果评估、资金管理等方面，强化质量检查监管，确保培训班学时、规模等严格按照创业培训标准。各地高度重视马兰花创业培训项目的质量检查监管工作，主要依托当地服务信息系统做好"全流程"质量管理。例如，依托"河北省职业技能培训管理系统"，实现开班申请、开班审批、课程管理、合格证生成、合格证打印、补贴资金申领等全链条信息化管理，有效提高了创业培训规范化监管水平，促使培训实现提质增效。江西省依托"江西省公共就业服务信息系统"，加强创业培训管理。在采取实地巡查、重点抽查的基础上，培训过程中对培训的开展情况实行实时动态监控管理，通过监控系统实时对每期培训班的学员出勤、教学等情况进行查看；同时做好创业培训日常管理、过程监督等一体化管理服务，实现培训机构全覆盖、培训人员全实名、培训资金全记录、培训过程可追溯、培训质量可监控。

（二）项目取得的积极成效

马兰花创业培训项目坚持以培训促创业、以创业带就业，实现创业培训规范高效，成为推动创新发展和就业增长的新引擎，推动大众创业、万众创新取得显著成效。

1. 发挥了良好的示范引领作用

创业孵化基地建设是马兰花创业培训项目的重要内容。近年来，各地持续强化创业孵化服务措施，创业孵化基地集创业教育、创业实践、创业孵化、创业服务等功能于一体，培育了一批发展前景好、市场竞争力大、创新能力强的企业，培养了一批具有发展潜质的企业经营人才、乡村带头人，有效地发挥了扶持发展和示范带动作用，以"头雁效应"激发"雁群活力"，更好推动创业培训项目落地开花。例如，黑龙江建立了一批各具特色的创业孵化基地和众创空间，积极推行"政策+资金+培训+服务"的模式，充分挖掘孵化基地发展潜力，加快形成可复制可推广的双创模式和典型经验，为广大创新创业者提供经验借鉴。河南省打造了一批特色突出、功能完备、承载力强、与区域优势产业高度契合的创业园和孵化基地，目前已建成省、市、县三级创业孵化基地 295 家，其中国家级创业孵化基地 6 家，省级创业孵化基地 96 家，在孵创业实体 1.6 万家。宁夏开设了"创业大讲堂"栏目，2020～2021 年先后邀请 60 余名创业成功人士、创业指导专家做客直播间，推广宣传创业就业政策和典型经验。①

2. 释放了显著的就业增收效应

马兰花创业培训项目已成为各级人社部门推动"双创"稳就业，助力脱贫攻坚，促进就业扩容提质的重要抓手，就业带动效果凸显，主要表现在如下几个方面。一是直接带动就业成效显著。如宁夏通过建立"创业培训+创业担保贷款+创业服务"互为支撑的"三位一体"创业帮扶机制，2020～2021 年累计发放创业担保贷款 33.59 亿元，直接带动就业 4.4 万人次。② 二是为重点群体就业找到了新门路。近年来，农民工、毕业生等重点群体返乡创业的意愿不断增强、人数不断增多，马兰花创业培训项目培育了一大批返乡创业市场主体和特色产业、乡村创业带头人，吸纳了大量劳动者就地就近就业，助力了脱贫攻坚和乡村振兴。为激发更多年轻人的创业意识，马兰花创业培训项目有针对性地开发大学生创业培训课程，在高校和职业院校（含技工院校）推广创业创新培训课程，输出学生创业理念，提升学生创业

---

① 数据来自中国就业培训技术指导中心提供的材料。
② 数据来自中国就业培训技术指导中心提供的材料。

能力，有效提升了青年发展本领，缓解了青年就业压力。如重庆三个大学生参加了创办企业（SYB）培训，在一个 20 平方米的小屋里创办了家政清洁公司，随着企业经营扩大，他们继续参加改善企业（IYB）和扩大企业（EYB）培训，目前已成为重庆家政服务的龙头企业，在中小企业板上市，年产值 1 亿多元，带动 3000 人就业，负责人也成为"马兰花创业培训"培训师回馈反哺项目。三是提升了创业人员综合素质。创业需具备基本的心理、经验、知识等综合素质，它在一定程度上决定了创业者创业的难易程度及能否取得创业成果。马兰花创业培训，能够帮助创业者加深对创业的认识，掌握一定的创业技能，增强面对挫折、抵御风险的心理素质。同时，通过培训帮助他们拓展经营管理思维，提升风险应变能力，提高创业成功率。四是为脱贫增收开辟了新途径。马兰花计划开展的补贴性培训，早年因不是资本风投追逐的对象多面向生存型创业，近年借力该培训项目转向机会型创业。例如，湖南武陵连片贫困区女羊倌朱登云参加"马兰花创业培训"，锁定高山优质黑山羊养殖项目，成立合作社，创产值 500 余万元，并免费发放山羊苗，带领 90 余户贫困户脱贫，带动 400 多人就近就业。[①]

3. 营造了浓厚的创业文化氛围

马兰花创业培训项目的定位是做创业者成长和企业发展的引领者、陪伴者，旨在通过提升公共就业创业服务能力，营造适合大众创业集聚发展的温室环境，努力实现创新有平台、创业有底气、就业有机会、情感有归属，激发创业热情。为在更大范围、更高层次、更深程度上推进创新创业，马兰花行动聚焦"582"培训目标任务，2021 年实现全国创业培训机构达到 5117家，创业培训师资年培训量 11097 人，每年组织师资培训 400 多期，培训量超 235 万人次，均已超额完成目标任务，成为支持优秀项目落地的强大助推器和加速器。[②] 众多劳动者通过马兰花培训练就"一技之长"，同时不断提升创业人员技能、管理意识、管理能力等，在自己的领域内做出卓越贡献，

---

① 数据来自中国就业培训技术指导中心提供的材料。
② 数据来自中国就业培训技术指导中心提供的材料。

让创新型人才成就出彩人生、更多的创意落地生根。创新发展生态不断优化，成为讲好中国创新故事、展现创新创业人物风采、宣传创新创业典型的重要窗口。2017年以来，人社部每两年举办一届马兰花全国创业培训讲师大赛。按照创业培训"马兰花计划"要求，目前各地都在积极探索支持优秀创业培训师资和创业导师成立创业指导师工作室，发挥更大作用为创业者赋能，有力地激发了全社会创新创业热情。

4. 持续发挥了平台网络效应

马兰花创业培训项目是激发创业潜能的重要手段，通过提供丰富的资源和机会，帮助创业者将想法转化为可行的商业模式，为创客提供了多方位多层次支持，从而帮助他们实现创业梦想。一是提供了丰富的资源，这些资源包括资金、人力资源、技术以及市场信息等。例如，马兰花创业培训项目打造了一套覆盖整个创业过程的课程体系，如创业意识培训、商业计划书编写、营销策略以及财务管理等。随着培训项目的深入开展，还扩展了企业结构优化课程及企业扩大课程等，基本可以满足创业人员的需求。同时全国已有马兰花创业培训讲师（承担学员培训任务）7万余人，培训师（承担讲师培训任务）331人，覆盖所有省、自治区、直辖市，并培养了蒙、维、藏语师资服务少数民族地区。这些师资包括创业培训服务机构人员、高校师资、创业咨询专家以及成功企业家。这些资源对于创业者来说是至关重要的，因为它们可以帮助创业者解决创业过程中遇到的各种问题，从而让他们更加专注于初创企业经营及业务发展。二是具有强大的网络效应，通过聚集大量的创业者和相关资源，形成了一个良性的生态系统，在这个生态系统中，创业者可以通过组织同建、产业同推、利益同享，实现相互学习、交流和合作，推动资源共享、优势互补、共同发展，实现优势集聚、规模效应、利益共享，从而产生更多的商业机会和价值。

5. 促进了当地的经济社会发展

2021年，马兰花计划各地资金发放总额达到19.4亿元，同比提高28个百分点，通过充分发挥资金杠杆效应，孵化服务日益专业化，立足创客需求，整合孵化资源，提供有针对性的专业化孵化方案，更大程度地激发了社会创造力。马兰花创业支持的项目行业面宽、业态丰富，有的创业项目与基础研究、应用开发、产业化等多环节联动，涉及新媒体、建筑、节能环保、生物医药、医疗、人工智能等各个领域。有的创业者种植药材、反季节蔬菜，发展高效农业；有的办起咖啡馆、小超市、小餐馆；还有的成为网络商户等。特别是返乡入乡创业群体，将乡村资产、资源、生态、文化等要素融入初创企业，推动村企供求互补、联动发展、共同受益，还带动了人才、信息、资金等要素加速回流，形成要素聚乡、产业下乡、人才入乡和能人留乡的良性互动局面，为当地经济社会发展做出了较大贡献。由于政策宣传力度大，辐射作用效果好，越来越多的劳动者拓展创业思路，选择自主创业，提供更多的就业岗位，带动就业环境持续变好，学员和创业者的满意度也比较高。

二 马兰花创业培训项目实施成效问卷调查评估分析

（一）调查样本分布情况

本次调查时间为 2023 年 11 月 17～21 日，使用问卷星在线调查系统发放及回收问卷，累计回收 21971 份调查问卷。为确保数据的科学性与可靠性，对数据进行清洗，剔除掉非劳动年龄人口群体、填答内容与逻辑不合理的无效问卷后，共获得有效问卷 21464 份。

1. 样本区域分布

从地域分布来看，调查样本近七成来自中西部地区，其中四川、湖南、江西、河南参训人数分别为 4446 人（20.71%）、3790 人（17.66%）、1962 人（9.14%）、1730 人（8.06%）。西藏、青海和天津等地的参与人数较少，占比低于 1%（见图 1）。

2. 人口统计特征分布

调查样本以 18～24 岁、女性、大专和本科学历人员为主。从年龄结构来看，18～24 岁的人群占总人数的大部分，其中 18 岁和 19 岁的人数分别为 2441 人和 3369 人，占总人数的 11.37% 和 15.70%（见图 2）。样本中 40 岁

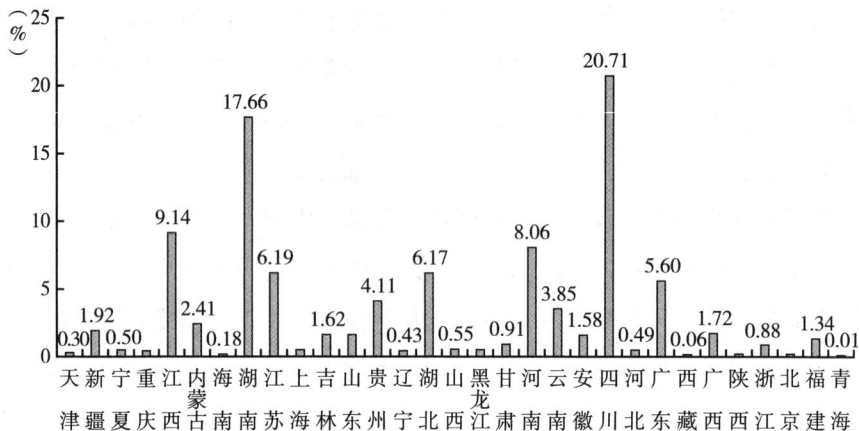

图1 调查样本区域分布情况

以上的人数明显少于 40 岁以下的人数。从性别结构来看，调查样本中女性的数量（12450 人）多于男性（9014 人），女性占总人数的 58%，男性占42%（见图 3）。从学历结构来看，大专和本科学历的参训人员占比最高，分别为 35.41% 和 33.41%，占总人数的近七成。高中（中专）学历的参与者占总人数 18.87%，比例相对较高。初中及以下学历的参与者占总人数的9.61%，比例相对较低。硕士及以上的参与者占总人数的 2.69%，比例最低（见图 4）。

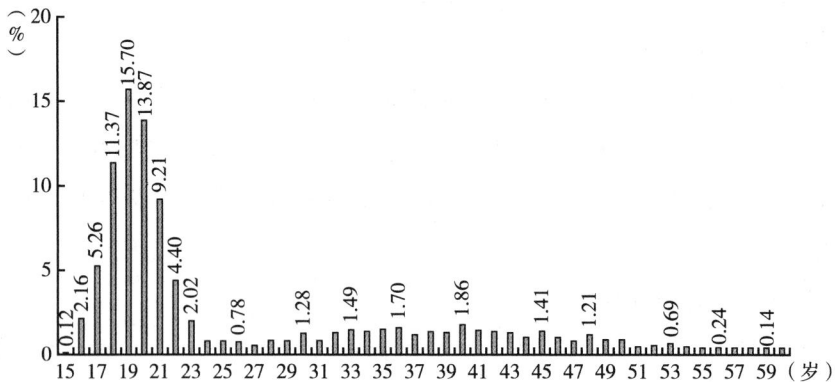

图2 调查样本年龄分布情况

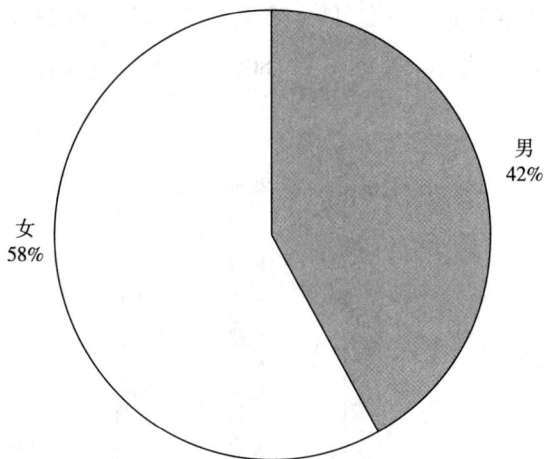

图3　调查样本性别分布情况

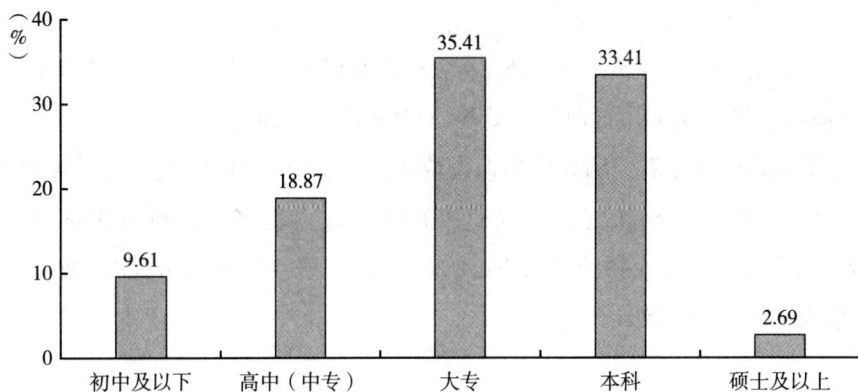

图4　调查样本学历分布情况

3. 参训情况分布

（1）近六成调查样本参与马兰花创业培训项目培训时长为6~10天。

在参与马兰花创业培训项目的受访学员中，培训时长主要集中在10天以内。具体来说，6~7天培训时长占比最高，占总人数的30.06%。此外，8~10天的培训也相对较多，占28.46%。这两类加起来，共占58.52%。而较短的3天及以内和4~5天的培训时长分别占14.64%和4.33%，共占

18.97%。较长的培训时长（如 11~15 天、16~20 天和 21 天及以上）的学员比例相对较低，分别为 17.08%、1.80%和 3.63%（见图 5）。

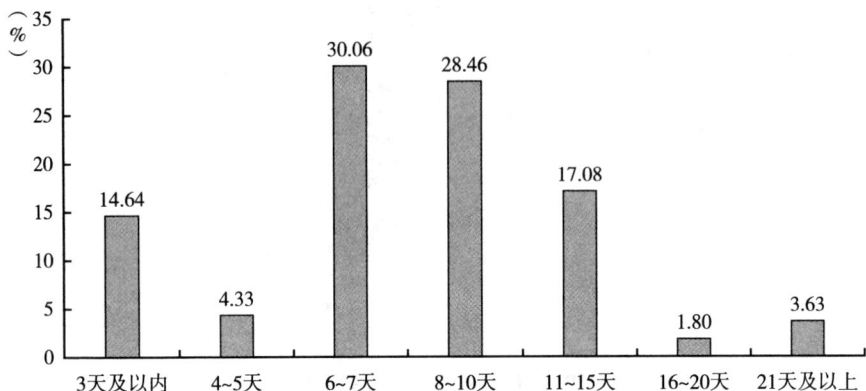

图 5　调查样本参加马兰花创业培训项目时长情况

（2）调查样本中五成多人员参与 SYB 课程培训，近三成人员参与网创（电商版）课程培训，近两成人员参与 GYB 课程培训。

就参训课程来看，SYB 的参训人数最多，达到了 11314 人，占总人数的 52.71%。参与 GYB 和网创（电商版）的人数也较多，分别为 3706 人和 5663 人，分别占总人数的 17.27%和 26.38%。IYB 和 EYB 的参与人数较少，分别为 576 人和 205 人（见图 6）。

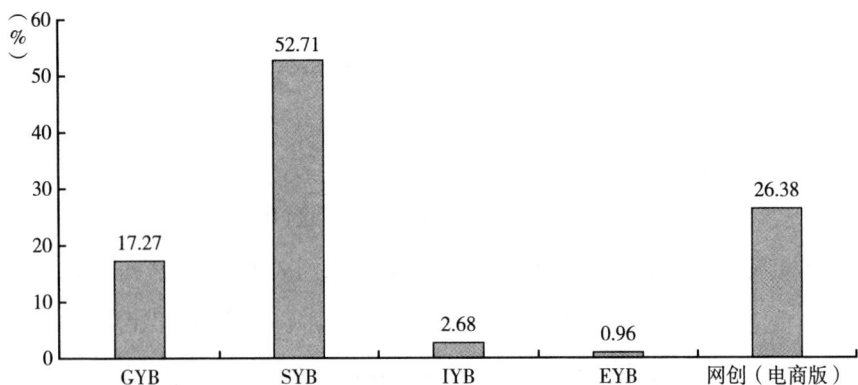

图 6　调查样本参加各类马兰花创业培训项目情况

（3）八成多调查样本在参训前尚未创业，近两成人员已具备创业经验。参训前未创业的调查样本中，约5%的受访者在参训后着手创业（见图7、图8）。

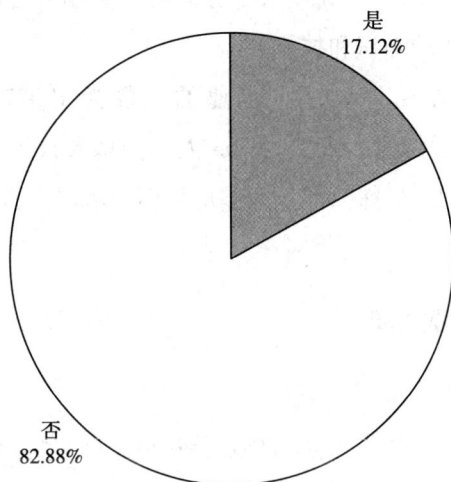

图7　调查样本参加培训前的创业情况

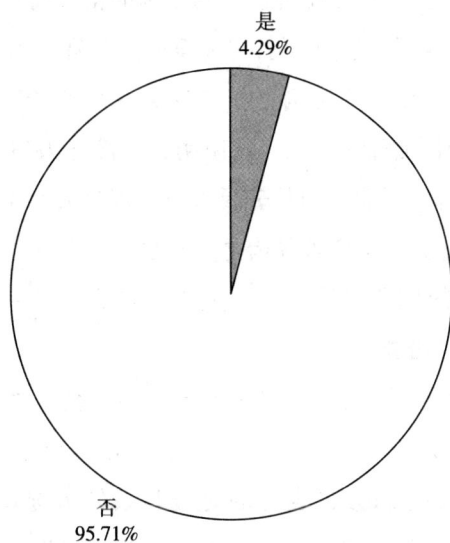

图8　参训前未创业者在参训后的创业情况

参加培训前已经创业的人数为 3674 人，占总人数的 17.12%。这表明，有一部分人在已经有了一定的创业经验后，仍然选择参加创业培训，以进一步提升自己的创业能力。此外，参加培训前没有创业经验的人数为 17790 人，占总人数的 82.88%。这说明大部分人在开始创业之前，会选择参加创业培训，以获取必要的知识和技能。

参加马兰花创业培训后还未创业的人数为 17027 人，占总人数的 95.71%。参加培训后创业的人数为 763 人，占总人数的 4.29%。这表明创业决定受多因素影响，虽然大部分人参加了创业培训，但实际选择创业的人数相对较少。

（二）调查主要发现

1. 创业意愿分析

（1）调查样本中四成多人员对创业持积极态度，"完全同意"或"较同意"成为企业家。

就创业意向来看，大部分受访者对于创业持积极态度。在创业意向的相关问题中，"完全同意"和"较同意"的比例都相对较高。例如，对于"我将来要成为一名企业家"这个问题，"完全同意"和"较同意"的比例合计达到了 40.23%。"一般"的比例也相对较高，为 47.05%。"完全不同意"和"较不同意"的比例相对较低，这说明，大部分人对于创业有一定的兴趣和期待。总体来看，创业意向量表反映出大部分人对于创业持积极或者中立的态度，只有少部分人对创业持有否定或者消极的态度。

（2）对于未来的创业打算，近三成受访者表示"一定会"再次创业，六成多受访者表示"可能会"。

对于未来是否有创业的打算，"一定会"和"会"的人数占总人数的大部分，分别为 29.26% 和 63.33%。这表明，大部分创业者对于未来创业持开放和积极的态度，他们会在合适的时机和条件下选择再次创业。其次，"不会"的人数占总人数的 7.41%，一部分创业者因为之前的创业经历或者其他原因，选择不再创业（见图 9）。

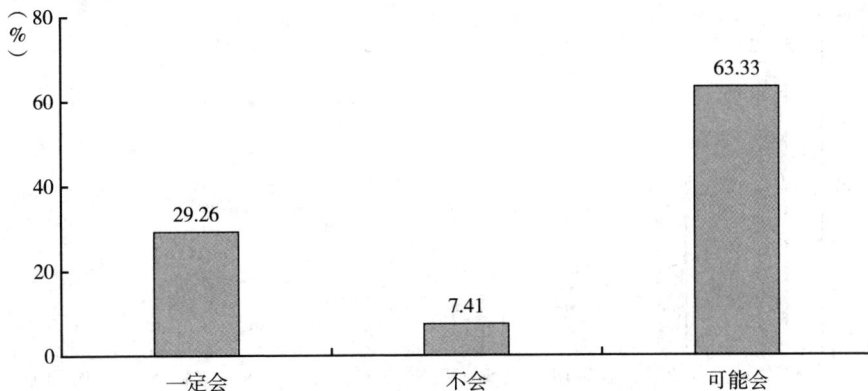

图9　调查样本未来的创业打算情况

2. 创业情况分析

（1）目前仍在运营的创业项目占调查样本的近八成，初期成功率较高，项目停止运营的创业者占两成多。

目前仍在运营的创业项目占 79.76%，这个比例相对较高。这表明大部分创业项目在初期能够成功运营。其次，已经停止运营的创业项目占 20.24%。这说明，一部分创业项目在运营过程中遇到了困难，无法持续运营。

（2）超过半数创业项目在一年内结束运营，近四成创业项目在 1~4 年内停止运营。

在创业项目的持续时间方面，51.72% 的项目在一年内结束运营，这意味着创业项目在初期面临较大的挑战和风险。26.44% 的项目 1~2 年内结束运营，这部分项目相对较为稳定，但仍在短期内终止。11.84% 的项目 3~4 年内结束运营，这部分项目具有一定程度的持久性。而分别有 4.25%、1.38%、1.49%、1.15% 和 1.72% 的项目在 5~6 年、7~8 年、9~10 年、11~15 年和 15 年以上结束运营（见图10），这些项目具有较强的持久性和稳定性。总体来说，大部分创业项目在短期内结束运营，但仍有一定比例的项目能够持续较长时间。这反映了创业市场竞争激烈，创业项目在不同阶段都面临各种挑战。

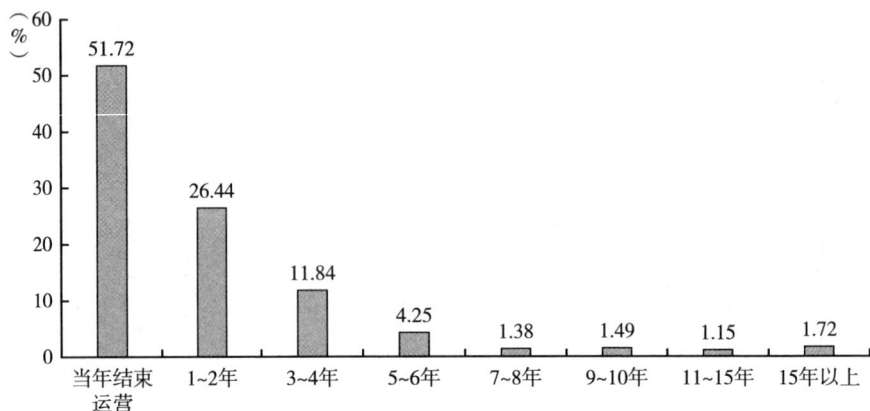

图10　调查样本中创业项目的运营时间情况

（3）四成以上创业项目经营状况良好，但10%的项目出现亏损，近半数项目仍在投资或待回本阶段。

四成以上创业项目的经营状况良好，但有10%的创业项目有亏损。对于目前项目生产经营状况的总体评价，"一般，待回本或投资中"的比例最高，为47.59%。这说明，许多创业项目目前还处于投资阶段，尚未实现盈利。"较好，有盈利"和"很好，盈利较多"的比例分别为35.46%和7.53%。这反映出一部分创业项目已经实现了盈利。"很差，有亏损"和"较差，有亏损"的比例相对较低，分别为4.25%和5.18%。

3. 各类课程评价

（1）调查样本中网创（电商版）课程参训创业转化比例最高，其次是EYB课程。

在各种培训课程中，学员在网创（电商版）课程参训后已创业的比例相对较高，达到4.64%，这说明该课程有助于学员在电商领域开展创业活动。对于参训后已创业的比例，EYB课程为4.39%。学员在GYB课程参训后未创业的比例最高，达到82.87%（见表1）。这意味着该课程在激发学员创业想法方面可能相对成功，但在将这些想法付诸实践方面的效果有限。总体来说，这些培训课程在提高学员创业意愿和认知水平方面取得了一定成效，但在实际帮助学员成功创业方面仍有提升空间。未来，在设计和实施创业培训项目时，需要更加关注如何将理论知识转化为实际行动，以提高创业成功率。

表1　各类课程参训后的创业比例情况

单位：%

课程	参训后未创业比例	参训后已创业比例
EYB	69.76	4.39
GYB	82.87	3.18
IYB	48.96	3.47
SYB	80.91	3.12
网创（电商版）	77.29	4.64

（2）受访者对培训课程内容普遍认可，对SYB、网创（电商版）课程的认可度最高，分别达到79.18%和75.98%。

大部分受访者对这些培训课程的内容完整性、丰富性、针对性和创新性表示认可。在所有课程中，"完全同意"和"较同意"的总比例均超过50%，其中对SYB、网创（电商版）课程的认可度分别达到79.18%和75.98%。"完全不同意"和"较不同意"的比例，各课程均较低（见表2）。从整体数据来看，这些培训课程在内容方面普遍得到了受访者的认可。各类课程在完整性、丰富性、针对性和创新性方面的表现均较好，但仍有进一步提升空间。

表2　调查样本对创业培训课程的认可度评价

单位：%

课程	完全同意	较同意	一般	较不同意	完全不同意
EYB	40.49	24.88	26.34	3.41	4.88
GYB	43.36	28.14	23.04	1.78	3.67
IYB	50.52	21.70	18.75	3.47	5.56
SYB	49.49	29.69	16.39	1.63	2.81
网创（电商版）	47.55	28.43	19.53	1.27	3.21

（3）六成多受访者对培训活动组织的满意度较高。

对培训活动组织的满意度，在所有课程中，"完全同意"和"较同意"

的比例均超过 60%。其中，对网创（电商版）课程的满意度最高，达到 74.62%，而对 EYB 课程的满意度相对低，为 66.83%。"完全不同意"和"较不同意"的比例，各课程均较低（见表 3）。从整体数据来看，这些培训活动组织在满意度方面普遍得到了受访者的认可。各类课程在组织方面的表现均较好，但仍有改进空间，以进一步提高学员的满意度。

表 3　调查样本对培训活动组织的满意度评价

单位：%

课程	完全同意	较同意	一般	较不同意	完全不同意
EYB	40.49	26.34	26.34	2.93	3.90
GYB	41.72	28.17	24.88	1.75	3.48
IYB	48.61	23.09	20.83	2.95	4.51
SYB	46.21	30.08	19.18	2.05	2.48
网创（电商版）	45.01	29.61	21.03	1.61	2.74

（4）课程教学满意度中，网创（电商版）、GYB 课程满意度相对更高。

在课程教学满意度评价中，"完全同意"和"较同意"这两个评价选项，各课程的比例均未超过 50%。"完全不同意"和"较不同意"这两个选项，各课程的比例均较高，尤其是 IYB 课程，这两个选项的比例总和达到了 68.93%（见表 4）。

表 4　调查样本对课程教学满意度的评价

单位：%

课程	完全同意	较同意	一般	较不同意	完全不同意
EYB	2.93	23.90	4.39	43.90	24.88
GYB	1.32	28.52	3.10	45.28	21.78
IYB	2.26	24.48	4.34	51.74	17.19
SYB	1.10	29.31	2.28	51.03	16.29
网创（电商版）	1.15	28.62	2.49	49.41	18.33

4. 马兰花创业培训对创业活动的影响评价

（1）马兰花创业培训显著提升经济效益，近半数受访者产值或收入增长，占比46.52%。

与参加培训前相比，产值或营业收入增长的人数最多，占参加培训前已创业人数（3674人）的46.52%，这说明有近一半的受访者在参加马兰花创业培训后，他们的产值或营业收入有所增长。其次，选择"持平"的人数也占参加培训前已创业人数的46.66%，这表明，尽管产值或营业收入没有增长，但也没有减少，这也可以在一定程度上视为创业培训带来的一种稳定效果。选择"下降"的人数相对较少，只占参加培训前已创业人数的6.82%，这说明，马兰花创业培训项目对于大部分受访者创业项目的经济效益有积极影响（见图11）。

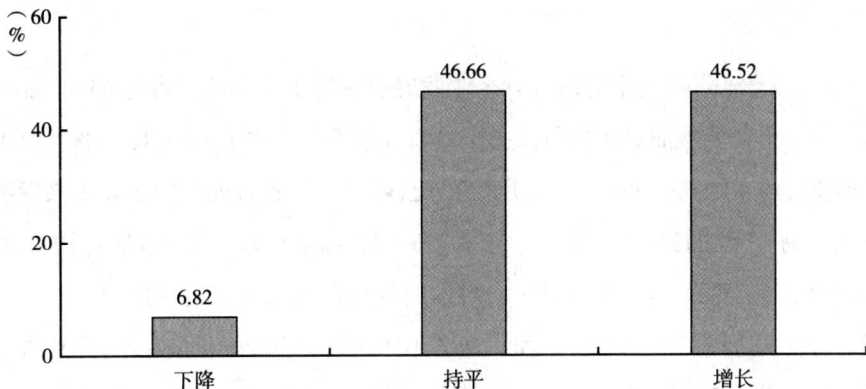

图11 创业培训课程对创业项目经济效益的影响

（2）马兰花创业培训有效提升经营利润，近半数受访者创业项目利润增长，占比49.17%。

与参加培训前相比经营利润增长的人数占参加培训前已创业人数的49.17%，这说明有近一半的受访者在参加马兰花创业培训后，他们的经营利润有所增长。其次，选择"持平"的人数也占总人数的43.12%，这表明，尽管经营利润没有增长，但也没有减少，这也可以视为创业培训带来的一种稳定效果。选择"下降"的人数相对较少，只占参加培训前已创业人数的7.72%，这说明，马兰花创业培训项目对于大部分受访者的经营利润有积极的影响（见图12）。

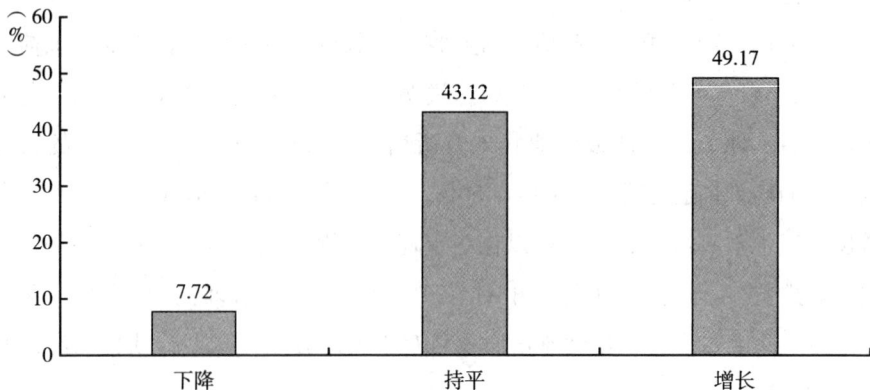

图 12 创业培训课程对创业项目利润的影响

（3）大部分已创业受访者对企业发展前景持乐观态度，占比 63.83%。

对于企业发展前景的判断，选择"非常乐观"和"比较乐观"的人数占已创业受访者的 63.83%，这说明大部分已创业受访者对他们的企业未来发展前景持有积极的态度。其次，选择"一般"的人数占已创业受访者的 27.68%，这表明，有一部分受访者对他们的企业未来发展前景持中立或者观望的态度。选择"不太乐观"和"非常不乐观"的人数相对较少，分别占已创业受访者的 5.63% 和 2.85%，这说明，只有少数已创业受访者对他们的企业未来发展前景持有悲观的态度（见图 13）。

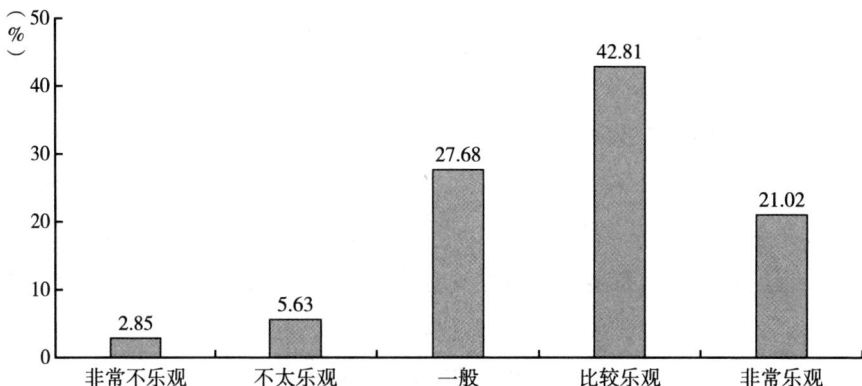

图 13 调查样本对创业项目发展前景的判断

三　优化创业培训项目的建议

（一）以创业者需求为核心，完善培训支持服务体系

创业是一门实践性非常强的科学，拆解价值链，验证关键假设，跑通产品或服务原型，形成壁垒和规模效应。创业培训的核心是创业者，而部分创业者对于创业的科学本质并不明确。马兰花创业培训项目需要结合实际情况，以创业者的需求为核心，对不同培训场景进行不同的定位，分级分层制定开课计划，如在 IYB 培训中，要使学习者除了学习创业知识和技能外，也能获得更多创业资源，譬如合作业务、客户资源、投融资渠道和支持性同盟等。同时，需要针对地方培训的需求，更多地融入地方特色和创业者需求，完善后续支持服务，更多地与创业孵化基地合作，有效减弱创业冲动，降低创业风险。

（二）以数据赋能培训，探索培训全生命周期的数字化转型

数字经济时代给创业培训带来全新挑战，数字化转型是马兰花创业培训持续创新发展的必然选择，数字化转型要贯穿培训的全生命周期。在培训前，通过技术手段形成创业学员画像，由大数据智能化筛选、组合、推送适合创业学员完成自己创业任务的学习资源，这样既能保证培训的针对性，又能有效减少线上授课课时。在培训中，通过数字化转型技术手段，企业、组织、岗位、劳动力、工作场地的组织边界消失，可在培训目标不变的情况下，根据当下经济环境、不同地区差异和创业者需求，重新设计教学流程、活动形式和评价方式，更加人性化设计师资培训时间，加强对讲师授课资源的支持，后续开展阶段性的提升培训。在培训后，可运用技术方式对培训过程和学员关键数据进行汇总统计分析。这样既有利于形成创业学员画像，也能通过智能分析与资源整合，匹配创业学员后续支持服务的个性方案，增加学员与创业指导服务体系间的黏性。

（三）遵循企业发展基本逻辑，以"四业"融合探索创新培训模式

创业培训应始终关注创业者孵化和服务的内核，遵循着创业企业发展的基本逻辑：从用户开始，到产品，到市场，到团队和组织，最终实现可持续发展。企业的健康可持续发展离不开产业、行业、职业、创业这四个关键要素。因而，在探索创新培训模式的过程中，要聚焦当地产业发展，结合行业资源禀赋、在职业技能基础上，帮助学员掌握创业知识，提高创业能力，逐步探索适应地方经济发展、中小微企业需求和就业创业政策的创业带动就业的培训模式。

（四）根据实践反馈，适当调整教材、课程、师资、组织、资金等培训项目细节

马兰花项目实施多年以来，取得了较为显著的成效，随着经济社会的发展，实践探索中也会出现一些新的挑战，根据实地调研和问卷调查中发现的相关问题，特提出以下针对性的建议。

教材方面，建议整合教材中的案例，避免太多太杂影响可读性，结合互联网最新工具等的应用，加入贴近现实，与行业发展联动性较强的服务业创业案例；建议顶层设计和个性化内容相结合，以目前教材内容为纲，允许条件成熟的地方和院校做个性化的内容开发；及时以附补充资料的方式更新调整教材相关内容，删改细节错误和容易误导的用词等。

课程设计方面，马兰花项目的系统化的课程设计得到了很多创业者和组织的认可，课程设计很有价值，也很有逻辑和实用性。但在实践运用中发现SYB课程和GYB课程有重复内容，建议增加财税问题相关课程，如增加怎么看报表、税种有哪些、哪些是财税红线等相关课程内容；法律问题相关课程，如劳动法、社会保障法、公司法、合同法相关课程；科技企业相关课程，如股权融资、知识产权、科技企业扶持政策等基础内容。针对在现有实操沙盘课程分组人数较多的情况下，不能充分发挥每个学员的主观能动性、沙盘讲解规则费时费力、沙盘规则有瑕疵等问题，建议将现有实操沙盘课程

改为机操授课。

师资力量方面，研究起草创业培训管理办法，进一步完善创业培训师资选拔、考评、退出和激励等管理机制，加强创业培训师资管理。同时利用现有高校力量做好教师的培训，讲师手册适当增加对讲师授课要点的指导，根据实际情况做好师资的调配工作。

培训组织方面，可以在现有高校内尝试常态化教学，将马兰花课程内容融入教学体系中；课程安排的场地和设备，需要进一步明确标准化要求。

资金安排方面，建议增加马兰花项目的专项资金，主要用于马兰花课程的相关研究课题、教学比赛、案例开发等。统筹培训资金，加大网络创业培训工作力度，按规定落实创业培训补贴。鼓励劳动者积极参加网络创业培训，不断适应网络创业发展新趋势，带动更多劳动者就业创业。

（五）加强项目宣传，重评估稳后续

加强对马兰花项目的宣传和推广力度，可借鉴相关宣传经验，通过公众号、广播电视、网站公开宣传，上门入户宣传等多渠道、全方位、立体式宣传，让更多人知晓、熟悉和支持项目。此外，加强对项目对象群体服务需求的调查，评估前期实施效果，根据实际需要缩短评估更新完善的周期，将调整评估阶段性服务，完善对马兰花项目的政策支持作为工作重点之一。对于实际知晓度不高、享受度不高的措施内容，要进行深度调研，挖掘深层次原因，以增强项目服务的精准性和有效性，保持项目服务的稳定性和连续性。

重点群体就业篇

B.13
农民工就业创业质量调查报告
—— 基于 2021 年中国社会状况调查（CSS）数据的分析

何晓斌　董寅茜*

摘　要： 农民工是我国劳动力市场中的特殊群体，随着经济社会发展，其中出现了老一代农民工和新生代农民工、农民工创业者和农民工自由职业者的分化。基于 2021 年中国社会状况调查（CSS）数据的分析表明，就农民工总体而言，灵活就业和第二产业就业更普遍，收入较低，工作稳定性差，劳动保障不足，职业地位低，工作强度高，职业发展机会少。另外，相比老一代农民工，新生代农民工就业产业结构优化，收入增加，就业保障程度更高，主观失业预期无差异，职业地位和职业发展前景更优，主观满意度更高；相比农民工创业者，农民工自由职业者年龄偏大，受教育程度较低，收入偏低，创业者收入虽高，但创业企业规模较小，且二者的养老保险参与率

---

* 何晓斌，清华大学社会科学学院社会学系长聘副教授，博士研究生导师，主要研究领域为经济社会学、组织社会学、创新创业、社会分层与流动；董寅茜，清华大学社会科学学院博士研究生。

均低。因此，为了提升农民工就业创业质量，应当完善劳动保障体系，构筑就业创业安全网；提升就业创业服务质量，增加职业发展机会；加强创业服务体系建设，赋能农民工高质量创业。

关键词： 农民工　就业创业　新生代农民工　自由职业者

引　言

改革开放以来，伴随着工业化和城镇化的发展，我国大量的农村劳动力从农业产业向第二产业和第三产业转移，由此涌现出特殊的劳动力流动现象。这种流动现象可分为两类：第一类是产业部门间的流动，原本从事农业的劳动力转向非农产业部门，比如进入当地乡镇工厂就业、在本地开餐馆等；另一类则包含地理意义上的流动，其就业区域从本乡镇向乡镇外的城市转移。国家统计局公布的《2022年农民工监测调查报告》显示，近几年我国农民工的数量呈现上升趋势，2022年，全国农民工的总量达到29562万人，接近3亿人，相比2021年增长了1.1%。其中，在本地非农产业就业的农民工有12372万人，占比41.9%，相比上一年增长了2.4%；外出到城镇务工的农民工为17190万人，占比58.1%，相比上一年增长0.1%。

农民工为我国的产业发展和经济增长做出了巨大贡献。然而，城乡二元户籍制度仍然对流动的农民工的工作生活产生了显著影响。一方面，相比城镇户籍的劳动者，农民工在就业部门、就业待遇和保障以及社会福利等方面的弱势明显。近年来，其就业创业及相关就业服务、保障的问题受到党和国家的高度关注。2022年11月，人力资源社会保障部等五部门联合印发的《关于进一步支持农民工就业创业的实施意见》中提出支持稳定农民工就业岗位、促进农民工就近就业创业、强化农民工就业服务保障等。另一方面，农民工群体内部在社会人口特征、就业类型等方面存在较大的异质性。经历了40多年的改革和人口流动，农民工群体内部的代际结构也发生了变迁更替。第一代农民工在 20 世纪 80~90 年代人口流动限制刚放松时外出务工。如今，他们大多进入老龄时期，其子女进入劳动力市场，构成了新生代农民工群体。我们将这两个不同代际的群体分别称为老一代农民工和新生代农民工。两代农民工在外出就业动机、就业方式和就业发展等方面均存在差异。老一代农民工从农业转向非农部门就业更多出于养家糊口的生存需要，出生在 1980 年后的新生代农民工则更具有主动寻求职业机会、积极融入城镇非农部门的意识，从事的行业类型更加多元。① 此外，随着互联网平台经济的兴起和蓬勃发展，灵活就业、零工劳动的形式逐渐普遍化，农民工群体是这些新就业形态的重要参与者。② 基于这些社会现象，了解农民工群体相比于城镇户籍劳动力群体的整体就业现状、比较不同代际农民工群体的差异、刻画新就业形态的农民工群体的特征具有重大意义。

一 农民工群体基本特征

本文进行实证分析的材料来源于 2021 年中国社会状况调查（CSS）数据。该调查是双年度的纵贯调查，采用概率抽样的入户访问方式，调查区域覆盖了 31 个省/自治区/直辖市，涉及 151 个区市县，604 个村/居委会。我们参考以往学者对农民工的定义③，从 2021 年 CSS 数据中筛选出户籍在农村、从事非农工作 6 个月及以上的群体，共计有 2393 名农民工成为分析的样本。

首先，根据 2021 年 CSS 数据统计，农民工的平均年龄为 42 岁。其中，

---

① 刘传江：《新生代农民工的特点、挑战与市民化》，《人口研究》2010 年第 2 期；王春光：《新生代农民工城市融入进程及问题的社会学分析》，《青年探索》2010 年第 3 期；李培林、田丰：《中国新生代农民工：社会态度和行为选择》，《社会》2011 年第 3 期。
② 王全兴、刘琦：《我国新经济下灵活用工的特点、挑战和法律规制》，《法学评论》2019 年第 4 期。
③ 王茂福、杨哲：《经济地位预期、社会保障参与度与农民工城镇购房意愿》，《华中科技大学学报》（社会科学版）2015 年第 2 期；徐广路：《养老保障满意度对农民工社会冲突意识的影响》，《西南大学学报》（社会科学版）2018 年第 2 期。

50.4%为出生在1980年之后的新生代农民工，样本中两代农民工的数量相近，这意味着农民工结构仍然处于代际更替的过程中。从不同年龄层的分布结构来看，相比于城镇户籍的劳动者，高龄甚至超龄农民工的现象较为普遍，14.5%的农民工年龄达到55~65岁，3.1%的农民工年龄在65岁及以上（见图1），这两类群体的比例显著高于城镇户籍劳动者（t<0.05），这可能反映出老一代农民工仍然承担着较重的生计压力。

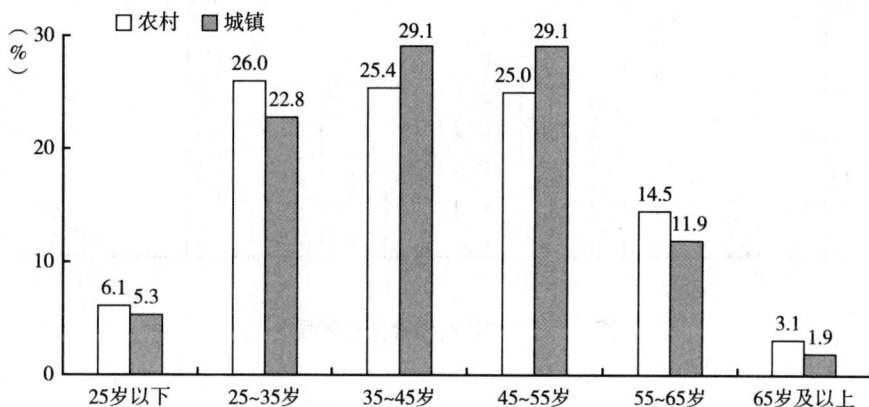

图1 城乡户籍劳动者年龄结构

从性别分布来看，农民工群体的性别结构总体较为均衡，男性占52.5%，女性占47.5%，男性的比例略高于女性。比较新生代和老一代农民工的性别比例，在新生代农民工中男性占比49.3%，老一代农民工中男性占比为55.7%，新生代农民工中女性比例显著高于老一代农民工中女性比例（t<0.01），老龄女性可能更倾向于在家乡从事农业劳动或留守。

在受教育程度上，农民工群体的平均受教育年数为10年，介于初中和高中之间，而城镇户籍劳动力的平均受教育年数达到13.3年（高中以上），显著高于农民工群体（t<0.01）。54.8%的城镇户籍劳动者受教育程度在大专及以上，而对于农民工而言，这一比例仅为18%，有60.6%的农民工学历在初中及以下（见图2）。比较新老两代农民工的受教育程度差异，新生代农民工的平均受教育年数为11.6年，相比老一代农民工平均8.4年有显

著提升（t<0.01），但农民工群体与城镇劳动者的受教育程度差异仍然在一定程度上反映出教育资源的城乡差异，这也会进一步影响劳动者在劳动力市场的就业质量。

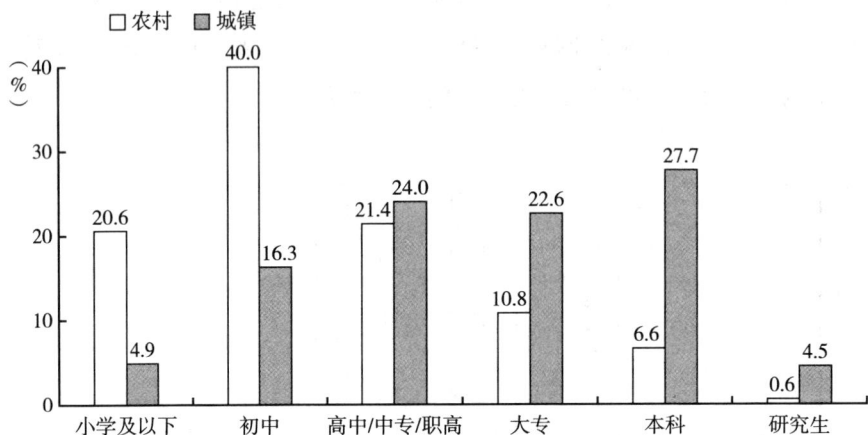

图2　城乡户籍劳动者受教育程度

从就业地点来看，总体上有44.9%的农民工在城镇从事非农工作。相比于老一代农民工，新生代农民工更多流动到城镇，有52.1%的新生代农民工在城镇就业，这一比例显著高于老一代农民工（37.6%）。这说明城镇产业和就业机会对新生代农民工有更大的吸引力。

二　农民工整体就业质量

经济合作与发展组织（OECD）结合以往研究，设置了一套包含三个维度的就业质量（job quality）框架。第一个维度是就业回报的质量（earnings quality），即从工作中获得的收入报酬，这类经济回报为劳动者的日常生活提供了必要的物质基础；第二个维度是劳动力市场的就业保障（labor market security），包括工作的社会保障以及失业风险，较低的社会保障和较高的社会风险会对个体的生活满意度产生负面效应；第三个维度是就业环境（quality of the working environment），主要涵盖就业中非物质的方面，例如工作技能要求、工作强度和自主性、工作中的各类人际关系、晋升机会、自我提升等。本部分主要根据这几个方面来呈现农民工群体的就业质量。

（一）灵活就业和第二产业就业更普遍、收入较低

首先，我们将农民工的就业类型划分为雇员、创业者、自由职业者和其他四类。雇员指的是受雇于某一单位或者企业的员工；创业者包括创立企业或成为个体工商户的群体，往往是组织的所有者；自由职业者（self-employed）指的是不属于任何组织、不对任何雇主做长期承诺的劳动者群体。统计各就业类型的比例，雇员是最主要的劳动类型，占64.4%；其次是创业者，占19.0%；自由职业者在农民工群体中占10.5%（见图3）。相比于城镇户籍的劳动者，农民工从事创业和自由职业的比例更高，灵活就业的形态更普遍，而城镇户籍劳动者则更多受雇于某一固定组织或雇主（见图4）。

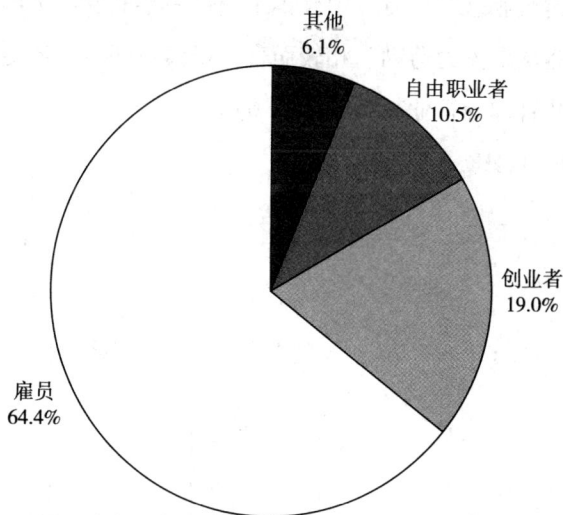

其他 6.1%
自由职业者 10.5%
创业者 19.0%
雇员 64.4%

图3　农民工就业类型

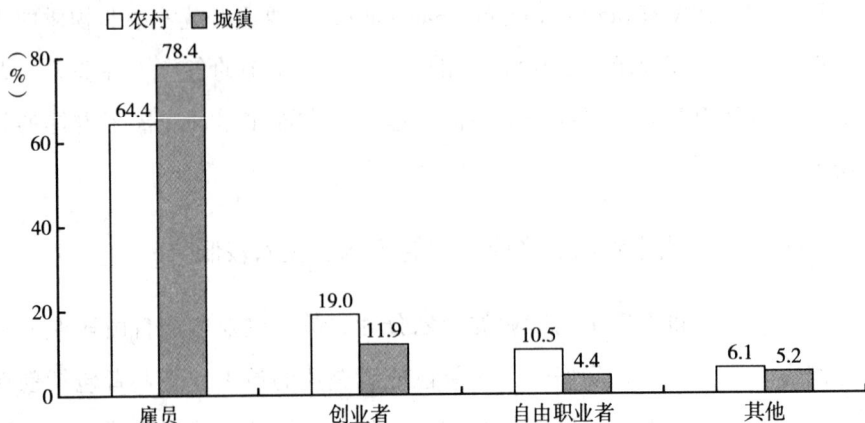

图4 城乡户籍劳动者就业类型

在就业的产业分布上，60.7%的农民工群体在第三产业就业，36.6%的农民工在第二产业就业。相比城镇户籍劳动者，农民工在第二产业就业的比例显著更高（t<0.01），其就业产业结构仍需进一步优化（见图5）。在具体的行业类型分布中，从事制造业的农民工比例最高，占21.2%。制造业、批发零售业和建筑业这三个行业中聚集了超过一半的农民工群体，这意味着大量农民工仍然从事体力劳动。相较而言，城镇户籍劳动者更多在批发零售业、教育和公共管理等行业就业（见图6）。

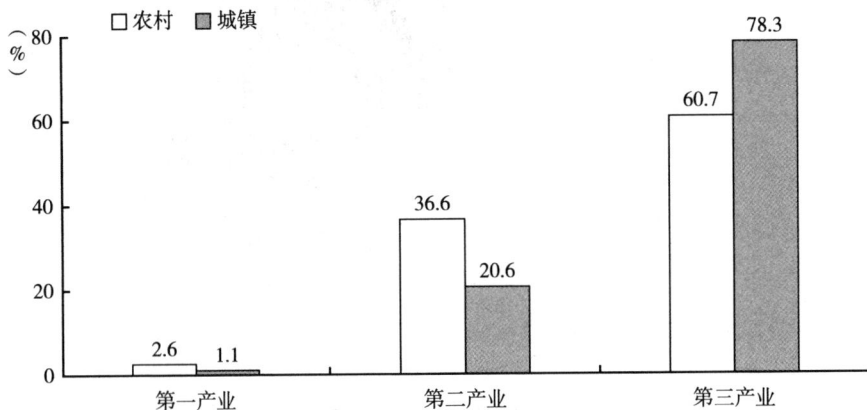

图5 城乡户籍劳动者就业产业类型

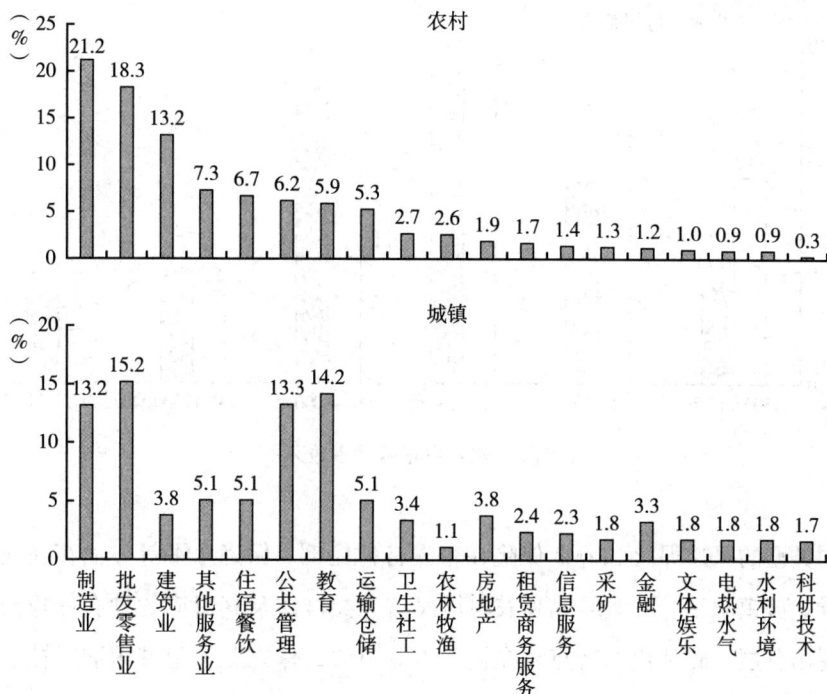

图6　城乡户籍劳动者就业行业类型

在就业回报上，农民工的平均月收入为4744.5元，而城镇户籍劳动者的平均月收入达到6353.7元，农民工的收入显著低于城镇户籍劳动者（t<0.01）。其中，有18.3%的农民工月收入低于1500元，近40%的农民工月收入低于3000元，而城镇户籍劳动者仅有27%月收入低于3000元（见图7），农民工群体中仍然有较高比例的低收入群体。

（二）工作稳定性差、劳动保障不足

我们进一步考察了该样本中农民工群体在劳动力市场中的工作保障情况。在社会保障上，82.5%的农民工有医疗保险，而城镇户籍劳动者的医疗保险覆盖率则为91.8%，农民工的医疗保险覆盖率显著低于城镇户籍劳动者（t<0.01）。在养老保险的覆盖率上，农民工群体中有养老保险的仅占52.7%，而城镇户籍劳动力的覆盖率则达到80.4%，这一比例显著高于农民工群体（t<0.01）。

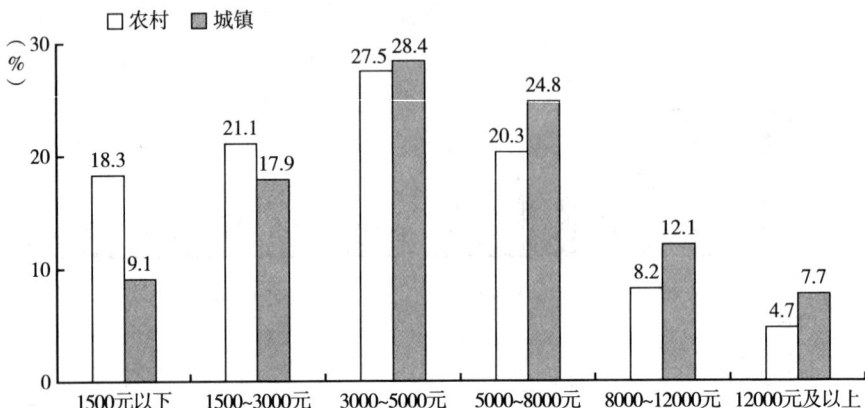

图7　城乡户籍劳动者收入

不同类型的医疗保险和养老保险在个人自付比例、保障水平等方面存在较大差异，城镇职工、城镇居民和农村居民这三类群体及其对应的社会保障类型呈现出分层、碎片化的特点。在机关事业单位工作以及其他城镇职工社会保险水平通常高于城乡居民。[①] 有学者计算了不同养老保险的替代率水平，即退休时的养老金领取水平和退休前工资水平的比率，机关事业单位的社会保险替代率最高，其次是城镇职工保险或企业年金，新型农村合作养老保险的替代率最低。[②] 据此，我们考察了在雇员群体中职工社会保险的覆盖率。对于农民工，仅有24.5%的雇员有城镇职工医疗保险或公费医疗，而城镇户籍的雇员群体覆盖率达到74.3%。这意味着大多数农民工即便进入城镇单位务工，其保险类型仍旧为新型农村合作医疗保险或城乡居民医疗保险，保障水平较低。就养老保险而言，农民工雇员中有城镇职工养老保险的比例仅为23.9%，显著低于城市户籍劳动者的比例72.0%（t<0.01）。[③]

[①]　严国萍：《当代中国碎片化社会福利体制的形成与突破》，《中国行政管理》2014年第7期。

[②]　王亚柯等：《我国养老保障水平差异研究——基于替代率与相对水平的比较分析》，《管理世界》2013年第8期。

[③]　由于2021年CSS问卷中对于社会保险的询问方式与以往年份不同，可能对分析结果产生影响，因此本文采用2019年CSS数据计算各类群体的医疗保险和养老保险的参保率，样本选取方式与2021年CSS保持一致。

劳动合同是对劳动者权益的重要保障方式，体现了劳动力市场中雇佣的稳定性、持续性与合法性。对于雇员身份的农民工群体，与雇主签订劳动合同的比例为53.1%，城镇户籍的雇员劳动者与雇主签订劳动合同的比例则达到79.3%，显著高于农民工（t<0.01）。这进一步反映了农民工劳动者的工作稳定性差、劳动保障不足。

本文进一步考察了农民工对未来6个月内失业的主观预期情况，将完全有可能、有可能、一般、不太可能和完全不可能分别赋值为1到5，数值越大，代表失业预期越低、工作稳定性的主观感知程度越高。根据样本统计可得，农民工的稳定性预期平均值为3.46，而城镇户籍劳动力的工作稳定性预期为3.8，显著高于农民工（t<0.01）。19.3%的农民工认为未来6个月内有可能失业，10.9%的农民工认为未来6个月内完全有可能失业，而城镇户籍劳动者的这一比例仅为5.7%（见图8）。由此，不论是从客观的工作保障，还是从主观的失业预期来看，农民工群体在劳动力市场中都处于弱势地位，劳动保障和工作稳定性水平较低。

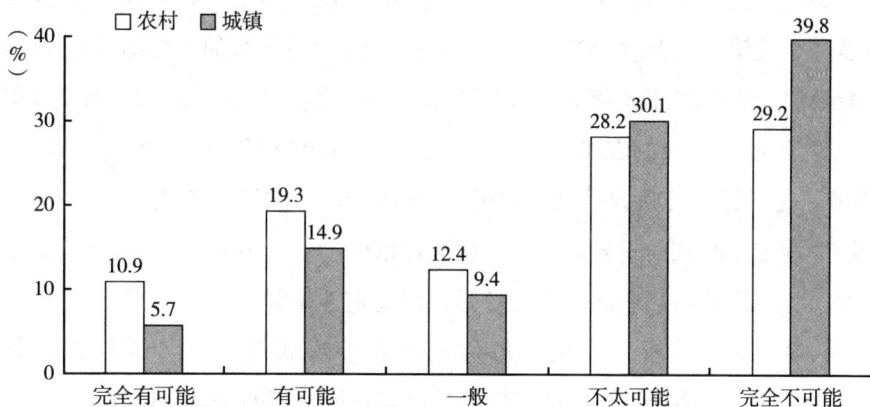

图8　城乡户籍劳动者失业预期

（三）职业地位低、工作强度高、职业发展机会少

首先，对比就业专业技能要求，农民工所从事的工作专业技能要求低于城镇户籍劳动者。38.90%的农民工从事的工作不需要任何专业技能，而城

镇户籍劳动者从事低专业技能工作的比例仅为 28.10%，显著低于农民工
(t<0.01)；有 34.80% 的城镇户籍劳动者从事工作的专业技能要求较高或很
高，仅有 20.15% 的农民工从事技能要求较高或很高的工作（见图 9）。

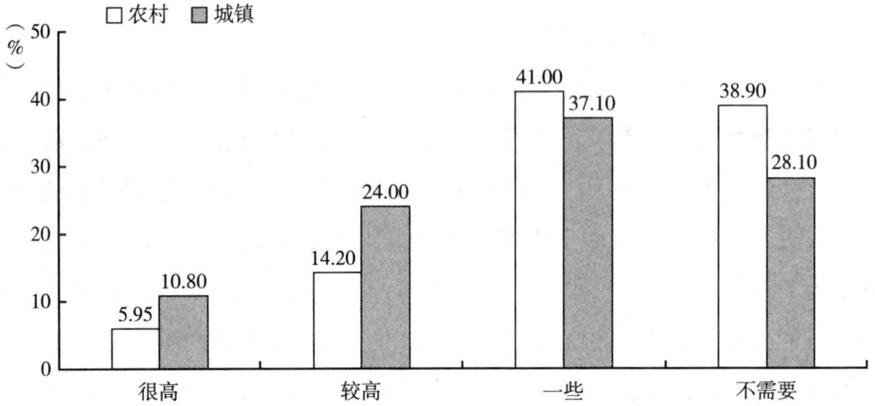

图 9 城乡户籍劳动者专业技能要求

其次，在工作时长上，农民工平均每周的工作时长达到 54.9 个小时，
显著高于城镇户籍劳动力的 50.4 个小时（t<0.01）。每周工作时长在 70 个
小时及以上的农民工比例达到 22.9%，远高于城镇户籍劳动力。每周工作
时长少于 40 个小时的农民工占比 21.8%，而城镇户籍劳动者则占比 17.6%
（见图 10），这一比例显著低于农民工（t<0.01）。农民工劳动者群体内部的
每周平均工作时长的差异显著大于城镇户籍劳动者（F<0.01），这侧面反映
了农民工工作的灵活性和自主性较强，而稳定性较弱。

再者，我们分析了农民工群体的职业发展状况，在雇员劳动者中，
35.9% 的农民工接受过工作单位提供的提高技能方面的培训，而 52.9% 的城
镇户籍劳动者接受过培训，城镇户籍劳动者接受技能培训的比例显著高于农
民工（t<0.01）。在职业地位上，城乡户籍劳动者在高层管理者和基层管理
者的比例上没有显著差异，但城镇户籍劳动者中中层管理者的比例为
17.4%，而农民工中中层管理者仅占 9.1%（见图 11），显著低于城镇户籍
劳动者（t<0.01），农民工中普通职工的比例显著更高（t<0.01）。

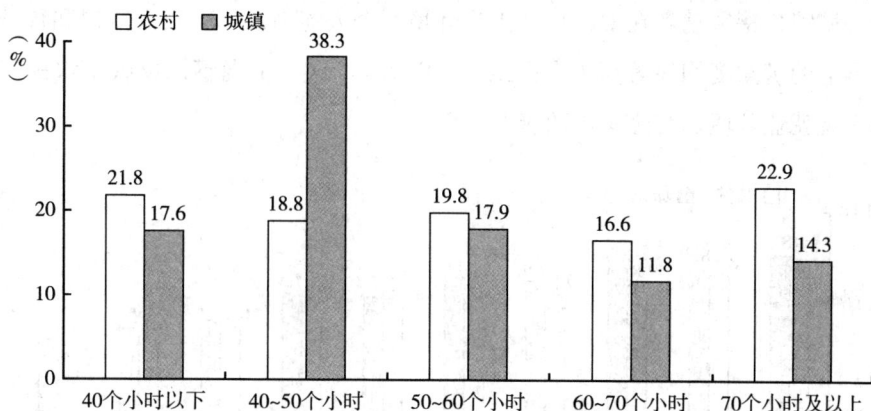

图10 城乡户籍劳动者工作时长

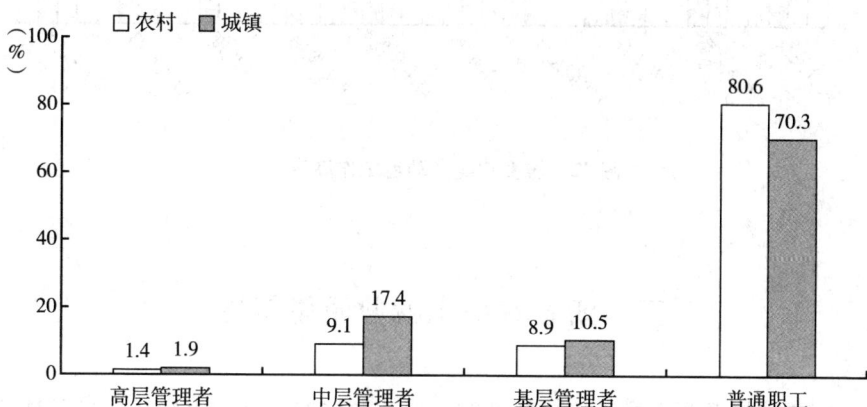

图11 城乡户籍劳动者组织地位

最后,我们比较了城乡户籍劳动者对于其就业状况的主观满意度。我们用1到10的量表来衡量劳动者的主观满意度,数字越大,代表满意度越高。根据样本计算,农民工群体的整体满意度均值为7.48,城镇户籍劳动者的满意度为7.86,显著高于农民工群体(t<0.01)。我们进一步比较了各项具体的就业维度的主观满意度。总体而言,农民工群体在同事关系、领导关系、安全感和自由程度这几个方面的满意程度相对较高,这从侧面体现了农民工的就业环境具有自主性强、熟人社会网络的特点。对比城乡户籍的劳动

217

者，城镇户籍劳动者在安全性、工作环境、个人能力发挥、收入待遇和晋升机会上的满意度均显著高于农民工（t<0.01）。这一主观感知反映了农民工的客观就业环境仍需进一步改善。

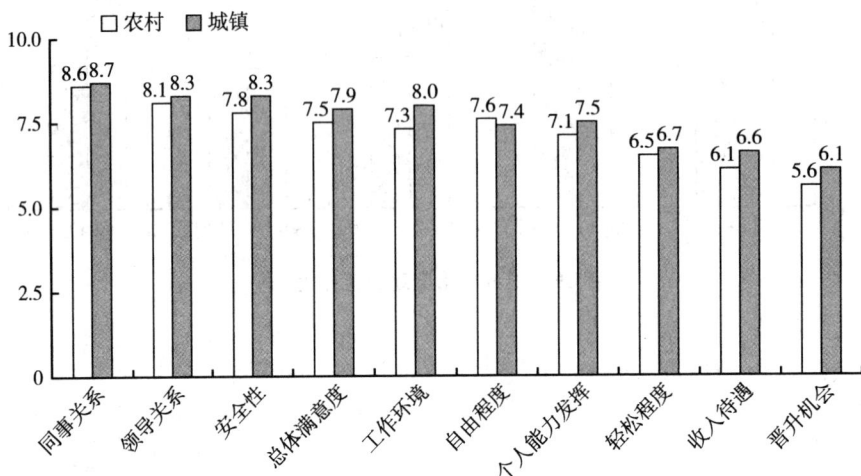

图12　城乡户籍劳动者工作满意度

三　新老农民工就业质量差异

本部分将考察农民工群体内部的差异，根据农民工的出生年份将其划分为老一代农民工（出生于1980年之前）和新生代农民工（出生在1980年及之后），比较这两代农民工的就业质量。

（一）新生代农民工就业产业结构优化、工资收入增加

首先，比较新老农民工的工作类型，新生代农民工中雇员的比例达到70.3%，老一代农民工则为58.3%（见图13），这一比例显著低于新生代农民工（t<0.01）。老一代农民工从事创业和自由职业的比例显著高于新生代农民工（t<0.01）。这表明新生代农民工倾向于进入更稳定的单位、寻求长期雇佣的雇主就业。进一步比较具体的创业类型，将创业根据注册组织类型分为企

业主和个体户两类，前者的雇佣规模更大、组织更正式，我们将这种创业称为机会型创业，将个体户的创业形式称为生存型创业。18%的新生代农民工从事机会型创业，而老一代农民工创业者中仅有9.8%为机会型创业（见图14），新生代农民工成为企业主、从事机会型创业的比例显著更高（t<0.01）。

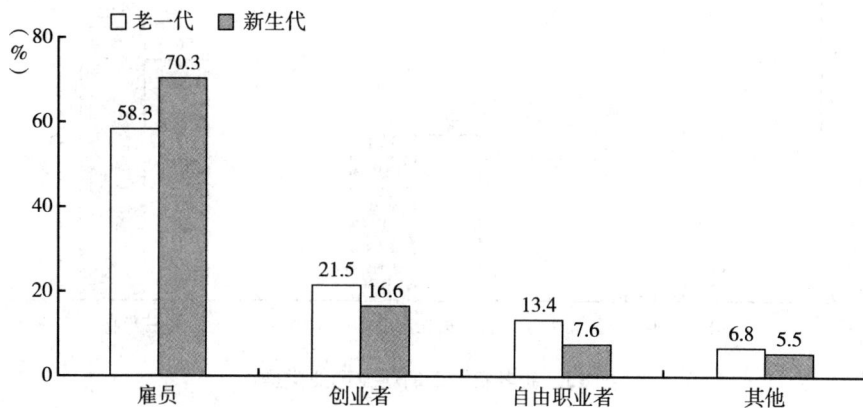

图13　新老农民工的就业类型

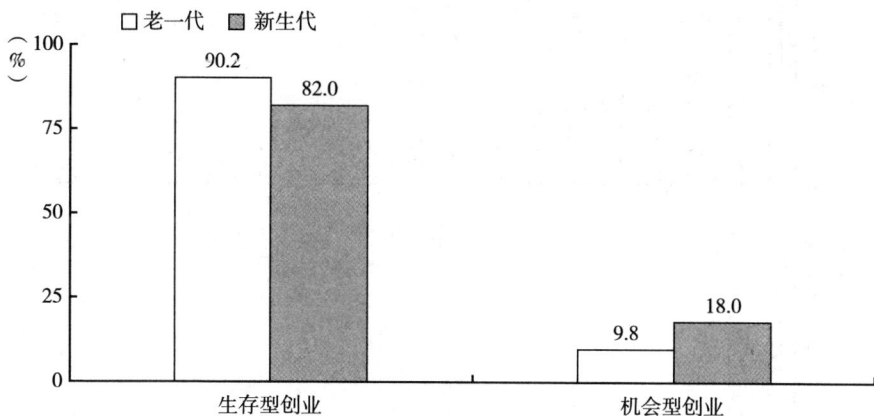

图14　新老农民工的创业类型

在就业产业上，64.5%的新生代农民工从事第三产业，老一代农民工从事第三产业的比例为56.9%（见图15），新生代农民工从事第三产业的比例显著高于老一代农民工（t<0.01）。在具体的行业分布上，两代农民工群体从事的最主要

行业均为制造业、批发零售业和建筑业,但老一代农民工从事建筑业的比例
(16.2%) 显著高于新生代农民工 (10.3%),新生代农民工在教育、信息服务和
租赁商务服务行业从业的比例显著高于老一代农民工 (t<0.01;见图16)。

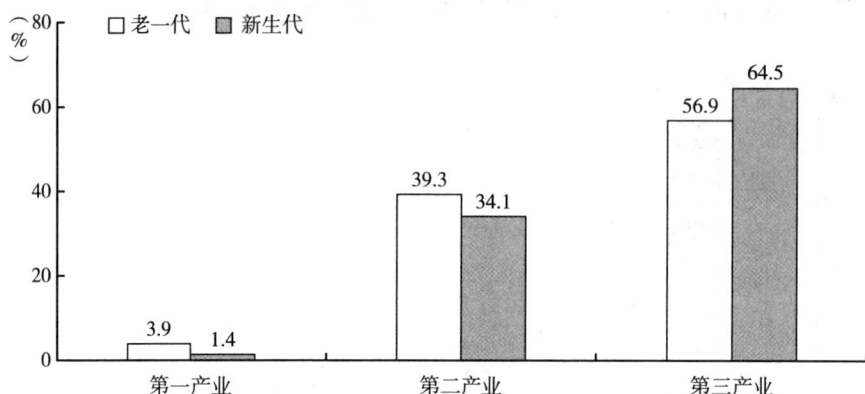

图15 新老农民工的就业产业类型

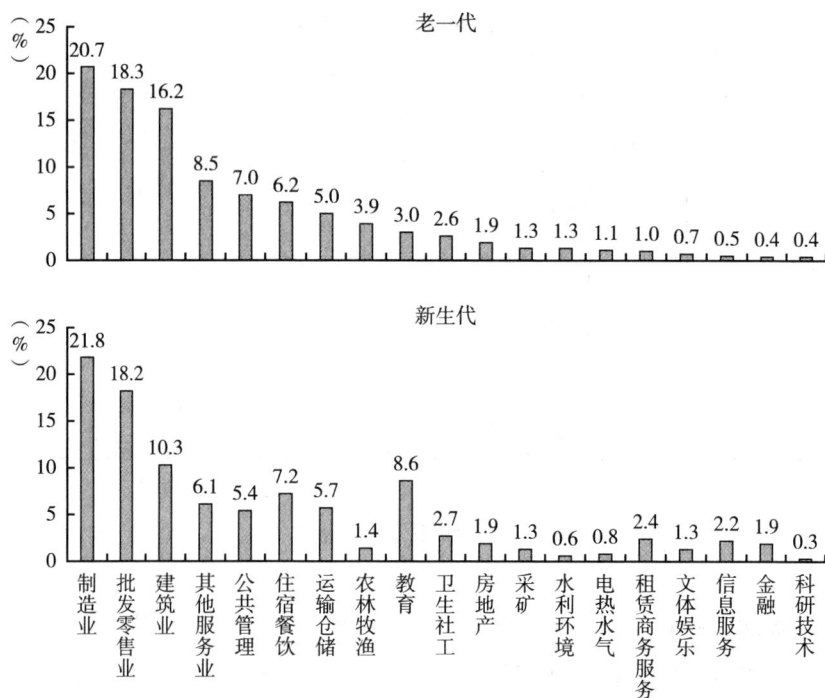

图16 新老农民工的就业行业类型

比较两代农民工就业的经济回报。新生代农民工的平均月收入达到 5726 元，而老一代农民工的月收入仅为 3776 元，新生代农民工相比老一代农民工其就业收入有显著提升（t<0.01）。比较收入分布情况，有近 50% 的老一代农民工收入低于 3000 元，而新生代农民工中仅有 30% 左右低于 3000 元。42.7% 的新生代农民工月收入超过 5000 元，而仅有 23.7% 的老一代农民工月收入高于 5000 元（见图 17）。

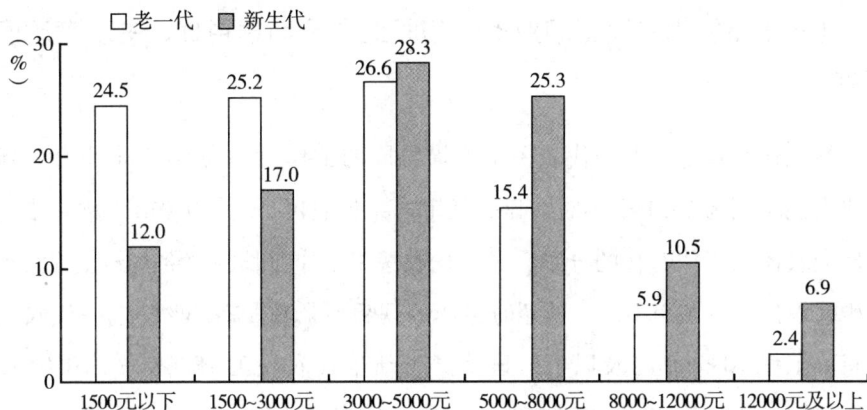

图 17　新老农民工的收入分布

（二）新生代农民工就业保障程度更高，主观失业预期无差异

在社会保障上，老一代农民工的养老保险保障覆盖率为 31.3%，新生代农民工有养老保险的比例为 26.4%，老一代农民工的养老保险覆盖率显著高于新生代农民工（t<0.01）。两代农民工的医疗保险覆盖率无显著差异。进一步比较保障类型和保障水平的差异，在雇员群体中，新生代农民工中有城镇职工养老保险的比例为 18.5%，显著高于老一代农民工 8.8%（t<0.01），新生代农民工雇员群体的城镇职工医疗保险的覆盖率也显著高于老一代农民工（t<0.01）。这意味着老一代农民工的社会保障水平相对较低，以新型农村合作医疗保险为主，由雇佣单位提供的保障不足。

比较农民工的劳动合同签订情况，新生代农民工签订劳动合同的比例为

61.7%，而老一代农民工签订合同的比例为 42.6%，显著低于新生代农民工
（t<0.01）。

考察农民工的主观失业预期，对于未来 6 个月内失业可能性的判断，新
生代农民工和老一代农民工的失业可能性预期并无显著差异。这意味着尽管
新生代农民工客观的劳动保障相比老一代农民工有了显著的提升，但其对就
业稳定性和安全感的主观预期仍然较弱。

（三）新生代农民工职业地位和职业发展前景更优、主观满意度
更高

在工作时长上，老一代农民工平均每周的工作时长为 56.7 个小时，新
生代农民工则为 53.1 个小时，显著低于老一代农民工（t<0.01）。进一步比
较新老农民工工作时长的分布，老一代农民工工作时长的内部差异显著大于
新生代农民工（F<0.01），其超时工作的现象更严重，27.3% 的老一代农民
工每周工作 70 个小时及以上，显著高于新生代农民工 18.6%（t<0.01）。
对于每周工作不到 40 个小时的群体，老一代农民工的比例 24.4% 显著高于
新生代农民工 19.2%（t<0.01；见图 18）。这意味着老一代农民工就业的稳
定性更弱。

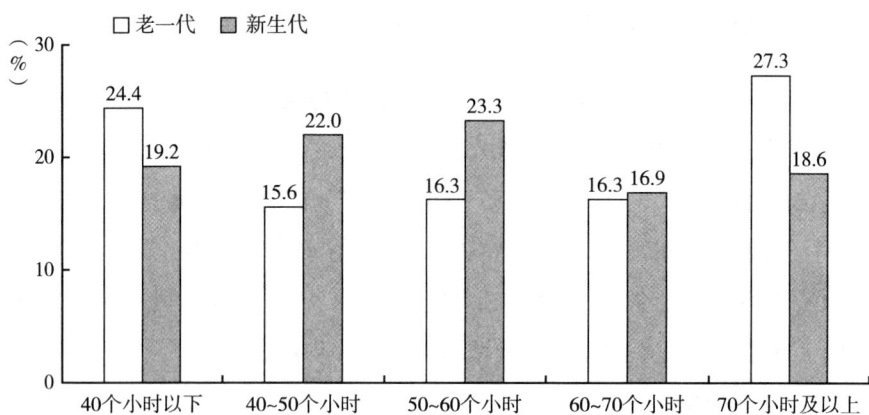

图 18　新老农民工工作时长分布

技能培训是就业单位为劳动者提供的职业发展的重要机会，在雇员群体中，新生代农民工接受技能培训的比例为43.6%，老一代为26.4%，新生代农民工接受技能培训的比例显著高于老一代农民工（t<0.01）。在职业地位上，新生代农民工中管理层人员的比例显著高于老一代农民工，前者为21.9%，后者为16.3%，新生代农民工的职业地位和工作权威显著优于老一代农民工（t<0.01）。从就业的专业技能要求来看，25.3%的新生代农民工从事专业技能要求较高或很高的工作，而仅有14.6%的老一代农民工从事专业技能要求较高或很高的工作。近50%的老一代农民工从事的工作不需要任何专业技能，这一比例显著高于新生代农民工（t<0.01；见图19）。

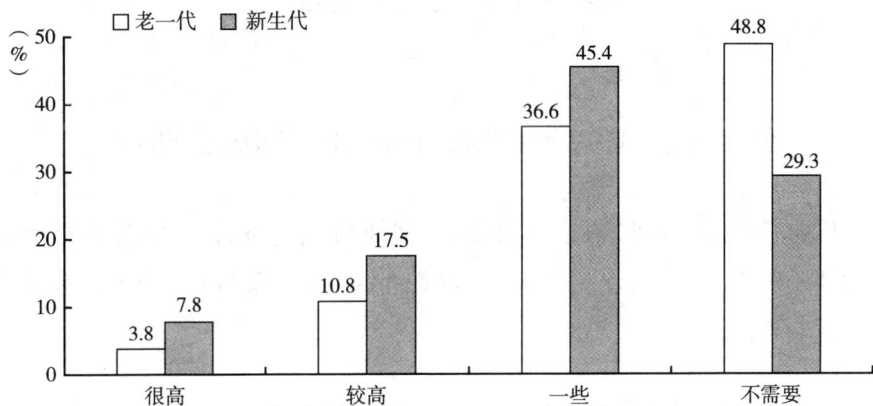

图19　新老农民工就业专业技能要求

在就业的主观满意度方面，两代农民工对就业的总体满意度并无显著差异，这体现了虽然在客观上新生代农民工的就业质量有所提升，但其对于就业质量的要求也更高。在工作满意度上，两代农民工对于同事关系、领导关系的评价均相对更高，但在轻松程度、收入待遇和晋升机会上，新生代农民工的满意度显著高于老一代农民工（t<0.01；见图20）。这些差异也反映出新生代农民工的主观满意度随着其客观就业回报的提高、就业环境的改善等而提升。

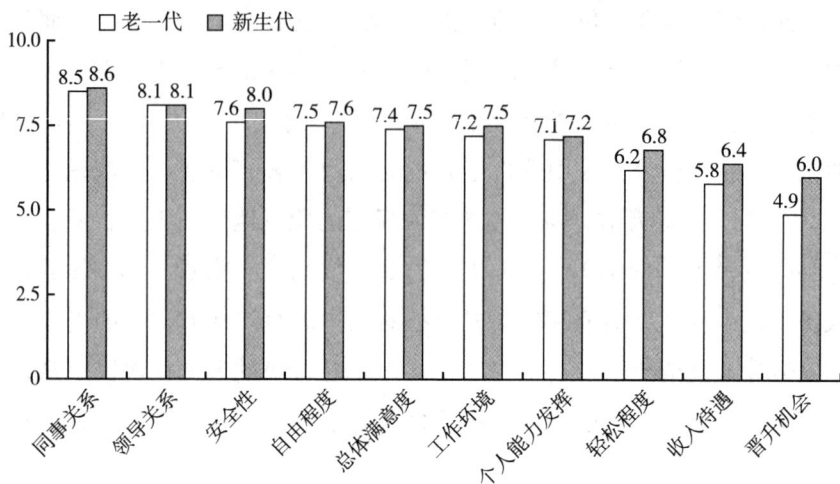

图20 新老农民工工作满意度

四 农民工创业者和自由职业者的就业质量

创业者和自由职业者是近年来随着互联网平台经济的兴起而变得更为普遍的就业形态，本部分将关注从事这些职业的农民工群体的社会人口学特征及其就业质量。

（一）自由职业者年龄偏大、受教育程度较低

首先，我们考察了从事创业（含企业主和个体户）和自由职业的农民工的年龄，企业主的平均年龄为40岁，个体户的平均年龄为44.2岁，自由职业者为46.3岁。其中，农民工自由职业者的平均年龄46.3岁显著大于城市户籍的自由职业者42.9岁（t<0.05）。比较各个年龄段的分布，近40%的企业主年龄在35岁以下，而35岁以下的个体户和自由职业者仅分别占23.1%和18.7%，26.3%的自由职业者年龄在55岁及以上（见图21），而城镇户籍自由职业者仅有13.5%年龄在55岁及以上。由此可见，超龄工作的农民工大多集中在自由职业劳动者中。

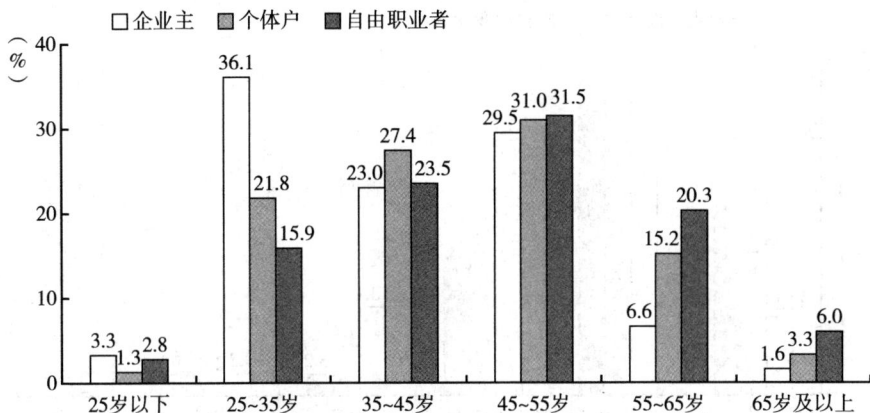

图21　农民工创业者和自由职业者年龄分布

　　其次，在性别分布上，创业者和自由职业者总体的性别比例呈现不平衡的状态，男性占比58.9%。进一步对该群体进行区分，农民工企业主中，男性占63.9%，自由职业者中男性的比例也达到64.1%，个体户创业者中男性比例为54.8%。由此可见，男性相比女性更倾向于该类缺乏稳定性的自我雇佣或成为雇主的就业形态。

　　最后，在受教育程度上，农民工企业主的平均受教育年数为10.8年，个体户和自由职业者的平均受教育年数分别为9.4年和9年。对比城镇户籍劳动者，企业主、个体户和自由职业者的平均受教育程度分别为14.6年、11.2年和12年。从具体的受教育程度来看，16.4%的企业主受教育程度在大专及以上，这一学历比例与农民工群体整体的比例相近，而农民工中的个体户和自由职业者受教育程度总体偏低，分别仅有10.5%和6.8%学历在大专及以上，有74.5%的农民工自由职业者学历在初中及以下（见图22）。而城镇户籍自由职业者学历为大专及以上的比例达到38.8%，这一定程度上表明从事自由职业的农民工多为基层劳动者。

　　（二）创业企业规模较小、企业主收入较高、自由职业者收入偏低

　　在产业分布上，68.9%的企业主和83.1%的个体户从事的工作属于第三产

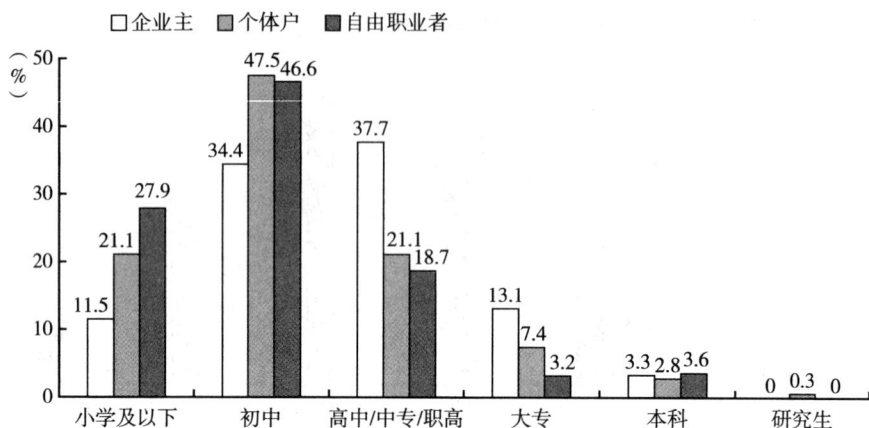

图22 农民工创业者和自由职业者的受教育程度

业，但自由职业者群体中从事第三产业的比例相对较低，仅为53.9%（见图23），而城镇户籍的自由职业者中超过八成在第三产业就业。比较这一群体具体从事的行业，31.1%的企业主从事批发零售业，其次是建筑业、制造业和租赁商务服务，分别占18%、11.5%和11.5%；对于个体户而言，48.7%集中在批发零售业，其次是住宿餐饮和其他服务业，分别占比14.1%和12.6%；自由职业者从事产业的前四位为建筑业、批发零售业、运输仓储和制造业，分别占比23.7%、16.8%、15.5%和14.2%，大多聚集在不稳定的体力劳动岗位中。

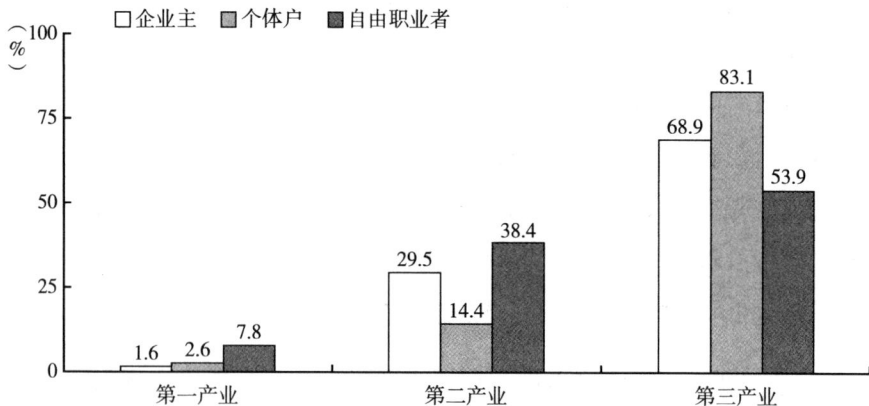

图23 农民工创业者和自由职业者就业产业

　　从企业规模来看，农民工创业企业的雇员数量总体较少，平均仅为 4.7 人。企业主相比个体户雇员数量显著更多（t<0.05），企业主的平均雇员数为 10 人，而个体户仅为 2.4 人。和城镇户籍的企业主与个体户的雇佣规模比较，没有显著差异，这表明创业者总体的企业规模较小。

　　从创业者和自由职业者的收入来看，比较城镇和农村户籍的创业者，农民工企业主的月均收入为 11610 元，而城镇户籍企业主的月均收入则为 24758 元，但两者之间的差异并未通过 T 检验。农民工个体户的月均收入为 5567 元，与城镇户籍个体户的月均收入没有显著差异（见图 24）。农民工中从事自由职业的群体月均收入为 3613 元，显著低于城镇户籍的自由职业者月均收入 6337 元（t<0.01）。比较农民工群体内部的收入差异，企业主的月均收入显著高于雇员、个体户和自由职业者，而自由职业者的月均收入显著低于其他就业群体，农民工灵活就业群体内部的就业回报存在较大的差异。

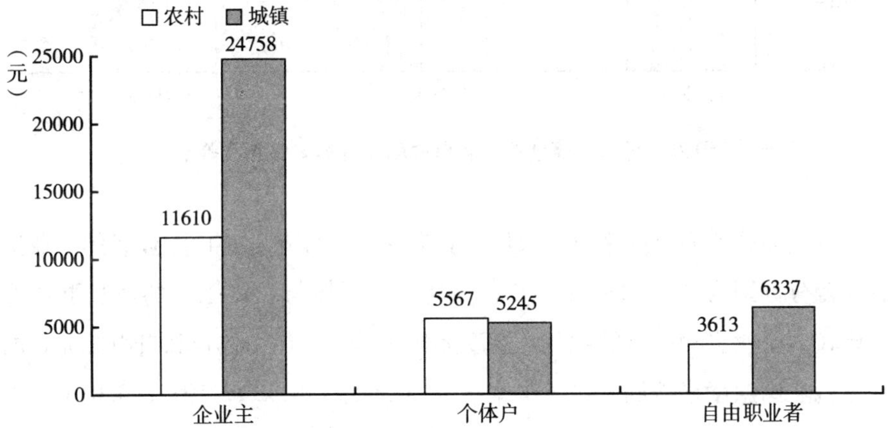

图 24　城乡户籍创业者和自由职业者月均收入

（三）养老保险参与率低、工作自由度评价较高

　　我们考察了创业者和自由职业者的社会保障状况，其医疗保险的覆盖率为 61.7%，三类群体之间不存在显著差异，并且这一保障水平和城镇户籍的

劳动者也无显著差异。在养老保险的覆盖率上，农民工企业主的参与比例仅为21.3%，显著低于城镇户籍企业主的参与比例44.2%（t<0.01；见图25）。农民工个体户和自由职业者参与养老保险的比例同样显著低于城镇户籍的对应群体。这意味着农民工群体中灵活就业人员的劳动保障程度较低。进一步计算主观失业预期并与城镇户籍对应的就业类型群体以及雇员群体进行比较，未通过T检验，创业者和自由职业者对于就业稳定性的主观感知并无显著差异。这意味着工作的持续性和稳定性可能并不是这一灵活就业群体的主要考虑因素。

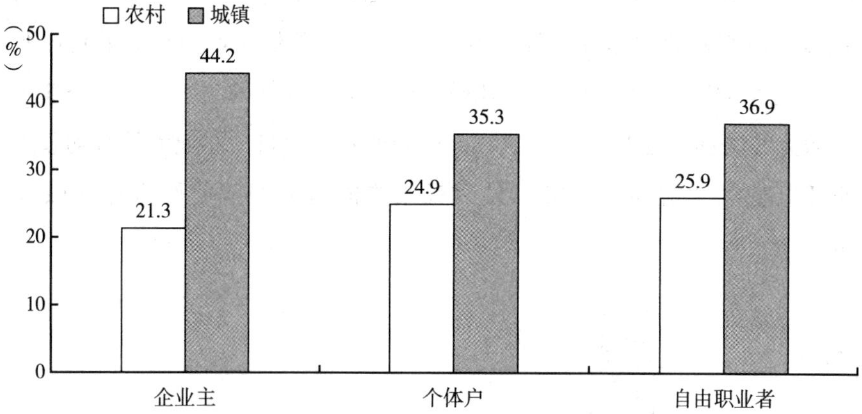

图25　城乡户籍创业者和自由职业者养老保险覆盖率

从整体就业满意度来看，农民工企业主、个体户和自由职业者的就业满意度得分分别为8、7.13和6.95。将这三类群体与农民工中的雇员群体进行比较，企业主和雇员的就业满意度无显著差异，但个体户和自由职业者的整体就业满意度显著低于雇员群体（7.13<7.59；6.95<7.59；t<0.01）。

进一步比较对于就业中各项维度的满意程度，总体而言，企业主在同事关系、领导关系、晋升机会、自由程度和安全性上的满意度得分高于其他类型的就业群体（见图26）。T检验的结果表明，企业主在收入待遇、晋升机会和自由程度这几项上的主观满意度显著高于其他就业类型群体（t<0.05），在个人能力发挥的评价上显著高于个体户和自由职业者（t<0.05）。个体户相比于雇员群体对工作的自由程度和晋升机会的满意度显著更高，但

在收入待遇和个人能力发挥上的满意度显著低于雇员群体（t<0.05）。自由职业者对于工作的轻松程度、安全性和收入待遇的满意度显著低于雇员群体，但对于就业自由程度的满意度显著更高（t<0.05）。总体来看，自由职业者在工作安全性上的满意度显著低于其他就业群体（t<0.05），这反映了自由职业者从事的工作风险较高、保障较弱。企业主、个体户和自由职业者这三类群体对工作自由程度的满意度均显著高于雇员群体（t<0.05），这体现出这些就业类型灵活性和自主性强的特征。

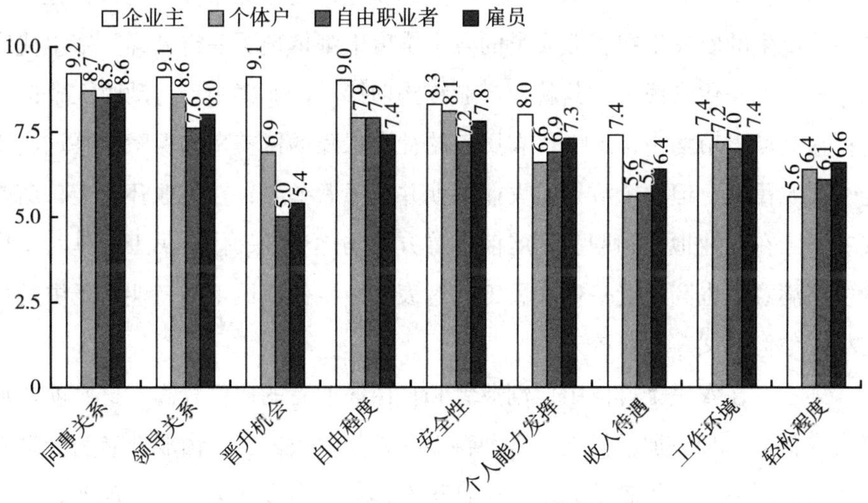

图 26　不同就业类型农民工各项工作满意度

五　分析总结和政策建议

以上我们从就业回报、劳动力市场的稳定性、就业环境这三个方面刻画了农民工的就业创业质量状况，比较了农民工和城镇户籍劳动者、老一代和新生代农民工的就业质量差异，对农民工自由职业群体的状况进行了描摹。从数据呈现的结果来看，可以归纳出以下几个主要结论。

第一，相比城镇户籍劳动者，农民工群体的就业质量较低。具体表现为，在就业行业结构上，第二产业占比较大，劳动收入较低；在劳动力市场中，农民工相比城镇户籍的劳动者工作的稳定性更弱，失业风险更高，并且社会保障的程度和水平都更低。在就业环境上，农民工群体的职业地位较低、职业发展的机会较少，且工作强度更高，农民工对这些方面的主观满意度也相对较低。这反映出就业领域存在着户籍分割，农民工群体在劳动力市场中处于弱势地位，这可能会进一步影响农民工群体在城镇的生活质量和长期的发展意愿。

第二，农民工群体内部的就业质量和就业结构已经出现了显著分化，不同年代出生的农民工在就业质量的各个维度上都体现了一定差异。新生代农民工相比老一代农民工，其就业产业结构向第三产业集中，劳动收入普遍更高；在劳动力市场中，新生代农民工的社会保障的覆盖率和保障水平均高于老一代农民工，但两个群体的失业预期并无显著差异；在就业环境上，新生代农民工在职业地位和职业发展前景等方面均优于老一代农民工，其对工作的主观满意度也高于老一代农民工。这表明新生代农民工在就业市场中的地位相比他们的父辈有所提升。

第三，在农民工群体中，创业者和自由职业者的比例较高，这些就业形态与户籍因素相叠加，呈现一系列特点。首先，农民工自由职业者为劳动者中的弱势群体，其年龄偏大、受教育程度偏低，大多在第二产业就业，推测较多为体力劳动者，其不论是劳动收入还是主观就业满意度水平均低于其他就业类型群体。农民工创业者群体的劳动收入较高，且就业主观满意度也较高。创业者和自由职业者对于工作自由度和灵活性的主观满意度均较高，这反映了这些群体的工作方式特点。

基于上述的分析结果，本文提出以下几点提升农民工就业创业质量的相关政策建议。

第一，完善劳动保障体系，构筑就业创业安全网。社会保障是劳动者在城镇基本生活质量和主观安全感的重要来源，农民工群体在医疗保障和养老保障上的覆盖率显著低于城镇户籍劳动者，并且保险类型多为新型农村合作医疗保险，保障水平低，由工作单位提供的劳动保障远远不足，这使得处于流动状态的农民工面临较大的风险。因此，政府首先应当督促各用人单位完善劳动保障体系，消除基于户籍的社会保障歧视，使这一群体病有所医、老有所养。针对自由职业者等灵活就业群体，政府应探索建立适合这一群体自主灵活工作特征的保障方式，提升这一群体的保障水平。

第二，提升就业创业服务质量，增加职业发展机会。农民工群体仍然集中在非农产业部门从事专业技能要求较低、职业发展前景较弱的劳动类型中，长此以往，这不利于农民工个体发展和生活质量的提升，也将进一步阻碍城乡融合发展。对此，政府首先应逐步消除用人单位对农民工的制度性歧视，在招聘、晋升和奖励等各个用工环节力争城镇户籍劳动者和农民工的就业平等；其次，相关部门可以在县域、乡镇引入满足居民就业需求的计算机、英语、管理等技能培训项目，提升农民工群体在劳动力市场的竞争力，促使这一群体流向较高技能要求的服务业岗位，增加其职业发展和自我提升的机会。

第三，加强创业服务体系建设，赋能农民工高质量创业。创立企业或成为个体户是农民工重要的就业方式，从老一代农民工到新生代农民工，创业类型也从生存型创业向机会型创业转变，这一就业类型也适应于农民工紧密的社会网络、流动性等特征。由此，政府应加强农民工创业服务体系建设，包括对接融资、原料供应、销售、人力资源的相关渠道，帮助农民工解决创业初期、企业存续和发展的后顾之忧，提升农民工的创业质量。此外，鼓励农民工在县域、乡镇开展创业活动，这有助于为本地提供就业岗位，发展县域和乡镇产业，提振经济活力，进而推动城乡融合发展。

B.14
中国职业学校学生实习的现实困局
及纾困路径

张毅 李倩 贺翔*

摘 要： 职业学校学生实习是深化产教融合、校企协同育人的有利机会，也是增强学生综合能力的重要环节。本文从高职学生实习相关政策支持、实习资源与机会、实习管理与规范三个方面，对当前职业院校学生实习就业形势进行了全面剖析，并详细探讨了职业学校学生实习所面临的政策供给不足、实习标准虚置、企业制度形式化、身份合法性缺失和权责判定存在问题五大困局。针对上述问题，提出了职业学校学生实习的纾困路径，包括政府引导校企合作积极发展、企业优化实习制度、职业学校提高实习生源质量和学生转变实习观念。

关键词： 职业学校 学生实习 就业

  职业学校学生实习是深化产教融合、校企协同育人的有利机会，也是增强学生综合能力的重要环节。与此同时，面对目前大多数企业劳动力需求缩减、就业形势严峻的现实情况。人力资源和社会保障部报告显示，学校与企业之间急需组织起以促学生就业为目的的实习工作，设定目标导向，让学生

---

  * 张毅，男，中智智领科技（北京）有限公司副总经理，硕士，高级讲师，主要研究领域为职业技术教育、产教融合、职业发展、人力资源等；李倩，女，中智智领科技（北京）有限公司项目经理，硕士，中级经济师，主要研究领域为职业技术教育、产教融合、职业发展、人力资源等；贺翔，女，天津滨海汽车职业技术学院教师，硕士，主要研究领域为汽车电子技术、职业教育。

在离校之前都能参加实习就业实践，以此来提高应届生的就业能力。然而，在现实情况中，职业学校容易出现毕业实习人数规模过于庞大、实习工作来源有限，企业实际工作内容与专业相关性低、缺乏专业操作性，学生理论知识不能适配岗位、动手实践能力薄弱，企业员工、指导教师等"专家"与学生互动交流频率低、人才培养质量差等问题，削弱了实习的本质意义，导致难以有效实现校企共育的培养目标。因此，解决职业学校学生实习存在的现实问题变得尤为重要。

一 职业院校学生实习就业形势分析

（一）高职学生实习相关政策支持

国家对职业教育学生实习支持的政策法案主要体现在多个方面，旨在规范实习过程、保障学生权益、鼓励企业参与，并提高职业教育质量。以下是一些关键的政策法案及其要点。

国务院印发的《国家职业教育改革实施方案》（国发〔2019〕4号）明确提到，政府要健全职业教育经费投入机制，经费投入要进一步突出改革导向，支持校企合作。[①] 因此政府部门应当合理地制定并落实学生实习的人均经费标准或公共经费标准，加大对职业教育实习工作的支持力度。

为规范职业学校学生实习工作，维护学生、学校和实习单位的合法权益，提高技术技能人才培养质量，推进现代职业教育高质量发展。《职业学校学生实习管理规定》明确了职业学校学生实习的定义和分类（认识实习和岗位实习）；强调了实习的本质是教学活动，是实践教学的重要环节；规定了职业学校和实习单位的责任与义务，包括实习方案制定、实习过程管理、实习报酬支付等；提出了实习单位的选择条件以及实习期间的安全管理和事故处理办法。

[①] 李雪敏：《职业院校防控学生顶岗实习人身损害风险的途径探索》，《大众标准化》2021年第11期，第164～166页。

（二）实习资源与机会形势分析

2023 年 3 月 1 日上午，教育部举行新闻发布会，介绍 2023 年全国教育事业发展基本情况。据教育部发布，2023 年全国中职有 7085 所，高职有 1547 所，职业本科有 33 所，[①] 共有 3000 多万名在校学生，其中包括 1000 多万名实习学生。职业教育人才培养规模上已占我国高等教育的"半壁江山"，蕴含着巨大的人才红利。推进职业教育实习就业是建立现代化产业体系、赢得大国竞争主动的迫切需要。

不同专业和公司提供的实习机会数量和质量存在差异。某些专业因其市场需求而拥有更多的实习机会，如车辆、计算机科学等技术相关领域。而其他护理类专业可能拥有较少的实习机会，因为其市场需求较低或行业发展缓慢。

以天津某职业学校为例，该学校有交通运输大类、电子与信息大类、医药卫生大类三类专业。学校就业指导中心统计数据显示，近五年来该校交通运输大类专业毕业生就业率一直保持在 90% 左右，且就业质量稳步提升。学院与中国汽车行业优秀品牌战略合作，签订直接就业协议，入学即入职。通过岗位能力的定制培养，毕业生平均月薪达 6000 元。以汽车诊断师为例，毕业标准为中工水平，先人一步进入企业关键岗位。与长城汽车、吉利汽车、东风悦达起亚、宝马汽车等全国十大优秀汽车品牌战略合作，定向定岗培养高素质技术技能人才，为毕业生铺就了高品质、成熟稳定的就业渠道。毕业生主要流向国家及省、市的交通运输管理部门、大型车企制造企业以及物流公司等单位。其中不乏多家知名车企及交通运输企业。

（三）职业学校实习管理与规范形势分析

学校如何管理和规范实习过程，确保学生在实习中获得有效的指导和培训，避免出现问题和纠纷。相关规定及指导方案如下。

[①] 《2023 年全国教育事业发展基本情况》，教育部网站，http://www.moe.gov.cn/fbh/live/2024/55831/sfcl/202403/t20240301_1117517.html。

1. 实习管理政策与规定

近年来，随着职业教育重要性的日益凸显，国家和地方政府出台了一系列政策法规以加强和规范职业学校学生实习工作。例如，教育部等八部门于2022年1月印发了新修订的《职业学校学生实习管理规定》，该规定从组织、考核、安全等方面进行了整体规划布局，明确了主体责任，并提出了精细管理的要求。这些政策为职业学校实习管理的规范化奠定了坚实的法律基础。

2. 实习管理实施情况

尽管职业学校在实习管理方面做出了诸多努力，但管理机制尚不健全。学生在顶岗实习期间已经离校，班主任无法每天进行监督管理，只能依赖学生填写的顶岗实习手册来评判实习表现，这往往无法真实反映学生的实习情况。此外，部分学校对实习政策的落实不到位，管理政策未能有效执行，导致实习管理质量参差不齐。

3. 实习岗位与专业匹配度

崔华楠等的调研结果显示，当前学生实习岗位与所学专业的匹配率总体较高，达85.86%，但仍有提升空间。从总体上看，职业学校的岗位实习运行状态良好，管理流程相对规范，管理成效逐渐显现。然而，仍存在一些问题，如质量意识有待提升、育人功能发挥不充分等。[1] 部分学生在实习过程中过于关注赚钱，而忽视了专业能力和业务水平的提高。此外，实习岗位与所学专业的匹配度虽然总体较高，但在民营企业等类型的企业中仍有待提升。

二 职业学校学生实习的困局分析

（一）实习的政策供给所面临的困局

近年来有关职业学校学生实习管理方面的政策法规相继出台并不断完

---

[1] 崔华楠、王国栋、郑辛酉等：《我国高职院校学生岗位实习管理现状分析与对策研究——基于202所高职院校及457家企业调研结果分析》，《中国职业技术教育》2022年第17期，第5~12页。

善，相较于 2016 年版本，新修订的《职业学校学生实习管理规定》（以下简称《规定》）中加入了保障措施和监督与处理两部分内容，但总体而言奖惩和监督力度仍显不足。[①]《规定》在实施过程中，尽管为规范和加强职业学校学生实习工作提供了法律基础和政策指导，但仍面临一些难以完全解决的问题。这些问题可以归纳如下。

1. 认识实习和跟岗实习落实难

学校积极性不足。《规定》提出"认识实习"和"跟岗实习"的概念，但部分学校因安全压力、经费压力等因素，普遍缺乏积极性。特别是公办学校，由于安全责任重大且经费紧张，往往只在最后一年进行顶岗实习。

企业参与度不高。企业更倾向于接收能够长期上岗的员工，对实习一段时间就要离开的学生缺乏兴趣，因为这会打乱企业的生产秩序并增加培养成本。

2. 禁止性事项执行难

工作时间和休息、休假规定难落实。《规定》要求实习单位遵守国家关于工作时间和休息、休假的规定，但过去企业常将顶岗实习学生视为就业员工，法定节假日上班和加班是普遍现象。严格执行《规定》会影响企业生产效益，增加人力资源成本。

实习报酬标准难保障。《规定》要求实习单位给予学生适当的实习报酬，但在实际操作中，部分企业可能因成本考虑而难以给予足量报酬或存在以物品、代金券等形式给付报酬的做法。

综上所述，《职业学校学生实习管理规定》在实施过程中仍面临诸多痛点，需要政府、学校、企业和社会各界共同努力，加大政策宣传和执行力度，完善实习管理制度和机制，提高实习教学质量和效果。

（二）实习的标准虚置所造成的困局

职业学校学生实习标准涉及学生培养目标、实习时间安排、实习条件

---

① 李兴洲、迟玉萌：《职业学校岗位实习异化现象及矫正对策——基于新制度主义视角的分析》，《中国职业技术教育》2023 年第 24 期，第 18~25 页。

（包含实习单位、工作条件、岗位设置、实习指导教师等）、实习内容和实践成果、考核方式及毕业管理等内容。教育部于 2017 ~ 2022 年先后公布共计 149 个职业学校专业顶岗实习标准。尽管目前专业顶岗实习标准已涉及多个学校及专业，但依然存在很多问题：实习院校能够提供有效实习指导就业服务的师资配备不够；由于企业生产任务，实习难以按标准执行，考核方式与企业人才评价无有效衔接。这些极大地影响了技术技能人才的培养质量。

（三）企业的形式化制度所构成的困局

企业的形式化制度所构成的困局在于以下几个方面。

学习机会受限：过度的形式化制度可能限制了学生在实习期间的学习机会，因为他们可能被要求只做一些具体的任务而无法接触到更广泛的工作内容和流程。

创新和主动性受挫：学生可能因为制度的约束而感到不被鼓励去尝试新的方法或提出新的想法，这会影响他们的创新能力和主动性。

交流和合作受限：形式化制度可能阻碍了学生与其他团队成员或部门的交流和合作，这可能限制了他们的学习和成长。

缺乏反馈和指导：过度的形式化可能导致学生缺乏有效的反馈和指导，因为他们可能被要求按照固定的程序执行任务，而不是得到个性化的指导和支持。

挫折感增加：如果学生感到受到了形式化制度的限制而无法充分发挥自己的能力，他们可能会感到挫折和失望，从而影响他们的学习积极性和职业发展意愿。

（四）身份的合法性鉴定所形成的困局

实习生身份的合法性鉴定所面临的困局，主要源于现行法律法规对实习生身份界定的不明确，以及由此引发的一系列问题。以下是对这一困局的详细分析。

1.法律法规的缺失与模糊

（1）《中华人民共和国劳动法》与《中华人民共和国劳动合同法》的空白。我国现行的《中华人民共和国劳动法》和《中华人民共和国劳动合同法》主要调整的是劳动者与用人单位之间的劳动关系，但并未明确将实习生纳入劳动者的范畴。这导致实习生的法律地位模糊不清，其权益保护缺乏明确的法律依据。[①]

（2）地方性法规的不统一。不同地区对于实习生权益保护的规定存在差异，这种不统一进一步加剧了实习生身份认定的复杂性。

2.实习生身份的多样性

（1）实习类型的多样性。实习类型包括课程实习、专业实习、顶岗实习等多种形式。不同类型的实习，实习生的工作内容、时间、报酬等存在差异，这使得实习生身份的认定更加复杂。

（2）实习目的与性质的不同。实习生既有完成学业要求的学习性实习，也有提前适应工作环境、积累工作经验的就业性实习。这些实习的目的和性质的不同，也影响了实习生身份的认定。

3.实际操作中的难题

（1）用人单位的规避行为。由于实习生身份的不明确，一些用人单位利用这一漏洞，将实习生当作廉价劳动力使用，不签订劳动合同、不支付合理报酬、不提供必要的社会保障等。这不仅损害了实习生的合法权益，也扰乱了正常的劳动力市场秩序。

（2）司法实践的困境。在司法实践中，对于实习生身份认定的案件往往缺乏统一的裁判标准。法院在处理此类案件时，往往需要根据具体案情进行综合判断，这增加了案件处理的难度和不确定性。

（五）权责的判定问题所带来的困局

职业学校学生实习的操作环境面临校企合作方式多元化和实习单位生产

---

① 徐芳、胡丽云：《论大学生实习权益的法律保障》，《法制与社会》2011 年第 24 期，第 182~183 页。

经营复杂化等多重问题。与此同时，学生实习过程中的劳动权益保障也受到了挑战。职业学校学生在实习过程中，因为权责的归属问题尚未得到有效划分，导致损害学生正当劳动权益的"擦边球"行为屡禁不止，违法违纪现象多发。职业学校部分学生不仅专业理论基础知识掌握不牢，而且对自我的能力定位不清晰与对职业生涯的规划也不细致，导致自身无法胜任实习单位配置的工作。

三 职业学校学生实习的纾困路径

（一）政府引导校企合作积极发展

1.政府完善实习优惠及帮扶政策

政府应当优化为接收在校实习生的企业制定的相关的优惠政策，并扩充优惠内容，充分发挥各类政策在校企合作中的作用，合理运用更多优惠方案，引导实习企业与职业院校建立长效合作机制；重点表彰在接受组织学生实习活动中表现突出的企业，提高该企业的信用及企业声誉。

2.政府健全利益相关者的权益保障体系

职业学校实习工作是一个多方参与的劳动实践活动，职业学校、实习单位、学生三大主体的合法权益都需要得到保障，否则实习就业活动的开展就会困难重重。学生在实习期间，在学校仍是学生的身份，但在企业中则具有"准员工"的身份。

政府应当修改、补充及完善《中华人民共和国教育法》《中华人民共和国职业教育法》等法律法规中与职业学校学生实习工作相关的内容，明确学生实习期间享有的各项权益。

修订《中华人民共和国劳动法》《中华人民共和国劳动合同法》，并在其中确定实习期间学生的"准员工"身份，使学生享有与其他员工同等的劳动报酬权、劳动保护与安全权、隐私权和劳动争议处理权等；修订《工伤保险条例》，将实习保险纳入工伤认定保险范围内，建立专门的实习保险认定标准、明确各类意外事故的责任划分细则，确保实习生享有意外伤害保险权、医疗权和伤害赔偿权等。

完善实习生工作期间维权体系，健全实习过程中各种纠纷处理制度、细化各类纠纷的认定结果及调解细则，提供实习维权法律援助服务，减轻其纠纷维权成本、增强法律维权意识。

3. 政府鼓励第三方信息平台建设

政府作为主导人，应该鼓励职业学校、企业或第三方组织搭建实习信息交流平台，并进行统一管理。实习作为人才培养的重要组成部分，通过建立实习信息交流平台，可以汇集和整理有关实习的信息，如实习岗位、实习单位、实习要求等，为高校、企业和学生提供一个便捷的信息交流渠道，促进实习信息的流通与共享。

通过实习信息交流平台，可以方便学校和企业对实习数据进行采集、整理和分析，提高实习管理的效率。通过平台，高校可以与企业建立稳定的供求关系，了解企业的技术需求和研发方向，为企业的技术创新提供人才支持。

总之，政府鼓励第三方建设实习信息交流平台，旨在在促进实习信息的流通与共享、提高实习管理的效率、推动产学研合作以及服务地方经济等方面发挥积极作用。

（二）企业优化实习制度

1. 提供真实实习情景

实习单位需要给职校学生提供相应的实习岗前培训，岗前培训不单单包含工作实践中所需的职业技能和操作安全知识，还应包括企业的基本情况、规章制度和企业文化等。实习单位文化的学习给职校学生提供了真实的实习文化环境和企业架构，帮助其更好地融入单位员工中。同时，企业应当保障工作实践过程的生产安全，完善工作环境中的基础设备，提高学生对单位的认同感。

2. 合理安排实习内容

企业需要提高顶岗实习效率，顶岗内容安排应循序渐进，促进学生身份的转变。工作身份的转变强调的是学生在企业中由新手参与者向正式工作者的转变，这个过程需要循序渐进不能一蹴而就。因此，实习单位应依据实际工作的内容和时间来对其工作进行安排，"由浅入深"地安排工作内容，推动学生工作身份的改变。与此同时，对于一些有挑战性的工作，实习单位可以采用老带新等形式安排实习。这不但可以提高实习生的工作协同能力，还可以减轻实习生在工作中的压力，从而提高实习效果与质量。

3. 完善实习管理机制

完善实习管理机制，形成企业主导、高校协助的管理机制。企业应当设立专门的实习生管理部门，该部门有权制订学生的实习计划，对学生的实习内容、实习目标、实习时长及实习考核评价进行自主规划。该部门还需要对实习学生的工作安排进行管理，为每个学生配备指导教师，指导教师由企业员工担任，企业员工的带教工作由该部门进行管理。该部门对企业员工的实习指导工作进行统一的考核评价，并将此项工作纳入绩效考核内容之中，按绩效补发额外工资。

（三）职业学校提高实习生源质量

1. 优化课程设置

优化课程知识体系，有助于帮助学生高质量走向实习岗位、工作岗位进行实践。学校应积极主动与企业进行对接，将企业所需要的人才标准融入职业学校的课程教学标准中。课程教学目标的撰写应该以企业能力为重点进行描述；课程教学标准陈述方式应该以实际工作形式为主，让学生在完整闭环工作中去理解每一项工作任务。课程体系的最终设立需要从本专业所对口的企业岗位出发，结合企业岗位的典型工作任务、职责职能要求，经由专业教学指导委员会评估并起草《岗位职业标准》；课程体系改革的同时，需要同步调整教学方法。构建以职业学校学生职业能力素养为核心的教学体系，改变传统教学模式，重点引入行动教学方法，实现"教、学、做"的知行合一。

2. 完善评价制度

实习作为实践教学的主要形式，是职业学校学生培养实践与就业能力的重要途径，因此完善的考核评价制度可以有效保障实习的质量。职业学校和企业应当协作互助，共建全方位的实习考评机制。实习前，职业学校与企业合作搭建互选平台，企业通过对学生课程成绩及前期实验实习的情况进行考察选择优质的实习学生，以面试的方式进行考察。通过双选申请等形式调动学生的积极性、增强竞争意识。实习期间，企业作为考评的主导者，以考勤、抽查、日志和实操考试等形式全过程、全方位地开展考评工作。实习结束后，学校组织以实习答辩为主、实习日志报告为辅的考评工作。引导学生端正实习态度、严控实习行为，以过硬的综合实力应对实习考评。

3. 加强师资建设

在教师专业发展方面，职业学校应结合自身情况制订可行的"双师型"教师培养计划，重视教师专业发展，打造"双师型"教师队伍，成立教师发展中心统筹规划教师培养工作，或打造"大师工作室"为各专业、各层次教师提供交流合作平台。教师与学生一同进入企业实习，从岗前培训到生产实践全过程参与。在这个过程中学校教师可以更直接地对学生实习进行管理和指导，在积累教师工程实践经验的同时降低学校的实习教学成本，可谓一举两得。

（四）学生转变实习观念

1. 明确实习目标

职业学校学生应当做好职业生涯规划，明确实习工作目标，制订长期工作计划。学生可以通过实习提升自己理论与实操相结合的能力，其实习目标应当是提升实践能力及了解岗位职能，通过实习充分了解各种岗位的工作内容和要求，为后续求职做好个人就业选择，同时在实习中积极动手实践，不断提升自身综合实践能力和就业竞争力。

2. 提高学习积极性

实习单位对于认真负责的实习生的认可度较高，会给这类实习生分配更具有挑战性的工作，引导其在主动尝试的过程中了解更多相关行业、专业的内容，实习生的积极主动与企业的信任相互作用，形成一个良性循环路径，因此学生在实习时应当提高自己的积极性和抗压能力。当前，我国职业学校学生的身份较为尴尬，部分课程质量不高，课程安排不合理，导致学生缺乏实践经验，学校应该严控理论基础课与实践课课程安排，不断提高教学质量，实质性地提高学生的实践胜任力。学生初入企业实习应当正视自己的新手身份，以谦虚的态度、积极的行动对待基础工作，做好每一件小事，逐渐赢得企业的信任，不断提升自身岗位胜任力。

B.15
2023年全国高校本科毕业生就业调查分析*

岳昌君**

摘　要： 教育部强调高等教育"以本为本"，加快建设高水平本科教育。本文基于全国高校本科毕业生就业状况抽样调查数据，对本科毕业生的毕业去向、就业质量和就业结构进行了统计分析。第一，从本科毕业生的毕业去向看，落实率超过2/3，但单位就业的比例不足1/3，国内升学和出国出境的比例超过三成，大大缓解了本科毕业生的就业压力。第二，从本科毕业生的就业质量看，不同类型工作之间的收入差距很大，一流大学建设高校、交叉学科和工学、男性、在东部地区就业、在大中城市就业、在IT行业就业、在三资企业工作、从事专业技术职业、专业对口的毕业生月起薪显著更高。第三，从本科毕业生的就业分布看，非均衡化的特点十分显著，就业集聚在大中城市、"头部"行业（教育、制造、IT）、民企和国企、专业技术岗位。

关键词： 本科毕业生　毕业去向　就业质量　就业结构

　　2023年，从全球就业市场和我国就业市场来看，形势有喜有忧，可喜的是就业市场呈现恢复性增长，可忧的是增长幅度不大。国际劳工组织在2023年1月发布的《世界就业和社会展望：2023年趋势》预测2023年全球

---

　　* 本文系教育部人文社会科学重点研究基地重大课题"高校毕业生高质量就业的评价与对策研究"（课题编号：22JJD880038）的阶段性研究成果。
　　** 岳昌君，北京大学教育经济研究所所长，教授，博士研究生导师，主要研究领域为高等教育与劳动力市场。

失业率将达到5.8%，而在2024年1月发布的《世界就业和社会展望：2024年趋势》测算，2023年全球失业率只有5.1%，比预测值降低了0.7个百分点，比2020年的6.6%减少了1.5个百分点。青年失业率出现更大幅度的下降，由2020年的15.7%下降到2023年的13.3%，减少了2.4个百分点。虽然青年失业率下降的幅度比总体失业率的降幅更大，但是青年失业率的绝对水平很高，2023年比总体失业率高出8.2个百分点，是总体失业率的2.6倍。因此，青年失业问题更为突出和严峻。

从我国的经济和就业情况来看，2023年《政府工作报告》给出的2023年国内生产总值预期目标是增长5%左右，国家统计局公布的实际增长率为5.2%；城镇调查失业率预期目标是控制在5.5%左右，实际值为5.2%。无论是国内生产总值还是城镇调查失业率，我国都实现了年初的预期目标，但是都与预期目标值相差不大，分别差0.2个百分点和0.3个百分点。我国城镇调查失业率比全球失业率高出0.1个百分点，说明就业形势依然严峻。特别是青年失业率，国家统计局公布的数据显示，2023年6月的青年失业率高达21.3%，同期城镇调查失业率为5.2%，青年失业率是城镇调查失业率的4.1倍，两者差距显著大于全球就业市场中青年失业率与总体失业率2.6倍的差距。因此，我国的青年就业问题是重中之重，需要继续制定相关政策措施，加大力度帮扶青年人就业。

2023年，我国高校毕业生规模达到1158万人。从绝对数量看，首次超过1100万人；从增幅看，比上一年增加82万人，是高校扩招以来增幅超过80万人的仅有的两个年份之一。本科毕业生是我国高校毕业生的主力军，也是就业难度相对更大的群体，从学术水平上看不如研究生的研究能力强，从学用结合上看不如专科生的专业对口度高。但是，本科生却又是我国高考中的佼佼者，高分考生才能进入本科教育，才能进入"双一流"高校。因此，本文专门分析我国高校本科毕业生的就业状况。

本文使用的数据来自北京大学教育学院/教育经济研究所"全国高校毕业生就业状况调查"课题组于2023年组织的全国高校毕业生就业状况调查。"全国高校毕业生就业状况调查"是面向全国高校毕业生的大规模抽样调查，在 2003 年开始首次调查之后，每两年均会面向全国应届高校毕业生组织一次新的调查，了解当年毕业生的基本信息、就业状况、求职状况、教育状况等。本文选取 2023 年全国高校毕业生就业状况调查数据中的本科生样本，专门分析本科毕业生的就业形势、就业特点和就业问题，基于实证分析的结果提出相应的促进就业的政策建议。

2023 年"全国高校毕业生就业状况调查"于 2023 年 6 月在全国范围内展开，参考我国高校的地区和类型分布对高校进行整群抽样，根据学校类型和规模向目标调查学校发放 500～1000 份问卷，在高校内部依据学科专业进行分层随机抽样，最终一共获得 16844 份本科生有效问卷。样本覆盖东、中、西部地区 21 个省区市的 39 所高校。分地区来看，东部地区高校毕业生占比 60.5%，中部地区占比 21.2%，西部地区占比 18.4%；分院校类型来看，一流大学建设高校毕业生占比 10.5%，一流学科建设高校毕业生占比 18.1%，普通本科高校毕业生占比 55.4%，民办高校和独立学院毕业生占比 15.9%；分学科门类看，哲学毕业生占比 0.4%，经济学毕业生占比 7.2%，法学毕业生占比 4.2%，教育学毕业生占比 5.4%，文学毕业生占比 8.9%，历史学毕业生占比 1.0%，理学毕业生占比 12.6%，工学毕业生占比 35.4%，农学毕业生占比 1.1%，医学毕业生占比 4.7%，管理学毕业生占比 12.8%，艺术学毕业生占比 5.8%，交叉学科毕业生占比 0.5%；分性别来看，男性毕业生占比 44.8%，女性毕业生占比 55.2%。

一 本科毕业生的毕业去向

2023 年全国高校毕业生就业状况调查将学生毕业去向划分为：（1）已确定就业单位；（2）国内升学；（3）出国出境；（4）自由职业；（5）自主创业；（6）其他灵活就业；（7）待就业；（8）不就业拟升学；（9）其他暂不就业；（10）其他。本文将第（1）～第（6）项的比例之和称为"去向落实率"，即毕业生离校时，已经确定就业去向的毕业生人数占全体毕业生总数的比例。

（一）总体本科毕业生的毕业去向

图 1 显示的 2023 年全国本科毕业生的毕业去向，落实率为 66.8%，超过 2/3。问卷调查的时间是当年的 6 月，在毕业离校时去向落实率接近七成，表明毕业去向落实情况尚可。去向落实率较高的主要原因之一是国内升学（27.2%）和出国出境（3.4%）的比例大，合计为 30.6，占全体毕业生的比例超过三成。教育部公布的数据显示，2023 年我国共招收研究生 130.17 万人，其中硕士生 114.84 万人，升学已经成为本科毕业生的主要去向之一，国内升学的比例超过 1/4。

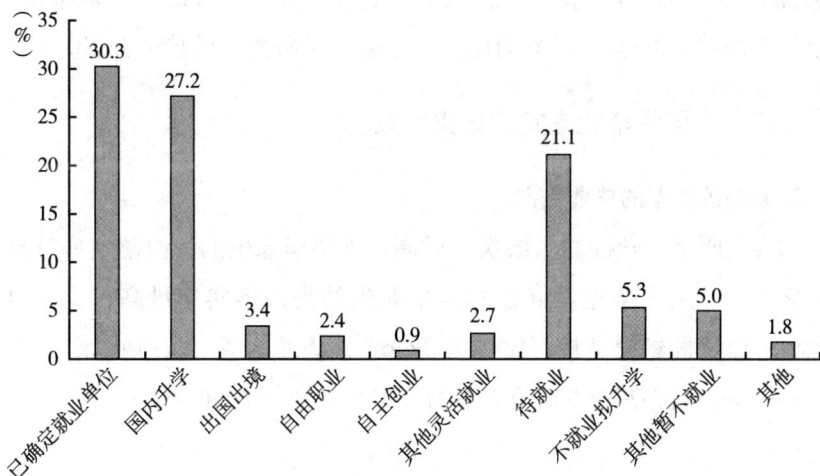

图 1 2023 年本科毕业生的去向分布

从就业落实情况看，已确定就业单位的比例仅为 30.3%，不到 1/3，说明就业形势不容乐观。灵活就业的比例为 5.9%，其中自由职业占比 2.4%，自主创业占比 0.9%，其他灵活就业占比 2.7%。特别地，自主创业的比例不足 1%，表明自主创业对解决应届毕业生就业问题的作用还十分有限。

"待就业"从另外一个侧面反映就业的难易程度。2023 年本科毕业生的待就业比例为 21.1%，超过两成，与国家统计局公布的 2023 年 6 月的青年失业率（21.3%）非常接近。待就业毕业生是那些想找工作，但是在离校时尚未找到工作的毕业生。他们当中的大多数人并不是一个工作机会都没有，而是属于"有业不就"——没有获得理想的就业机会。"有业不就"现象凸显，反映出劳动力市场分割程度比较严重，工作岗位和收入待遇的差异较大。

"慢就业"成为近年来高校毕业生的普遍现象。虽然在调查问卷中没有直接问到"慢就业"的情况，但是在毕业去向的十个指标中，"不就业拟升学""其他暂不就业""其他"三个指标都或多或少与"慢就业"相关，这三个指标的比例分别为5.3%、5.0%和1.8%，合计达到12.1%，超过一成。考虑到2023年全国有400多万的本科毕业生，按照上述比例估计，全国有50万左右的本科毕业生属于"慢就业"群体。"二战考研"毕业生是"慢就业"中的重要群体，5.3%的比例凸显出"考研热"的持续升温。

（二）本科生毕业去向的分类比较

1.分院校类型的毕业去向

如表1所示，学校的"层次"越高，本科毕业生的去向落实率就越高，差异显著。一流大学建设高校本科毕业生的去向落实率最高，为83.0%；其次为一流学科建设高校，比例为72.6%；普通本科高校排在第三位，比例为64.7%；民办高校和独立学院排在最后，比例为56.7%。

表1 分院校类型的毕业去向

单位：%

毕业去向	一流大学建设高校	一流学科建设高校	普通本科高校	民办高校和独立学院
去向落实	83.0	72.6	64.7	56.7
已确定就业单位	22.8	25.5	31.2	37.4
国内升学	52.9	39.4	24.5	5.8
出国出境	6.6	4.8	2.6	2.6
自由职业	0.3	1.9	2.4	4.0
自主创业	0.0	0.2	1.1	1.5
其他灵活就业	0.4	0.8	2.9	5.3

毕业去向	一流大学建设高校	一流学科建设高校	普通本科高校	民办高校和独立学院
去向未落实	17.0	27.4	35.3	43.3
待就业	6.5	14.5	23.3	30.7
不就业拟升学	6.9	6.5	5.3	3.0
其他暂不就业	2.8	4.6	5.2	6.3
其他	0.8	1.7	1.5	3.3

一流大学建设高校毕业生的毕业去向前五位依次是：（1）国内升学，占52.9%；（2）已确定就业单位，占22.8%；（3）不就业拟升学，占6.9%；（4）出国出境，占6.6%；（5）待就业，占6.5%。

一流学科建设高校毕业的毕业去向前五位依次是：（1）国内升学，占39.4%；（2）已确定就业单位，占25.5%；（3）待就业，占14.5%；（4）不就业拟升学，占6.5%；（5）出国出境，占4.8%。

普通本科高校毕业生的毕业去向前五位依次是：（1）已确定就业单位，占31.2%；（2）国内升学，占24.5%；（3）待就业，占23.3%；（4）不就业拟升学，占5.3%；（5）其他暂不就业，占5.2%。

民办高校和独立学院毕业生的毕业去向前五位依次是：（1）已确定就业单位，占37.4%；（2）待就业，占30.7%；（3）其他暂不就业，占6.3%；（4）国内升学，占5.8%；（5）其他灵活就业，占5.3%。

比较而言，一流大学建设高校和一流学科建设高校的本科毕业生都是以国内升学为主，而普通本科高校、民办高校和独立学院的本科毕业生都是以已确定单位就业为主。一流大学建设高校和一流学科建设高校的本科毕业生出国出境的比例显著高于普通本科高校、民办高校和独立学院。待就业的毕业生比例最高的是民办高校和独立学院，为30.7%。不就业拟升学的毕业生比例较高的是一流大学建设高校和一流学科建设高校，均超过6%。其他暂不就业的毕业生比例较高的是普通本科高校、民办高校和独立学院，都在

5%以上。卡方检验的结果显示，不同院校类型本科毕业生的毕业去向在1%的水平上存在显著差异。

2. 分学科门类的毕业去向

如表2所示，不同学科门类本科毕业生的毕业去向存在显著的差异，工学、哲学、理学的去向落实率较高，分别为74.1%、71.2%和68.3%；医学、教育学、交叉学科的去向落实率较低，分别为48.0%、56.4%和58.5%。

表2 分学科门类的毕业去向

单位：%

毕业去向	哲学	经济学	法学	教育学	文学	历史学	理学	工学	农学	医学	管理学	艺术学	交叉学科
去向落实	71.2	59.3	61.4	56.4	65.3	62.7	68.3	74.1	67.9	48.0	65.0	63.8	58.5
已确定就业单位	22.0	27.3	20.1	34.3	28.3	35.5	25.0	35.6	28.3	20.6	35.3	16.7	29.3
国内升学	42.4	22.5	34.5	14.4	26.3	21.3	36.5	30.2	31.6	19.9	20.6	22.6	15.9
出国出境	5.1	5.9	2.8	0.7	5.3	1.8	3.1	2.6	0.5	1.1	4.1	7.3	6.1
自由职业	1.7	1.4	2.0	3.2	1.8	0.6	1.4	2.1	0.0	1.9	2.2	8.7	2.4
自主创业	0.0	0.7	0.1	0.7	0.8	0.0	0.6	0.9	1.6	0.6	0.5	3.3	4.9
其他灵活就业	0.0	1.5	2.0	3.2	2.9	3.6	1.7	2.7	5.9	3.8	2.4	5.1	0.0
去向未落实	28.8	40.7	38.6	43.6	34.7	37.3	31.7	25.0	32.1	52.0	35.0	36.2	41.5
待就业	13.6	26.6	22.4	34.4	23.1	24.9	19.6	14.4	19.3	39.0	23.6	22.9	20.7
不就业拟升学	6.8	6.4	7.7	2.2	4.6	8.3	5.5	5.5	7.0	4.2	4.9	5.9	7.3
其他暂不就业	6.8	6.6	7.4	4.9	5.3	2.4	4.5	4.2	3.7	6.6	5.4	5.1	9.8
其他	1.7	1.1	1.0	2.2	1.7	1.8	2.1	1.9	2.1	2.2	1.2	2.4	3.7

具体来看，哲学毕业生去向前五位依次是：（1）国内升学，占42.4%；（2）已确定就业单位，占22.0%；（3）待就业，占13.6%；（4）不就业拟升学，占6.8%；（5）其他暂不就业，占6.8%。

经济学毕业生去向前五位依次是：（1）已确定就业单位，占27.3%；（2）待就业，占26.6%；（3）国内升学，占22.5%；（4）其他暂不就业，占6.6%；（5）不就业拟升学，占6.4%。

法学毕业生去向前五位依次是：（1）国内升学，占34.5%；（2）待就业，占22.4%；（3）已确定就业单位，占20.1%；（4）不就业拟升学，占7.7%；（5）其他暂不就业，占7.4%。

教育学毕业生去向前五位依次是：（1）待就业，占34.4%；（2）已确定就业单位，占34.3%；（3）国内升学，占14.4%；（4）其他暂不就业，占4.9%；（5）其他灵活就业，占3.2%。

文学毕业生去向前五位依次是：（1）已确定就业单位，占28.3%；（2）国内升学，占26.3%；（3）待就业，占23.1%；（4）其他暂不就业，占5.3%；（5）出国出境，占5.3%。

历史学毕业生去向前五位依次是：（1）已确定就业单位，占35.5%；（2）待就业，占24.9%；（3）国内升学，占21.3%；（4）不就业拟升学，占8.3%；（5）其他灵活就业，占3.6%。

理学毕业生去向前五位依次是：（1）国内升学，占36.5%；（2）已确定就业单位，占25.0%；（3）待就业，占19.6%；（4）不就业拟升学，占5.5%；（5）其他暂不就业，占4.5%。

工学毕业生去向前五位依次是：（1）已确定就业单位，占35.6%；（2）国内升学，占30.2%；（3）待就业，占14.4%；（4）不就业拟升学，占5.5%；（5）其他暂不就业，占4.2%。

农学毕业生去向前五位依次是：（1）国内升学，占31.6%；（2）已确定就业单位，占28.3%；（3）待就业，占19.3%；（4）不就业拟升学，占7.0%；（5）其他灵活就业，占5.9%。

医学毕业生去向前五位依次是：（1）待就业，占39.0%；（2）已确定就业单位，占20.6%；（3）国内升学，占19.9%；（4）其他暂不就业，占6.6%；（5）不就业拟升学，占4.2%。

管理学毕业生去向前五位依次是：（1）已确定就业单位，占35.3%；（2）待就业，占23.6%；（3）国内升学，占20.6%；（4）其他暂不就业，占5.4%；（5）不就业拟升学，占4.9%。

艺术学毕业生去向前五位依次是：（1）待就业，占22.9%；（2）国内升学，占22.6%；（3）已确定就业单位，占16.7%；（4）自由职业，占8.7%；（5）出国出境，占7.3%。

交叉学科毕业生去向前五位依次是：（1）已确定就业单位，占29.3%；（2）待就业，占20.7%；（3）国内升学，占15.9%；（4）其他暂不就业，占9.8%；（5）不就业拟升学，占7.3%。

综合而言，已确定就业单位的毕业生比例最高的是工学（35.6%），最低的是艺术学（16.7%）；国内升学的毕业生比例最高的是哲学（42.4%），最低的是教育学（14.4%）；出国出境的毕业生比例最高的是艺术学（7.3%），最低的是农学（0.5%）；自由职业的毕业生比例最高的是艺术学（8.7%），最低的是农学（0.0%）；自主创业的毕业生比例最高的是交叉学科（4.9%），最低的是历史学（0.0%）；其他灵活就业的毕业生比例最高的是农学（5.9%），最低的是哲学（0.0%）；待就业的毕业生比例最高的是医学（39.0%），最低的是哲学（13.6%）；不就业拟升学的毕业生比例最高的是历史学（8.3%），最低的是教育学（2.2%）；其他暂不就业的毕业生比例最高的是交叉学科（9.8%），最低的是历史学（2.4%）。卡方检验的结果显示，不同学科毕业生的毕业去向在1%的水平上存在显著差异。

3. 分性别的毕业去向

如表3所示，不同性别本科毕业生的毕业去向存在显著的差异，男性的去向落实率更高，为72.5%；女性的去向落实率较低，为62.1%，比男性低10.4个百分点。

表3 分性别的毕业去向

单位：%

毕业去向	男性	女性
去向落实	72.5	62.1
已确定就业单位	35.2	26.3
国内升学	27.4	27.0
出国出境	3.5	3.3
自由职业	2.6	2.2
自主创业	1.2	0.6
其他灵活就业	2.6	2.7
去向未落实	27.5	37.9
待就业	15.7	25.6
不就业拟升学	5.6	5.1
其他暂不就业	4.1	5.7
其他	2.1	1.5

　　具体来看，男性毕业生去向前五位依次是：（1）已确定就业单位，占35.2%；（2）国内升学，占27.4%；（3）待就业，占15.7%；（4）不就业拟升学，占5.6%；（5）其他暂不就业，占4.1%。

　　女性毕业生去向前五位依次是：（1）国内升学，占27.0%；（2）已确定就业单位，占26.3%；（3）待就业，占25.6%；（4）其他暂不就业，占5.7%；（5）不就业拟升学，占5.1%。

二　本科毕业生的就业质量

　　衡量就业质量的指标有很多，其中收入和工作满意度是其中的两个主要指标，收入是反映就业质量的客观指标，而工作满意度是主观指标。本文对已经确定就业单位的本科毕业生对自己的月起薪和工作的满意度进行了估计，并选择客观收入作为衡量就业质量的代理指标进行分析。

（一）工作月起薪

2023 年全国高校毕业生就业状况调查课题组调查了已确定就业单位毕业生的实际起薪，即毕业生所找到工作的税前月收入。本部分内容分析 2023 年本科毕业生的平均起薪，以及不同院校类型、学科门类、性别、行业类型、单位性质及职业类型等毕业生的起薪水平。为排除奇异值，结合数据分布情况，本研究只统计了月起薪在 500~30000 元（含）的观测值。

统计结果显示，2023 年高校本科毕业生月起薪的平均值为 5934 元，中位数为 5000 元，众数为 5000 元，标准差为 3175 元。

（二）工作月起薪的分类比较

1. 分院校类型的月起薪

如表 4 所示，本科毕业生月起薪由高到低依次为：（1）一流大学建设高校 9588 元；（2）一流学科建设高校 6961 元；（3）普通本科高校 5628 元；（4）民办高校和独立学院 4528 元。一流大学建设高校的毕业生月起薪均值约为在民办高校和独立学院的毕业生月起薪均值的 2.1 倍。

表 4　分院校类型的工作月起薪

单位：元

院校类型	均值	中位数	标准差
一流大学建设高校	9588	9000	4844
一流学科建设高校	6961	6800	2917
普通本科高校	5628	5000	2613
民办高校和独立学院	4528	4000	2606

不同院校类型毕业生的月起薪中位数由高到低依次为一流大学建设高校 9000 元、一流学科建设高校 6800 元、普通本科高校 5000 元、民办高校和独立学院 4000 元。从毕业生月起薪的标准差来看，一流大学建设高校毕业生的月起薪标准差最大，民办高校和独立学院毕业生的月起薪标准差最小。

方差分析的结果显示，不同院校类型毕业生的月起薪在1%的水平上存在显著差异。

2.分学科门类的月起薪

如表5所示，本科毕业生的平均月起薪由高到低依次为：（1）交叉学科7190元；（2）工学6521元；（3）哲学5935元；（4）经济学5842元；（5）管理学5811元；（6）理学5805元；（7）文学5685元；（8）历史学5537元；（9）农学5498元；（10）法学5455元；（11）艺术学5399元；（12）教育学4289元；（13）医学4093元。交叉学科毕业生的平均月起薪为医学毕业生的1.8倍。

表5 分学科门类的工作月起薪

单位：元

学科门类	均值	中位数	标准差
哲学	5935	5250	2806
经济学	5842	5000	3024
法学	5455	5000	3620
教育学	4289	4000	1703
文学	5685	5000	2533
历史学	5537	5000	2522
理学	5805	5000	3246
工学	6521	6000	3443
农学	5498	5800	1475
医学	4093	3500	2247
管理学	5811	5000	2869
艺术学	5399	5000	2982
交叉学科	7190	6000	5287

从月起薪的中位数来看，不同学科门类毕业生月起薪的中位数由高到低依次为：交叉学科6000元、工学6000元、农学5800元、哲学5250元、经济学5000元、管理学5000元、理学5000元、文学5000元、历史学5000元、法学5000元、艺术学5000元、教育学4000元、医学3500元。

从月起薪的标准差来看，交叉学科、法学、工学、理学毕业生的月起薪标准差高于样本总体水平（3175 元），分别为 5287 元、3620 元、3443 元和 3246 元；农学毕业生的月起薪标准差最小，为 1475 元。方差分析的结果显示，不同学科门类毕业生的月起薪在 1% 的水平上存在显著差异。

3. 分性别的月起薪

如表 6 所示，男性本科毕业生的月起薪高于女性。不同性别毕业生的月起薪平均值分别为男性 6480 元、女性 5348 元，男性毕业生月起薪均值约为女性的 1.2 倍。不同性别毕业生的月起薪中位数分别为男性 6000 元、女性 5000 元。不同性别毕业生的月起薪标准差分别为男性 3417 元、女性 2776 元。方差分析的结果显示，男性毕业生和女性毕业生的月起薪在 1% 的水平上存在显著差异。

表6 分性别的工作月起薪

单位：元

性别	均值	中位数	标准差
男	6480	6000	3417
女	5348	5000	2776

4. 分就业地区的月起薪

如表 7 所示，本科毕业生的月起薪存在显著的地区差异。东部地区的月起薪平均值最高，为 6287 元；中部地区居中，为 5637 元；西部地区最低，为 5097 元。在东部地区就业的毕业生月起薪均值约为在西部地区就业毕业生月起薪均值的 1.2 倍。

表7 分就业地区的工作月起薪

单位：元

地区	均值	中位数	标准差
东部地区	6287	5800	3319
中部地区	5637	5000	3118
西部地区	5097	5000	2530

从月起薪中位数的比较看,东部地区最高,为5800元;中部地区和西部地区都是5000元。从月起薪的标准差来看,东部地区最高,为3319元;西部地区最低,为2530元。方差分析的结果显示,不同地区毕业生的月起薪在1%的水平上存在显著差异。

5.分就业城市的月起薪

如表8所示,不同就业城市的高校毕业生月起薪存在显著差异(显著性水平为1%)。毕业生月起薪平均值由高到低依次为:(1)省会城市或直辖市6700元;(2)地级市5851元;(3)县级市或县城5091元;(4)乡镇4775元;(5)农村4054元。在省会城市或直辖市就业的毕业生月起薪均值约为在农村就业毕业生月起薪均值的1.7倍。

表8 分就业城市的工作月起薪

单位:元

城市	均值	中位数	标准差
省会城市或直辖市	6700	6000	3604
地级市	5851	5000	2798
县级市或县城	5091	5000	2429
乡镇	4775	4000	2984
农村	4054	4000	2084

从月起薪中位数的比较看,省会城市或直辖市最高,为6000元;地级市、县级市或县城居中,都是5000元;乡镇和农村较低,均为4000元。从月起薪标准差的比较看,由高到低的排序依次为:省会城市或直辖市、乡镇、地级市、县级市或县城、农村。

综合而言,城市行政级别越高,毕业生月起薪的平均值也越高;省会城市或直辖市的月起薪最高,同时标准差也最大。

6.分就业行业的月起薪

如表9所示,不同行业类型的高校毕业生起薪存在显著差异(显著性水平为1%)。毕业生月起薪平均值由高到低依次为:(1)信息传输、软件和信息技术服务业（IT行业）7242元；（2）采矿业6927元；（3）科学研究和技术服务业6840元；（4）制造业6788元；（5）电力、热力、燃气及水生产和供应业6347元；（6）金融业6260元；（7）租赁和商务服务业6090元；（8）交通运输、仓储和邮政业5948元；（9）农林牧渔业5783元；（10）批发和零售业5737元；（11）建筑业5658元；（12）文化、体育和娱乐业5296元；（13）房地产业5263元；（14）公共管理、社会保障和社会组织5263元；（15）水利、环境和公共设施管理业5258元；（16）教育4863元；（17）住宿和餐饮业4498元；（18）居民服务、修理和其他服务业4289元；（19）卫生和社会工作4288元。信息传输、软件和信息技术服务业的毕业生月起薪均值约为卫生和社会工作行业毕业生月起薪均值的1.7倍。

表9　分就业行业的工作月起薪

单位：元

行业类型	均值	中位数	标准差
农林牧渔业	5783	5000	4288
采矿业	6927	6000	3253
制造业	6788	6000	2719
电力、热力、燃气及水生产和供应业	6347	6000	3173
建筑业	5658	5000	2292
批发和零售业	5737	5000	3628
交通运输、仓储和邮政业	5948	6000	1941
住宿和餐饮业	4498	4000	1797
信息传输、软件和信息技术服务业	7242	6000	4324
金融业	6260	5000	3415
房地产业	5263	5000	2356
租赁和商务服务业	6090	5000	3948
科学研究和技术服务业	6840	6000	3295
水利、环境和公共设施管理业	5258	5000	2581
居民服务、修理和其他服务业	4289	4000	1975

续表

行业类型	均值	中位数	标准差
教育	4863	4500	2543
卫生和社会工作	4288	3500	3033
文化、体育和娱乐业	5296	4500	2966
公共管理、社会保障和社会组织	5263	5000	2428
其他	5429	5000	3191

从月起薪的中位数来看，有 6 个行业并列第一，分别为信息传输、软件和信息技术服务业，采矿业，科学研究和技术服务业，制造业，电力、热力、燃气及水生产和供应业，交通运输、仓储和邮政业，均为 6000 元；卫生和社会工作毕业生的月起薪中位数最低，为 3500 元。从月起薪的标准差来看，信息传输、软件和信息技术服务业（4324 元）、农林牧渔业（4288元）、租赁和商务服务业（3948 元）、批发和零售业（3628 元）、金融业（3415 元）、科学研究和技术服务业（3295 元）和采矿业（3253 元）的月起薪标准差高于全样本水平（3175 元），其余行业均低于全样本水平。住宿和餐饮业毕业生的月起薪标准差最小，为 1797 元。

综合而言，信息传输、软件和信息技术服务业，采矿业，科学研究和技术服务业，制造业，电力、热力、燃气及水生产和供应业的月起薪水平较高，其中前三个行业月起薪的内部差异较大。

7. 分单位性质的月起薪

如表 10 所示，不同工作单位性质的高校毕业生起薪存在显著差异（显著性水平为 1%）。毕业生月起薪均值由高到低依次为：（1）三资企业 6951 元；（2）国有企业 6446 元；（3）民营企业 6395 元；（4）科研单位 5750 元；（5）党政机关 5453 元；（6）其他事业单位 5111 元；（7）其他企业 4941 元；（8）中小学 4866 元；（9）高等学校 4667 元；（10）医疗卫生单位 4178 元。三资企业的毕业生月起薪均值约为医疗卫生单位毕业生月起薪均值的 1.7 倍。

表 10　分单位性质的工作月起薪

单位：元

行业类型	均值	中位数	标准差
党政机关	5453	5000	2450
国有企业	6446	6000	2997
民营企业	6395	5800	3667
三资企业	6951	6500	3368
其他企业	4941	4500	2640
科研单位	5750	6000	1840
高等学校	4667	4250	2756
中小学	4866	4550	2261
医疗卫生单位	4178	3500	2311
其他事业单位	5111	5000	2507
其他	3904	3000	2351

从月起薪的中位数来看，毕业生月起薪中位数高于全样本水平（5000 元）的单位有三资企业 6500 元、国有企业 6000 元、科研单位 6000 元、民营企业 5800 元。医疗卫生单位的中位数最低，为 3500 元。从月起薪的标准差来看，民营企业、三资企业的毕业生月起薪标准差高于全样本水平（3175 元），分别为 3667 元、3368 元；科研单位的毕业生月起薪标准差最小，为 1840 元。

综合而言，体制外单位的月起薪水平较高，内部差异也较大。

8. 分职业类型的月起薪

如表 11 所示，不同职业类型的高校毕业生起薪存在显著差异（显著性水平为 1%）。毕业生月起薪平均值由高到低依次为：（1）专业技术人员 6604 元；（2）生产制造及有关人员 6210 元；（3）办事人员和有关人员 5864 元；（4）党的机关、国家机关、群众团体和社会组织、企事业单位负责人 5626 元；（5）农、林、牧、渔业生产及辅助人员 5574 元；（6）社会生产服务和生活服务人员 5441 元；（7）不便分类的其他从业人员 4917 元。成为专业技术人员的毕业生月起薪均值约为不便分类的其他从业人员的毕业生月起薪均值的 1.3 倍。

表 11　分职业类型的工作月起薪

单位：元

行业类型	均值	中位数	标准差
党的机关、国家机关、群众团体和社会组织、企事业单位负责人	5626	5000	2735
专业技术人员	6604	6000	3550
办事人员和有关人员	5864	5000	2889
社会生产服务和生活服务人员	5441	5000	2789
农、林、牧、渔业生产及辅助人员	5574	5000	3778
生产制造及有关人员	6210	6000	2735
不便分类的其他从业人员	4917	4500	2674

从月起薪的中位数来看，超过全样本水平（5000元）的职业类型有专业技术人员、生产制造及有关人员，均为6000元；不便分类的其他从业人员的月起薪中位数最低，为4500元；其他职业类型的月起薪中位数均为5000元。从月起薪的标准差来看，农、林、牧、渔业生产及辅助人员，专业技术人员的月起薪标准差高于全样本水平（3176元），分别为3778元和3550元；不便分类的其他从业人员的月起薪标准差最小，为2674元。

综合而言，专业技术人员的月起薪水平较高，内部差异也较大。

9. 分专业对口程度的月起薪

如表12所示，不同专业对口程度的高校毕业生起薪存在显著差异（显著性水平为1%）。毕业生月起薪平均值由高到低依次为：（1）非常对口6214元；（2）基本对口5948元；（3）毫不相关5901元；（4）有一些关联5791元；（5）不清楚4400元。专业非常对口的毕业生月起薪均值约为专业是否对口不清楚的毕业生月起薪均值的1.4倍。

表 12　分专业对口程度的工作月起薪

单位：元

专业对口程度	均值	中位数	标准差
非常对口	6214	5000	3705
基本对口	5948	5000	2879

续表

专业对口程度	均值	中位数	标准差
有一些关联	5791	5000	2945
毫不相关	5901	5000	3510
不清楚	4400	4000	2634

从月起薪的中位数来看，专业是否对口不清楚毕业生的月起薪中位数最低，为 4000 元；其余四类专业对口情况毕业生的月起薪中位数均等于全样本水平（5000 元）。从月起薪的标准差来看，专业非常对口毕业生和专业毫不相关毕业生的月起薪标准差高于全样本水平（3175 元），分别为 3705 元和 3510 元；专业是否对口不清楚毕业生的月起薪标准差最小，为 2634 元。

综合而言，专业非常对口毕业生的月起薪水平最高，内部差异也最大。

三　本科毕业生的就业结构

本节将分析高校本科毕业生的就业结构，选择的是已确定就业单位的毕业生群体，按照就业地区、就业城市、就业行业、单位性质、职业类型进行比较。

（一）就业的地区结构

就业地区指的是毕业生已确定的就业单位所在的区域，分为东部、中部和西部地区。东部地区包括北京、天津、河北、辽宁、上海、江苏、浙江、福建、山东、广东、海南 11 个省（市），中部地区包括山西、吉林、黑龙江、安徽、江西、河南、湖北、湖南 8 个省，西部地区包括内蒙古、广西、重庆、四川、贵州、云南、西藏、陕西、甘肃、青海、宁夏、新疆 12 个省（自治区、直辖市）。

如表 13 所示，本科毕业生就业的地区结构为：东部地区占比 64.3%，中部地区占比 13.1%，西部地区占比 22.6%。因为毕业生的就业地区与毕业生学校所在地区相关度很高，因此辈出率更能说明毕业生的就业地区偏好。辈出率大于1的有西部地区和东部地区，辈出率分别为1.23和1.06，表明东部地区和西部地区都是毕业生的净流入地区。相反，中部地区的辈出率为0.62，表明中部地区是毕业生的净流出地区。

表13　本科毕业生就业的地区结构

地区	就业所在地(%)	学校所在地(%)	辈出率
东部地区	64.3	60.5	1.06
中部地区	13.1	21.2	0.62
西部地区	22.6	18.4	1.23

注：辈出率是就业所在地（第二列）除以学校所在地（第三列）的比值。

（二）就业的城市结构

如图2所示，本科毕业生的就业城市结构差异显著，省会城市或直辖市是就业的主要城市。不同城市的就业比例由高到低依次为：（1）省会城市或直辖市41.4%；（2）地级市29.8%；（3）县级市或县城20.1%；（4）乡镇5.9%；（5）农村2.7%。可见，城市行政级别越高，毕业生就业的比例也越高，超过七成的毕业生选择在大中城市就业（地级及以上城市）。

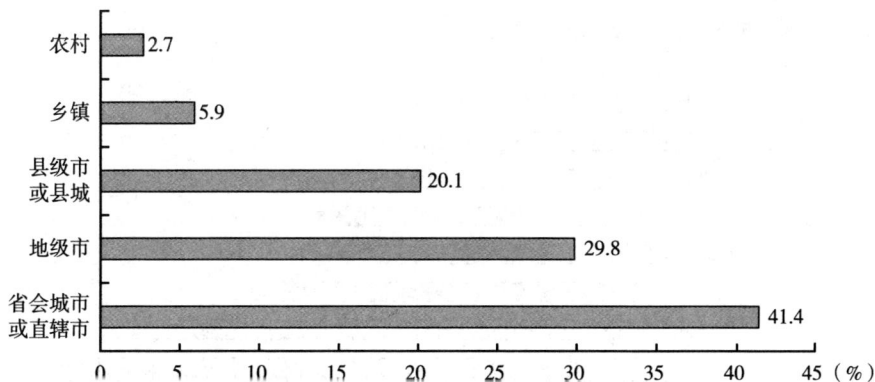

图2　2023年本科毕业生就业的城市结构

（三）就业的行业结构

如图 3 所示，本科毕业生的就业行业结构差异显著。不同行业的就业比例由高到低依次为：（1）教育 15.0%；（2）制造业 14.7%；（3）信息传输、软件和信息技术服务业 10.5%；（4）建筑业 8.7%；（5）电力、热力、燃气及水生产和供应业 8.5%；（6）金融业 7.8%；（7）公共管理、社会保障和社会组织 5.7%；（8）科学研究和技术服务业 3.3%；（9）批发和零售业 3.2%；（10）卫生和社会工作 3.1%；（11）交通运输、仓储和邮政业 2.7%；（12）文化、体育和娱乐业 2.7%；（13）农林牧渔业 2.1%；（14）租赁和商务服务业 1.4%；（15）水利、环境和公共设施管理业 1.3%；（16）采矿业 1.2%；

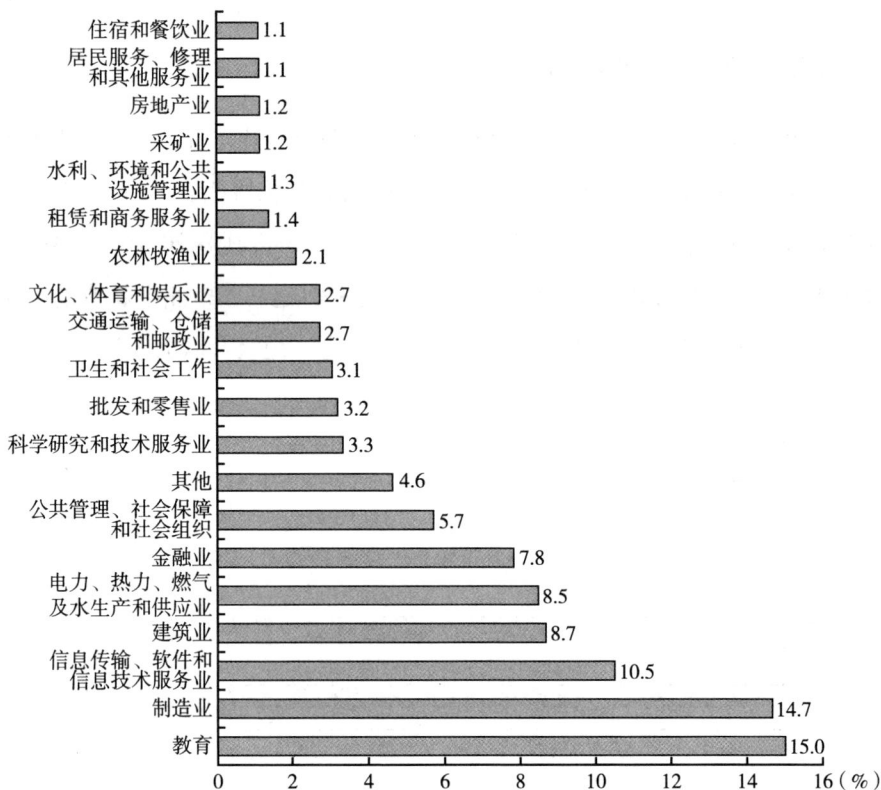

图 3　2023 年本科毕业生就业的行业结构

（17）房地产业 1.2%；（18）居民服务、修理和其他服务业 1.1%；（19）住宿和餐饮业 1.1%。前五个行业就业占比合计为 57.3，超过四成（40.2%）的本科毕业生就业集中在教育，制造业，信息传输、软件和信息技术服务业三个行业。

（四）就业的单位性质结构

如图 4 所示，本科毕业生的就业单位性质结构差异显著。不同单位的就业比例由高到低依次为：（1）民营企业 32.3%；（2）国有企业 29.9%；（3）中小学 10.5%；（4）其他企业 9.2%；（5）党政机关 6.3%；（6）三资企业 3.6%；（7）其他事业单位 2.9%；（8）医疗卫生单位 2.2%；（9）高等学校 0.7%；（10）科研单位 0.5%。超过六成（62.2%）的本科毕业生就业集中在民营企业和国有企业两个单位类型。

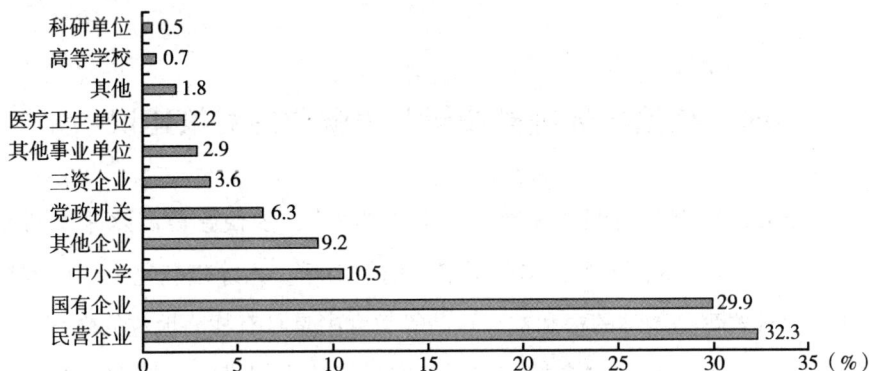

图 4　2023 年本科毕业生就业的单位性质结构

（五）就业的职业类型结构

如图 5 所示，本科毕业生的就业职业类型结构差异显著。不同职业类型的就业比例由高到低依次为：（1）专业技术人员 39.5%；（2）不便分类的其他从业人员 19.6%；（3）办事人员和有关人员 13.1%；（4）社会生产服务和生活服务人员 10.1%；（5）党的机关、国家机关、群众团体和社会组织、企事业单位负责人 8.6%；（6）生产制造及有关人员 7.7%；（7）农、林、牧、渔业生产及辅助人员 1.2%。近四成（39.5%）的本科毕业生就业集中在专业技术人员职业类型。

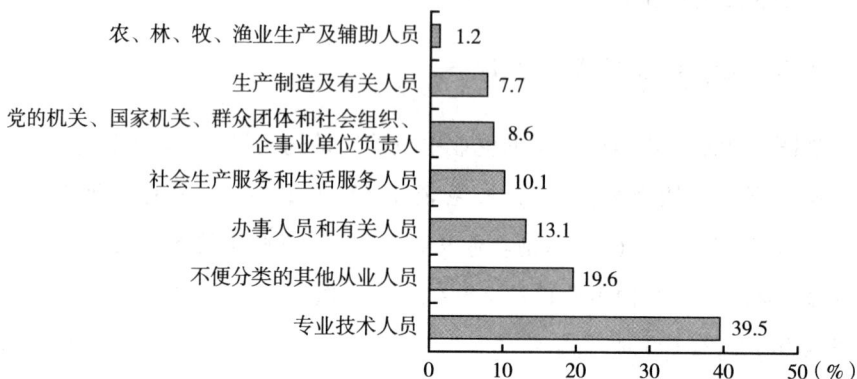

图 5　2023 年本科毕业生就业的职业类型结构

四　结论与促进高校毕业生就业的对策建议

近年来，教育部强调高等教育"以本为本"，加快建设高水平本科教育。"高教大计、本科为本，本科不牢、地动山摇。人才培养是大学的本质职能，本科教育是大学的根和本，在高等教育中是具有战略地位的教育、是纲举目张的教育。"[①] 我国高校扩招后，本科毕业生规模快速扩大，由 1999 年的 44.1 万人上升到 2022 年的 472.5 万人，年平均增长率为 10.9%。那么，本科生毕业后去往了哪里？选择了就业的毕业生他们的就业质量和就业结构如何？回答这些问题有利于评估本科教育质量，为本科教育的改革和发展提供实证依据。本文基于北京大学教育学院/教育经济研究所"全国高校毕业生就业状况调查"课题组于 2023 年组织的全国高校本科毕业生就业状

---

① 万玉凤：《坚持以本为本　推进四个回归　建设中国特色、世界水平的一流本科教育——新时代全国高等学校本科教育工作会议召开》，《中国教育报》2018 年 6 月 22 日，第 1 版。

况抽样调查数据，对本科毕业生的毕业去向、就业质量和就业结构进行了统计分析，主要研究结论如下。

第一，从本科毕业生的毕业去向看，落实率超过 2/3，但单位就业的比例不足 1/3，国内升学和出国出境的比例超过三成，大大缓解了本科毕业生的就业压力。从院校类型看，学校的"层次"越高，本科毕业生的去向落实率就越高，一流大学建设高校的去向落实率最高，超过八成（83.0%）；从学科门类看，工学、哲学、理学的去向落实率较高，超过或接近七成；从性别看，女性的去向落实率比男性低 10 个百分点以上。

第二，从本科毕业生的就业质量看，不同类型工作之间的收入差距很大，一流大学建设高校、交叉学科和工学、男性、在东部地区就业、在大中城市就业、在 IT 行业就业、在三资企业工作、从事专业技术职业、专业对口的毕业生月起薪显著更高。从院校类型看，一流大学建设高校的毕业生月起薪均值约为民办高校和独立学院毕业生月起薪均值的 2.1 倍；从学科门类看，交叉学科毕业生的平均月起薪为医学毕业生的 1.8 倍；从性别看，男性毕业生月起薪均值约为女性的 1.2 倍；从就业地区看，在东部地区就业的毕业生月起薪均值约为在西部地区就业毕业生月起薪均值的 1.2 倍；从就业城市看，在省会城市或直辖市就业的毕业生月起薪均值约为在农村就业毕业生月起薪均值的 1.7 倍；从就业行业看，信息传输、软件和信息技术服务业的毕业生月起薪均值约为卫生和社会工作行业毕业生月起薪均值的 1.7 倍；从单位性质看，三资企业的毕业生月起薪均值约为医疗卫生单位毕业生月起薪均值的 1.7 倍；从职业类型看，成为专业技术人员的毕业生月起薪均值约为不便分类的其他从业人员的毕业生月起薪均值的 1.3 倍；从学用结合看，专业非常对口的毕业生月起薪均值约为专业是否对口不清楚的毕业生月起薪均值的 1.4 倍。院校类型和学科门类产生的收入差异较大，就业城市、行业类型、单位性质产生的收入差异居中，职业差异、地区差异和性别差异相对较小。

第三，从本科毕业生的就业分布看，非均衡化的特点十分显著，就业集聚在大中城市、"头部"行业（教育、制造、IT）、民营企业和国有企业、专业技术岗位，比例结构可以归纳为"7464"模式。从城市分布看，超过七成的本科毕业生选择在大中城市就业，显示出我国大中城市的就业吸纳能力更强；从行业分布看，超过四成的本科毕业生就业集中在教育、制造、IT三大行业；从单位性质分布看，民营企业和国有企业是毕业生的主要去向，吸纳了超过六成的本科毕业生就业；从职业类型分布看，近四成的本科毕业生就业集中在专业技术人员职业类型。城市类型和单位性质的就业集中度很高，行业类型和职业类型的集中度较高。

自从高校扩招后的首届本科生进入劳动力市场的 2003 年，迄今为止已经有 20 多年了，相关政府部门出台了一系列促进高校毕业生就业的政策和措施，对于缓解高校毕业生就业压力起到了切实有效的帮助。基于上述统计分析结果，为促进未来本科毕业生就业，本文提出如下对策建议。

第一，全社会高度重视高校毕业生的就业问题，充分认识高校毕业生就业的艰巨性和困难的长期性，经济与社会发展要突出就业优先导向，实施就业优先战略，强化就业优先政策。2003 年以来教育部、人力资源和社会保障部等政府部门的工作实践表明，无论是遭遇 2003 年的"非典"疫情，还是 2009 年的全球经济危机，抑或 2020~2022 年的新冠疫情，我国各级政府总是能够帮助高校毕业生化险为夷、渡过就业难关。20 多年来，政府出台的各项就业促进政策和积极有效的帮扶工作，不仅提供了大量的政策性工作岗位，还刺激、扩充了大量的市场性岗位，有效地缓解了高校毕业生就业难题。

第二，进一步强化高校毕业生属地就业观念，增加属地就业比例。从2023 年本科毕业生的就业结构和就业质量来看，高校毕业生就业的流动模式已经由"孔雀东南飞"转变为"孔雀东西飞"，本科毕业生收入的地区差距并不大，极值比（最大值除以最小值）仅为 1.2。我国经济的高质量发展、地区差距的不断缩小都将有利于高校毕业生选择在本地区就业。属地就学、属地实习、属地就业可以节约教育成本、提高就业效率，还有利于家庭团聚。当然，从市场配置效率角度考虑，政策上仍然要鼓励人才合理流动、消除地域歧视和跨地区流动障碍。

第三，鼓励高校毕业生就业"下沉"，在就业城市上"抓大不放小"。虽然省会及以上城市依然是本科毕业生就业的主要城市，比例超过四成，但是与往年超过半壁江山的情况相比已经有了较大幅度的改善。地级及以下城市的占比接近六成，其中县级及以下地区的占比接近三成，这些数字显示本科毕业生就业已经呈现出"下沉"现象。虽然在省会城市或直辖市就业的毕业生月起薪均值约为在农村就业毕业生月起薪均值的1.7倍，但是这一差距并不大并且未来还会缩小。我国近年来实施乡村振兴战略，培育壮大县域富民产业，有利于增加县域和乡村就业机会，吸引高校毕业生在此就业。

第四，鼓励高校毕业生寻找专业对口的工作，提高就业匹配效率。本研究的结果显示，专业对口可以显著提高就业质量，专业非常对口的毕业生月起薪均值约为专业是否对口不清楚的毕业生月起薪均值的1.4倍。高校毕业生就业难的主要问题之一是高等教育的学科专业结构与劳动力市场需求不匹配。从教育管理部门来说，应该让高等教育招生和培养的学科专业结构随着经济发展水平的提高和劳动力市场结构的变化而相应调整，努力提高宏观层次的匹配度，同时在微观层次改善高校毕业生的学用结合状况。

B.16
发挥数字经济优势促进青年就业创业

鲍春雷*

摘 要： 近年来，青年就业形势总体平稳。同时，青年就业面临一些新变化、新挑战，如经济恢复中用工需求收紧、高校毕业生规模高企、就业观念发生改变以及就业结构性矛盾依然突出。而数字经济发展给就业特别是青年就业带来了新变化，数字生态中，青年就业收入机会持续增加，不同类型青年被囊括其中，数字就业受到从业青年认可，等等。此外，数字生态支持青年就业创业具有降低创业门槛和启动成本、私域运营打通线上线下、就业形态更加灵活多样等优势，前景光明。为了促进青年在数字经济中高质量充分就业，应当发挥数字优势，加大就业创业支持力度；适应数字转型，加强数字技能人才培养；加强职业开发，完善从业人员职业发展通道；规范劳动用工，保障劳动者基本权益；优化就业服务，增强数字就业可持续性。

关键词： 数字经济 青年 就业创业

青年是国家的未来和希望，其就业状况不仅影响个人的生活和发展，还关系国家的经济发展和社会稳定。党的十八大以来，以习近平同志为核心的党中央高度重视青年、热情关怀青年，多次强调要切实做好以高校毕业生为重点的青年就业工作。中共中央、国务院印发《中长期青年发展规划（2016—2025年）》，将青年就业创业列为十大发展领域之一。国务院印发《"十四五"就业促进规划》，在要求持续做好高校毕业生就业工作的同时，明确提出高度重视城镇青

---

* 鲍春雷，中国劳动和社会保障科学研究院智库工作办公室副主任、研究员，主要研究领域为就业创业、重点群体就业。

年就业。当前，青年就业面临一些新变化和新挑战，而数字经济发展则为青年就业创业带来了新机遇。数字经济发展带来了新的就业场景和就业模式，而当代青年在数字技术蓬勃发展、信息传播更为扁平化的环境中成长，他们的技能更加多元、学习能力较强，因此数字经济创造的新就业形态对青年人的吸纳能力更强。

一 青年就业形势面临新变化、新挑战

近年来，青年就业形势总体平稳。但受多种因素影响，青年就业也面临新的挑战，反映在劳动力市场中，突出表现为近年来青年人中 16~24 岁城镇青年的调查失业率处于相对高位。对此，一方面需要给予高度重视，有效防止青年失业率过高，重点是避免他们陷入长期失业甚至是退出劳动力市场的情况。另一方面对当前青年失业率问题也要有客观认识，不必过分夸大其影响，防止不明真相进行"炒作"，造成不必要的恐慌。

（一）对青年失业率的认识

青年失业率是反映青年就业状况的核心指标，但并不是唯一指标，需要在了解其实际内涵和统计标准的基础上进行客观分析，并且要结合其他就业失业指标，观察动态变化情况。

第一，青年失业率国际统计标准大体一致，但在细节上有差别。当前大多数工业化国家关于青年失业率的统计基本遵照国际劳工组织 2013 年发布的标准。[①] 但该标准对一些细节的解释不够具体，导致各国在操作层面有所不同，如对于寻找工作的时间、求职行为界定、找工作的类型、能够开始工作的时间等，各有不同操作办法。因此并非所有国家的失业率都具有严格的可比性，比如根据美国的测量标准调整加拿大失业率可将其降低约一个百分点。[②]

第二，青年失业率指标具有统计意义，但实际意义要客观看待。失业率

① https：//www.ilo.org/wcmsp5/groups/public/---dgreports/---stat/documents/publication/wcms_ 220535.pdf.

② https：//www150.statcan.gc.ca/n1/pub/71-543-g/2012001/part-partie2-eng.htm.

的计算公式是失业人数/（就业人数+失业人数），其中就业人口是指在调查参考期内（通常为一周），为了取得劳动报酬或经营收入而工作一个小时及以上和因休假、临时停工等暂时离岗的人；而失业人口是指没有工作，在近期寻找工作，而且立即能去工作的人。社会上对于就业的标准存在较大争议，但统计主要是为了考虑就业的多种情况，并方便国际比较，并不代表充分就业状态。另外在调查时劳动力活动优先于非劳动力活动，工作或有工作优先于找工作，也就是说理论上被认为是非经济活动人口的全日制在校学生、全职照顾自己家庭的人员等，如果符合就业失业标准（比如找兼职），也会被纳入统计。在这种情况下，不同国家的国情差异以及抽样情况，会对失业率水平造成一定影响，因此国际劳工组织建议尽量单独标识这些人。

第三，青年失业率是反映青年就业状况的关键指标，但不是唯一指标。国际劳工组织发布的《2022年全球青年就业趋势》指出，由于计算失业率的分母同时受到失业人数和就业人数的影响，而计算尼特族①率的分母为整体人口数量，因此尼特族率比失业率更能客观反映青年在劳动力市场中的状况。报告同时指出，青年就业率下降本身不是问题，但由此引起青年尼特族率上升，则应受到关注。② 根据国际劳工组织2022年和2023年的报告，世界青年尼特族的比例分别达到23.3%和23.5%，也就是说有近1/4的青年人退出劳动力市场，没有工作也没有就业意愿。从这个意义看，仅仅比较青年失业率就对青年失业情况进行定性是不客观的。除了尼特族率，相关指标还包括青年长期失业率、平均失业持续期、更广泛的青年失业率、不充分就业率等。

（二）青年就业的新变化、新挑战

尽管青年失业率指标存在局限，但从纵向变化看其不断"攀高"的情况还是需要引起重视，另外对于青年就业面临的一些新变化、新挑战，也要有客观认识。

---

① 尼特族是指一些不升学、不就业、不进修或参加就业辅导三种状态并存的社会群体。

② https：//www.ilo.org/global/publications/books/WCMS_ 853321/lang--en/index. htm.

第一，经济恢复中用工需求收紧。国际环境复杂多变，经济发展不确定性因素较多，疫情带来的"疤痕效应"对经济、社会、民生等领域的负面影响在短期内难以消除，投资意愿走弱，消费提振不足，出口增速下降，使我国经济仍在恢复的过程之中，部分企业发展预期不稳、信心不足，导致其用工谨慎，招新扩岗的意愿降低，对青年就业扩容提质产生不利影响。而作为新进入劳动力市场的青年群体则更容易受到需求下降的影响，就业难度加大。

第二，高校毕业生规模高企。高校扩招以来，高等教育逐步从精英化迈向大众化，高校毕业生人数显著增长。2023届高校毕业生规模达到1158万人，加上留学归国毕业生、职校毕业生、"两后生"等，以及之前未就业高校毕业生，导致就业的总量压力较大，特别是毕业季毕业生集中进入市场，可能出现市场短时间难以将其快速消化的情况。

第三，就业观念发生改变。教育水平的提升增强了青年就业能力，但同时也延迟了青年进入劳动力市场时间、提升了青年就业预期，很多青年如果找不到自己"心仪"工作就选择暂不工作，要么通过提升学历的方式来增强竞争力，要么准备"考公""考编"，继续寻找自己认为满意的工作，因此青年人选择慢就业、缓就业的比例增多。

第四，就业结构性矛盾依然突出，在当前技术发展日新月异、产业转型升级加快的大背景下，学校专业设置、人才培养模式难以适应快速变化的市场需求，一些青年人的专业知识和技术能力难以满足市场需要，或者对新的就业机会不够了解，导致出现结构性错配。

二　数字经济发展给青年就业带来的新机遇

适应科技革命和人工智能发展趋势，我国实施网络强国战略和国家大数据战略，建设"数字中国"，推动数字经济快速发展。数字经济已经逐渐发展为驱动中国经济增长的新引擎。数字经济给就业领域带来的新变化，也为青年就业拓展了新的空间。

（一）数字经济发展给就业领域带来的新变化

1. 催生新产业、新业态、新模式

以互联网、人工智能为代表的数字技术的进步及广泛应用，通过数字产业化和产业数字化两种路径，推动新技术、新产业、新业态、新模式蓬勃发展。一方面，数字产业化将数字化的知识和信息转化为生产要素，通过技术创新与管理创新、商业模式创新融合，不断催生新产业、新业态、新模式，最终发展为数字产业链和产业集群；另一方面，产业数字化将数字技术与传统产业相融合，对传统产业进行改造升级，渗透各行业各领域，推动越来越多的企业采取积极策略参与数字经济提升其竞争优势。

2. 形成新的价值创造方式

随着数字经济的发展，数据逐渐成为关键生产要素，生产、消费、流通等环节发生深刻变化。不同于工业经济通过规模化生产降低成本的传统做法，数字经济更加强调基于互联网手段的资源分享，通过灵活、多元的就业方式促进经济效益的提升。企业借助数字化能力，通过短视频、社群、小程序、公众号等多种方式使用户聚集，建立专属品牌的流量池，并通过持续不断的互动服务提高用户口碑和黏性。数字技术还有效解决了以往消费环节信息不对称、买卖双方缺乏信任等问题，并且通过更加精准分析服务对象的消费习惯，根据需求推送相关产品和服务，推动线上消费快速发展。

3. 出现新的就业资源配置方式

各种数字平台通过创新技术产品、业务流程与商业模式，突破传统企业面临的地域、时间、交易规模、信息沟通等的约束，获得全新的规模扩张、动能转换和效率提升，借助数字化手段进行就业资源整合与配置，提高了劳动力市场匹配效率，优化了人力资源使用效益。新的就业资源配置方式也打破了就业的时空限制，推动了就业的区域协调发展，助力数字化就业机会在更广阔的空间进行分配和扩散。

4. 产生新的组织方式和工作机制

不同于工业时代的静态、线型、边界清晰的组织方式，数字时代基于网

络化链接、数字化场景和智能化管理等，构建起动态、网络型、无边界的就业系统，推动组织方式走向平台化和智能化。按需用工模式更加普遍，相比传统工作方式，劳动者在工作时间分配上相对更加自主、灵活，工作空间也不再局限于工厂、车间、办公室等固定场所，在线办公、远程办公等模式广为普及，依托数字平台的就业形式也更加广泛。

5.创造新的就业模式和就业形态

数字经济中平台带动的服务市场，形成了基于"互联网+"的劳动力资源配置方式，与其伴生的新就业模式和新就业形态快速发展。企业不再独占劳动力资源，员工不再仅仅为某个单一雇主服务，而是通过平台服务于不同的客户。这种新格局，改变甚至颠覆了传统员工归属于某一经济组织而形成的上下级的结构稳定关系，与此相关联的劳动标准、规则、制度等约束条件逐渐被更加灵活的用工就业形式与合作开放型关系所取代。

（二）数字生态青年就业创业总体情况

数字经济发展推动一些数字就业平台涌现，在为青年创造新增就业岗位、优化就业结构、提升就业质量等方面发挥了越来越重要的作用。本部分以微信数字平台为例，观察数字青年就业创业的一些特点。

1.就业收入机会持续增加

数字平台凭借网络普及推广、数字技术助力、进入门槛较低、从业条件便利等优势，吸纳了大量就业创业劳动者，进而形成了数字就业生态，产生了就业创业的集聚效应。基于微信数字生态观察发现，由微信公众号、小程序、视频号、微信支付、企业微信等构成的数字生态受业务调整、组织优化和市场发展等因素影响，各子系统的就业收入机会增减有异，但总体上仍然保持了持续增长，2022年就业收入机会①达到5017万个，较上年增长8.6%。其中得益于视

---

① 本文中就业收入机会指劳动者在微信生态体系中通过就业活动获得收入的机会，既包括正规就业、创业、自营劳动以及其他灵活就业方式，也包括通过兼职活动或短暂工作取酬的情况，不排除一人从事多项不同业务获得收入而出现重复计算的情况。因此，这里的就业收入机会不等同于就业人数或就业岗位。

频号业务的快速发展，其上下游相关的策划、主播、场控、后勤、直播带货等岗位，衍生的就业收入机会达到1894万个，同比增长41.2%。小程序线上线下融合更加深入，交易生态更加活跃，衍生的就业收入机会达到1163万个，同比增长38.6%。微信数字生态从业人员中，青年人的就业比例较高，总体在56.8%，其中小程序开发者中青年占比达到73.4%（见图1、图2）。

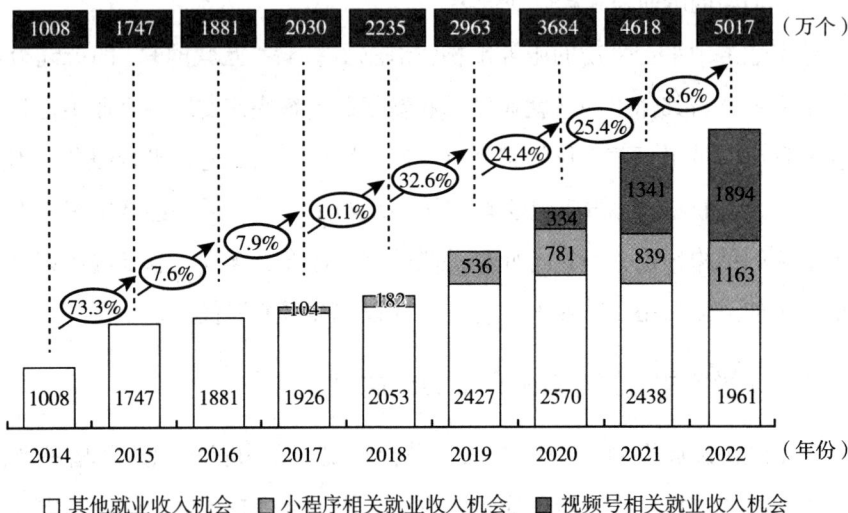

图1　微信生态就业收入机会分布

资料来源：微信生态调查测算。

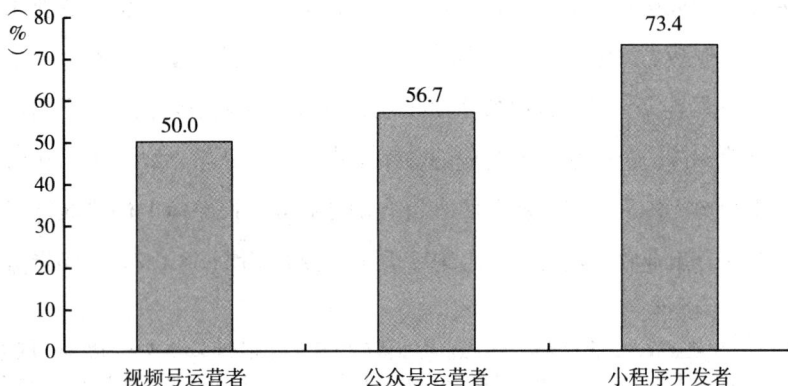

图2　微信生态青年人员就业比例

资料来源：微信生态调查测算。

2. 不同类型青年被囊括其中

进入微信生态就业创业的青年人中，既有以往已经就业创业的人员，也有在校生群体，还有失业/待业人员、农民、退役军人等（见图3）。此外，微信生态多样化的岗位需求吸纳了不同专业的毕业生，从调研数据看，理科类占比最高（28.7%），另外文史类、经管类、工科类等专业也占有较高比重，占比分别为18.1%、17.2%和16.0%（见图4）。

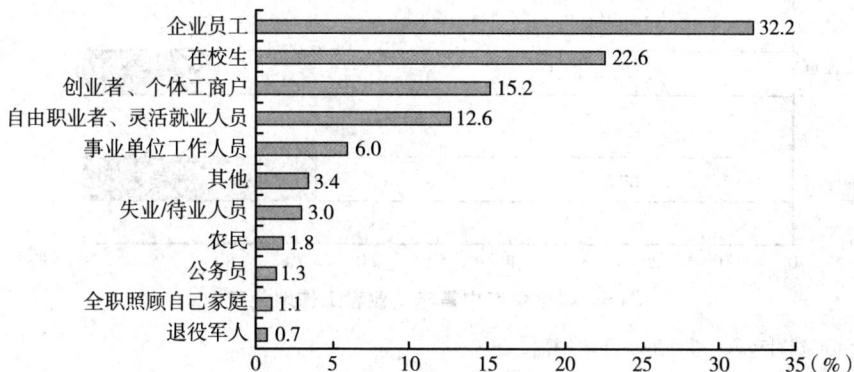

图3　微信生态中青年人员的既往职业分布

资料来源：微信生态调查测算。

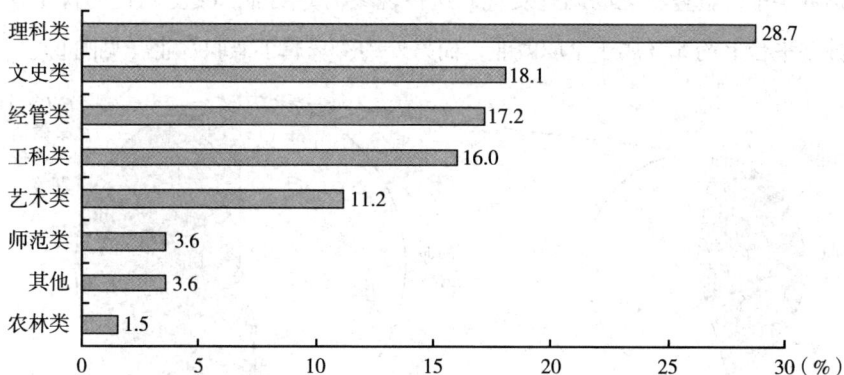

图4　微信生态中青年人员的专业分布

资料来源：微信生态调查测算。

数字技术的应用使信息更加透明化、畅通化，打破了地域、空间的界限，扩大了供求匹配的范围。从微信数字平台情况来看，数字就业收入机会遍布城乡各地。虽然城市是数字生态青年就业的主阵地，但县城、乡镇和农村也分布有较大比例的就业青年（见图5）。

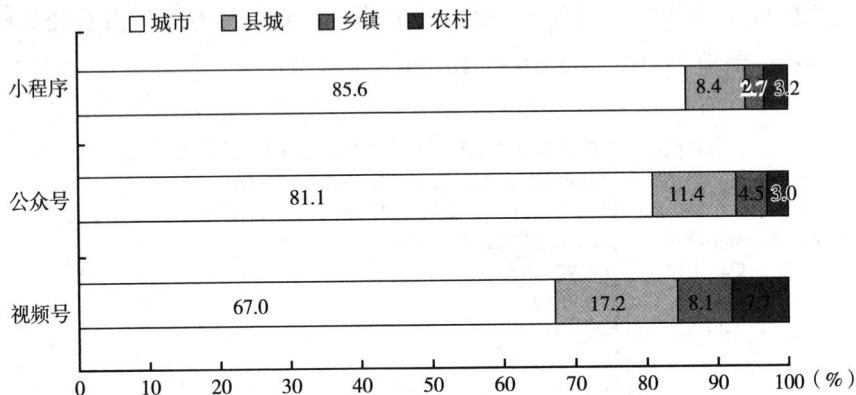

图5　微信生态中青年从业者工作地分布

资料来源：微信生态调查测算。

3.青年创新创业比较活跃

数字经济中就业方式更加灵活多样，为兼职就业提供了更多可能。通过对微信数字平台就业状况的调查发现，这种现象十分明显。接受调查的青年在微信数字平台上约57%属于全职就业，而另外约43%属于兼职就业（见图6）。

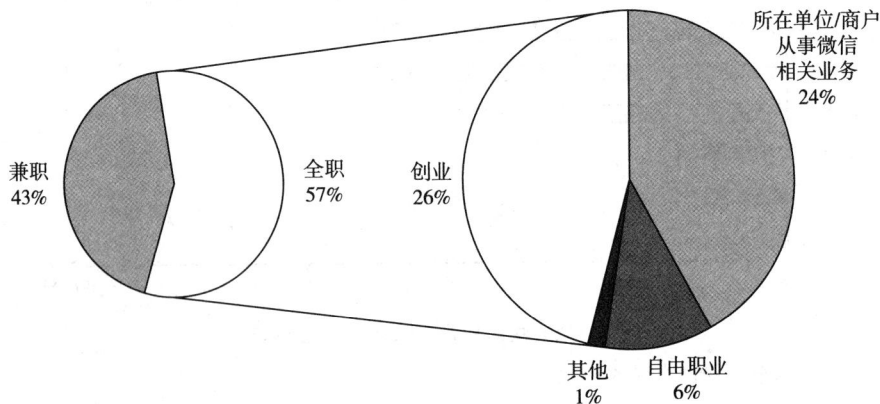

图6　接受调查青年人员在微信平台上的就业形式

数字生态中青年创业比较积极，接受调查的全职青年从业人员中，创业者占45.5%，受雇就业者占42.6%，自由职业者占10.6%，其他占1.3%。青年在通过创业实现自身发展的同时，也带来就业增加的倍增效应，对拉动青年群体就业作用积极。测算结果显示，微信生态中平均每个创业项目拉动就业收入机会8.44个，平均拉动青年就业收入机会5.96个。70.4%的青年创业项目中员工都是青年人，特别是小微企业中青年人的比例更高（见图7）。

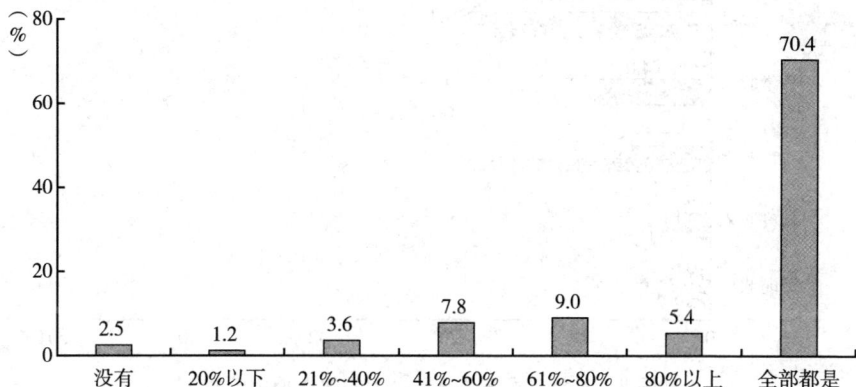

图7　微信平台青年创业项目中青年员工占比分布

数字技术驱动下就业创业模式的改变，也带来就业收入的多元化。在微信数字生态中，不仅有传统经营性、工资性收入，还有广告收入，以及近年新出现的流量变现收入、打赏收入等各种各样的收入类型（见图8），拓宽了青年劳动者的收入渠道。

4. 数字知识技能需求度高

数字化背景下，数据作为新的生产要素，具有高度嵌入、融合的特征，传统就业岗位逐步被数字化技术改造，数字化的岗位日益普遍。各行各业将越来越多地使用相关技术成果，为从业者提供帮助，能够掌握更多数字技能并能实现更好人机协作的劳动力将会成为市场的热门需求。微信生态调研数据显示，除了职业相关的专业技能（60.3%）、创新想法和创意（67.2%）非常重要外，微信平台相关规则规范（62.5%），基本的电脑、手机使用及

□ 小程序　▨ 公众号　■ 视频号

收入渠道	小程序	公众号	视频号
基本工资	41.8	45.1	25.0
广告收入	31.0	32.7	11.9
流量变现收入	20.3	30.6	22.6
经营性收入	32.6	21.4	41.5
绩效奖励、分红	15.2	18.4	13.5
打赏收入	4.0	8.5	9.7
其他	6.1	6.3	15.2
计件收入	1.9	1.6	2.3
计时收入	0.6	0.8	1.7

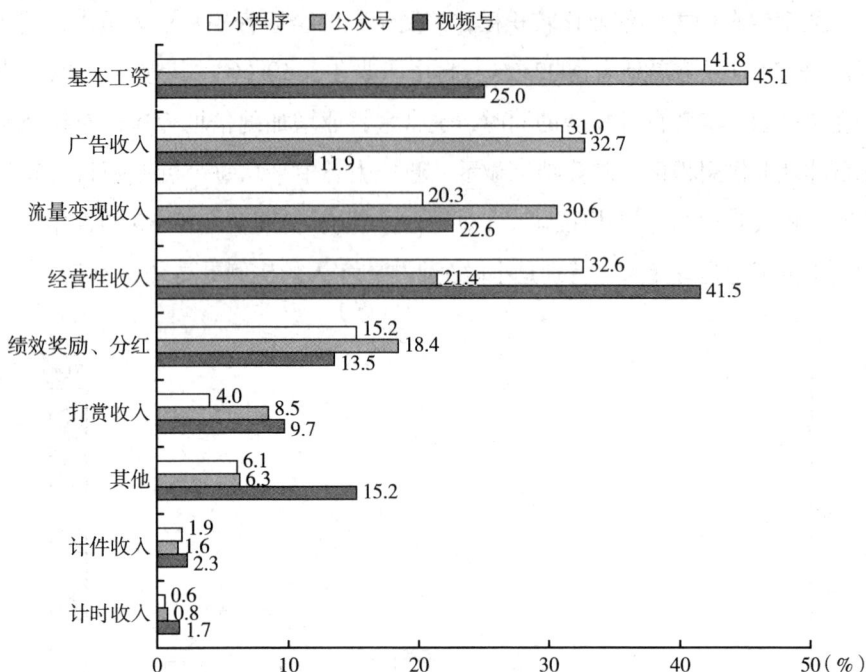

图8　青年人员在微信平台上的收入渠道分布

资料来源：微信生态调查测算。

网络知识（60.8%），数字化工具使用技能（45.5%）等数字知识技能的需求度也较高。

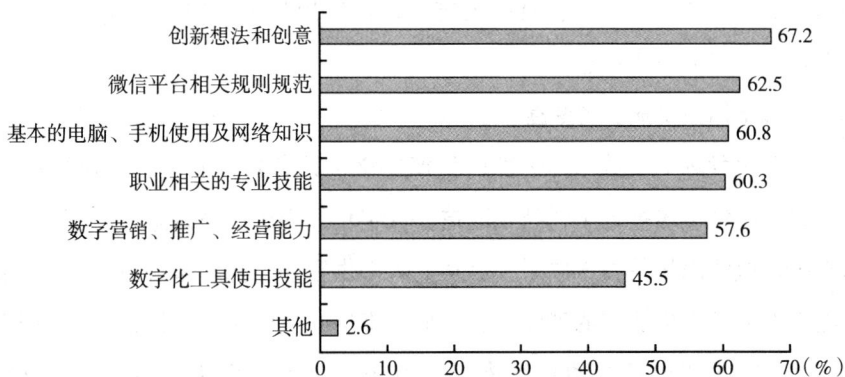

知识技能	占比
创新想法和创意	67.2
微信平台相关规则规范	62.5
基本的电脑、手机使用及网络知识	60.8
职业相关的专业技能	60.3
数字营销、推广、经营能力	57.6
数字化工具使用技能	45.5
其他	2.6

图9　微信生态中青年人员认为必备的知识技能

5. 数字就业较受从业青年认可

很多青年进入数字领域就业创业，有的已经全心投入并且获得了很好的发展，有的处在不断探索和试错的阶段，还有的只是通过兼职的方式尝试，不同青年对于数字就业的看法不一而足，但总体看青年从业者对数字就业的认可度较高。调查显示，65.0%的从业青年认为数字经济发展充满机遇，需要把握住机会；接近半数（48.6%）的人认为这是大势所趋，是未来就业的主流。但也有33.5%的人认为目前还不规范，面临很多问题；18.4%的人很担心能力跟不上，工作被替代；5.9%的人不看好，更愿意从事传统工作（见图10）。

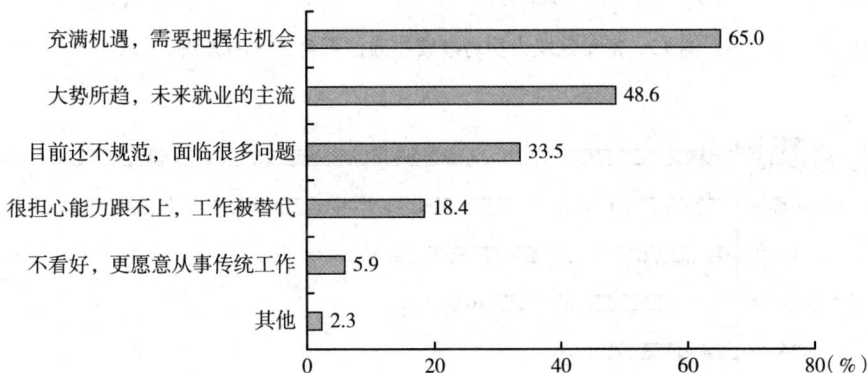

图10　青年从业人员对数字就业的看法

问及青年兼职人员将来是否会将目前微信平台工作转为全职，14.5%的人表示一定会，另有51.0%的人表示可能会，只有19.7%的人表示不会，还有14.8%的人还没想好（见图11）。总体来看，很多兼职人员有意愿将当前兼职工作变为全职，这在一定程度上反映出他们对微信平台工作的认可。

对于愿意继续从事当前微信平台工作的时间，29.0%的人表示愿意将其作为终身职业，还有10.8%的人认为至少从事5年，只有6.1%的人想马上换工作（见图12）。

（三）数字生态支持青年创业就业的优势与前景

1. 数字技术助力，降低创业门槛和启动成本

数字生态营造创造良好的环境，青年创新创业更加活跃。创业者可以在

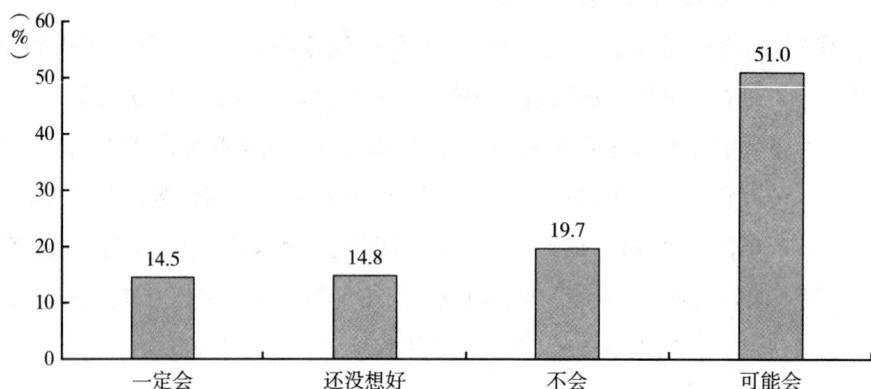

图11 青年兼职人员对继续在微信平台工作的看法

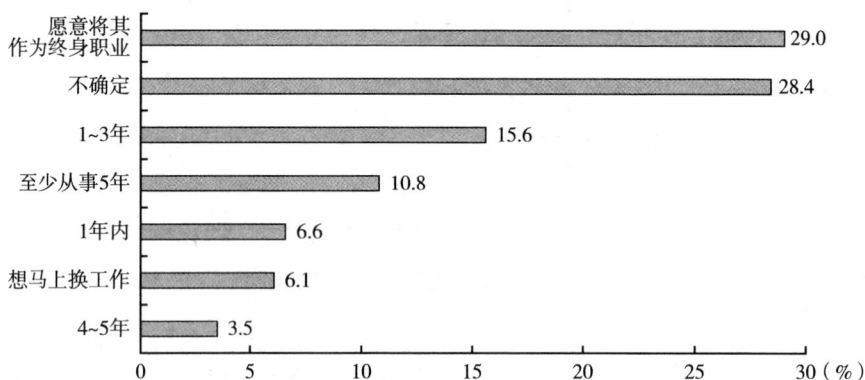

图12 青年从业者愿意继续从事当前微信平台工作的时间

线上平台支持下获得传统线下平台难以提供的信息、市场和资金等，能够更为广泛、高效地从其他社会节点获取订单、拓展市场、对接资源，从而为劳动力要素的市场化配置和高效率配置提供新动能。在数字平台上，创业门槛相对较低，办企业和开店更加容易。企业和劳动者在平台上实现资源共享，供应链与需求链直接挂钩，形成了就业创业集聚效应。针对微信数字平台上的青年创业者的调查发现，他们选择微信平台创业最主要原因是微信品牌价值值得信赖（71.1%），另外还有简单易上手、进入门槛低（40.4%），有良好的产业生态（28.7%），经营成本较低（25.6%），以及有数字技术、工具支持（20.1%）等（见图13）。

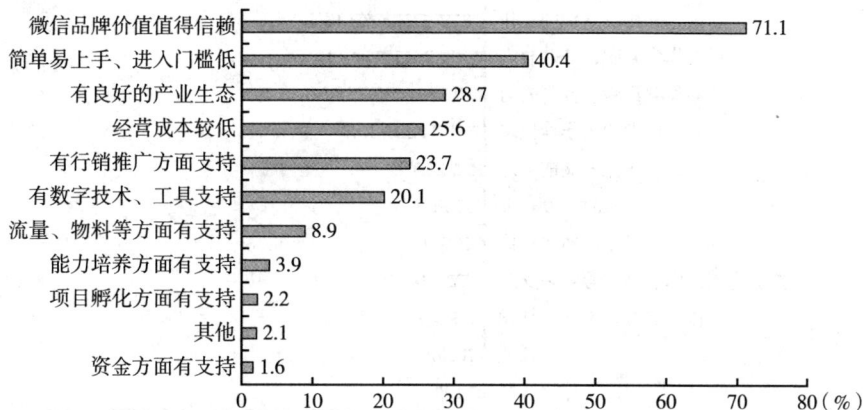

图13　青年创业者选择微信平台的最主要原因

2. 数实加速融合，私域运营打通线上线下

数字生态中，流量之于创业者就代表发展的潜力和竞争力。与传统电商平台的消费流量不同，私域流量经营的是用户，粉丝不再是单一的产品受众，而是与商家拥有黏性的伙伴，商家可能由一次获客而产生多次交易行为。随着消费和零售的线上化需求日益提升，搭建私域流量池，实现精准营销等方式成为近年的营销风口之一。

3. 打破时空束缚，就业形态更加灵活多样

数字经济与平台发展打破了时空限制，扩展了就业惠及范围，让就业环境更平等。依托网络平台的新就业涉及的领域宽、包容性强，为社会重点群体的就业创造了更广阔的空间和更多的机会。经过数字化改造产生的新就业模式层出不穷，灵活就业和新就业形态的比重快速增加。这种灵活自由的就业方式也更受部分青年人所青睐，调查显示，青年之所以选择微信平台就业，工作时间灵活，比较自由（55.0%）和工作地点灵活，可以远程办公，不用坐班（36.7%）是其两个主要原因，另外一个比较主要的原因是更能发挥自己的专长和能力（37.2%）（见图14）。

工作时间灵活，比较自由	55.0
更能发挥自己的专长和能力	37.2
工作地点灵活，可以远程办公，不用坐班	36.7
找不到别的工作	18.3
作为兼职，补贴收入	16.1
能够积累经验、提升能力	15.1
比别的工作挣钱多	13.8
职业发展前景好	9.6
暂时过渡一下	7.3
工作门槛比较低	6.9
能够得到技术、推广等各种支持	5.0
工作体验好，不简单枯燥	4.6
其他	2.8
工作环境好	1.8

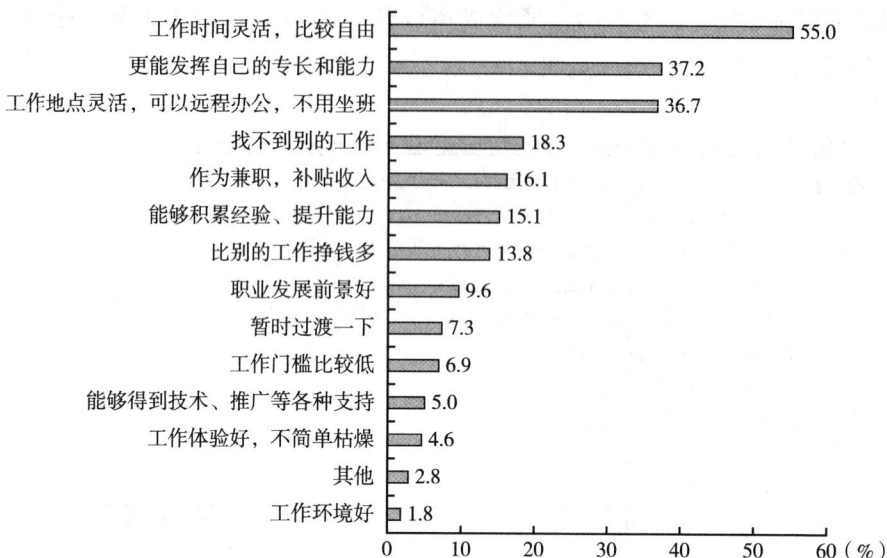

图14 青年选择微信平台就业的原因

4. 畅通就业渠道，提升青年就业匹配效率

借助数字化手段，就业信息的传播方式更加灵活，劳动者获取信息的途径更加便捷。只要劳动者能够连接到网络平台，并具备有价值的闲置资源和服务能力，就可以加入工作中。调查了解到，青年从事微信相关工作，获取就业信息的渠道最主要就是通过微信群、公众号、朋友圈里的信息（37.1%），说明微信平台在就业信息服务方面也有积极作用。

5. 新兴业态活跃，新职业新工种不断涌现

数字新业态蓬勃发展，催生一批新职业。以人工智能、大数据、物联网为基础的技术创新不断加快，直播带货人员，小程序开发者，私域运营人员，内容创作、架构者等新职业快速发展，更多新岗位不断涌现。如"私域增长师"新职业的快速发展，帮助多个行业取得亮眼的成绩单。餐饮行业的瑞幸用私域服务消费者，突破了兼顾性价比与高利润的商业难题；珠宝行业的周大福，用私域实现了品牌认知度与复购率的双提升。

6. 数字解决方案，提升劳动就业保障能力

数字技术有助于提供更加科学合理的工作策划方案，提升匹配效率，降低搜寻成本,有效解决灵活就业方面的信息不对称问题。例如"小程序+微工卡"搭建起一站式灵活就业平台,通过数字化实现供需快速对接,实现"即时快招",让灵活就业人员找工作更加便捷。另外,随着数字技术的发展,通过搭建交互平台、将工作数据"留痕"、建立信用机制等手段,各种数字化方案在逐步改善灵活就业人员的劳动保障问题。基于微信生态的数字化能力,微信支付通过"微工卡"工具,打造了覆盖"入职—打卡—签约—投保—领薪"全流程的数字化解决方案,解决签约、结算和保险等难题,完善后端用工保障机制。"微工卡"还推出了"日结保险",用以解决灵活就业群体在发生职业伤害后的保障问题。

三 促进数字经济中青年高质量充分就业的建议

面对数字经济发展形势,要抓住数字经济领域就业发展机遇,支持新经济、新业态、新模式发展,充分发挥数字经济创造新就业的优势,有效发挥数字技术在就业创业服务和员工管理中的创新作用,让数字经济在促进就业特别是青年就业中发挥更大作用。

第一,发挥数字优势,加大就业创业支持力度。建议将数字就业发展纳入"就业优先"战略,完善数字背景下就业的认定和统计办法,制定和实施促进数字经济就业创业的扶持政策,加强对青年等重点群体的人力资源开发。充分发挥数字金融优势,为数字创业青年提供创业担保贷款等创业金融支持。充分发挥平台企业技术引领创造就业和劳动者自主创业的优势,鼓励运用数字工具发展新经济模式,依托数字生态建立就业创业试验区,组织就业创业大赛等活动,让数字技术支持更多企业和劳动者。总结推广数字生态在促进创业、创造就业方面的作用和经验做法,健全对数字生态中劳动者的职业培训和就业服务措施,及时为劳动者提供信息咨询、政策引导和服务保障,为其解决就业中遇到的难题。

第二,适应数字转型,加强数字技能人才培养。锚定数字经济发展的重点领域,加快新兴学科布局,加强前沿数字技术等相关学科建设,在教育体系中增设数字素养与技能相关专业、课程、配套读物及实践活动，完善人才培养、使用、评价、激励机制，建立健全数字技能人才培养体系。在政府培训项目中积极开放数字技能培训项目，增加专项培训补贴，加大对数字技能培训的支持力度。提升数字知识技能的普及度，让数字技术使用技能成为数字经济时代就业的"必修课"。鼓励数字平台定向培育数字技能人才，深化校企合作与产教融合，发挥企业技术与一线优势，调研数字人才缺口，共建数字实训基地，联合打造高水平师资队伍，制定标准化教材与课程体系，建立数字人才储备库，推动形成"人才需求—定向培训—实现就业"的用人链条。

第三，加强职业开发，完善从业人员职业发展通道。鼓励数字平台牵头申报新职业认证，并参与相关职业认证体系的建设，特别是需求广、应用性强、容易就业的数字化培训，加速新职业的标准化、体系化、规范化建设。围绕新就业的核心职业素养模型、纵向职业成长路径、职业生命周期与转化等问题加强研究，建立数字经济相关职业（工种）的职业发展通道，完善数字经济从业者的职业发展路径，增强其就业的获得感和满意度。通过职业发展、技能提升和技术赋能等途径，完善数字生态中的就业收入增长机制，提升劳动者收入水平和稳定性。

第四，规范劳动用工，保障劳动者基本权益。有效发挥数字技术在劳动员工管理中的创新作用，通过数字化助力，降低劳动者的就业创业门槛，并有针对性地解决好劳动强度大、工作条件差、安全风险高、权益保障难等问题。完善相关制度机制，补齐灵活就业和新就业形态从业者在劳动权益保障方面存在的短板。加强规范化用工服务平台建设，厘清数字化平台法律定位和各方的责权利关系，界定监管部门与平台的职责边界，促进数字平台规范发展。鼓励平台企业秉持技术向善的价值观，将扩大就业和提高就业质量作为企业的社会责任，落实好劳动者权益保护。

第五，优化就业服务，增强数字就业可持续性。依托数字平台探索建立数字生态就业监测调查体系，了解数字生态劳动力供需双方动态，预测产业走势和市场变化，提前做好人才培训和人才储备。促进就业服务与数字技术的深度融合，加强网络就业服务平台建设，充分运用网络大数据打造数字经济从业者动态变化和基本信息库，通过"互联网+就业服务"，提高服务精准化水平。引导劳动者在从事数字生态工作时，具备更加长远的眼光，避免盲目、盲从、"追热门"、"挣快钱"，做好职业生涯发展规划，主动适应职业变化和转换的要求，充分利用政策和技术，提升自身就业质量和发展能力。

职业技能培训篇 ▷

B.17
数字化学习在马兰花创业培训
转型中的应用思考

陈李翔 *

摘　要： 马兰花创业培训项目作为全国性创业服务的主要品牌之一，为推动创业促进就业做出了重要贡献。随着数字技术的发展，数字化学习正在成为高效学习的重要途径。马兰花创业培训探索数字化转型之路是拥抱变化、引领未来的积极选择。实现创业培训数字化转型不可能是一个一蹴而就的过程，需要进行统筹规划，分步实现。笔者通过研究提出三阶段路径设计：第一阶段设计创业培训数字化转型的基本框架，开发"马兰花创业培训数字化学习平台"，依托数字化平台和学习资源开展线上线下混合式学习，提升创业培训的质量和效率；第二阶段引入智能学习技术，将平台升级为智能学习平台，鼓励创业者通过平台进行自主学习，显著提升创业指导的价值；第

---

* 陈李翔，曾任原劳动和社会保障部中国就业培训技术指导中心党委书记，曾兼任中国职业技术教育学会第五届理事会副会长，主要研究领域为职业分类、职业培训、人才评价和就业服务政策。

三阶段开发和利用创业培训的生成式行业应用模型，重构学习与服务的底层逻辑和路径，提升创业培训的服务能力。

关键词： 数字化学习　马兰花创业培训　职业技能培训

马兰花创业培训项目旨在为有创业意愿的劳动者、初创企业经营者以及创业不同阶段的创业者提供相应的课程培训和创业指导，以帮助他们更好地实现创业梦想。该项目的课程自 1998 年从国际劳工组织（ILO）引进到目前，历经 20 多年持续创新发展，已成为人力资源社会保障部门推动创业促进就业而实施的品牌项目，成为我国积极就业政策的重要组成部分。

一　创业培训数字化转型的需求

（一）马兰花创业培训项目的主要成效和面临的挑战

总体来看，马兰花创业培训项目自实施以来，取得了显著的成效。实施过程中，很多地方的主管部门和相关业务机构探索在培训基础上进一步提供包括政策咨询、资金支持、创业孵化等在内的全方位服务，为创业者提供了有力支持，鼓励和吸引更多劳动者参与到创业培训中来。

从规模和增长情况来看，培训的覆盖面和影响力持续扩大。据不完全统计，2021 年参加培训 240 万人次，2022 年参加培训 199 万人次，2023 年参加培训 198 万人次。该项目对失业人员、毕业未就业大学生、农村转移劳动力、返乡入乡人员、退役军人、残障人士等群体的就业创业发挥了重要作用。

从效果来看，项目对稳就业产生了积极影响。培训项目改变了劳动者对创业和企业的认知，提升了劳动者就业和创业能力，进而使劳动者实现成功创业，实现个人价值和经济独立，并间接带动了更多人就业。据不完全统计，2019 年参与培训的创业者中，有 30% 的人培训后创业成功，人均月收入提升 20%，并实现 1 人创业平均带动 3 人就业的倍增效应。

当然，项目在实施过程中也存在一些问题和挑战。比如，培训资源不均衡，在一些偏远和贫困地区，创业培训资源相对匮乏；由于培训机构和师资力量的不同，培训质量存在差异；市场侧的中小微企业服务机构、企业家参与积极性不高，需要政策和机制创新来扩大专业资源的参与度；随着互联网技术的发展和普及，项目也面临学习方式升级转型带来的挑战。

第一，从工作目标上看，创业培训亟待实现从规模覆盖到质量提升的转变。每年上百万人次的规模化培训在覆盖不同群体的同时，也存在各地在实施过程中未按技术标准精准选择学员，进而导致学习过程无差异化，影响了培训质量和效果。

第二，从学习方式上看，创业培训面临从统一培训向灵活学习转变的挑战。数字化技术应用浪潮让创业者更依赖于网络并追求个性化、碎片化学习方式。创业者的深度学习不再局限于信息与知识的获取，更注重于思维模式和行为方式的改变。"统一班级、统一教材、统一授课、统一标准"的本地学习，面临难以满足创业者线上化、个性化自主学习需求的现实挑战。

第三，从推动方式上看，创业培训面临从补贴培训向市场推广转变的挑战。由于各级政府采取财政补贴方式鼓励和引导创业者参加创业培训，为确保培训质量和效果，必然产生对培训过程进行监管的需求，但传统监管方式成本过高。与此同时，随着创业者群体由生存型向机会型转变，各地创业培训政策开始调整补贴规模和标准。创业培训要实现持续发展，面临数字化转型降本增效及市场化推广的新挑战。

（二）创业培训数字化转型的可行性分析

随着数字技术的发展，各类知识和生产要素正面临更加广泛的数据化处理、呈现与应用需求，这极大地增强了数据作为生产要素的重要性。数字化正在重塑人们的生活、学习和工作方式。事实上，数字化就是数字技术应用的过程。这一过程将现实世界中复杂多变的信息转变为一系列二进制代码引入计算机内部，使其成为可度量的数据，通过适当的数字化模型形成的算法进行统一处理，有目的地展开应用。数字化过程使得信息更易于存储、传输和处理，便于统计、分析、比较、评估和重构，增强人们对现实世界的认知；数字化信息可以通过网络在不同使用主体、不同地点间进行分享，促进更广泛的合作和参与，促进产生更为便利的服务和应用；数字化平台可以提供更有效的工具、方法和技术服务，来支持数据挖掘和整合，通过数据间的融合，激发新的创意，推动技术创新和产品研发。

当前，数字化学习正在成为高效学习的重要途径。从一般意义上讲，数字化学习是指人们通过各种互联网平台，利用数据化的学习内容和学习资源，以碎片化的方式进行自主学习的一种全新学习模式。与传统学习方式相比，数字化学习过程具有更强的灵活性和互动性。学员和师资都可以不受时空和学习资源呈现方式、传递方式限制，充分利用当前国内外各类关联信息（甚至更广泛的数据资源），将其作为教学资源，融入课程内容和学习过程。一是可以随时随地进行碎片化学习，不需要选择特定的时间和地点。二是可以通过各种方式增进师资与学员、学员与学员、学员与媒体（特别智能媒体）之间的互动，增强学员的参与度和自主性。数字化学习更注重学习的个性化，以学习目标为基础，根据学员的兴趣、学习风格、认知阶段等个性需求来定制学习内容、学习方式和学习进度。学员也可以在线邀请其他学员组建学习社群，自主开展或在师资指导下开展合作式学习。三是可以通过技术手段对学员的行为数据进行即时收集和分析，提供及时反馈，及时提出改善学习过程和学习策略的建议。四是数字化学习使学习探究方式更加多样，学习内容更加具有可建构性。针对同一学习项目，教师和学员都可以根据自己的学习目标、能力和兴趣选择不同的难度水平来进行不同路径或不同层次的探究；可以利用多种数字信息处理工具、方法等对数字化学习内容进行不同类型或不同层次的评价、修订和再生产、再创造。

总体来看，实施创业培训数字化转型的技术环境和条件已基本成熟，基于互联网的数字资源以及人工智能、大数据等数字技术的广泛应用，集成数字资源、智能化学习以及数字评估等功能的学习平台为创业者提供了更为广阔的深度学习空间。在受新冠疫情影响的特殊时期，各地在开展在线学习和公共服务方面积累了工作经验、技术和学习资源。创业者的学习需求日益个性化、智能化、社交化，在马兰花创业培训数字化转型问卷调研中，98.3%的受访者对"您是否希望开展数字化创业培训"给出了肯定的回答。通过数字化探索，马兰花创业培训项目能够更有效地优化资源配置，满足创业者的需求，并推动创业培训的可持续发展。

当然，到目前为止数字化学习并非已经成为传统学习的替代方式，二者各具优劣势，需要根据学生需求和教学目标来选择最合适的学习方式。为改善学习过程，线上线下"混合式学习"作为一种新型的融合学习方式开始得到重视。在马兰花创业培训数字化转型问卷调研中，53.85%的受访者希望数字化培训是"线上线下结合的方式"，只有4.57%的受访者接受完全线上培训，多数受访者对完全线上学习方式还持相当程度的谨慎观望态度。

（三）创业培训数字化转型的积极效应分析

马兰花创业培训走数字化转型之路是拥抱变化、引领未来的积极选择，具体表现在如下几个方面。

一是有利于扩大培训覆盖面。数字化学习不受地域和时间限制，可以让更多的人参与进来，提高培训的普及率。通过政策和资源调配，促进创业培训资源在地区间的均衡分布，尤其是加大对欠发达地区的支持力度。

二是有利于提高培训质量和效率。数字化学习可以根据学员需求和反馈进行个性化定制，使学习更有针对性，使培训更加高效。同时，通过数据分析评估学习效果，提高培训质量。学员还可以通过线上论坛、社交媒体等方式交流心得、分享经验，增强互动性和参与度。

三是有利于降低培训成本。数字化学习有利于培训方实现低成本招生、培训、评估和服务，提升财政补贴的有效性和政府管理效能。

四是有利于促进创新和发展。互联网的开放性和共享性可以帮助学员获取更多信息和资源，拓宽视野，激发创新思维。同时，促进创业者与创业服务机构、企业家以及创业者之间产生更广泛的合作和交流，推动产业协同发展。

二　设计创业培训数字化转型的基本框架

对于创业者而言，创业是一个充满挑战、机遇、风险与创新的过程。一般来说，创业过程通常包括构思与策划、执行与落地、成长与发展、风险与挑战、创新与迭代五个阶段。各阶段中，创业者都需要在具体的实践中综合性地运用各类知识和经验，来应对具体的工作需求。这一过程本身对于创业培训来讲就是一个巨大的挑战。创建一个数字化的学习系统，能够有效集聚学习资源，并能以创业者的创业实践为基础来持续整合知识与技能，使学习者通过个性化、碎片化的学习方式开展泛在学习。

（一）创业培训数字化转型中学习理论的选择

数字化学习的本质是学习理论与数字技术的融合。实现创业培训数字化的关键是选择合适的学习理论和数字化学习工具，通过融合产生一种新的学习方式。结合创业培训的实践和数字化学习的特征，我们发现建构主义学习理论和行动学习法可以作为主要理论支撑。

建构主义学习理论主张知识不是被动接受的，而是个体学习者通过积极主动的认知过程建构起来的。这一观点非常契合创业培训的特点，因为创业培训不仅仅是传授知识和技能，更重要的是通过激发创业者的学习动力、创造真实的学习情境、促进知识的社会建构和反思性学习，帮助创业者建构自己的知识体系和经验，培养其创新思维和问题解决能力。建构主义学习理论强调学习的主动性和建构性。在创业培训中，培训者应该激发创业者的学习动力，引导他们主动探索和发现新知识，而不是简单地传授知识。通过让创业者完成实际任务，开展案例分析、角色扮演等活动，培养他们的主动性和创造性，帮助他们建构自己的知识体系。建构主义学习理论注重学习的情境性和社会性。在创业培训中，培训者应该为创业者创造一个真实、复杂、具有挑战性的学习环境，让他们在实践中学习和成长。同时，培训者还应该鼓励创业者与他人合作、交流和分享经验，帮助创业者建立广泛的关系网络,获取更多的资源和支持。建构主义学习理论强调学习的反思性和终身性。在创业培训中,培训者应该引导创业者对自己的学习过程进行反思和总结,以便不断改进和调整学习策略。同时,培训者还应该鼓励创业者树立终身学习的观念,不断学习新的知识和技能,以适应不断变化的市场和技术环境。

行动学习法则是一种以任务为基础的培训方法,强调在实际任务情景中锻炼能力、检验所学,对于培养创业者的能力和素质具有显著的优势。这一学习方法可以帮助创业者提升创业实践能力、优化决策和行动、培养团队合作和沟通能力等关键素质。一是行动学习法强调"做中学"。这与创业培训的理念高度契合。创业培训的核心目标之一是帮助创业者积累实践经验,提升解决实际问题的能力。通过行动学习法,创业者可以在实践中学习和应用理论知识,深化对创业过程的理解,提升创业实践能力。二是行动学习法关注反思和总结。在创业过程中,面对复杂多变的市场环境和竞争态势,创业者需要不断反思和调整自己的战略和策略。行动学习法有助于创业者在实践中不断优化自己的决策和行动,提升创业成功率。三是行动学习法经常采用小组学习的方式。在创业过程中,团队合作和沟通能力是非常重要的素质。通过小组学习,创业者可以学习如何与他人协作沟通、解决问题,提升团队合作能力,为未来的创业道路做好准备。

创业培训数字化学习方式的应用离不开数字学习技术与工具的支持。目前主要的数字化学习技术与工具包括在线学习平台、教育应用程序、数字化笔记工具、在线协作工具、虚拟实验和模拟软件、信息通信交流与传输工具等。马兰花创业培训需要将在线学习平台作为主要技术平台,整合应用程序和各类分析、协作、笔记等工具,形成灵活、便捷和高效的学习方式,推动创业培训的数字化转型和发展。

(二)开发创业培训数字化学习的基本框架

开发创业培训数字化学习的基本框架是探索创业培训数字转型的基础。该框架应在学习理论指导下,基于创业培训的目标和定位,以功能完善的数字化学习平台为载体，应具备以下特点。

大规模聚合优质资源和学习工具。为提供高质量的创业培训，需整合各类优质资源，包括优秀的师资、实用的内容、丰富的案例等；提供多样化的学习工具，支持在线视频、音频、文档等多种格式的学习资源；设计强大的交互功能，方便学习者与他人进行交流和协作；完善数据分析功能，帮助学习者了解自己的学习进度和效果。

实施数字化学习策略。在数字化学习平台的基础上，制定并实施有效的数字化学习策略，这包括：设计个性化学习路径，根据学习者的需求和特点，为其推荐合适的学习资源；应用混合式学习模式，结合在线学习和线下实践，提高学习效果；营造社群学习氛围，鼓励学习者在平台上建立社群，分享经验、交流想法；设立激励与反馈机制，通过积分累计、证书颁发等方式激励学习者积极参与学习，同时提供及时的反馈和建议。

实施持续评估与优化。通过收集学习者的反馈意见、分析学习数据等方式，了解数字化学习方式的效果和存在的问题，及时进行改进和优化。同时，关注新技术和新理念的发展，不断将最新的技术和理念应用于创业培训中，提升培训质量和效果。

框架设计中应包括学员支持和学员服务、招生管理与课程体系、学习管理与过程监管、学业评价与创业竞赛、创业指导与项目路演等五个系统，以支持实现以行动化、过程化、游戏化为主要特征的交互式在线学习。同时，注重以数据为基础的数字工具的开发和应用，如数字化学员画像、数字化知识图谱、行动式学习图谱、数字化学习画像、数字化项目评估等，以提升在线学习的有效性，满足学员的个性化学习需求（见图1）。

1. 学员服务和学习支持

学员服务与学习支持系统是数字化学习方式中的重要组成部分，旨在为学习者提供全面的学习支持和优质的服务体验。学员服务系统的基本功能包括学员信息管理、学员咨询支持、课程反馈机制、学员激励机制、学员跟踪服务等。学习支持系统的基本功能包括学习资源精准推送、学习进度即时跟踪、学习工具辅助以及互动交流平台提供等。

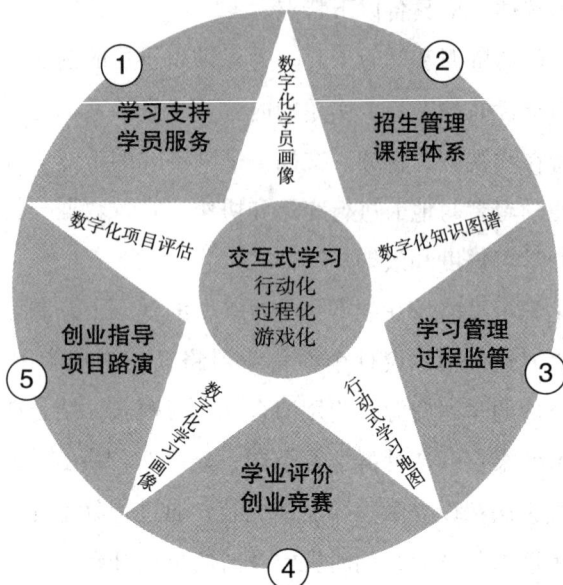

图1　创业培训数字化学习的基本框架

2. 招生管理和课程体系

招生管理与课程体系是平台的核心组成部分，决定了平台能吸引并培养什么类型的创业者。通过有效的招生管理和精心设计的课程体系，平台可以吸引更多的创业者加入，并提供高质量的学习服务。招生管理系统涉及招生策略制定、招生渠道拓展、学员申请处理、学员入学管理等环节。课程体系涉及课程资源设计、课程资源开发、课程资源更新与优化、课程资源评估与反馈等环节。

3. 学习管理与过程监管

学习管理与过程监管是确保学员有效学习和取得成果的关键环节，并为政府购买培训成果、实施财政补贴提供监管支持。学习管理系统的基本功能包括学习计划制定、学习进度跟踪、学习提醒与反馈等。过程监管系统的基本功能包括作业与测评管理、学习行为分析、互动与讨论监控。同时，监管机制还包括学习规则制定和违规行为处理等。

4.学业评价与创业竞赛

学业评价和创业竞赛系统对于衡量学员的学习成果、提升学员的实战能力、激发学员的学习动力具有至关重要的作用。学业评价系统的基本功能模块包括多元评价策略制定、自适应评价工具提供、即时动态反馈、学习进度反馈等。创业竞赛系统的基本功能模块包括创业竞赛设计、在线竞赛平台、专家评审团队奖励机制等。

5.创业指导和项目路演

创业指导辅助系统是一个集成多种工具和资源的平台，旨在帮助学员在创业过程中获得具体的指导和支持，主要包括创业导师匹配系统、创业项目评估工具、创业资源对接平台、创业知识库、创业模拟与实战演练、创业社区与交流平台等。项目路演系统的基本功能包括创业计划书设计、专家在线评审等。

三 分步开发和应用创业培训数字化学习平台

实现创业培训数字化转型不可能是一个一蹴而就的过程，需要进行统筹规划，分步实现。

（一）数字化1.0：依托数字化平台和学习资源开展混合式学习，提升创业培训的质量和效率

数字化转型的第一阶段实质上是过渡阶段，主要目标是创建"马兰花创业培训数字化学习平台"，引导各地利用平台开展混合式学习，发挥本地班级陪伴式指导的优势，充分利用在线学习资源、在线学习社区以及学习过程管理、指导和评价工具，将本地班级与在线社区融合为一体，提升创业者在线自主学习的参与度，提高创业培训的质量和效率。为此，应当以"创业者为中心"，以创业者的需求、兴趣和问题为出发点，基于数字化技术和工具的支持，构建一个个性化的、自我驱动的学习过程。创业者可以根据自己的兴趣和需求选择适合自己的在线课程、数字化资源、案例分析等学习材

料，通过翻转课堂自主学习，安排学习进度并选择个人或者班级学习方式。通过学习过程数据管理实施智能化学习赋能。通过数据化管理和评估，我们可以对创业者的学习情况和学习效果进行监控和分析，形成个人学习数据画像。依据个人学习过程数据，动态评估个人学习效果、障碍，通过算法来推荐学习方式、学习内容、学习资源。为此，马兰花创业培训数字化学习平台1.0主要包括创业培训的数字化学习资源、数字化学习过程以及数字化学习评估三大基本模块。

1. 创业培训数字化学习资源

（1）构建结构化创业知识图谱。创业培训的知识体系具有高度融合性的特征，知识的学科跨度较大。以创业过程的工作行动为导向，重构知识体系，有利于帮助学员学习和利用相关知识来支持创业过程。运用数字化知识管理手段构建创业培训知识图谱是平台整合学习资源的重要基础。马兰花创业培训的课程体系为我们提供了结构化创业知识图谱的基础，该图谱将创业知识进行严谨的分类、有序的组织和关联，形成了一个系统的知识体系。通过浏览创业知识图谱，创业者可以快速地了解创业知识的全貌，并能够深入学习自己感兴趣的内容。同时，他们也能够全面地把握各类创业知识、任务之间的有机联系和规律。创业领域的知识不断更新和发展，因此知识图谱需要定期更新和维护，以确保其时效性和准确性。知识图谱的设计还应考虑到不同学习者的需求和特点，提供个性化的学习路径和资源推荐服务。同时，应通过各种渠道和方式推广知识图谱，提高其在创业培训领域的知名度和影响力，促进其在实践中的广泛应用。

（2）建立共享式创业培训资源库。以创业过程中的工作任务为导向设计与开发创业培训的在线学习课程，需要充分利用在线学习的特点和优势，结合GYB（"产生你的企业想法"）、SYB（"创办你的企业"）、IYB（"改善你的企业"）和EYB（"扩大你的企业"）四个阶段的不同需求，开发具有针对性、实用性和互动性的课程内容。通过分阶段的在线学习课程设计，充分利用在线学习的优势和特点，为创业者提供灵活、便捷、实用的创业培训资源，帮助他们逐步掌握创业所需的知识和技能，实现企业的创办、改善和扩大。同时，注重以工作任务为导向，使课程内容更加贴近实际、实用性强，提升创业者的实践能力和创业成功率。例如，结合在线学习特点，"创办你的企业"可通过短视频介绍关键知识点，帮助学员快速掌握创业过程基本行动和主要方法，并提供真实创业案例，让学员了解创业过程中的挑战与应对策略。设计在线练习，如市场调研问卷设计、商业模型绘制等，加强实践应用。提供师资在线辅导服务，随时跟进了解学员学习进度和效果，解答学员在学习、练习和任务实践过程中遇到的问题和困惑。

同时，开放支持性学习媒体的募集渠道，不断扩充资源库，包括已有的学习媒体、行业专家的课程、优秀的创业案例等，满足学员的各类学习需求。积极与各大高校、培训机构、行业协会等共享资源，通过举办征集大赛、设立征集基金等方式，吸引更多创作者和机构参与学习媒体的开发与制作。对募集到的学习媒体进行质量评估，确保它们符合创业者的学习需求和平台的标准。开发和募集到的学习媒体需要进行分类管理，方便创业者根据自己的需求进行选择和学习。建立用户反馈机制，收集创业者对学习媒体的评价和建议，并根据创业领域的发展变化，定期更新。

2. 创业培训数字化学习过程管理

（1）设计以创业过程实际任务为导向的学习图谱。以任务为导向的学习图谱是一种将创业过程中核心任务和步骤进行梳理，形成一个以任务为目标的学习地图，引导创业者清晰地了解在创业过程中需要完成的任务和所需的技能。例如，针对寻找创业项目的学员，可以把"产生你的企业想法"课程分解为评估自身创业素质、了解企业和企业想法、产生企业想法、筛选企业想法、确定企业想法等五个任务。学员可以根据自身实际情况，在任务图谱上标注已完成的任务、正在进行的任务以及需要进一步学习和提升的任务。通过这种方式，可以更好地管理自己的学习规划和创业实践。

（2）构建以翻转课堂为基础的交互式学习模式。基于数字化转型的设计，构建以"翻转课堂"为基础、以任务为导向的交互学习模式，可以设计"看—听—练—做"四段式课堂。一看：要求学员利用视频、教材和教学详案"看内容、提问题"，自主学习，思考总结。二听：让学员听讲师在线直播来"解决疑难问题、掌握知识要点"。三练：在讲师指导下通过线上"小组工作坊"实现"分析案例、讨论问题、动手练习"，可以利用共享白板，允许各小组在上面分享资料、创意，促进交流与共享。四做：布置并要求学员完成课后实训任务，包括创业计划书、行动计划、实训操作任务等，学以致用地解决实际问题。整个过程中讲师为学生提供各种数字化的学习资源，如视频、音频、图像等，使学生能够更加直观、生动地学习和了解创业知识。可通过学员打卡、连麦提问、在线自测等方式保障教学秩序、效果，促进教学互动。

（3）打破传统班级组织模式，走向个人自主学习和自组织社区学习。打破传统的班级组织模式，允许学员根据个人需求进行个性化定制学习，按照自己的时间和进度安排学习计划。此外，学员还可以通过在线平台自行组织学习社区或加入某个意向班级（社区）进行学习。自行组织学习社区往往以解决共同问题为纽带，学员与导师进行实时互动交流，导师可以根据学员的问题提出有针对性的指导建议。同时，学员之间还可以共享和交流各种学习资源和解决方案，通过自助、互助、他助的学习方式提高学习效果。

3.创业培训数字化学习评估

创业培训数字化评估是指利用数字化学习过程中产生的有效数据，设计相应算法对学习者的学习行为、效果进行评估和反馈。可以基于柯氏四级的评估模型，收集和评价学员培训前、中、后在知识、态度、技能方面的数据。一级评估是反应评估，主要了解学员对培训内容和形式的感受，包含"学员出勤率""每日意见反馈""班级结束评估""讲师综合评价"；二级评估是学习评估，主要测试学员在知识和技能方面的掌握程度，包括"培训前后认知对比评测""可视化任务图谱""任务完成率""每日练习""创业计划书评估""行动计划制定"等；三级评估是行为评估，主要考察学员在实践中是否能够应用所学知识和技能，如进行创业实践、完成企业计划改善、组织企业发展战略规划的实施；四级评估是成果评估，用于收集和评价投入与产出的效益，指标包含"培训合格率""创业成功率""带动就业人数"等。与此同时，还可以设计以激励为导向的指标体系。比如，将学员的学习成绩、学习进度、学习时长、学习活跃度等作为评估指标，设置"知识达人""活跃达人"等勋章墙，以及积分奖励制度，积分可以用来兑换课程、资料、指导服务等奖励，以激发学员的学习积极性和主动性。

在此基础上实现对创业者学习过程的数字化监督和评估。个人维度，通过在线打卡、在线测试、在线跟踪（自学习与小组工作坊）、在线互动、在线反馈意见等收集创业者学习过程的数据和信息。运用数字化技术对这些数据和信息进行分析和处理，形成"创业者学习画像"，可视化描述和呈现学员的数字化学习特征和能力，对创业者学习行为和学习结果的准确评估。班级维度上，根据数据和信息反馈，管理部门和教学部门可以更好地了解学员的学习情况、培训效果和组织业绩等，为后续的决策和管理提供重要依据。

（二）数字化2.0时代：推动创业培训向自主学习方向发展，提升创业指导的价值

数字化转型第二阶段的目标是在马兰花创业培训数字化学习平台引入智能学习技术，将平台发展为智能化学习平台，提供更加个性化的学习路径，鼓励创业者通过平台进行自主学习，并形成区域性或全国性的培训项目管理机制，跨区域创建学习社区和创业社区；同时，开发智能化项目评估工具，创建全国性的创业指导讲师库，显著提升创业指导的价值。

1.构建智能学习平台

利用人工智能技术，将平台升级为智能学习平台，为创业者提供一站式的学习服务。平台应具备智能推荐功能，根据学习者的兴趣、需求和学习进度，为之推荐相关的学习资源和学习路径。引入智能评估系统，对学习者的学习成果进行实时评估，提供反馈和建议，帮助学习者调整学习策略。开发智能辅导系统，通过自然语言处理和机器学习技术，为学习者提供实时的学习辅导和答疑服务。建立学习社区和创业社区，利用人工智能技术进行内容

筛选和讲师推荐，促进学习者之间以及学习者与讲师间的交流和合作。

2. 增强个性化和沉浸式学习体验

通过大数据分析技术，充分发挥学员画像和学习图谱等的作用，深入了解学习者的学习行为偏好和学习进度，为其定制个性化的学习计划，提供自主学习工具和指导材料，鼓励创业者自主学习和探索。利用虚拟现实（VR）和增强现实（AR）技术，使学习者产生沉浸式的学习体验，增强学习的趣味性和互动性。建立学习导师制度，为创业者提供一对一的在线学习指导和帮助，解答其在学习过程中遇到的问题和困惑。结合语音识别和自然语言处理技术，实现系统与学习者的智能对话和互动，解答疑问，提供指导。利用智能辅导系统解答学习者的问题，并提供相关的知识点、案例和解决方案，帮助学习者解决学习难题。

3. 动态更新与优化学习资源

接入外部生成式通用大模型应用平台，利用人工智能技术对创业领域的发展趋势和热点进行监测和分析，及时更新知识图谱和培训课程等在线学习资源。通过学习者的反馈和评价，对学习资源进行优化和改进，提升资源的质量和实用性。建立学习资源的共享机制，鼓励创业者和专家上传和分享优质的学习资源，丰富平台的内容。

4. 优化创业指导内容与方式

聚焦创业者的实际需求，提供具有针对性和实用性的创业指导内容，包括市场分析、营销策略制定、团队管理等方面。利用人工智能和大数据分析等技术，开发和使用创业项目评估系统，配合在线讲师和创业指导师团队，采用多种方式为创业者提供灵活多样的指导服务。

（三）数字化3.0时代：开发和利用创业培训的生成式行业应用模型，重构学习与服务，提升创业培训的服务能力

数字化转型第三阶段则可以运用生成式大模型技术，与成熟平台合作开发创业培训生成式行业应用模型，并集成到马兰花创业培训数字化学习平台，优化或重构创业培训的学习与服务过程，提供自动化、智能化的教学服

务，使之成为各省区市开展创业培训工作的主要平台，绝大多数创业者能够依托平台进行自适应学习。

1. 通过技术合作构建创业培训生成式行业应用模型

分析创业培训市场现状和发展趋势，确定模型的应用场景和目标用户群体；明确模型增强培训效果、降低培训成本、推进个性化教学等方面的目标。通过政府招标方式，确定合作平台和合作方式，共同研究和设计模型的技术架构，收集创业培训相关的课程资料、案例、经验分享等数据资源，对数据进行清洗、整理和标注；利用收集的数据资源对模型进行训练，不断调整模型参数和结构，以优化性能；对训练好的模型进行测试和验证，确保它满足预期目标和需求；持续关注行业发展和用户需求变化，对模型进行定期更新和升级。

2. 提供更加高效和人性化的个性化学习路径规划

利用生成式 AI 分析学习者的学习历史、兴趣偏好和能力水平，为他们定制个性化的学习路径，确保学习者能够按照自身节奏和需求进行高效学习。结合学习者的学习目标和实际情况，为其推荐合适的学习资源和学习活动，有针对性地帮助学习者实现能力提升。

3. 实现学习资源的动态生成与更新

利用生成式 AI 生成丰富多样的学习资源，如案例分析库、模拟试题、实践项目等，满足不同学习者的需求。根据学习者的反馈和市场需求，动态更新学习资源，确保内容的时效性和实用性。

4. 提供更为完善优化服务流程与更友好的学习体验

通过生成式 AI 实现服务流程的自动化和智能化，如引入生成式 AI 作为智能辅导助手，实时回答学习者的问题，提供学习建议和解决方案，降低学习难度，提高学习效果；通过自然语言处理技术，实现与学习者的智能对话，理解其学习需求和困惑，提供更加精准和个性化的辅导服务。优化用户界面和交互设计，使学习者能够轻松上手并享受学习过程。生成式 AI 可以帮助创业者选择创业指导专家，深度评估创业项目和创业过程，陪伴创业者。

5.建立学习社群与推动知识共享

利用生成式 AI 构建学习社群，促进学习者之间的交流和合作，使之共同解决问题，分享经验。鼓励学习者上传和分享自己的学习成果和经验，形成知识共享的氛围，丰富学习资源库。

当然，推动创业培训数字化转型不仅需要平台建设、资源开发等技术性工作，更需要政府、培训机构、高校、企业等多方共同努力。要通过制定总体规划，明确转型目标、实施路径和关键任务。要建立平台应用的技术标准和工作规范，引导各地与影响力较大的创业培训机构合作建立平台运维中心，并通过合作方式布局线下学习中心，探索线上线下相结合的创业培训模式，充分利用网络平台和移动应用，打破时间和空间的限制，为创业者提供灵活多样的学习选择。建立多方协同的工作机制，包括政府部门、培训机构、高校、企业等，鼓励通过区域合作、行业合作等方式，共同推动创业培训数字化转型工作。明确创业培训数字化转型中创业者、政府、服务机构等相关者的角色、作用与任务。要加强创业培训师资队伍的数字化能力建设，提高教师运用数字化工具进行教学和辅导的能力。鼓励和引导创业培训讲师参与创业培训资源库建设，整合优质课程资源、实践案例、行业资讯等，为创业者提供丰富的学习资源。促进创业培训资源的共享与开放，鼓励社会力量和市场主体参与资源建设，形成多元化的资源供给格局。要加强对创业培训数字化转型的财政支持，通过设立专项资金、给予税收优惠等方式，降低转型成本，激发市场活力。完善创业培训财政补贴机制，建立创业培训数字化转型的绩效评估体系，对转型成效进行定期评估和总结，为政策调整和优化提供依据。

参考文献

［1］中国就业培训技术指导中心组织编写《创业培训 20 年，我们一起走过》，中国劳动社会保障出版社，2019。

［2］陈静：《基于虚拟现实技术的创业实训系统设计与实现》，硕士学位论文，上海交通大学，2018。

［3］谢晓敏、郭靖：《数字化学习平台的设计与实现》，《计算机工程与科学》2017年第6期。

［4］杨帆、张蕾：《创业教育中的数字化学习资源开发与应用》，《现代远程教育》2019年第2期。

［5］周林、王志刚：《数字化学习在终身教育体系中的角色与作用》，《终身教育研究》2020年第4期。

［6］田野、李娜：《数字化学习平台用户体验设计研究》，《电脑知识与技术》2018年第24期。

［7］孙洪斌、赵婷婷：《数字化学习在创业培训中的应用效果评估》，《教育评估与监测》2021年第1期。

B.18

数字化背景下的终身学习体系建设

李宗泽*

摘　要：　终身学习体系建设是建设学习型社会的重要途径。在国际上，典型经济体在终身学习方面形成了一些创新做法，包括推进职业技能开发立法、增强技能体系治理的协调性、建立灵活的技能援助服务体系、统筹整合技能开发的资金支持以及建立以企业为主体的精准培训系统。就我国而言，终身学习战略先后经历了终身教育体系、学习型社会、终身教育培训和全面终身学习四个阶段。目前，在终身学习社会建立上尚存在不足，比如顶层设计需要进一步理顺，现行法规缺乏系统性和操作性以及终身职业培训体系需要升级创新等。因此，为了推进新型终身学习体系建设，应当推动制定终身职业技能开发法律，打造多主体协同的人才开发生态系统，明确终身学习体系结构，充实终身职业培训体系内容，完善终身学习服务制度和推进智能化的人力资源开发服务。

关键词：　数字化　终身学习　职业培训　高质量就业

终身学习贯穿人的生涯全过程，是在实践中不断发展的概念。目前，技能发展和职业培训在国际上正逐渐被理解为公民基本权利的组成部分，并且是获得体面工作的赋能力量。联合国《2030 年教育行动框架》呼吁各国"为青年和成年人提供终身学习机会，包括正规、非正规和非正式学习机会"。2020 年，联合国教科文组织终身学习研究所（UIL）发布了

＊ 李宗泽，中国劳动和社会保障科学研究院副研究员，主要研究领域为就业政策、人力资源。

《拥抱终身学习的文化》，提出培养具有终身学习能力和可持续发展能力的未来人才，并提出了迈向 2050 年的终身学习型社会的未来教育愿景。我国的终身学习体系建设是建设学习型社会的重要途径，也是新发展阶段高质量人力资源开发的重大创新，在数字化智能化创新和产业升级背景下，以职业为导向的终身学习体系将成为全民终身学习体系的核心部分。

一　终身学习的概念框架

终身学习体系是以社会化的多层次协同的终身学习网络生态系统为基础形成的"以学习者需求为中心"的教育培训模式和体系。

以职业为导向的终身学习体系的核心目标是要实现技能供给的有效性、技能供求匹配的精准性和技能升级的持续性。对此，终身学习体系具备以下几方面特点：一是学习主体实现全民性和终身性；二是学习资源供给实现多元化和网络化；三是技能供求匹配实现精准性和及时性；四是学习制度保持稳定性和可持续性；五是知识管理和应用技能成为必备技能；六是对经济社会环境因素对终身学习制度的影响有充分考虑。

终身学习是涵盖所有劳动者的全生涯、全行业、全地域的技能学习模式。终身学习将获得基本技能与持续的能力开发结合起来，具有工作中学习、工作和学习交替进行的鲜明特色。终身学习使个人能够在一个系统内管理自己的学习和职业，该系统提供在生命中的任何时段和情境中学习的机会。终身学习体系还将个人学习需求与获得市场所需教育和培训的机会深度结合，其中职业技术培训（TVET）、学徒制和基于工作的学习（WBL）模式发挥着重要作用。

终身学习日益成为职业生存和发展的必要途径。对于进入人力资源市场后的青年和成年劳动者而言，工作中的技术和技能更新是终身学习的重要组成部分，终身学习意味着个人无论是否处于就业状态，都能在一生中获得学习机会。终身学习对个人、企业和整个社会都有积极外部性，可以促进实现劳动者更充分和高质量就业，更高的生产性贡献以及更大的个人成就，更高的经济增长、就业能力和税收回报。

二　全面的终身学习是数字化时代对劳动者的要求

终身学习适合数字化变革和高质量发展的人力资本开发模式。终身学习体系建设是数字社会中技能开发和人才培养的重要途径。

（一）终身学习成为顺应数字化变革趋势的必然选择

信息技术革命对人的发展提出更高的要求，现代终身学习日益成为个体和社会发展的必需，而实现人的全面发展的最主要的途径就是终身学习。

1. 知识生产的规模和速度空前增长

数字化变革催生了高效便捷的社会联结方式和信息传输模式，知识生产模式发生根本转型。一是信息数字技术创新导致社会知识技能体系规模空前庞大，知识增量呈现指数级增长。未来的文盲将是面对巨量知识信息而不擅长"如何学习"的人。二是数量激增的创新性知识具有迭代开放的特点，知识生产模式已从具有高度专门性、独立性、同质性的学院生产模式，转向具有一定跨学科性、复合性的知识创新生产模式。三是知识的复杂性和快速创新迭代，要求学习过程终身化和个人学习主动化。学习者为掌握创新性的、非标准的、软性的知识技能，需要长期场景化跟踪式学习。

因此，数字化知识生产模式的变革，推动着形成终身学习体系和学习型社会。传统正规教育系统的承载能力与人才培养模式已经远远不能满足数字化知识技能需求，学校外的自主学习将成为个人学习生涯的重要部分。需要全社会的所有成员共同担负起知识技能传授和学习的使命，包括政府、非正规教育机构、企业、相关服务机构和劳动者个人。

2. 劳动者面临复杂多变的知识技能的要求

一是高质量增长和数字经济发展对于劳动者技能提出的多样性要求。数字化和人工智能应用推动产业链和职业体系不断重建，数字智能技术大幅替代标准化工作，劳动者适应新技术应用的调整和创新，需要具有较高差异化或多样性的能力，特别是需要具备数字化知识技能、创新创造能力和多维度沟通、服务、协作能力。二是知识结构更加实用化、技能化。个人素质更加强调知识技能一体化的应用能力，高学历人才与技能人才相融合的趋势在显著增强。人才培养重心转向培养综合素质人才，教育内容要求兼顾技能型知识和专业理论知识。劳动者需要以提升人力资本价值为目标，掌握一项甚至多项技能，提高就业竞争力。在党的二十大报告中，大国工匠、高技能人才，与大师、战略科学家、一流科技领军人才和创新团队等被共同列为国家战略人才力量。三是职业知识技能动态性更新速度加快。科技创新和产业升级的快速变化对人的知识和技能都提出了快速更新的要求，职业生涯不同阶段产生的学习需求也在快速变化。

3. 应对数字化创新的人才缺口需要以终身学习制度为保障

数字技能已是高质量劳动力技能的重要内容。数字经济是高质量发展阶段重要的驱动力量，数字化是智力密集型和技术密集型技术创新，也是普及型通用性创新，这就要求全面的数字技能升级，数字化技能未来将成为一项必不可少的通用技能，传统的高层次人才和中低技能劳动者都需要快速掌握数字化技能。数字技能更新和升级呈现常态化趋势，导致数字技能缺口长期存在。因此，终身学习体系建设是应对数字技术创新，缩小数字技能缺口，推进产业数字化升级的基础性制度保障。

4. 数字化知识传授手段成为全民终身学习的基本途径

终身学习模式将与数字技术创新相互促进发展，教育学习模式从规模化教学趋向分散化、网络化，形成终身化、个性化、自主化的多重学习状态。[①]

人们自主获取知识的渠道变得更加多样。知识传授体系更加高效开放。数字技术推动实现学习资源平台化。"互联网+教育"成为网络化、立体化的全民终身学习载体。数字化网络化学习服务平台搭建起开放便捷、一体化的终身学习资源服务体系。据联合国教科文组织报告预测，近几年在线教育

---

① 周洪宇、鲍成中：《扑面而来的第三次教育革命》，《辽宁教育》2014年第16期，第10~12页。

市场将每年增长 5%①，在线教育正在重塑教育和学习的环境与生态。新型教育模式不断涌现，实现了随时随地的学习互动。数字化教学、网络课堂、远程学习、虚拟社区、云教育等新方式将成为主流学习方式，交互式学习平台、游戏化学习、翻转式课堂等将成为学习的新途径。②

（二）终身学习形成高质量发展阶段的基础性条件

终身学习是新发展阶段满足经济社会发展全面升级需求的必然要求。要在"数字化+高质量增长+新发展格局+共同富裕战略"的具体环境中，建设适合的终身学习体系。

高质量发展需要大规模高质量人力资本供给。高质量发展、数字智能技术创新和全体劳动者技能升级转型互动关系密切。新发展阶段要建立与高质量发展相匹配的劳动力供给模式，构建技能劳动力供给的可持续规模增长保障机制，这也是人力资源市场供给侧改革的重要内容。人才缺口将是高质量增长的关键性瓶颈。保持高水平的人力资本供给就要建立可持续的大规模技能开发体系，这就需要形成终身学习体系。

实现高质量就业要求全面终身学习。高质量发展需要吸引人力资本转移到代表高质量发展的战略性新兴产业和职业领域中来，大规模开发高质量就业岗位，建设规模庞大的技能型劳动力队伍。未来我国技能型劳动者需求将继续保持不断增长的趋势。一方面，要建设覆盖全体劳动者职业技能开发体系，并保持劳动者技能动态更新，有效协调技能开发周期和技能需求趋势的精准对接。另一方面，要更加重视在职劳动者的素质，以存量劳动力的更高素质来有效抵消人口红利逐渐消失带来的不利影响，并以此推动建设庞大的知识型、技术型、创新型劳动者队伍。

终身学习体系是实现共同富裕的制度创新选择。高质量发展要求将普遍提高劳动者收入作为基础。只有持续提高劳动者技能水平，提高全员劳动生

① 张立迁：《构建适应新发展格局的终身学习体系》，《中国教育报》2020年12月9日，第2版。
② 周洪宇、鲍成中：《扑面而来的第三次教育革命》，《辽宁教育》2014年第16期，第10~12页。

产率，才能实现劳动者生产性收入持续提升，为加快推进共同富裕奠定人力资本基础。我国政治制度和体制优势也是我国的人力资源市场建设的独有优势和特色，有利于将终身学习的短期目标和长期目标统一协调，并惠及全体有学习需求的劳动者。

三　典型经济体终身学习创新做法

在国际上，发达经济体比较重视终身学习的理念和做法，并进行长期的探索实践，从立法、社会伙伴治理、技能援助和融资激励等方面形成较为丰富的经验。世界各地的教育和培训体系正在从以确保基础教育、识字和基础培训为重点的阶段性的孤立的学习方法，转向伴随整个生命周期的更整体的终身学习方法。

（一）推进职业技能开发立法

迄今为止，国际社会已经出台有关终身学习法律的国家主要有法国、美国、日本和韩国等。由于各国立法的时代背景、社会条件、教育制度等方面的差异，其立法内容与侧重点也有所区别（见表1）。

表 1　国际终身学习立法

国别	法律	特点	制度规定	局限性
法国	1971 年《终身职业教育法》	世界上第一部关于终身教育的成文法	教育部设立专门机构协调安排终身教育事宜。在岗人员"继续教育经费"制度。"带薪休假制度"	终身教育在法国属于职业教育，是国民义务教育的组成部分
美国	1976 年《终身学习法》	比较完善的有关终身教育的成文法，该法将终身教育提高到服务国家战略的层面	明确公民教育权应受到终身保障。推动校外教育形式多样化。将终身学习活动纳入联邦政府的教育规划、教育评估及教育资源整合的做法体系。明确了上位法的指导原则和具体依据，并允许地方因地制宜实施终身教育	将终身教育置于接近高等教育的范畴，尤其是高等职业教育领域予以推动落实。没有公民学习权的具体保障措施的规定

续表

国别	法律	特点	制度规定	局限性
日本	1990 年《终身学习振兴法》，2002 年修订为《终身学习完善法》	国际上第一部有关终身学习的专项法律	"谋求整备振兴终身学习措施的推进体制及地区终身学习机会"，通过发展终身教育弥补传统国民教育体系的缺陷。 规定了地方政府发展终身教育的基本方针、种类、内容、范围与经费保障等。充分调动地方政府发展终身教育的积极性。 在国家层面，建立以文部省与通商产业省为主体的联合领导体制。设置中央及地方终身学习审议会，作为终身学习的推进与协调机构。 规定各级终身学习规划方案的认可标准	该法目标局限于"产业振兴"的层面，终身学习被作为推动国民经济发展手段的意图明显。对于涉及终身教育理念定位的重要内容缺乏明确表述。对于政府的终身学习保障责任的规定模糊，有以"终身教育"取代原先"社会教育"及其他校外传统教育的趋势，个人终身学习责任替代政府推进终身教育体系建设的责任倾向。 评估和引导国民参加终身学习的可操作的具体实施规定较少
韩国	2000 年《终身教育法》，2007 年《终身教育法实施细则》	法律规定比较系统完整，且具有较强的可操作性，更多体现了当代教育理念，并在终身教育领域作出多项体制机制改革突破	规定了终身教育的权利并受到法律的保障。已完成一定学业者应给予其相应的社会待遇。 设立"学习休假制"和"学习费用援助制"。 中央和地方两级政府应制订振兴终身教育规划。 设置发展终身教育的职能部门。建设终身教育专职管理人员"终身教育士"队伍。 创立终身学习成果的"学分积累、转换与认定"制度	过于强调政府的管理职能，对于国民的终身学习的主体地位重视不够。该法还把学校教育排除在终身教育体系之外

资料来源：游文亭《法、美终身教育立法体系对我国的启示》，《中国成人教育》2021 年第 4 期，第 54~58 页；吴遵民、黄健《国外终身教育立法启示——基于美、日、韩法规文本的分析》，《现代远程教育研究》2014 年第 1 期，第 27~32 页。

除了终身教育的专门立法外，一些发达国家也普遍建立健全职业技能开发法律体系，如德国的《职业培训法》、英国的《产业培训法》与《就业和培训法》、日本的《职业训练法》和《职业能力开发促进法》、韩国的《职业训练法》等，都从法律层面提供了保障，将加强职业技能开发、提高劳动者素质作为支持企业提高竞争力、促进经济发展和有效改善民生的通行做法。

（二）增强技能体系治理的协调性

终身学习体系对技能开发体系的系统性、协调性提出了更高要求。一国的技能开发体制往往是分散的，涉及许多角色，包括不同的政府部门、雇主、工人、研究和监管机构、公共和私营培训组织、就业服务提供者以及区域和地方当局。[①] 体制机制的整合效率直接影响培育终身学习生态系统的有效性。

在国家层面制定跨部委和机构的协议或战略框架，要确保政府的长期战略保持系统稳定，能够持续和逐步地改进，得到多方利益相关者认可，并基于融合国家、区域和地方各级的整体视角。这类高级别协议可以采取国家技能政策、协商一致的教育和培训改革战略，或共享的评估和认证框架指南的形式（见专栏1）。[②]

专栏1　韩国的国家终身学习政策

2018年2月，韩国教育部宣布了《第四个国家终身学习促进计划（2018—2022年）》（"第四个计划"），不久后发布了终身学习白皮书。在前三个计划期间，国家终身教育研究所和17个地方终身教育机构成立，建立了终身学习促进系统。这包括建立终身学习城市，将终身教育与学分挂钩，引入"韩国大型开放式在线课程"（K-MOOCs），并建立国家终身学习门户网站。

为了制定"第四个计划"，韩国政府分析了现有挑战和新出现趋势。按

---

① ILO, Effective Governance and Coordination in Skills Systems. Towards a Lifelong Learning Ecosystem, https://www.ilo.org/skills/pubs/WCMS_ 755400/lang-en/index.htm.

② ILO, Effective Governance and Coordination in Skills Systems: Towards a Lifelong Learning Ecosystem, https://www.ilo.org/skills/pubs/WCMS_ 755400/lang--en/index.htm.

照教育背景和收入制定了提高方案灵活性的多选方案，明确了地方在终身学习治理方面的弱点，并提出了增加资金的多选方案。

韩国政府还反思了职业和工作的重大变化、"第四次工业革命"和不断变化的人口结构。"职业弹性""定制学习""自力更生"是"第四个计划"中使用的关键术语。

该计划通过仔细诊断，将人口的终身学习需求作为一个整体加以解决，并强调为贫困和残疾人提供终身学习机会。由于采取长期性方式加强终身学习，韩国终身学习的参与率从2008年的26.4%稳步上升到2016年的40.4%。

资料来源：ILO，Effective Governance and Coordination in Skills Systems：Towards a Lifelong Learning Ecosystem，https：//www.ilo.org/skills/pubs/WCMS_ 755400/lang--en/index.htm。

制度安排上形成多层次协调治理模式。成熟的终身学习系统呈现一种趋于更加分散的协调和治理的倾向。国家层面往往建立一个包括社会伙伴的多利益相关方的顶层机构。部门层面通常建立部门或行业技能委员会。在区域和地区层面，将治理、管理和资金统筹责任下放到机构层面，许多国家建立主要地方利益相关方参与的机构管理委员会，被赋予了治理的责任，以便业务决策方离人力资源市场更近。

（三）建立灵活的技能援助服务体系

要促进技能供需两端的信息资源的高效流通，校准终身学习的资源投入结构，避免错配。利用有效信息引导雇主与劳动者的预期，并帮助劳动者和企业增强参与技能培训的积极性。

1. 加强政府和利益相关方的信息共享

技能需求评估和预期必须纳入社会伙伴的观点，在此基础上，确定协议框架的关键问题、优先行动项和可能的政策对策。建立地方利益相关方之间的灵活有效的沟通渠道。实现就业和技能开发服务的全面整合，有关个人学习和职业道路的信息可以在各机构之间共享，确保一致地提供服务。

2. 通过建立统一标准框架，确保服务的一致性

建立技能和资格的通用评价标准，在此基础上提供面向个人的清晰的计划和支持途径。实现整个生涯过程中连续的学习成果记录，对于服务提供一致性比较选择。确保有一个健全的政策和改革方案的监测和评估（M&E）框架，强化部际协调，并确认新的制度中各方的角色和责任的参与度。有效联合企业、行业机构与工会提供基于准确技能水平的模块化技能认证标准。

3. 利用数字技术促进技能服务保障

整个生涯过程中的学习路径都可以得到数字技术支持。数字技术可以帮助建立一体化的国家和地方教育培训网络，使学习者和工作者能够灵活参与学习和引领自己的职业进程。数字认证可以确保个人学习者信息的可追溯性和避免所提供服务的不必要重复，确保服务被正确地归类和排序。数字化技能服务平台可系统提供求职信息查询、职业指导、技能指导、资格认证等一体化服务。

（四）统筹整合技能开发的资金支持

确保稳定的资金来源，并建立对于培训提供者、个人和企业适当的激励机制，对实现终身学习是必需的。历史上大多数国家在培训方面的公共支出很低，公共支出普遍表现出不协调和不足。而且，终身学习虽效益高，但成本高昂，导致培训积极性不高。

明确的国家终身学习战略是成功形成一致性资金支持的第一步。主要利益相关方之间达成共识，统一的技能投资战略框架要充分考虑社会伙伴的差异性融资和激励需求，以不同的方式吸引利益相关方参与。雇主和工会参与征税、培训基金、助学金、补贴和税收优惠政策体系的设计和执行，有助于使其更好地理解企业和工人需求。

资金协调与技能治理有机结合。统一国家框架和多层次分散的协调治理相互促进，确定了培训投资的优先次序（如技能、价值链阶段）。这可能需要协调不同部委的计划，并与不同的区域/地方治理行动方（如区域发展办

事处、就业服务机构）建立常设协调联系制度，各国事实上的协调机制各不相同。中小微企业尤其需要获得资金支持，要更加精准评估技能需求和开发涵盖多个企业员工的针对性战略计划。

技能开发的融资和激励措施要促进多样化。刺激培训的激励措施分为供给侧措施和需求侧措施（见表2）。国家当局和社会伙伴面临的挑战是如何管理和分配现有资源，以提供高质量的培训，引导供求关系，解决现有的短缺问题，并满足弱势群体的需要。

表2 技能开发的多样化融资和激励措施

资助方式		激励措施
供给侧措施		以绩效为基础的资助机构。 对培训课程的公共补贴。 提供合同制培训。 提升培训能力的一次性公共资金资助
需求侧措施	个人资助方式	个人助学金。 个人税收激励。 教育和培训贴息贷款。 脱岗教育或培训。 政府和培训机构共同确定学费水平
	企业资助方式	对企业内培训的拨款和补贴。 对企业的税收激励。 定向政府采购。 员工离职补偿条款。 资助社会伙伴和中介组织

资料来源：ILO, "Financing and Incentives for Skills Development: Making Lifelong Learning a Reality?" https://www.ilo.org/skills/pubs/WCMS_807524/lang--en/index.htm。

（五）建立以企业为主体的精准培训系统

大力发展由企业领衔的精准培训系统。将企业作为技能培训的主体与领导者，强化课程供给、个人技能提升需求、企业岗位需求三者的有机联结。通过法律政策明确企业在技能培训体系中的定位，加大对于企业提供基于岗位实习的学习机会的财政支持力度，面向各类型劳动者提供定制化与模块化的培训方案。鼓励企业利用数字互联技术开展精细化教学，发挥企业信息优势，更加准确定位市场实际需求，从而解决由于数字技术创新，技能需求信息多变、复杂导致的传统技能培训供给的适配度不高、培训内容滞后等问题。

总之，西方市场经济国家以市场调节为主，政府更多起到指导协调作用。西方终身教育制度以发达的市场经济体制为基础，需求侧的管理和服务机制相对成熟，所以重点强调建立供给侧的终身教育体制，对于终身学习主要是从理念、学习机制和学习者的主动性和学习方法等方面开展研究和推进机制建设。

四　中国终身学习制度框架的推进

我国的终身学习理念和制度是在改革开放后逐渐确立的，并且随着经济社会发展，从终身教育阶段演进到终身学习阶段，目前仍处于不断发展建设的过程中。

（一）中国终身学习战略的演进

终身学习的理念在中国历经了数十年的本土化重构过程。我国终身学习国家战略一直在演进中不断创新，战略目标日益明确和全面，战略主题不断彰显和深化，战略举措逐渐多元和系统。这也是我国对国际终身学习思想的本土化实践的过程。"终身学习、全民学习、学习型社会"理念深入融合。[①] 在终身学习阶段，终身职业培训和终身教育制度都将成为终身学习体系的重要组成部分（见表3）。

---

① 汤晓蒙、范冬清：《中国终身教育国家战略的演进、内涵与实现》，《终身教育研究》2022年第1期，第17~24页。

表3 终身学习体系发展的各个阶段

战略阶段	目标和途径	典型政策文献
终身教育体系 （1993~2001）	首次使用"终身教育"概念	1993年《中国教育改革和发展纲要》
	建立和完善终身教育体系	1995年《中华人民共和国教育法》
学习型社会 （2002~2015）	全民学习、终身学习的学习型社会	党的十六大报告
	到2020年构建体系完备的终身教育，基本形成学习型社会	《国家中长期教育改革和发展规划纲要（2010—2020年）》
	把建设学习型社会作为实现"两个一百年"奋斗目标和中华民族伟大复兴中国梦的重要内容和有力支撑	《教育部等七部门关于推进学习型城市建设的意见》
	将继续教育作为终身教育体系建设和学习型社会建设的主要途径	党的十七大报告和十八大报告
	"继续教育"代替"成人教育"	2015年《中华人民共和国教育法》
终身教育培训 （2016~2020）	构建惠及全民的终身教育培训体系	"十三五"规划
	"构建服务全民终身学习的教育体系"是"中国之治"民生教育方面的战略任务	《中共中央关于坚持和完善中国特色社会主义制度 推进国家治理体系和治理能力现代化若干重大问题的决定》 《中国教育现代化2035》
	完善终身学习体系，建设学习型社会，构建服务全民终身学习的教育体系	《中共中央关于制定国民经济和社会发展第十四个五年规划和二〇三五年远景目标纲要的建议》
全面终身学习 （2021~）	建设教育强国、人力资源强国和技能型社会	《中华人民共和国职业教育法》（2022年修订）
	建设全民终身学习的学习型社会、学习型大国	党的二十大报告
	发挥在线教育优势，完善终身学习体系，建设学习型社会	"十四五"规划
	推进技能型社会建设，全面实施技能中国行动，进一步健全完善劳动者终身职业技能培训制度	《"十四五"职业技能培训规划》

资料来源：汤晓蒙、范冬清《中国终身教育国家战略的演进、内涵与实现》，《终身教育研究》2022年第1期，第17~24页。

"十三五"期间，终身学习体系建设进入制度框架设计和具体实施阶段。终身教育开始融入终身学习体系，成为终身学习体系中的主体组成部分之一。职业教育与高等教育已经开始纳入终身教育体系，开放大学的终身学习平台功能在增强。

终身职业培训体系建设开始推进，并日益成为人力资源市场的主要支撑力量。2018 年《国务院关于推行终身职业技能培训制度的意见》出台，正式提出建设终身职业技能培训制度体系的基本框架，并将之作为深化人力资源供给侧结构性改革的重要举措。2019 年《职业技能提升行动方案（2019—2021 年）》面向全体劳动者，突出了新型培训体系的大规模广覆盖的优势，突出了有学习需求必有培训供给的终身学习内在要求，2019～2021 年累计开展补贴性培训 8300 多万人次。

进入"十四五"时期以来，终身学习体系建设全面推进。2021 年《关于推动现代职业教育高质量发展的意见》和 2022 年新修订的《中华人民共和国职业教育法》都提出建设技能型社会。到 2035 年，技能型社会基本建成。这是我国在经济转型发展阶段的重大战略决策，推动学历社会转向技能社会。

终身职业技能培训制度全面推进，已实现涵盖所有各类劳动者群体，完善可贯通劳动者生涯的技能政策体系，形成以符合产业和岗位需求的技能培训为重点的技能开发做法机制，逐步建立市场化、社会化的技能服务和评价机制。终身职业培训制度的建设被纳入国家发展规划。《"技能中国行动"实施方案》为推动实现"技能型社会"远景目标，明确终身职业培训的职能定位和成果目标，将职业导向的终身学习体系建设落到实处。《"十四五"职业技能培训规划》是我国首个有关职业技能培训的专项五年规划，首次在国家规划中提出建立终身职业技能培训制度。

（二）终身学习社会建立的不足环节

中短期看，建设终身学习体系要解决大规模数字技能缺口问题。中长期看，建设终身学习体系要顺应数字技能特点，满足技能更新常态化的需要。

从制度建设看，要建立完善人力资源供给侧制度建设的落实机制。对于建设终身学习体系而言，现有的终身教育体系和职业培训体系尚存在一定的不足，体制机制创新还有待加强。

1. 顶层设计需要进一步理顺

终身教育与终身学习理念的定位关系尚未完全清晰。碎片化的终身学习相关政策数量虽多，但各职能部门职责边界和主体责任模糊。

2. 现行法规缺乏系统性和操作性

目前，有关职业技能开发工作的规定散见于《中华人民共和国劳动法》《中华人民共和国就业促进法》《中华人民共和国职业教育法》等多部法律中。对劳动者技能提升和终身学习定位、权利和相关各方的责任没有进行明确法律规定。

3. 终身职业培训体系需要升级创新

终身职业技能培训制度的充分发展是社会发展到一定阶段的必然趋势，要把人才自身发展需求、企业用人需求、教育和培训机构的市场需求结合在一起。我国终身职业培训制度框架初步建立，需要进一步推进完善终身学习模式，完善相关治理体制机制和政策。

4. 重青年而忽视职业中期群体

由于人口老龄化，存量劳动力的技能提升需求日益凸显，但缺乏有针对性的社会化支持体系。现有的人才投入机制，还主要聚焦青年人才群体。现有的产教融合、工学交替、产学研合作模式，相应的体制机制、教学模式和方法，都是依据青年特点而设立。

5. 技能供给服务机制不完善

技能服务要解决培训供求精准匹配"最后一公里"的差距问题。由于培训资源对接服务机制不足，有效培训信息渠道不畅，培训资源不能精准灵活匹配岗位需求变化，导致产教融合效益低等问题。

6. 智能化的人力资源开发体系建设需要加快推进

数字化网络化技术成为终身学习体系的重要支撑手段，现有互联网培训和学习体系发展还处于起步阶段。

五　推进新型终身学习体系建设的建议

党的二十大报告中，明确提出了"建设全民终身学习的学习型社会、学习型大国"的重大战略任务。要在现有的终身教育、职业培训体系基础上，全方位推进新型终身学习体系建设，以满足数字化条件下人力资源开发服务的新需求。

（一）推动制定终身职业技能开发法律

目前的终身学习战略的落实缺乏相关法律规范和实施细则作为保障，需要制定一部专门规范的、以职业为导向的终身学习法规，这对于保障各类劳动者群体的终身学习权益，实现高质量人力资源开发和共同富裕，具有现实意义。立法思路应兼顾顶层设计和实践操作性，对于高质量发展背景下的终身学习的重要地位和宗旨予以明确，要明确终身职业技能开发的原则和做法，构建各方参与的终身职业培训治理体系，建立健全国家技能激励制度，规范学习成果互认和衔接的资历框架。

（二）打造多主体协同的人才开发生态系统

建设各方协调合作的技能治理体系，推进资金的可持续筹集分配和利益共享机制。促进产业、专业、就业"三业"联通和教育链、人才链、产业链、创新链"四链"融合。[1] 在政府层面，以终身培训制度建设为抓手，继续推进技能人才培养的制度体系建设。在教育培训机构层面，继续发挥其培养技能人才的基础作用。在企业层面，细化对企业的各类技能开发形式的鼓励措施，将企业培训作为促进高质量就业和产业转型升级的重要措施。在行业层面，推动打造具有中国特色的技能人才培养与评价服务体系。

---

[1]　高中华、李宁：《充分发挥企业在高技能人才开发中的主体作用》，《中国劳动保障报》2023 年 11 月 11 日。

（三）明确终身学习体系结构

新型的终身学习体系是以技能开发服务制度为核心，各个终身学习功能模块紧密结合而形成的完善的集教育、培训、服务于一体的社会化技能开发体系。终身学习体系由适合各个不同对象群体的终身学习功能单元组成，其中包括终身教育模块、终身培训模块、企业培训模块和技能开发服务模块。终身教育模块面向中高端人才群体开展专业性教育，以持续提升人才专业素质。终身职业培训适合面向所有劳动者开发实用技能。企业培训适合在职劳动者持续提升技能。而将各个模块统筹协调，打通相互之间的技能流动升级路径，就需要建立完善的技能开发服务制度。终身学习整体框架要保持公共服务属性。

（四）充实终身职业培训体系内容

积极构建终身职业技能培训工作体系。坚持技工教育和职业技能培训协调发展，以促进就业创业为目标，面向城乡全体劳动者提供普惠性、均等化、贯穿学习和职业生涯全过程的终身职业技能培训，以缓解技能人才短缺的结构性矛盾，提高全要素生产率。强化培训和职业的互动联系，关注数字化变革和职业变迁的高度相关性，以大规模的高技能人才的培养体系建设作为终身学习体系的重要抓手。灵活精准确定终身学习的多元化方法和途径，厘清各类学习者群体的职业不同阶段的就业特征、能力要求、生涯技能需求，采用丰富创新的多样化多层次培训方法，让广大劳动者实现职业良性发展。

（五）完善终身学习服务制度

技能开发服务体系包括职业技能服务指导体系、信息预测体系、匹配对接体系、资格联通体系。推进国家资格框架制度建设，为技能人才技能等级认定和待遇兑现搭建沟通桥梁。促进整合教育部门和人社部门各自的职业技能等级证书制度，整合等级认可政府部门、行业协会和企业等不同主体依法认证的职业资格证书和职业技能等级证书。健全以职业能力为导向的人才评价、技能等级认定等制度，推动建立技术创新和技能升级的成果转化评估方法，促进形成市场化的人才评价机制。依据区域和行业岗位所需的人才技能画像，精准匹配人才素质结构，建立终身职业技能培训电子档案和高素质技能人才信息库，建立本行业专业人才库。

（六）推进智能化的人力资源开发服务

积极推进数字化智能化的人力资源开发服务网络体系建设，满足全面推进人力资源供给侧改革升级的需要。要积极利用最新的大数据和人工智能技术，建设智能化终身学习监测、指导、服务平台。要建设大数据技能监测平台，智能化识别和监测技能动态趋势。完善互联网培训平台，提供个性化指导和跟踪服务。建立终身学习电子账户，建立劳动者技能档案，提供直接的资助激励。建设智能化的技能岗位匹配系统，为劳动者求职和技能需求诊断提供精准服务。

参考文献

［1］杜连森：《"打工人"的困境：去技能化与教育的"空洞"》，《南京师大学报》（社会科学版）2021年第3期。

［2］《加强职业技能培训，来看给力6招→》，https：//baijiahao. baidu. com/s？id=1759295857947648503&wfr=spider&for=pc。

［3］桑宁霞、郑苗苗：《我国终身学习政策的演化逻辑与展望》，《河北大学成人教育学院学报》2019年第2期。

［4］王晓萍：《加强人力资源开发利用助力中国式现代化》，《人民日报》2023年10月23日。

［5］曾天山：《建设"技能型社会"，需重新审视职业教育底层逻辑和发展走向》，《中国青年报》2022年4月20日。

B.19
数字技能人才产教融合培养模式

刘永魁*

摘　要： 对于增强数字技能人才供给，实现数字技能人才高质量发展，产教融合是重要途径。本文在厘清了数字技能人才由来及定义的基础上，简要梳理了国内外数字技能人才培养模式。研究发现，在国家积极推进产教融合相关政策并取得良好成效的情况下，地方积极出台产教融合配套性政策，产教融合培养数字技能人才的机制正逐步完善，实训基地为产教融合培养技能人才搭建了平台，各地技能人才培养数量增加、质量提升。结合对典型省份数字技能人才产教融合政策实施成效和典型院校数字技能人才培养模式的分析发现，当前我国数字技能人才产教融合培养存在缺乏相关政策措施和法律保障，职业院校与企业之间的产教融合深度不够，以及职业院校专业设置与产业需求吻合度不高等问题。因此，宏观层面，应当完善顶层设计，保障职产协同可持续推进；中观层面，应当畅通运行机制，促进产教融合跨区域协同；微观层面，应当优化政策举措，推动校企合作高质量发展。

关键词： 数字经济　数字技能人才　产教融合

党的二十大报告提出，以中国式现代化全面推进中华民族伟大复兴。中国式现代化是当前及今后较长一段时期社会各界研讨的重点、热点、难点问题，专家学者对中国式现代化的核心要义、理论界定、实现路径等内容展开了丰富研究。遍览各家之言，出发点和落脚点均离不开现代化，即万变不离

---

* 刘永魁，中国劳动和社会保障科学研究院副研究员，主要研究领域为就业创业服务、人工智能人才发展。

"现代化"。在教育科技人才"三位一体"融合发展的时代背景和现实要求下，系统研究数字技能人才"从哪里来、到哪里去"的相关问题显得十分重要、必要和紧要。另外，数字技能人才需求持续扩大，对各行各业劳动者提升数字素养提出了新的挑战。麦肯锡预测，至 2030 年，中国将有 2.2 亿劳动人口因自动化技术发展而面临技能重塑或被迫变更职业的挑战。人社部相关数据显示，预计未来五年，物联网行业、智能制造行业的人才缺口总量分别超过 1600 万人和 900 万人。面对如此大的缺口，如何增强数字技能人才供给，实现数字技能人才高质量发展，成为亟待研究的重点、难点问题。从现有研究和实践基础看，产教融合可成为解决上述难题的重要途径。然而，产教融合在推进过程中依然面临体制性障碍、机制性梗阻、政策性创新问题。因此，系统研究数字技能人才产教融合培养模式显得尤为重要和迫切。

一　数字技能人才的由来及界定

（一）人才发展历程

党的十五大报告提出，深化科技和教育体制改革，促进科技、教育同经济的结合。人才是科技进步和经济社会发展最重要的资源，要建立一整套有利于人才培养和使用的激励机制。中国式现代化建设的进程，在很大程度上取决于国民素质的提高和人才资源的开发。党的十六大报告提出，必须尊重劳动、尊重知识、尊重人才、尊重创造。发展科技教育，培养和用好各类人才。大力引进海外各类专业人才和智力。党的十七大报告提出更好实施科教兴国战略、人才强国战略、可持续发展战略，提出现代国民教育体系更加完善，终身教育体系基本形成，全民受教育程度和创新人才培养水平明显提高的新要求。贯彻尊重劳动、尊重知识、尊重人才、尊重创造的方针，坚持党管人才原则，统筹抓好以高层次人才和高技能人才为重点的各类人才队伍建设。创新人才工作体制机制，激发各类人才创造活力和创业热情，开创人才辈出、人尽其才新局面。党的十八大报告提出，统筹推进各类人才队伍建设，实施重大人才工程，加大创新创业人才培养支持力度，重视实用人才培养，引导人才向科研生产一线流动。党的十九大报告提出，破除妨碍劳动力、人才社会性流动的体制机制弊端，使人人都有通过辛勤劳动实现自身发展的机会。人才是实现民族振兴、赢得国际竞争主动的战略性资源。要坚持党管人才原则，聚天下英才而用之，加快建设人才强国。党的二十大报告进一步提出，教育、科技、人才是全面建设社会主义现代化国家的基础性、战略性支撑。随着中国式现代化进程推向纵深，对高层次人才，尤其是创新型人才的需求量日益增加，新质生产力的概念应运而生，这些都对畅通教育、科技、人才的良性循环提出了新的更高要求。

（二）数字人才发展历程

数字人才的一个泛化解释即与数字技术相关联的人才。数字技术蓬勃发展催生出数字产业化和产业数字化两种形态，二者共同构成了数字经济的主要基础。因此，数字人才是数字技术支撑数字经济发展这一活动的核心。从系统角度剖析数字技术支撑数字经济发展过程来看，至少需要研发型、应用型、创新型（科学家型）三大类数字人才，且数字人才的出发点和落脚点是促进数字经济高质量发展。因此，数字人才是伴随着我国数字经济发展过程而产生的，数字人才发展的前提是数字经济的发展。

历年《政府工作报告》均会对当年的重点工作任务进行统筹安排，具有十分重要的引领作用，为此，从《政府工作报告》中梳理我国数字经济发展历程如下。

2015年《政府工作报告》提出，坚持创新驱动、智能转型、强化基础、绿色发展，加快从制造大国转向制造强国。促进工业化和信息化深度融合，开发利用网络化、数字化、智能化等技术，着力在一些关键领域抢占先机、取得突破。这也标志着政府相关文件中首次提出数字化的概念。2016年《政府工作报告》则将数字化的概念拓展至现代服务业，提出启动新一轮国家服务业综合改革试点，实施高技术服务业创新工程，大力发展数字创意产业。

放宽市场准入，提高生产性服务业专业化、生活性服务业精细化水平。建设一批光网城市，推进 5 万个行政村通光纤，让更多城乡居民享受数字化生活。2017 年《政府工作报告》提出，推动"互联网+"深入发展、促进数字经济加快成长，让企业广泛受益、群众普遍受惠，这可视为我国发展数字经济的政策雏形。2018 年《政府工作报告》进一步提出"数字中国"的概念，标志着数字建设步入新阶段。2019 年《政府工作报告》再次强调，壮大数字经济，支持新业态新模式发展，促进平台经济、共享经济健康成长。加快在各行业各领域推进"互联网+"。2020 年《政府工作报告》在新冠疫情背景下提出全面推进"互联网+"，打造数字经济新优势。2021 年《政府工作报告》进一步突出数字经济发展的重要作用，重点强调协同推进数字产业化和产业数字化转型，建设数字中国。2022 年《政府工作报告》对数字中国建设提出了新的要求，以期更好赋能经济发展、丰富人民生活。2023 年《政府工作报告》提出，加快传统产业和中小企业数字化转型，着力提升高端化、智能化、绿色化水平。加快前沿技术研发和应用推广，促进科技成果转化。建设高效顺畅的物流体系。大力发展数字经济，提升常态化监管水平，支持平台经济发展。2024 年《政府工作报告》更是在"大力推进现代化产业体系建设，加快发展新质生产力"部分，专项部署"深入推进数字经济创新发展"任务，对数字经济发展提出了更高要求，重点突出数字赋能经济发展、丰富人民生活、提升社会治理现代化水平的重要作用。

（三）数字技能人才的定义

在梳理总结我国数字技能人才发展情况之前，需明确数字技能人才的核心要义，而界定数字技能人才的首要前提是厘清何为数字技能。结合联合国教科文组织、人社部对数字技能内涵的界定，以及相关专家学者对数字技能的深入探索，可将数字技能人才定义为在数字经济发展过程中，在云计算、大数据、物联网、人工智能、区块链、信息通信等数字技术领域，熟练掌握相关数字技能的专业人才，以及具备使用各种电子设备获取、传输数字信息等能力的非专业人员，即在云计算、大数据、物联网、区块链、人工智能、信息通信等数字技术领域，具备开发、分析、整合数字信息能力的从业人员。

二　数字技能人才培养模式

（一）国外数字技能人才培养模式

世界各国为提高技术创新能力，推进产业转型升级，纷纷将人才强国上升为国家战略，多举措、多途径培养技能人才，通过各具特色的培养模式，培养了一大批高层次、高素质、创新型的技能人才，服务于产业升级与经济增长。综合竞争力、实体经济较强的国家，如德国、澳大利亚、英国等都形成了较为成熟的产教融合基本制度，尽管各国之间存在差异，但是共同之处是形成了政府、行业、学校、企业共同参与和承担的办学机制，如德国的"双元制"、澳大利亚的TAFE学院模式、英国的"工学交替"模式等，这些国家的技能人才培养模式都为技能人才提供了良好的教育和发展环境。

1. 澳大利亚：完善数字技能人才培养体系

为培养一批熟练的数字技能人才，澳大利亚政府从顶层设计、标准制定、课程开发和技能认证等方面系统构建了数字技能人才培养体系。具体举措包括：开展全方位的数字经济战略布局、设立不同层次的数字技能框架、搭建不同群体的数字技能学习平台、拓展多样化的数字技能认证渠道。澳大利亚数字技能人才培养体系总体服务于国家数字经济战略，推动各方利益主体良性互动，并有效运用新兴技能认证手段，不断推进职业教育人才培养的实践创新。①

2. 德国：优化数字领域职业教育课程标准

2011年德国首次提出"工业4.0"理念，并成为德国推进科学技术发展和产业升级的国家战略，成功引起世界各国的关注和效仿。在"工业

---

① 翟俊卿、石明慧：《提升数字技能：澳大利亚职业教育人才培养的新动向》，《职业技术教育》2021年第19期。

4.0"对数字化和智能化要求日益提升的现实背景下，德国适时完善和改革职业教育教学标准，以工业金属行业和电气行业为例，其教学标准体系改革呈现三个方面特点：聚焦数字素养、系统与过程相关能力，补充调整培养目标；构建灵活开放、融会贯通的课程体系框架；各方协同，快速调整教学标准内容。[①]

3. 英国：工业战略引领数字技能人才产育协同发展

2017年9月，英国发布的"工业战略"对英国未来的产业发展做出规划，明确提出要大力发展5G技术、数字技术、人工智能、自动化高科技，推进基础设施建设，促进制造业转型进而促进经济发展，改善居民生活及工作条件等，这些内容也成为英国"工业4.0"战略的推进目标。从2022年开始，英国逐步启动"网络探索者""网络第一""网络技能提升计划"等项目，旨在培养一支数字劳动者队伍，释放创新潜能，缩小英国数字技能差距，促进英国数字经济发展。在此背景下，伦敦作为英国首都，在面临产业升级所需的新型技能人才储备不足、职业技术教育体系存在短板、职业教育参与率不高等困难和挑战时，采取了加大政府宏观协作力度，增加高级人才供给；关注工业领域的技术升级，重点提升公民数字能力；赋予雇主核心领导权，促进企业参与；创建智能就业系统，增强信息对称度；立足区域产业需求，保障充足资金投入等措施。[②]

（二）国内数字技能人才培养模式

1. 数字经济与教育

陶红和唐婷[③]认为，在数字经济时代，高职生作为未来高素质技术技能型人才，其数字素养水平是创新解决问题的关键。基于技术哲学的"人-技"

---

① 翟俊卿、石明慧：《提升数字技能：澳大利亚职业教育人才培养的新动向》，《职业技术教育》2021年第19期。

② 苑大勇、刘茹梦、沈欣忆：《英国工业4.0战略与职业教育应对策略——基于伦敦市的分析》，《职教论坛》2021年第6期。

③ 陶红、唐婷：《数字经济时代高职生数字素养培育的逻辑理路与路向研究》，《中国职业技术教育》2021年第2期。

共生融合、体现人格心理学的行为内部倾向视域和面向就业与未来发展的人才培养观是高职生数字素养提升的逻辑理路。高职生数字素养的培育有赖于以政府为主导，创设"人-技"协同发展的数字环境；以高职院校为主阵地，注重发展学生数字人格特质；以企业为依托，通过参与研制就业导向的人才培养方案，提供数字技能实践平台，畅通政校企协同合作的共育路径。

徐栋梁[①]认为数字经济时代职业教育技术技能型人才培养面临以下挑战：一是专业建设滞后于产业发展，技术技能型人才供给不足；二是人才素质与职业岗位匹配度有待进一步提升；三是新技术背景下职业教育教学生态面临重构。

2. 校企合作

蒋蕊等[②]以北京化工大学数字媒体艺术专业为例，构建了包含三个层面内容的人才培养模式，即包含宏观层面——行业内院校数字创意人才校企合作架构、中观层面——以学生为本的人才培养通路规划、微观层面——具体的校企合作方式的人才培养模式。

3. 学习工厂

吕建强和许艳丽[③]认为学习工厂是"工业4.0"时代技能人才培养的新模式，学习工厂推动技能人才培养由以专业为中心向以项目为中心转化，学习工厂的课程结构设计强调纵向贯通、横向交叉与行动导向，学习工厂的学习活动打破了固定的课程界限，以项目和问题为中心，以过程学习、问题学习、项目学习、数字化学习等学习策略为支撑。

4. 产教融合、协同育人

金凌芳和顾磊[④]提出了产教融合、协同育人的理论体系，并将体系分为

① 徐栋梁：《数字经济时代职业教育技术技能型人才培养面临的挑战与对策研究》，《产业与科技论坛》2021年第15期。
② 蒋蕊、蒋莹莹、姜大光：《产学研合作背景下技能型数字创意人才培养模式研究——以校企合作平台搭建为例》，《科学咨询（科技·管理）》2021年第8期。
③ 吕建强、许艳丽：《学习工厂：迈向工业4.0的技能人才培养新模式》，《电化教育研究》2021年第7期。
④ 金凌芳、顾磊：《基于数字经济视角下产教融合协同培养高质量技术技能人才的实践探索》，《职业》2020年第32期。

校企自然融合培养模式、政校企合作培养模式、国际化合作培养模式。

综上可知，数字技能人才的主要培养模式还是集中于产教融合，由此如何做好数字技能人才产教融合工作则成为促进数字技能人才高质量发展的重点和难点。

三　数字技能人才产教融合发展现状

（一）国家积极推进产教融合相关政策并取得良好成效

党的十八大以来，党中央、国务院高度关注职业教育高质量发展，印发了一系列政策文件为职业教育保驾护航。作为健全职业教育体系、提升职业教育质量、助推技能人才培养的重要抓手，2013 年《教育部关于印发〈教育部 2013 年工作要点〉的通知》（教政法〔2013〕2 号）便提出产教融合政策。从相关文件内容可以看出，国家推进产教融合的目的十分明确，即推进"产业融合企业—产业融合行业—产业融合城市"大循环，贯通教育链、产业链、供应链、人才链、价值链，服务经济社会发展。

国家发展改革委相关数据表明，截至 2022 年 12 月底，已认定了 21 个国家产教融合试点城市，各地培育了 4600 多家产教融合型企业，一大批行业组织和行业协会积极参与产教融合工作，已经初步形成了城市为节点、行业为支点、企业为重点的产教融合推进机制。

（二）地方有序落实数字技能人才产教融合政策

与国家层面产教融合政策的出台以及职业教育产教融合工作相匹配的是，地方政府部门为了加强产教融合的制度化建设，也开始重视政策法规的制定，许多地区的政府机构也陆续出台了相关的地方性政策，对推动各地产教融合工作起到了积极的作用。

1.积极出台产教融合配套性政策

经过梳理，我们发现各地区产教融合、校企合作的发展现状各不相同，职业院校、企业的发展情况也有所差别，因此，各地所制定的目标在国家总体目标的框架下，有不同之处。整体而言，具有以下四方面特征。

一是统筹产教融合与区域发展布局。《河北省人民政府办公厅关于深化产教融合的实施意见》提出，要落实京津冀协同发展战略和主体功能区规划，鼓励有条件的市加快现代职教园区建设，努力将曹妃甸区、渤海新区打造成全国重要的先进制造业职业教育基地，推动雄安新区产教融合发展。四川省发展改革委、四川省教育厅《关于推进产教联盟建设促进产教深度融合发展的实施方案》提出，要围绕全面创新改革试验区、天府新区、成渝经济区、攀西战略资源创新开发试验区等重大战略推进产教融合。二是强调企业的重要主体作用。河北、安徽、山西等多个省份对企业的重要主体作用进行了阐述，强调发挥行业组织、企业重要办学主体作用，深化"引企入教"改革，加强企业职工在岗教育培训，发挥骨干企业引领作用等。三是以企业为主体推进协同创新和成果转化。河北提出要鼓励高等学校将企业生产一线实际需求作为工程技术研究选题的重要来源，有的放矢解决生产一线存在的问题。安徽对协同创新和成果转化的相关企业和学校给予奖补。江西规定对职业院校参与企业技术改造、产品研发、科技攻关和促进科技成果转化给予资助或奖励。四是探索职业院校和技师学院股份制、混合所有制改革。浙江在中职教育产教融合工程实施方案中提到要努力探索推进股份制、混合所有制等改革。河南鼓励社会力量兴办教育，进一步促进民办教育健康发展，并明确指出要有序推进职业学校股份制、混合所有制改革。河北鼓励第三方开展产教融合型城市、企业建设和职业学校股份制、混合所有制改革评价，完善支持激励政策。

2.产教融合培养数字技能人才的机制正逐步完善

数字技能人才培养全过程中需要以产教融合为基础，数字技能人才必须与行业、企业紧密合作，与地方经济社会发展形成良性互动。产教融合的深度和广度决定了数字技能人才培养的质量。目前，各地区以政府为主导，以学校为主体，产教融合培养技能人才的机制逐步完善。职业教育在产教融合理念的指导下，不断完善"政府主导、依靠企业、充分发挥行业作用、社会力量积极参与、公办与民办共同发展"的多元办学格局。职业院校注重与行业对接，坚持走产学结合的办学道路，产教融合的理念、机制在办学过程中得到充分的体现。

以苏州市为例，苏州市通过建章立制，创新制度规范，引导产教融合健康发展。一系列政策文件的出台，为苏州市产教融合培养技能人才建立了坚实的政策基础。同时，苏州市还构筑产教融合平台，理顺校企合作机制。党的十八大以来，苏州市紧跟互联网发展的潮流，运用市场化手段，建设了"苏州市校企合作服务平台"，有机整合政府、行业、企业、院校等资源，通过引入专业的服务团队，进行线上线下联动服务，实现校企之间服务、人才、技术、合作全面对接，进一步深化了产教融合，推动苏州职业教育从"层次"走向"类型"、从政府主体走向多元参与、从规模扩张走向内涵发展，现代职业教育体系不断健全。

全面深化产教融合，职业教育办学路子更宽。加强顶层设计，健全产教融合体制机制，创新职教集团建设，牵头成立18个市级职教集团，充分发挥校企主导、区域联动、资源整合、合作共赢的优势。创建优秀企业学院，据苏州市教育局官网数据，截至2023年5月，苏州现有70个企业学院纳入市级优秀企业学院建设库。创立产教融合联合体，全市共有114家企业入选江苏省产教融合型试点企业，位居全省第一。

职业教育与普通教育相互融通，学生成才路径更畅。推进苏州中小学生职业体验中心建设，建立省级中小学生职业体验中心30个，整合职业院校优质课程资源，开发针对中小学的职业教育课程包，推进职业教育与普通教育资源共享，建立"资源共享、学分互认、学籍互转"机制。

不同层次职业教育有效贯通，职校学生更具发展力。积极申报省级贯通培养项目，苏州市累计获批省级现代职教体系贯通培养项目806个，招生总人数12万余人，总体项目数和招生数均居全省第一。中等职业在"实"字上下功夫，从以就业为导向转向了升学与就业并重，实施中职"领航计划"，打造职业教育区域发展平台，实现区内学分互认、学生跨校选课、学习成果互通互认。高等职业教育在"优"字上下功夫，加大五年一贯制、三年制高职教育的建设力度，实施高职"双高计划"。本科职业教育在"稳"字上下功夫，加强对本科职业教育的指导，推动本科职业教育稳中有进，明确办学定位、发展路径、办学机制等办学要求，助力人人皆可成才、人人尽展其才，为高质量人才培养注入新动能。

3. 实训基地为产教融合培养技能人才搭建了平台

近些年，各地实训基地建设为技能人才产教融合培养搭建了良好的平台。东莞市高技能公共实训中心年实训量已超过 20 万人次，立足东莞，面向珠三角，提供了大量技能人才。苏州加速构建"1+N"高技能人才公共实训体系，建成了 85 家苏州市高技能人才公共实训基地，涉及装备制造类 33 家、电子信息类 9 家、生物医药类 4 家，累计培训超 152 万人次，其中培养高级工及以上人才 12 万人次。14 家公共实训基地入选江苏省高技能人才专项公共实训基地，4 家入选国家级高技能人才培训基地。[1]

4. 各地技能人才培养数量增加、质量提升

近年来，各地积极出台推进区域职业院校人才培养质量提升政策，许多省市设立新的专项政策支持职业教育人才培养数量和质量提升。调研了解到，东莞市政府把发展现代职业教育，培养高素质技能人才纳入"人才强市"战略，有力地提升了技能人才培养数量和质量。苏州市围绕产业举办职业教育，不断提升职业教育的发展水平和人才培养质量。部分省份将数字技能人才培养作为未来较长一段时期的重点工作任务之一。

四 数字技能人才产教融合模式比较分析

（一）典型省份数字技能人才产教融合政策实施成效

为了更好梳理地方推进职业教育产教融合的特色和亮点，我们选取了广

---

[1] 《苏州以高技能人才公共实训基地赋能产业转型发展》，https：//www.suzhou.gov.cn/szsrmzf/bmdt/202311/7ef68acc8bcc4238b4bc13741ed4edbd.shtml。

东、江苏、山东三省作为典型代表进行比较分析。

纵向看，三省均按照国家要求出台了促进和规范职业教育发展的相关配套政策文件，政策文件涵盖职业教育发展的方方面面。各省结合本地特色因地制宜地积极打造职业教育发展品牌，输出职业教育特色发展模式。

广东以深圳为核心积极构建粤港澳大湾区职业教育产教融合生态区，牵头成立了粤港澳大湾区职业教育产教联盟、广东省产教融合促进会、华南"一带一路"轨道交通产教融合联盟等合作平台，并打造了深圳职业技术学院（现深圳职业技术大学）"课证共生共长"培养模式。探索形成共同组建协调指导机构、共同设置专业课程、共同制定招生方案、共同组建教学团队、共同开展教学实训、共同促进学生就业的"六个共同"模式，被山东省借鉴学习。此外，还积极推进"粤菜师傅""广东技工""南粤家政"三大工程，并形成三大劳务品牌。

江苏以苏州、无锡、常州为中心，推进省部共建苏锡常都市圈职业教育改革创新，打造高质量发展样板。创造性提出完善职业院校专业与产业吻合度预警机制，提升专业建设与产业发展的适配度。聚焦服务长三角一体化战略实施，加强长三角生态绿色一体化发展示范区职业教育一体化平台建设，打造一体化发展标杆，为全国跨省域职业教育合作发展贡献范例。同时，积极实施江苏职业教育"郑和计划"，推动有条件的职业院校携手企业，服务江苏产品走向国际市场。推动产教融合向产才融合演进，实现创新链、产业链、资金链、人才链深度融合。

山东紧密围绕推动新旧动能转换深度实施职业教育产教融合，推动各级政府将产教融合发展纳入经济社会发展规划以及区域布局、城乡布局、产业布局、重大生产力布局等专项规划，统筹推进产教融合发展政策制定、要素支持和重大项目建设。也涌现出一些好的经验做法，如"实时采集人才培养状态数据，提高教学诊断与改进能力"，"建立专业设置'负面清单'和信息发布制度，定期发布职业院校专业结构与产业结构吻合度状况报告"，"筹建山东省教育和产业人才研究院"，"围绕'十强'产业，结合重大工程和项目，以产业发展需求为导向，分市、分县优化专业布局，形成产业结构调整与专业设置变革的驱动调控机制"。

横向看,作为东部地区职业教育大省,广东、江苏、山东都紧密围绕区域内经济社会发展积极推行职业教育产教融合,并取得了卓越成效。换言之,在微观层面,三省都取得了较好的实践效果。但是,在跨区域层面,如何服务好粤港澳大湾区、长三角一体化、黄河流域生态保护和高质量发展,三省还处于探索阶段,相关政策已有所涉及,下一步仍需持续推进。

(二)典型院校数字技能人才培养模式

为了更清晰了解当前职业院校数字技能人才产教融合培养发展特色,选取山东技师学院、苏州工业职业技术学院、东莞市技师学院三所具有典型代表性的职业院校进行分析。

1.山东技师学院数字技能学院:迭代优化模式

(1)数字技能学院特色专业。数字技能学院是山东技师学院在国家"两化"融合背景下,对接数字商贸、新一代信息技术等产业而成立的二级学院。下设数字商贸专业部、信息技术专业部、智能物联专业部等三个专业部,涵盖技工院校商贸类、信息类等两个专业类目下的电子商务、会计、连锁经营与管理、工商企业管理、计算机网络应用、工业互联网技术应用、计算机程序设计等专业。

(2)企业合作对象更替。2021年10月,山东技师学院首先与山东宜快宜慢电子商务有限公司(以下简称"宜快宜慢")合作,宜快宜慢希望通过与山东技师学院的合作,缓解用工紧张情况,增加销售业绩,发展年轻学生客户群体,挖掘潜力客户,扩大品牌知名度,拓展校园业务。因双方在经济效益、师生满意度等方面的合作成绩不及预期,2022年1月双方终止合作。2022年3月,山东技师学院在总结合作经验的基础上,重新考察遴选合作企业。学校通过对企业规模实力、品牌影响力、市场经验、校企合作项目经验、经济收益、合作意愿等方面的综合考量,最终确定与山东纳博士经贸有限公司(以下简称"纳博士")开展校企合作,共建"山东技师学院纳博士数字商贸综合实训基地"。纳博士期望通过与山东技师学院的深入合作，在产教融合、校企协同育人上，培养满足企业需要、适应岗位能力需求的数字商贸产业人才，打造产教融合样板，形成可复制推广的合作模式，进一步提高纳博士的品牌影响力。该项目至今运行稳定。

（3）合作成果。双方按照"教学与运营服务一体"的理念，共同参与设计建设校园超市运营、商业经营等实训教学场所，依托综合实训基地和教学场所在校方校内挂牌成立纳博士产业学院，共建校园超市，合作开发课程资源，合作培养数字商贸类专业师资，完成合作企业员工技能提升培训，遴选相关专业学生开展校园超市运营和商业经营实训顶岗实习实训等一系列合作，形成了如下合作成果。

一是建成了数字商贸综合实训基地。校企双方整合生产与教育资源，致力于高标准打造工作场景与学习活动"工学一体"，实训基地与产业学院"双擎驱动"，产业链、创新链、人才链"三链"融合的数字经济产教融合型综合实训基地，引领数字商贸类专业技能人才培养，为数字经济与互联网新零售产业发展提供智力支撑。对接数字经济与互联网新零售产业技能人才需求，围绕"校企蓄能、基地增能、育人赋能"，共同培养电子商务、会计、连锁经营与管理、工商企业管理等数字商贸类专业人才。

二是构建了数字商贸产业技能人才培养体系。通过近两年的数字商贸综合实训基地产教融合项目试点，山东技师学院与纳博士深化产教融合、校企合作，创新性提出了"工学一体"、"双擎驱动"、"三链"融合的"商贸人才塔"培养体系，即基于工学一体化人才培养模式，以岗位实训与课程改革为驱动，整合产业链、人才链、创新链，打通了"政策层—产教层—应用层"的产教融合实施路径，更有针对性地培养符合产业发展与企业需求的技能人才，朝着"毕业即入岗、结业即达标"的校企协同育人目标迈进。

2.苏州工业职业技术学院："五典五教"模式

（1）党建引领，校企协同打造高水平专业群。校企共同开展党建活动，实施"初心、先锋、同行"三项主题行动，教师党员与企业党员结对，共同研习"习近平新时代中国特色社会主义思想"，将国家政策文件精神落到实处，共同开展高水平专业建设，打造智能制造先锋岗，带动专业"提档升级"，提升专业服务产业的能级，明确教师在高水平专业建设中的定位。智能制造专业群入选国家"双高"专业群，专业实力处于全国前列。

（2）互利共生，校企共建苏轴精密制造学院。遵循校企"互利共生"的原则，以"利他"的合作方式，通过企业调研，按照"典型企业"选择标准（多轴联动加工技术、设备更新行业领先，产品品种多、批量小适合开发教学资源），精选了苏州轴承厂股份有限公司，与其共建了"苏轴精密制造学院"。确保企业学院良性运作，探索并研制了苏轴精密制造学院运行的"五机制"，即共建共管共享共赢机制、校企双方协同育人机制、校企双方协同创新机制、校企双方持续投入机制、校企人员互兼互聘机制，出台了《校企合作运行管理办法》《校企合作联席会议事规则》《校企合作项目建设与管理办法》等系列合作管理文件。

（3）"五典五教"，校企共育高质量技术技能人才。一是紧扣"职业标准"，制定"智慧工匠"培养方案。依托苏轴精密制造学院，围绕先进技术和职业素养，校企制定产教深度融合人才培养方案。打造了基于"典型岗位"的"双师混编"教学团队，开发了基于"典型产品"的"三链"项目课程教材，实施了基于"典型案例"的"学做协作"教学教案，建成了基于"典型车间"的"训产研创"实训平台（教室），培育了基于"典型文化"的"工匠精神"教风学风，"五教合一"人才培养模式获得国家教学成果一等奖。

二是紧扣"典型岗位"，打造"双师人才"教学团队。围绕企业典型岗位能力，以"企业工程实践"为核心，团队教师深入企业一线岗位实践，与企业工程师协同工作，提升团队实践教学能力。校企共建教师实践工作站，企业接收教师实践，学校培训企业员工，校企互聘教师与企业员工，给予双重身份、双份薪酬，校企组建混编专业教学团队，开展共性关键技术研究，成效斐然。

三是紧扣"典型产品"，开展"沉浸式"项目化教学。精选企业"典型产品"，剖析典型产品的关键技术参数、加工工艺流程以及制作的注意事项，按照企业产品的真实生产场景、真实项目案例、真实项目过程、真实项目压力、真实岗位技能制定教学方案，开展"沉浸式"的车铣复合加工工艺分析和编程项目化教学，通过 MasterCAM 软件仿真复杂曲面实体的车铣复合加工工艺和编程关键技术，提高凸轮等典型产品的加工质量和生产效率。凭借项目化教学，苏州工业职业技术学院获 2021 年江苏省职业院校教学大赛三等奖 2 项，获 2022 年国家职业院校技能大赛教学能力比赛三等奖 1 项。

四是紧扣"典型案例"，推进"专创融合"创新教育。围绕冲压外圈滚针轴承装配典型案例，学校教师和企业工程师联合指导学生开发了全自动滚针轴承装配和检测设备，自主设计制作了轴承外圈上料机构、轴承保持架角度自动调节及上料机构、轴承滚针的自动压针机构、工业相机检测机构、轴承下料机构、凸轮分割器多工位转盘机构等，实现冲压外圈滚针轴承外圈、保持架、滚针的压装功能，并对装配后的轴承进行检测，提高了企业生产效率。创新项目获得"挑战杯"全国大学生课外学术科技作品竞赛银奖、"挑战杯"全国大学生课外学术科技作品竞赛江苏省选拔赛金奖等创新创业奖 10 多项，获全国职业院校技能大赛三连冠、江苏省职业院校技能大赛一等奖。

3. 东莞市技师学院："招生即招工"模式

（1）办学成效。一是树立技工教育办学品牌标杆。2013 年该校升格为技师学院以来，积极探索打造"市场化导向，国际化标准、工厂化教学"的职教新模式，先后承办了全国首届职业院校国际合作办学现场观摩会、技工院校高技能人才培养联盟第二次全体会议等活动，形成了在全国具有影响力的技工教育办学品牌。

二是开创了技工教育创新发展的先河。承担国家试点开展企业新型学徒制培养、一体化课改，申请成为第 44 届世界技能大赛烘焙项目国家集训基地，积极开展技能竞赛，在技工教育领域打造了一系列引领性创新成果。

三是实现就业招生两旺的良好发展态势。东莞市技师学院毕业生深受华为机器、天弘科技、中国移动、DHL（德国物流企业）等世界 500 强企业欢迎。办学三十多年来共为社会培养了四五万名毕业生，目前有几十名中德合作班毕业生赴德国戴姆勒（奔驰）就业。

（2）产教融合培养情况。一是学院与德资企业合作创办 BBW 校企双制班。东莞市技师学院与德国排名第二的 BBW 职业教育集团合作创办 BBW 校企双制班，实现德国"双元制"中国本土化。在东莞建立了"学习型工厂"，建立"课堂教学+校内'学习型工厂'培训+企业岗位实习"的双元培养模式。

二是在二级学院层面引入企业，共建创新创业双创平台。按照专业对接产业链的理念，打破学科体系，在原有专业系的基础上组建智能制造学院、商贸物流学院、电商学院等二级学院，并引入固高科技、中科蓝海、天弘科技等高科技企业共建创新创业双创平台，把其产品作为学院教学载体。

三是学院对企业员工采用技能提升弹性学制的培养模式。东莞市技师学院根据企业转型升级需求，将企业培训要求与相关专业教学计划相结合，将企业在职员工技能培训与全日制教学模块相融合，采取弹性学制，将参训企业员工编入相应学制班级一起学习。

四是打造"招生即招工"产教融合模式。东莞市技师学院始终秉持"校企同生"原则，加大校企合作力度，开展"招生即招工、进校即进企"的人才培养模式，学生拥有双重身份，在学习期间企业每月给学生一定的生活补贴，实行工学交替。

五是引厂进校，以产品为载体，创建"学习型工厂"。学院引入深圳市麦士德福科技股份公司，经过课堂教学和校内"学习型工厂"培训后的学生，在进入企业之前，进入该公司进行以产品为教学载体环节的训练。这种以产品作为教学载体的教学模式，使学生能够在做中学、在学中做，较好提升自身技能水平。

五 数字技能人才产教融合培养存在的问题

近年来，为了适应制造业高速发展对技能人才，尤其是制造业数字化转型对数字技能人才的迫切需求，国家和地方政府出台了一系列促进产教融合、校企合作的政策和制度，相关政策制度在实践运行过程中仍存在一定的问题和局限，使得技能人才职业教育培养与产业发展在协同联动方面还面临不少瓶颈和制约因素，具体表现在以下几方面。

（一）缺乏产教融合培养技能人才的政策措施和法律保障

从政策梳理情况来看，国家层面和地方层面关于产教融合的政策无论是在数量上还是在专门性上都存在欠缺。现有产教融合方面的政策偏宏观，尚没有具体的实施细则，指导力度还不够，对企业参与学校数字技能人才培养环节的激励和指导力度不足。由于缺乏具体指引，尤其是在产教融合关键环节上缺乏具体化的引导和约束机制，在很多合作项目上，校企社之间不能充分协调。以产业学院建设相关政策为例，对于技工院校而言，产业学院属于新生事物，尚在探索阶段，很难在较短的建设周期内完成，当前相关政策相对模糊，且学院、企业的产权划分不易明确，存在一定的审计风险。

（二）职业院校与企业之间的产教融合深度不够

企业的目标是创造利润，提高经济效益，与职业院校开展合作是企业对潜在的劳动力的投资行为，以期在未来的生产过程中通过人才竞争力的提高来提升企业效益。然而，目前一些职业院校人才培养合作体系不健全，技术技能经验积累不足，技术服务能力较弱，教学设备相对落后，难以紧跟或引领行业发展，也不能较好地服务行业企业。部分合作企业也存在工作岗位管理规范化水平不足，与院校配合度不够，市场整合、供应链、服务保障能力偏弱等问题。这造成双方合作的共赢点不足，即使合作，合作的内容、深度和广度也非常有限。

（三）职业院校专业设置与产业需求吻合度不高

调查显示，高职院校开设计算机应用技术、电子信息技术、商务英语、机电一体化技术、数控技术、会计、电子商务、市场营销等专业的超过50%。而开设的与新能源及节能环保产业、新材料产业、医疗器械和生物医药产业、科技服务业相关的专业不多。当前，数字技术技能人才培养与产业人才需求不匹配，主要体现在数字技能人才总量不能满足数字产业用人需求、毕业生数字技能水平不能适应岗位需求、数字技能人才培养方式不对接生产实际三个方面。此外，职业院校存在"双师型"专业教师不足的问题，高水平的专业带头人不足。

（四）产教融合各方的积极性不高，激励措施不够

从政府的角度来说，政府一方面希望通过产教融合体制机制改革为数字技能人才培养注入更多的资金和活力，深化产教融合，提高数字技能人才培养质量；另一方面又需避免教育的公益性减弱，或国有资产流失。

从公办学校的角度来说，公办职业院校的财政拨款一般来说较为充足，引入社会资本之后，担心财政拨款会减少；此外，公办院校行政化管理方式、教职工事业编制、领导层行政级别上的优势等降低了其进行混合所有制改革的意愿。

从企业的角度来说，产教融合过程中，企业会投入资本、技术、管理等要素，理应获得一定的产出回报，若让企业无偿资助，势必会影响企业的积极性。调研了解到，部分企业参与意愿不强，一是企业担心员工实训会影响生产；二是员工参与实训后技能提升，会要求加薪或者干脆跳槽，影响企业员工队伍的稳定性。

（五）缺乏评估机制，制约产教融合良性发展

目前，产教融合培养数字技能人才缺乏相应的评估标准和评估体系。评价标准和评价体系是为了对产教融合的人才培养过程和最终结果进行科学合理的评价，保证合作培养过程能够更加贴近合作目标。产教融合评估标准的缺失导致数字技能人才产教融合培养中的职责落实情况、管理制度、培养成效等得不到客观的分析。同时，产教融合培养数字技能人才的结果由于没有评价体系，不利于形成良好的竞争氛围，也不利于数字技能人才培养的后续发展。

六　关于数字技能人才产教融合培养的对策建议

数字技能人才培养与其他类型技能人才培养有所区别，前者对数字素养、数字能力、数字思维的要求更高。产教融合是一项跨界的系统工程，涉及法律、利益、道德等多方面的问题，受不同组织体系规章制度的制约，需要突破各种瓶颈，创新产教融合运行机制，方能推动产教融合高质量发展。因此，机制创新成为推进数字技能人才产教融合深入开展的重要抓手，政府、企业和院校要围绕数字技能人才培养形成人才共育、过程共管、成果共享、责任共担的紧密合作体制机制，发挥各自在统筹规划、经费筹措、技术研发、实训基地建设等方面的优势，促进数字技能人才产教深度融合，实现互利共赢。

一是宏观层面，完善顶层设计，保障校企协同可持续推进。我国为推动产教融合出台了一系列政策文件，提出在各类专项规划中均要明确产教融合要求。效果上，将产教融合要求分散，还是出台产教融合专项规划，孰优孰劣，因缺乏系统评估，尚难定论。因此，建议国务院职业教育工作部际联席会议专门召开研讨会，邀请相关政府部门、重点省份政府负责同志，典型院校代表、企业代表、行业协会代表，共同商议如何开展产教融合推进进展评估工作，并依据评估结果，探讨制定产教融合中长期规划的可行性、必要性。

二是中观层面，畅通运行机制，促进产教融合跨区域协同。协调各方推动职业教育与数字产业发展协同联动，政府牵头发挥统筹协调作用是关键，由于数字技能人才产教融合涉及教育和数字产业两个层面，做好发改、教育、财政、人社等不同部门协同推进工作是重点。为了深化产教融合，还需在制度建设方面持续创新。完善产教融合办学机制，数字技能人才培养要从优化职业教育供给结构、打造多元办学格局、协同推进产教深度融合等方面完善产教融合办学体制。建立动态专业更新机制，顺应国家战略、产业转型升级和产业技术变革，建设教育链、人才链和产业链、创新链"四链"协调发展的产教融合链。探索混合所有制办学，完善产教融合考核评价体系，推动产教融合良性发展。完善产教融合激励机制，政府应制定相关的激励机制和利益补偿机制，鼓励企业与职业院校开展数字技能人才产教融合，调动企业参与数字技能人才产教融合的积极性。

三是微观层面，优化政策举措，推动校企合作高质量发展。校企合作是促进产教融合、职产协同的重要途径。建议完善校企合作办学机制。职业学校要与优质企业开展校企合作，发挥各自特长，整合优质资源，共建创新创业学院、创业园、实验实训中心、实践基地，创新管理机制、运行和绩效模式，为大学生创新创业、数字技术技能提升搭建平台。坚持"利他"原则，引导企业参与职业教育发展规划、专业设置、人才培养、课程开发、职教集团建设等。提升办学质量，坚持多方协同推进，聚焦重点任务，加强数字专业建设，构建数字专业随数字产业发展的动态调整机制，推进数字专业群对接数字产业群，形成国家、省、市、校的四级数字专业群布局。创新人才培养，职业学校要推进数字技能人才培养模式和方式的改革，"因材施教、分层分类、个性培养"，大力推进现代学徒制、工学结合、工学交替、冠名班、订单班等培养模式。构建全员全过程全方位育人体系，将价值引领贯穿教育教学全过程和各环节，推进思政课程与课程思政进教材、进课堂、进头脑。大力推广混合式、项目式、情景式等教学法，打造高阶课堂。建立科学的人才培养评价体系，改变唯成绩、唯荣誉的评价制度，建立"价值引领+过程性评价+结果性评价"的评价体系。创新资源合作参与机制。企业要发挥自身优势，加强与学校合作交流，把数字产业的现实需求及时反馈给职业学校。把握数字技能人才发展态势，动态掌握数字技能人才供需状况，主动参与职业学校数字专业建设、数字技能人才培养、数字课程设置、数字技能评价等。利用自有资金、场地、技术等优势，整合校企优势资源，开展多领域的合作，实现互利共生共长。

Contents

I General Report

B . 1 Situation, Policy Progress and Future Trends of Employment
in 2023 *Mo Rong, Chen Yun and Cao Jia* / 001

bstract: In 2023, after the transformation of the COVID－19 prevention and control measures, the economic and social operation will gradually return to normal, but the domestic and international economic environment is still complex, and the economic recovery momentum is still unstable. Under these conditions, the overall employment situation in China remains stable. After a period of fluctuations, the labor market gradually entered a stable recovery. The performance of major employment indicators is gradually improving. The level of unemployment has steadily declined. The employment of the main group is stable. At the same time, the driving force for the recovery of the labor market is still not strong. The growth of market demand is slowing down, the adjustment of demand structure is intensifying, and the contradiction in employment structure is becoming increasingly prominent. There are still many difficulties in stabilizing and expanding employment. In the coming period, China's employment will be faced with significant changes in internal conditions and external environment, as well as the combined impact of multiple factors such as economy, technology, population, and policies. The strategic opportunities and risks of employment development coexist. It is necessary to further strengthen the employment priority

345

orientation to promote the coordination and synchronization of high-quality development and high-quality full employment. Following the general idea of seeking progress while maintaining stability, we should adapt to the situation, promote transformation, expand momentum, cover the bottom line, and prevent risks. Coordinate strategic deployment and strengthen policy coordination. Further optimize employment support policies and measures for key groups and areas.

Keywords: Employment Situation; Employment Policy; Social Security; Employment Opportunities; High-quality and Full Employment

II Special Reports: Expanding Employment

B.2 High-quality Development of Manufacturing and Expanding

Employment   *Chu Shanshan* / 017

Abstract: Manufacturing is the foundation of the country, and also an important channel to absorb employment. In recent years, the manufacturing industry has played a significant role as the "ballast stone" of economy, and shown the prominent ability to stabilize growth and promote employment. At the same time, the employment of manufacturing industry has undergone structural adjustment, including both decreasing and increasing employment in segmented industries, the widening employment gap among different scale enterprises, the carrying capacity of the manufacturing industry in different regions, and the changes of the level of job requirements. At present, the high-quality development of the manufacturing brings new opportunities for expanding employment, including strengthening the employment spillover effects, enhancing employment creation effects, increasing employment migration effects, and improving employment security effects. However, the stability and expansion of employment in the manufacturing industry also face problems such as the weakening of employment growth momentum, the crowding out effect on employment, and the mismatch between some traditional positions and the employment expectations of job seekers. In order to unleash the employment potential of the manufacturing through multiple measures, we should practice the concept of prioritizing the development of the manufacturing industry, build the development ecology of the manufacturing with a systematic approach, and accelerate the construction of an employment promotion system that matches the development trend of the manufacturing industry.

Keywords: Manufacturing Development; Expanding Employment; High-quality and Full Employment; Job Creation

B.3 Promoting the Construction of Ecological Civilization and Employment in Green Development   *Cao Jia* / 030

Abstract: Green development is the background color of high-quality development. Developing green skills to promote green employment is the implementation of the "Two Mountains" Theory. Ecological progress and green development have changed people's way of working and living, promoted the formation of new quality productive forces, and continuously created new social and economic value. They have played a prominent role in optimizing the mode of production organization, expanding employment opportunities, optimizing employment structure, improving employment quality, innovating employment forms, and upgrading employment skills. But at the same time, we should also pay attention to the problems and challenges in the development of green employment, such as increasing awareness, lagging policies, different standards, difficult industrial structure adjustment, unemployment in the fair transformation, high greening costs and talent shortage. It is necessary to further clarify the conceptual scope, prepare the policy reserve box, establish the indicator statistical system, adjust the industry to take into account the needs of green employment, strengthen the development of green skills, and promote high-quality full employment in the promotion of ecological civilization construction and green development.

Keywords: The Construction of Ecological Civilization; Green Development; Green Employment; Green-collar Talents

B.4 Analysis on Expanding Employment Opportunities in the

Service Industry   *Guo Qing* / 046

Abstract: The evolution of new urbanization and the deepening of population aging have a profound impact on China's employment market. Especially in the development trend of the silver economy, more forward-looking measures need to be taken. The potential service demand of special groups such as migrant workers, the elderly and the children, and disabled and extremely poor people is increasing day by day, bringing opportunities for expanding employment opportunities in the service industry. The current situation is faced with insufficient release of public service demands from special groups, and insufficient integration of fiscal and inclusive financial resources. To further expand employment opportunities in the service industry, resources such as public finance and inclusive finance should be integrated, and young people should be encouraged to explore entrepreneurial opportunities around the service needs of special groups; inclusive subsidy policies should be introduce, to promote the improvement of grassroots service facilities such as "the all age canteens", and expand employment opportunities; social capital to participate in public service supply should be supported, to unleash employment potential.

Keywords: Service Industry; Aging Population; Employment; Special Groups

B.5 Developing Labor Service Brands, Expanding Employment

Opportunities   *Li Fujun* / 061

Abstract: At present, China's labor service brands enter a new stage of development, and play an important role in expanding employment opportunities. First of all, this paper simply summarizes the development process of China's labor service brands, including the germination stage, the initial exploration stage, the development stage and the upgrading, accelerating stage. Secondly, it analyzes the main problems existing in their developing process, such as weak consciousness, insufficient subjectivity, imperfect construction system and insufficient policies and services, and pointing out the development trend of labor service brands, such as the transformation from labor quantity output to skilled labor output, standardization construction, and the "Internet + labor service brands" mode. Thirdly, the paper probes into the main theoretical mechanism of labor service brand expanding employment opportunities from the aspects of expanding employment scale, improving employment quality, optimizing employment structure and economic pulling effect. Finally, it provides new paths of expanding employment opportunities from three perspectives of general idea, government role and specific measures. In terms of the general idea, it's included the professionalization and standardization of employees, and product diversification.

Keywords: Labor service Brand; Expanding Employment; Labor Force

B.6 Improving Income Distribution and Expanding Employment

Liu Junsheng, Yang Yanling, Zhu Huilin and Yang Lu / 074

Abstract: Improving income distribution and expanding employment are strategic requirements for high-quality economic development in the new era. They are mutually reinforcing and mutually supportive. This paper first clarifies the theoretical logic and mechanism of the interaction and joint effect of improving income distribution and expanding employment on economic high-quality development. Secondly, it points out the current income distribution situation and the main problems in China, such as overall level of the income is low, with a slow growth, especially for the wage income, and the income gap is large and becomes larger, the middle income group needs to be further expanded, and there exists a gap in the wealth stock gap. Finally, it draws on the experience of income distribution systems that promote employment in internationally developed regions, and puts forward policy recommendations for improving income distribution and expanding employment, including improving the income distribution system, rationally determining the proportion of labor income; implementing differentiated regional development strategies and using transfer payments to narrow the income gap between urban and rural areas and regions; improving the social security system; and playing an important role in the third distribution.

Keywords: Income Distribution; Expanding Employment; Social Security

B . 7 Analysis on Cultivating and Strengthening New Types of Consumption to Promote Employment   *Wang Yang* / 095

Abstract: New types of consumption refers to a series of new forms, new modes, new scenarios and new services in consumption formed by the innovation and application of new generation technologies such as Internet, digital technology, artificial intelligence and blockchain. They and employment influence each other, and there is a close relationship of mutual promotion and common progress between them. In recent years, new types of consumption, such as entertainment and tourism consumption, health consumption, digital consumption, and green consumption, have developed and strengthened, promoting the recovery of related job markets and driving the growth of related job demand. However, in the development and growth of new types of consumption, it is also faced with major challenges such as uneven supply of products and services, insufficient purchasing power and digital capacity of consumers, and imperfect related security systems and supporting facilities. In view of this, we should deepen supply-side structural reform and accelerate the formation of effective market supply for new types of consumption; accelerate the reform of income distribution system and improve education and training to raise people's spending power and level; and improve institutional and supporting infrastructure weaknesses quickly, and unleash the potential of new types of consumption.

Keywords: New Types of Consumption; Entertainment and Tourism Consumption; Health Consumption; Digital Consumption; Green Consumption

Ⅲ   Reports on Employment Policy and Service

Abstract: The high-quality development of human resources services industry is essential for ensuring full employment. In recent years , China's policies in the human resources services industry have become increasingly refined , moving towards greater standardization , regulation , and precision. The market has shown stable growth , with both steady expansion and new opportunities emerging simultaneously. However , the industry is faced with a slightly imbalanced labor market , marked by a coexistence of skilled labor shortages and employment difficulties. At the same time , the industry's progress in digitalization is advancing rapidly , achieving significant results in terms of technology , prospects , and opportunities , though data security issues remain pressing. To further drive the development of the human resources services industry , timely policy support is crucial. Leading enterprises should set an example by exploring international opportunities , securing new prospects for human resources service providers. Additionally , efforts should be made to expand service support , contribute to the industry's high-quality development , and continuously promote product innovation and data protection.

Keywords: Human Resources Services Industry; Employment; Social Security

Abstract: The theory of job guarantee is a new employment view which is oriented by employment demand and takes employment increase as the priority, aiming at achieving full employment in different cycles of economic operation. This paper clarifies the basic principles and core ideas of job guarantee theory, and explores its theoretical value from the theoretical level. By reviewing the functional evolution and practical expansion of China's employment policies and initiatives from the practical level, this paper briefly discusses the feasibility of implementing job guarantee plans in China's institutional environment. It believes that the implementation of China's job guarantee plans can serve as a normalized design for a "improving public employment service system", resolving the difficulties and challenges existing in the employment field. This is not only a timely response to the situation, but also a powerful support for promoting high-quality and full employment. Finally, it is proposed to promote the implementation in an orderly manner according to the concept of "providing services, strengthening safeguards, preventing risks, and responding to changes".

Keywords: Job Guarantee; Full Employment; Public Employment Services; Employment Theory; Modern Money Theory

B.10 Digital Transformation Empowering the High-quality Development of Public Employment Services

Chen Dahong / 153

Abstract: Public employment service is an important carrier not only to match market supply and demand but also to implement employment aid. Meanwhile, it is an important means for the government to promote the development of high-quality and full employment. Digital transformation is internal requirements to achieve high-quality development of public employment service, which is practical needs to cope with effectively to the new demand of public employment service and key means to improve the efficiency and quality of public employment service. At present, the digital transformation of public employment service in China is faced with such problems as insufficient and unbalanced digital empowerment, insufficient digital resource sharing, insufficient digital service supply and shortage of high-quality digital talents. To deal with the changes of human resource market and the new demand for public services in the digital economy era, we need to take many measures in the aspects of overall design, data governance, sharing and coordination, service innovation, capacity building, etc. We will give full play to the "Internet+" and big data technologies, which promote the accurate and efficient matching between market supply and demand, enhancing the compatibility of public employment services with the development of the digital economy, and better meeting the needs of market players and workers for public services to promote high-quality and full employment.

Keywords: Digital Transformation; Public Employment Service; High-quality Development

B.11 Construction of High-standard Human Resource Market System *Huang Xiangmin* / 169

Abstract: The high-standard human resource market is an important part of the high-standard market system, and the high-standard human resource market system has the basic characteristics of more complete human resource market system, higher quality human resource market players and more orderly human resource market environment. In recent years, China's human resource market legislation has made major breakthroughs, the human resource market business environment has been continuously optimized, the construction of integrity and standardization has been continuously promoted, the operating mechanism has become more sound, and the service system has been continuously improved. However, in the construction of high-standard human resources market, there are still serious market segmentation, imperfect institutional system, illegal problems of operational institutions, insufficient construction of soft and hard facilities, low level of openness and internationalization, and insufficient regulatory capacity. Therefore, in order to effectively constructing the high-standard human resource market system, multiple measures should be taken to solve the problem of human resource market segmentation, further improve the supporting laws, regulations and policy system; standardize the market behavior of operational human resource service agencies; strengthen the construction of hardware and software facilities in the human resource market; comprehensively improve the opening level of the human resource market, and the supervision capacity of human resource market

Keywords: High-standard Human Resource Market; Employment Service; Social Security

B. 12 Developing the Evaluation System for Malanhua (Start Your Business) Entrepreneurship Training Project

Research Group / 183

Abstract: The Malanhua (Start Your Business) Entrepreneurship Training Project achieves standardization and efficiency in entrepreneurship training by improving top-level design, strengthening policy implementation, and innovating training modes. Research shows that the Malanhua Entrepreneurship Training Project has achieved positive results in improving the economic and social benefits of entrepreneurs, playing a good exemplary and leading role. However, there are also challenges in the implementation of the project, such as the design of textbooks and courses, the organization and implementation of training, and the efficiency of fund utilization. Therefore, this paper proposes policy recommendations: focusing on the needs of entrepreneurs and improving the training support service system; empowering training with digital technology and exploring the digital transformation of training throughout its entire life cycle; integrating the elements of industry, sector, profession, and entrepreneurship, and innovating training modes. By optimizing policies, we aim to enhance the support effectiveness of the

Malanhua Entrepreneurship Training Project for entrepreneurs, and contribute more to promoting innovative development and employment increase.

Keywords: Malanhua (Start Your Business) Entrepreneurship Training; Project Evaluation; Entrepreneurial Performance

Ⅳ   Reports on the Key Groups

B. 13   Survey Report on Migrant Workers' Employment and

Entrepreneurship Quality

—*An Analysis Based on Data from 2021 China Social Survey*

He Xiaobin, *Dong Yinqian* / 206

Abstract: Migrant workers are a special social group in China's labor market. With the development of the economy and society, this group has undergoing a differentiation between the old and new generations, entrepreneurs and self-employed migrant workers. We conducted an empirical analysis based on data from 2021 China Social Survey (CSS) and three main findings are concluded as follows. Firstly, it is more common for migrant workers to be flexible and precarious and get employed in the secondary industry. They have lower incomes, poorer job stability, insufficient labor security, lower professional status, higher work intensity and fewer career development opportunities compared to urban workers. Secondly, compared to old generations, the income level of new generations of migrant workers has improved with better employment industry structures and stronger of work security. Also, new generation has higher level of subjective satisfaction. Thirdly, comparing entrepreneurs with self-employed workers, self-employed migrant workers tend to be older with lower level of education and income. Although entrepreneurs have higher level of income, the scale of their companies is smaller. And self-employed workers and entrepreneurs have less participation in social security systems. Therefore, in order to improve the quality of migrant workers' employment and entrepreneurship, the labor security system should be improved and a safety net for stable employment should be established; the government needs to provide high-quality services for employment and increase career development opportunities, and should strengthen the construction of entrepreneurship service system which can enable migrant workers to start and support their businesses.

Keywords: Migrant Workers; Employment and Entrepreneurship; New Generations of Migrant Workers; Self-employed Migrant Workers

B.14 Dilemmas and Their Rescue Paths of Vocational School Students' Practice in China

Zhang Yi, Li Qian and He Xiang / 232

Abstract: Students' practice of vocational schools is a favorable opportunity to deepen the integration of industry and education, and coordinate the education between schools and enterprises. It is also an important link to enhance students' comprehensive ability. This paper makes a comprehensive analysis of the current practice and employment situation of vocational school students from three aspects: policy support, practice resources and opportunities, practice management and norms. It also discusses the five difficulties in detail, namely, insufficient policy supply, false practice standard, formalization of enterprise system, lack of identity and legitimacy, and problems in the determination of power and responsibility. In view of the above problems, the paths of vocational school students' practice is proposed, including: guiding the positive development of school-enterprise cooperation for the government, optimizing the practice system for the enterprises, improving the students' quality for the vocational schools, and the students' change the practice concept for the students.

Keywords: Vocational School; Students' Practice; Employment

Contents ⬑⟩

Abstract: The Ministry of Education emphasizes that higher education should be "based on undergraduates" and accelerate the construction of high-level undergraduate education. This article is based on a sample survey of the employment status of undergraduate graduates in China, and conducts statistical analysis on the graduation destinations, employment quality, and employment structure. Firstly, from the perspective of the graduation destinations, the placement rate exceeds 2/3, but the proportion of employment units has been determined is less than 1/3. The proportion of students pursuing further education at home and going abroad exceeds 30%, greatly alleviating the employment pressure of undergraduate graduates. Secondly, in terms of the employment quality, there are significant income gaps among different types of jobs. Graduates from First-class Construction Universities, interdisciplinary and engineering fields, male graduates, those working in the eastern region, large and medium-sized cities, IT industry, foreign-funded enterprises, professional and technical professions, and those with corresponding majors have significantly higher monthly starting salaries. Thirdly, from the perspective of employment distribution, the characteristic of imbalance is very significant, with employment concentrated in large and medium-sized cities, "head" industries (education, manufacturing, IT), private enterprises and state-owned enterprises, and professional and technical positions.

Keywords: Undergraduate Graduates; Graduation Destinations; Employment Quality; Employment Structure

B . 16　Taking the Advantages of Digital Economy to Promote
the Youth's Employment and Entrepreneurship

Bao Chunlei / 270

Abstract: In recent years, the overall employment situation for young people has remained stable. At the same time, youth employment is faced with some new changes and challenges, such as tightened employment demand during economic recovery, large scale of college graduates, changes in employment concepts, and still prominent structural contradictions in employment. While the development of the digital economy has brought new changes to employment, especially youth employment. In the digital ecosystem, opportunities for youth employment continue to increase, and different types of youth are included, and so on. In addition, the digital ecosystem supports youth employment and entrepreneurship, which has the advantages of reducing the threshold and start-up costs for entrepreneurship, connecting online and offline private operations, and providing more flexible and diverse employment forms, with a bright future. In order to promote high-quality and full employment for young people in the digital economy, we should take our digital advantages and increase support for employment and entrepreneurship; adapt to digital transformation and strengthen the cultivation of digital skilled talents; strengthen career development and improve the career development channels for practitioners; standardize labor employment and safeguard the basic rights and interests of workers; optimize employment services and enhance the sustainability of digital employment.

Keywords: Digital Economy; the Youth; Employment and Entrepreneurship

V　Reports on Vocational Skill Training

Abstract: As one of the main brands of national entrepreneurship services, Malanhua Entrepreneurship Training Program has made important contributions to promoting entrepreneurship and employment. With the development of digital technology, digital learning is becoming an important way of efficient learning. Exploring the path of digital transformation is a positive choice to embrace change and lead the future. While the realization of digital transformation of entrepreneurship training cannot be an overnight process, and it needs to be planned and realized step by step. We propose a three stage path design through research. In the first stage, the basic framework for the digital transformation of entrepreneurship training is designed, and the "Malanhua Entrepreneurship Training Digital Learning Platform" is developed. By relying on the digital platform and learning resources, the online and offline hybrid learning is carried out to improve the quality and efficiency of entrepreneurship training. In the second stage, intelligent learning technology is introduced, the platform is upgraded to an intelligent learning platform, and entrepreneurs are encouraged to conduct independent learning through the platform, which significantly improves the value of entrepreneurial guidance; The third stage develops and utilizes the generative industry application mode of entrepreneurship training, reconstructs the underlying logic and path of learning and service, and improves the service ability of entrepreneurship training.

Keywords: Digital Learning; Malanhua Entrepreneurship Training; Vocational Skill Training

B.18 Construction of Lifelong Learning System in the Context
of Digitization   *Li Zongze* / 306

Abstract: The construction of the lifelong learning system is an important
way to build the learning society. Internationally, typical economies have adopted
some innovative measures in lifelong learning, including the enactment of
legislation for vocational skills development, enhancing the coordination of skills
system governance, establishing a flexible skills assistance service system,
integrating financial support for skills development, and setting up an precise
enterprise-centered training system. In China, the lifelong learning strategy has
undergone four stages successively: the lifelong education system, the learning
society, lifelong education and training, and the lifelong learning for all.
Currently, there are still deficiencies in the establishment of a lifelong learning
society. For instance, the top-level design requires further rationalization, current
regulations lack systematicity and operability, and the lifelong vocational training
system needs upgrading and innovation. Therefore, for advancing the construction
of a new type of lifelong learning system, it is necessary to promote the
formulation of laws on vocational skills development throughout life, create a
multi-stakeholders collaborative talent development ecosystem, clarify the structure
of the lifelong learning system, and promote intelligentized human resource
development services.

Keywords: Digitization; Lifelong Learning; Vocational Training; High-
quality Employment

B.19 Training Mode of Digital Skilled Talents with the Integration
of Industry and Education   *Liu Yongkui* / 324

Abstract: The integration of industry and education is an important way to
enhance the supply of digital skilled talents and achieve high-quality development of

digital skilled talents. On the basis of clarifying the origin and definition of digital skilled talents, this article briefly summarizes the training modes of digital skilled talents at home and abroad. Research has found that while the country actively promotes policies related to the integration of industry and education and achieves good results, local governments actively introduce supporting policies for the integration of industry and education. The mechanism for cultivating digital skilled talents through the integration of industry and education is gradually improving, and training bases have built platforms for the integration of industry and education to cultivate skilled talents. The quantity and quality of skilled talent training in various regions have been improved. Based on the analysis of the implementation effectiveness of the policy of integrating industry and education for digital skilled talents in typical provinces and the training mode of digital skilled talents in typical universities, it is found that there is a lack of relevant policy measures and legal guarantees in the current integration of industry and education for digital skilled talents in China. The depth of industry education integration between vocational colleges and enterprises is insufficient, and the degree of conformity between vocational college majors and industry demand is not high. Therefore, at the macro level, top-level design should be improved to ensure the sustainable promotion of vocational and industrial collaboration; at the middle-cosmic level, the operational mechanism should be streamlined to promote cross regional collaboration in the integration of industry and education; at the micro level, policy measures should be optimized to promote high-quality development of school enterprise cooperation.

Keywords: Digital Economy; Digital Skilled Talent; Integration of Industry and Education

社会科学文献出版社

皮 书

智库成果出版与传播平台

❖ 皮书定义 ❖

皮书是对中国与世界发展状况和热点问题进行年度监测，以专业的角度、专家的视野和实证研究方法，针对某一领域或区域现状与发展态势展开分析和预测，具备前沿性、原创性、实证性、连续性、时效性等特点的公开出版物，由一系列权威研究报告组成。

❖ 皮书作者 ❖

皮书系列报告作者以国内外一流研究机构、知名高校等重点智库的研究人员为主，多为相关领域一流专家学者，他们的观点代表了当下学界对中国与世界的现实和未来最高水平的解读与分析。

❖ 皮书荣誉 ❖

皮书作为中国社会科学院基础理论研究与应用对策研究融合发展的代表性成果，不仅是哲学社会科学工作者服务中国特色社会主义现代化建设的重要成果，更是助力中国特色新型智库建设、构建中国特色哲学社会科学"三大体系"的重要平台。皮书系列先后被列入"十二五""十三五""十四五"时期国家重点出版物出版专项规划项目；自2013年起，重点皮书被列入中国社会科学院国家哲学社会科学创新工程项目。

权威报告·连续出版·独家资源

皮书数据库
ANNUAL REPORT(YEARBOOK)
DATABASE

分析解读当下中国发展变迁的高端智库平台

所获荣誉

- 2022年，入选技术赋能"新闻+"推荐案例
- 2020年，入选全国新闻出版深度融合发展创新案例
- 2019年，入选国家新闻出版署数字出版精品遴选推荐计划
- 2016年，入选"十三五"国家重点电子出版物出版规划骨干工程
- 2013年，荣获"中国出版政府奖·网络出版物奖"提名奖

皮书数据库　　"社科数托邦"
微信公众号

成为用户

　　登录网址www.pishu.com.cn访问皮书数据库网站或下载皮书数据库APP，通过手机号码验证或邮箱验证即可成为皮书数据库用户。

用户福利

- 已注册用户购书后可免费获赠100元皮书数据库充值卡。刮开充值卡涂层获取充值密码，登录并进入"会员中心"—"在线充值"—"充值卡充值"，充值成功即可购买和查看数据库内容。
- 用户福利最终解释权归社会科学文献出版社所有。

数据库服务热线：010-59367265
数据库服务QQ：2475522410
数据库服务邮箱：database@ssap.cn
图书销售热线：010-59367070/7028
图书服务QQ：1265056568
图书服务邮箱：duzhe@ssap.cn

社会科学文献出版社　皮书系列
SOCIAL SCIENCES ACADEMIC PRESS (CHINA)

卡号：461285139158
密码：

S 基本子库
SUB DATABASE

中国社会发展数据库（下设12个专题子库）

紧扣人口、政治、外交、法律、教育、医疗卫生、资源环境等12个社会发展领域的前沿和热点，全面整合专业著作、智库报告、学术资讯、调研数据等类型资源，帮助用户追踪中国社会发展动态、研究社会发展战略与政策、了解社会热点问题、分析社会发展趋势。

中国经济发展数据库（下设12专题子库）

内容涵盖宏观经济、产业经济、工业经济、农业经济、财政金融、房地产经济、城市经济、商业贸易等12个重点经济领域，为把握经济运行态势、洞察经济发展规律、研判经济发展趋势、进行经济调控决策提供参考和依据。

中国行业发展数据库（下设17个专题子库）

以中国国民经济行业分类为依据，覆盖金融业、旅游业、交通运输业、能源矿产业、制造业等100多个行业，跟踪分析国民经济相关行业市场运行状况和政策导向，汇集行业发展前沿资讯，为投资、从业及各种经济决策提供理论支撑和实践指导。

中国区域发展数据库（下设4个专题子库）

对中国特定区域内的经济、社会、文化等领域现状与发展情况进行深度分析和预测，涉及省级行政区、城市群、城市、农村等不同维度，研究层级至县及县以下行政区，为学者研究地方经济社会宏观态势、经验模式、发展案例提供支撑，为地方政府决策提供参考。

中国文化传媒数据库（下设18个专题子库）

内容覆盖文化产业、新闻传播、电影娱乐、文学艺术、群众文化、图书情报等18个重点研究领域，聚焦文化传媒领域发展前沿、热点话题、行业实践，服务用户的教学科研、文化投资、企业规划等需要。

世界经济与国际关系数据库（下设6个专题子库）

整合世界经济、国际政治、世界文化与科技、全球性问题、国际组织与国际法、区域研究6大领域研究成果，对世界经济形势、国际形势进行连续性深度分析，对年度热点问题进行专题解读，为研判全球发展趋势提供事实和数据支持。

法律声明

"皮书系列"（含蓝皮书、绿皮书、黄皮书）之品牌由社会科学文献出版社最早使用并持续至今，现已被中国图书行业所熟知。"皮书系列"的相关商标已在国家商标管理部门商标局注册，包括但不限于 LOGO（▨）、皮书、Pishu、经济蓝皮书、社会蓝皮书等。"皮书系列"图书的注册商标专用权及封面设计、版式设计的著作权均为社会科学文献出版社所有。未经社会科学文献出版社书面授权许可，任何使用与"皮书系列"图书注册商标、封面设计、版式设计相同或者近似的文字、图形或其组合的行为均系侵权行为。

经作者授权，本书的专有出版权及信息网络传播权等为社会科学文献出版社享有。未经社会科学文献出版社书面授权许可，任何就本书内容的复制、发行或以数字形式进行网络传播的行为均系侵权行为。

社会科学文献出版社将通过法律途径追究上述侵权行为的法律责任，维护自身合法权益。

欢迎社会各界人士对侵犯社会科学文献出版社上述权利的侵权行为进行举报。电话：010-59367121，电子邮箱：fawubu@ssap.cn。

社会科学文献出版社